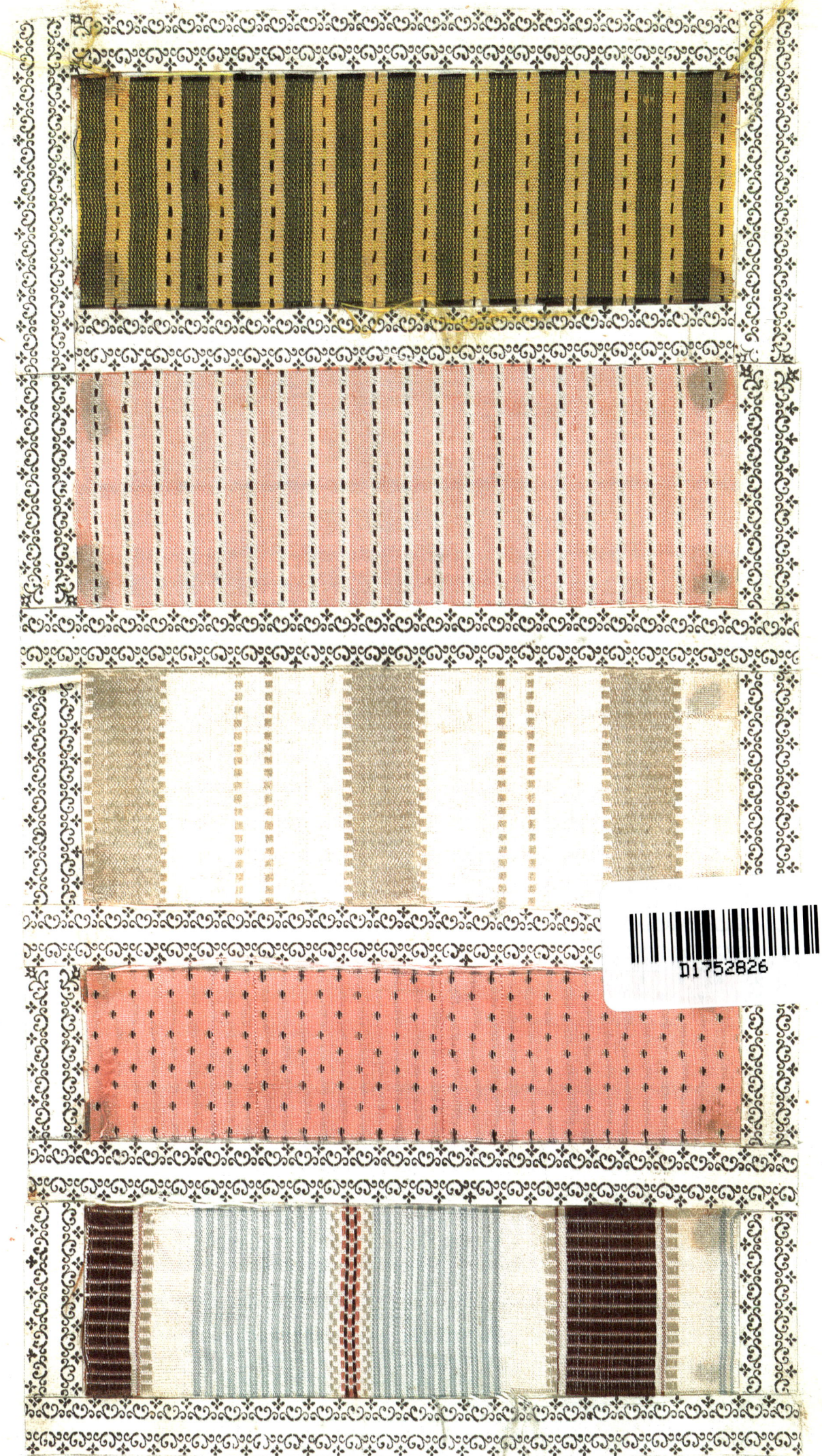

DER ALLTAG DER FÜRSTIN LOUISE VON ANHALT-DESSAU

Ihre Tagebuchaufzeichnungen 1756–1805 zusammengefasst von Friedrich Matthisson

Herausgegeben von der Kulturstiftung DessauWörlitz

DER ALLTAG DER FÜRSTIN LOUISE VON ANHALT-DESSAU

Ihre Tagebuchaufzeichnungen 1756–1805
zusammengefasst von Friedrich Matthisson

Herausgegeben von der Kulturstiftung DessauWörlitz

Mit einem einleitenden Essay von Ursula Bode

DEUTSCHER KUNSTVERLAG

Gefördert durch das Kultusministerium
des Landes Sachsen-Anhalt

Kataloge und Schriften der
Kulturstiftung DessauWörlitz
Hrsg. von Thomas Weiss
Bd. 29

Impressum

Titelabbildung: Charles Amédée van Loo, Louise Henriette Wilhelmine, Prinzessin von Brandenburg-Schwedt, 1765
Vorsätze: Stoffproben aus der Dessauer Seidenmanufaktur Winter, 1795/96
Frontispiz: Ferdinand Hartmann, Friedrich von Matthisson, 1800
Umschlag hinten: Wappen der Fürsten von Anhalt-Dessau, um 1770

Die Deutsche Nationalbibliothek verzeichnet diese Publikation in der Deutschen Nationalbibliografie;
detaillierte bibliografische Daten sind im Internet über http://dnb.d-nb.de abrufbar.

© 2010 Deutscher Kunstverlag Berlin München und Autoren
Entwurf, Layout und Umschlaggestaltung: Hendrik Bäßler, Berlin
Druck: Mercedes-Druck, Berlin

ISBN 978-3-422-06998-5

Inhalt

Zum Geleit 7

Ursula Bode
Leben mit Aussicht zum Park
Louise von Anhalt-Dessau macht sich ein Bild in eigener Sache 9

Tagebuch 23

Personenregister 126

Ortsregister 150

Literaturauswahl 159

Abbildungsnachweis 160

Zum Geleit

Die Mitarbeiter der Kulturstiftung DessauWörlitz arbeiten seit Jahrzehnten kontinuierlich daran, das seit dem Jahr 2000 unter dem Schutz der UNESCO stehende Gartenreich zu erhalten und zu entwickeln. Dabei ist das weit gefächerte Aufgabenspektrum in großen Zügen durch die Satzung definiert. Darüber hinaus ergibt sich aus dem, in der Hauptsache ganz praktischen Aufgaben gewidmetem Wirken jedoch auch der Wunsch, die wissenschaftliche Arbeit voranzubringen und unter anderem in den Archiven zu recherchieren. Das Heben von Quellen bedeutet ganz konkret, Schritt für Schritt, mehr über die Zusammenhänge der Entstehungsgeschichte des Gartenreichs im 18. Jahrhundert zu erfahren sowie Grundlagen für weiterführende Forschung in einer universitären Kooperation zu schaffen.

Trotz der inzwischen fast unüberschaubaren Literatur zum Gartenreich Dessau-Wörlitz liegt über diesen zahlreichen, maßgeblichen Persönlichkeiten aus der Zeit der Aufklärung noch vieles im Dunklen. Seit jeher sind die Standorte der wesentlichen Originalquellen in den Archiven und Bibliotheken in Sachsen-Anhalt bekannt und waren der Öffentlichkeit und der Wissenschaft zugänglich. So leuchtet es nur schwer ein, warum die Schriften praktisch nur fragmentarisch und für gelegentliche Recherchen auszugsweise genutzt, aber nie in Gänze erschlossen wurden. Dieses Defizit erkennend hat die Kulturstiftung DessauWörlitz im Jahr 2001 das vom Architekten Friedrich Wilhelm von Erdmannsdorff verfasste „Kunsthistorische Journal einer fürstlichen Bildungsreise nach Italien 1765/66" herausgegeben.

Die hier vorgelegte Quellenschrift befindet sich im Landeshauptarchiv Sachsen-Anhalt, Abteilung Dessau unter der Signatur: „Abt. Dessau A 9e Nr. 15. (19)" und trägt den Titel: „Auszug des Tagebuchs der Herzogin Louise von Anhalt-Dessau, geb. Prinzessin zu Brandenburg-Schwedt, geb. 24. September 1750, gest. 21. Dezember 1811."

Der Verfasser dieser bemerkenswerten Quelle ist kein Geringerer als der in Hohendodeleben bei Magdeburg 1761 geborene und 1831 in Wörlitz gestorbene Schriftsteller Friedrich von Matthisson. Heute so gut wie vergessen, zählte Matthisson in seiner Zeit zu den meist bewunderten Lyrikern. Seine Bücher waren Bestseller. Ausgestattet mit einer aufgeklärten, weltläufigen Geisteshaltung begleitete er die Fürstin von Anhalt-Dessau in jener Epoche der kultivierten Geselligkeit auf zahlreichen ihrer Reisen als persönlicher Sekretär und Vorleser.

Schon während der Kindheit begann die Fürstin mit ihren Tagebuchaufzeichnungen. Insgesamt sind hiervon 2 844 Seiten überliefert; etwa die gleiche Anzahl von Seiten ist von ihr vernichtet worden. Ab 1798 begann Louise, wie sie es selbst beschrieb, „trockene Auszüge" anzufertigen. Diese sind erhalten geblieben, umfassen 330 Seiten und enden im Dezember 1808. Im Auftrag der Fürstin hatte Matthisson eine Zusammenfassung ihrer privaten Tagebuchaufzeichnungen anzufertigen, die 495 Seiten zählt. Darin fallen einige Nachträge von Louises Hand in Tinte und Bleistift auf; jedoch gibt es vereinzelt, wohl spätere, kurze Zusätze von ihrer Hand. Diese Nachträge wurden in der vorliegenden Transkription mit eckigen Klammern gekennzeichnet. In diesem Zug wurde auch die Interpunktion behutsam modernisiert, Verschreibungen jedoch weitestgehend beibehalten, insofern sie nicht völlig sinnentstellend waren, Personen- und Ortsnamen der leichteren Verständlichkeit halber vereinheitlicht.

Die extrem sorgfältige Handschrift Matthissons mag für die Publikationsabsicht der Fürstin Louise sprechen, wie auch die eingefügten, eigenhändigen Korrekturen diesen Plan vermuten lassen. Warum die Zusammenfassungen mit dem Jahresende 1805 abbrechen, konnte noch nicht geklärt werden. Louise äußert sich dazu in ihren Originaltagebüchern nicht, obgleich sie hier von der inzwischen fortgeschrittenen Arbeit an den Zusammenfassungen bis 1806 berichtet.

Nach dem Tod der Fürstin, seit 1807 Herzogin, gerieten die eigenhändig verfassten Tagebücher und deren Zusammenfassungen unter Verschluss. Aber auch die Auszüge Matthissons waren offensichtlich nur wenigen Personen am Hof in Dessau bekannt und vorbehalten. So beispielsweise beklagt sich Louises Schwiegertochter, Christiane Amalia, in einem Brief an Friedrich von Matthisson vom 18. Januar 1812: *O! wie eilt die Zeit hin! Heut sind's schon vier Wochen, dass wir sie verloren haben, unsere gute vortreffliche Herzogin. Sehr lebhaft kann ich mir Ihre Trauer vorstellen. (…) Schon früher äusserte ich dem Erbprinz meinen Wunsch, die Tagebücher meiner lieben Schwiegermutter zu besitzen, und wusste nicht, dass Sie einen Auszug daraus gemacht haben. Nun hat ers mir bewilligt, und Sie können wohl glauben, mit welcher treuen Sorgfalt ich ihn aufbewahren werde. (…) Ihrem gütigen Andenken mich empfehlend. Amalia.*

Im Rahmen des langjährigen Veranstaltungsreigens „Sachsen-Anhalt und das 18. Jahrhundert", einer höchst dankenswerten Initiative des Kultusministeriums, die im vergangenen Jahr unter dem Motto „Alltagswelten" stattfand, war es endlich möglich, diese für die Erforschung der Geschichte des Gartenreichs so wichtige Matthisson-Handschrift veröffentlichen zu dürfen. An vorderster Stelle bin ich der Hüterin dieses Schatzes zu Dank verpflichtet, der Ltd. Archivdirektorin Frau Dr. Ulrike Höroldt vom Landeshauptarchiv Sachsen-Anhalt in Magdeburg für die Genehmigung zur Veröffentlichung sowie ihrem Mitarbeiter der Abteilung in Dessau-Roßlau, Herrn Dr. Andreas Erb für seine fachliche Unterstützung. Großer Dank geht auch an Ursula Bode, die den einleitenden Essay schrieb, und an meine Mitarbeiter Heinz Fräßdorf, Monique

Peintner, Kristina Schlansky, Petra Schmidt und Ute Winkelmann. Uwe Quilitzsch, der das Projekt vorgeschlagen hat und mit großem Engagement zusammen mit dem Deutschen Kunstverlag zu einem glücklichen Abschluss brachte, verdient an dieser Stelle in besonderer Weise hervorgehoben zu werden.

Die finanzielle und personelle Ausstattung des Editionsvorhabens ließen es nicht zu, die bedeutende Quelle angemessen mit begleitenden Kommentaren zu versehen, um damit ihren hohen Stellenwert für die Forschung zusätzlich zu festigen. Hat man etwa das Jahr 2011 im Auge, wenn sich zum 250. Mal der Geburtstag Friedrich von Matthissons jährt, zum 200. Mal der Todestag der Fürstin Louise zu begehen ist und im Jahr 2012 die Region Anhalt ihr 800 jähriges Jubiläum feiern will, wäre dies ein Schritt in die richtige Richtung. Denn wer einen Zugang zum Leben und Wirkungskreis der Fürstin von Dessau sucht und einen Blick auf ihr Innenleben werfen möchte, wird bereits beim Blättern in diesem Buch eine Fülle von neuen Erkenntnissen ernten können.

Thomas Weiss
Direktor und Vorstand der Kulturstiftung DessauWörlitz

Ursula Bode

Leben mit Aussicht zum Park
Louise von Anhalt-Dessau macht sich ein Bild in eigener Sache

Die Kälte ausserordentlich u. der Thermometerstand auf 19°. Ich begann (was lange mein Vorsaz war) gegenwärtigen trockenen Auszug aus meinen Tagebüchern zu machen und wandte hierzu täglich 3 bis 4 Vormittagsstunden an.[1]

Sie brauchte Jahre, um mit dieser selbstauferlegten Aufgabe fertig zu werden. Unzählige Stunden, um ihr zuvor in ausführlichen Tagebüchern festgehaltenes Leben wieder loszulassen, indem sie es komprimierte und radikal vereinfachte. Eine Kurzfassung ist daraus entstanden, die den Charakter eines Tagebuchs ins Gegenteil verkehrt: Kein Privatissimum, nichts für indiskrete Leser. Nicht die Entäußerungen einer schönen Seele, wie es das empfindsame Zeitalter gebot, und auch nicht ein Hofbericht, über den sich Mitakteure dieses Lebens und um die Etikette besorgte Berater kritisch gebeugt hätten.

Mit der Kurzfassung ihrer Tagebücher – jenem „trockenen Auszug", der nichts beschönigte und oft wie erschöpft innehält in knappen kurzen Sätzen –, hatte sich die Fürstin Louise von Anhalt-Dessau im Alter von 48 Jahren zu einem Resumee entschlossen. Dass sie Friedrich Matthisson damit beauftragte, die Darstellung ihres Lebens orthographisch und stilistisch zu bearbeiten und damit in eine stimmige Druckvorlage zu verwandeln, ist offensichtlich. Warum aber die Fürstin ihre Arbeit an der eigenen Biographie Ende 1805 abbrach und bis zu ihrem Tod 1811 nie wieder aufnahm, bleibt unerklärt. Die für diese Edition eingerichtete Tagebuchfassung trägt in jeder Beziehung die kluge Handschrift ihres Bearbeiters. Mit einigen Notaten der Auftraggeberin versehen, vermittelt sie in geschliffener Form den Umgang mit der deutschen Sprache der Zeit um 1800. Louise wird dieser so leicht nicht gefallen sein. Der deutsche Adel sprach französisch. Und französische Literatur ließ sie sich abends auch vorlesen.

Als die Fürstin sich 1798 entschloss, der Nachwelt zu hinterlassen, was ihr als öffentliches Dasein der Erinnerung wichtig schien, war Matthisson, der 1761 geborene Pastorensohn aus dem Magdeburgischen, schon drei Jahre als Sekretär und Reisemarschall in ihrem Dienst. Der Dichter empfindsamer Naturlyrik und Hofmeister adliger wie bürgerlicher Familien in deutschen Landen und der Schweiz, hatte sich inzwischen als welterfahrener und kundiger Reisender bewährt. Den schönen Künsten wie den Erscheinungsformen der Natur zugewandt, ein hochgebildeter Causeur, Sammler von Naturalien und antiken Vasen und Autor von Reiseberichten, korrespondierte er und traf mit einem internationalen Kreis ihm freundschaftlich verbundener Literaten und Literatinnen, Theologen und Pädagogen zusammen: ein unabhängiger Geist am Hofe, überzeugt davon, dass seine Position *das günstigste Ereignis meines ganzen Lebens*[2] sei.

Eine Anstellung am Philanthropin, der bedeutendsten Erziehungsanstalt der späten Aufklärung und einer Gründung des Fürsten Leopold III. Friedrich Franz von Anhalt-Dessau (1740–1817), hatte den jungen Lehrer Anfang der 1780er Jahre zuerst nach Dessau geführt. 1792, nach längerer Abwesenheit, war Matthisson in der Schweiz der gebildeten und belesenen Louise vorgestellt worden. Mehr als ein Jahrzehnt blieb er unauffällig, effizient und ergeben an ihrer Seite: Ein idealer Begleiter, eher intellektueller Freund als bloßer Vorleser, auf Reisen ihr Cicerone, ein Ratgeber und Organisator in vielen Lebensdingen und ihr Bewunderer von Anfang an:

Das Auge der Fürstin von Dessau hat viel von dem Auge Friedrichs, so wie denn überhaupt in ihrer ganzen Physiognomie des preußischen Urstammes Originalzüge sich Strich für Strich wiederfinden.[3]

Louise Henriette Wilhelmine von Anhalt-Dessau, als Prinzessin von Preußen und Markgräfin von Brandenburg-Schwedt am 24. September 1750 geboren, war die Tochter von Markgraf Heinrich Friedrich von Brandenburg-Schwedt und Leopoldine, einer Prinzessin von Anhalt-Dessau, überdies eine Verwandte Friedrichs II. und mit „Königliche Hoheit" anzureden. Ihre Erscheinung wies tatsächlich Züge auf, die sie mit dem preußischen König verbinden. Schön war sie nicht. Niemand würde sie als temperamentvoll oder anmutig beschreiben. Doch zeigen die eher herben Porträts der Fürstin bei aller Haltung und unübersehbaren Klugheit eine leicht melancholische Scheu.

Sie war eine Frau, die auf Distanz ging; à la mode im Chemisenkleid, doch zu intelligent und zu stolz, sich den modischen Atttüden ihrer Epoche verpflichtet zu fühlen. Louises Präferenzen waren lebenslang Lektüre und Reisen: die Erfahrung der Natur wie der Besuch von Sehenswürdigkeiten sowie die Literatur ihrer Zeit. Sie war mit Goethes Dramen vertraut, ließ sich aber auch Texte von Philosophen der Antike vorlesen und schätzte den brieflichen Austausch über Neuerscheinungen mit einigen Seelenfreundinnen. Besonderen Sinn für Mode aber – wie etwa Luise, die schöne junge Königin von Preußen, hatte sie nicht.

---

[1] Louise von Anhalt-Dessau, Tagebuch, 25. Dec. 1798
[2] Friedrich Matthisson, *Erinnerungen,* Dritter Teil, *XIII. Fragmente und Erinnerungen aus Tagebüchern und Briefen,* Wien 1815, S. 186
[3] s. Anm. 2, S. 188

Ich kaufte für mich Kleider, weil wir in Carlsruh bei Hofe erscheinen sollten. [4]

Im vorliegenden Tagebuch kommt eine solche Anmerkung ganze zwei Mal vor; zu ihrer Lektüre dagegen äußert sich die Fürstin mehr als zwei Dutzend Male. Auch dies nur knapp, doch erkennbar zufrieden mit der Fülle des Gelesenen. Die brandenburgische Prinzessin, deren Kindheit früh zu Ende ging, wusste um ihre Privilegien; sie nahm ihre Pflichten nicht immer klaglos an, doch verleugnete sie mit zunehmendem Alter private Ansprüche an ihr Leben am Hof von Anhalt-Dessau nicht.

Im Jahre 1756 musste ich zuerst, als ein sechsjähriges Kind, die Hauptbegebenheiten des Tages und in der Zeit in Journalform aufzeichnen oder viel mehr sehr schlecht nachschreiben. Diese Arbeit begann am 29. August, als Friedrich der Große in Sachsen einrückte, wo er am 10. September Dresden besezte. [5]

Louises summarische Einleitung lässt nur wenige Details aus der Kindheit zu: animierte, wie die Erwähnung des Riesen namens Gillet, den ihr Vater nach dem Abendessen zu sich kommen ließ (1764) oder das Erlebnis eines Löwen, den sie zusammen mit anderen Tieren im selben Jahr in Berlin sah. Frühe Erinnerungen an den Siebenjährigen Krieg kommen nicht vor, der sie und ihre fünf Jahre ältere Schwester Friederike zwang, sicherheitshalber zwei Jahre in der preußischen Festung Magdeburg zu verbringen. Und schon gar nicht die Tatsache, dass ihre Mutter sie im Alter von acht Monaten verlassen musste: Die Markgräfin Leopoldine war in der Folge einer Ehe-Auseinandersetzung und mit Billigung Friedrichs des Großen nach Kolberg verbannt worden. Sie starb dort 1782 und Louise notierte:

Der Fürst brachte mir die Nachricht, <u>dass meine Mutter gestorben sei.</u> [6]

Und markierte die Stelle mit einem Kreuz. Als die 38jährige Louise für den 13. Dezember 1788 vermerkte, sie habe, wiederum vom Fürsten, die Nachricht vom Tod ihres Vaters erhalten, äußerte sie, sie habe Nasenbluten bekommen. Dabei ist dieser Vater in der Kurzfassung ihrer Tagebücher immerhin hier und da als eine öffentliche Figur präsent, die Besuche in Dessau und Wörlitz macht, während sie ihn hin und wieder in Schwedt aufsucht.

Aufgeklärte Vernunft und der Traum vom neuen Arkadien

Am 8ten März Vormittags um 10 Uhr sah ich den regierenden Fürsten von Dessau zum erstenmal, nachdem mein Vater mir am Abend zuvor bekannt gemacht hatte, dass der König mich diesem Fürsten zur Braut bestimme… Mir hatte seine Gegenwart sowohl als sein Ansuchen ein Fieber zugezogen. Ich verließ den Ball. [7]

Der regierende Fürst von Dessau, Leopold III. Friedrich Franz war zehn Jahre älter als Louise und eine ungewöhnliche Erscheinung: Herrscher über ein kleines, gemessen an Preußen sogar winziges Land von 700 Quadratkilometern mit 35 000, durch die Zerstörungen des Siebenjähriges Kriegs verarmten Einwohnern. Verwandt mit den Preußen wie mit weiterem deutschen und niederländischen Hochadel, war er ein Mann der Aufklärung. Seine philanthropischen Neigungen, seine pädagogischen und ökonomischen Innovationen ließen ihn als eine Verkörperung modernen Geistes erscheinen. Für seine Untertanen war er der „gute Vater Franz".

Gebildet und dank seiner Kavalierstouren durch Holland, England und Italien international erfahren, verfolgte seine Politik vom Regierungsantritt 1758 an mehr als nur das Ziel einer wirtschaftlichen Blüte seines Fürstentums. Ungewöhnlich wissbegierig und tatendurstig, ging er vielmehr daran, Anhalt-Dessau zu einem Land materiellen wie intellektuellen Fortschritts zu machen und damit aufgeklärte Vernunft und den Traum eines neuen Arkadien zu vereinen.

Inspiriert von römischer Vergangenheit wie von den modernen Errungenschaften der Ökonomie, Architektur und Landschaftskunst in England, schuf er in dem halben Jahrhundert seiner Regierungszeit sein Gartenreich, eine „moral landscape" nach britischem Vorbild, eine bedachtsame Komposition, deren Botschaften – Freundschaft, Toleranz, Respekt vor dem anderen usw. – als sinnfällige Architektur in die gestaltete Schönheit der Natur eingebettet waren. Die Verschmelzung des Schönen mit dem Nützlichen – das war der Traum, das war das Ziel: Palladianisch-klassizistische Bauten und neogotische Phantasiearchitekturen verbanden sich in der Auenlandschaft der Elbe zu „englischen Gärten", Es waren die ersten auf dem Kontinent. Und die Eliten Europas nahmen sie nicht zuletzt durch Publikationen wie die des Fürsten Charles Joseph de Ligne wahr, der „Gärtnern, Malern, Philosophen, Dichtern" – also seinen Lesern - zugerufen hatte: *Gehet nach Wörlitz!* [8] Die nach Stille verlangende Louise freute sich über die im Lauf der Zeit wachsende Zahl von Besuchern nicht.

Den Fürsten mit seinem Sinn für Pragmatismus, der Neues schaffen, sich für die Bildung seiner Untertanen einsetzen und seinerseits Erlerntes in konkrete Vorhaben verwandeln wollte, wird erfreut haben, dass sein Gartenreich zum Reiseziel wurde. Auch darin war er modern – und überhaupt ein Mann mit vielen, anziehenden Eigenschaften. Theorien lagen ihm ferner. Seine Gartenschöpfung hatte er im Sinn, nicht einen Musenhof nach Weimarer Vorbild. Beim Parforce-Jagen und Sauhetzen fühlte er sich wohler als im Salon; den schwärmerischen Beziehungen der Epoche zog er leidenschaftliche vor, mochten sie auch so bürgerlich beschaulich anmuten wie seine

---

[4] Tagebuch, 9. November 1783
[5] ebd., *Einleitung welche den Zeitraum von 1756 bis 1767 summarisch enthält*
[6] ebd., S. 1

[7] ebd., S. 1
[8] Charles Joseph de Ligne, *Der Garten zu Beloeil nebst einer kritischen Uebersicht über die meiste Gärten Europas,* Dresden 1799/Reprint Wörlitz 1995, S. 168/II.

Menage im gothischen Hause, mit der Gärtnertochter Leopoldine Luise Schoch und den gemeinsamen beiden Töchtern nebst Sohn.

Krankheiten kamen wie Naturkatastrophen

Diesen Mann heiratete Louise am 25. Juli 1767 in der Charlottenburger Hofkapelle. Und wieder reagierte sie mit Krankheit. Ja sie fiel auch, Anfang August kaum in Dessau angekommen, eine Schlosstreppe hinunter – ein Unglück, das sie später als Ursache für eine tödliche Frühgeburt ansah. Krankheiten werden die Fürstin von Anhalt-Dessau ihr Leben lang bedrohen.[9] Doch liest man das komprimierte Tagebuch und bemerkt, wie die Jahre dahingehen, wie Tage ohne Unpässlichkeiten eigens vermerkt sind, wie Gespräche angedeutet, Glück umschrieben, Schmerzen ertragen, Unheil notiert und Sehnsucht abstrahiert werden, so begreift man: Louise wollte sich in ihren Aufzeichnungen letzter Hand nicht aussprechen. Nicht einmal über Krankheit, Kuren und deren Folgeerscheinungen, die über sie kamen wie Naturkatastrophen.

Dieses Jahr begann für mich mit körperlichen Leiden, zu welche schon der Grund vorlängst, besonders aber seit zwei Jahren gelegt worden war. Aber der Ausbruch dieser Angriffe, die bisher meine Seele und meinen Körper erschütterten, äußerte sich nun immer mehr durch Ohnmachten, Schwindel, Fieberhize, tiefe Traurigkeit, Mangel an Schlaf und Esslust und Sehnen nach der Klosterstille des Grabes.[10]

Heute konstatierte man psychosomatische Beschwerden; um 1900 hätte man das Stichwort „Hysterie" bemüht, damals folgten auf unterschiedlichste Diagnosen heftige Eingriffe durch Medikamente, Blutegel und andere Kurmittel. Egerwasser, Pyrmonter und weitere Heilwasser heilten ihre Krankheiten wohl eher wenig, wie denn auch niemand sie davor bewahren konnte, allmählich zu ertauben. Dass Louise unter ständigen Zahnschmerzen litt, ist noch die einleuchtendste, weil damals weit verbreitete Erklärung ihres Unwohlseins. Wie bedrohlich sie die immer wieder verabfolgten Kuren empfand, zeigt eine ungewöhnlich drastische Tagebucheintragung von 1779:

Ich fing meine Kur (in Pyrmont) *an: früh Salz, dann eine Flasche Pyrmonter, dann ein warmes Bad bis an den Hals, wobei mir ein Eimer kaltes Wasser über den Kopf gegossen wurde, gegen 12 Uhr eine bittere Arznei, Nachmittags eine Flasche Meyenberger Wasser, dann wieder Arznei, gegen Abend ein Dampfbad, nach dem Essen ein Fussbad bis an die Knien, wobei kalte Tücher um den Kopf geschlagen wurden, so nach 11 Uhr mit noch einem Pulver zu Bette und früh um 5 Uhr wieder auf !!! Hierbei wechselten häufig Lavements Pillen, Pulver, Tropfen ... mit einander ab. O Aerzte! Aerzte! ... Ich sah aber doch viele Leute und gab Besuche in Detmold.*[11]

Drei Eichen in Neumarks Garten

Krankheiten als *basso continuo* des Daseins: die Fürstin offeriert mit ihrer 1798 begonnenen Tagebuch-Fassung ungeschönten Alltag. Und bietet ihren Lesern das Bild einer komplizierten Persönlichkeit, die Tatbestände notiert und die sparsamen Schilderungen ihres privaten Daseins so verschattet, dass das Unausgesprochene darin wichtiger als der eigentliche Kurzbericht erscheint. „Der Fürst" nimmt, allen Krisen zum Trotz, die größte Rolle in Louises eher melancholischem Spiel mit der eigenen Biographie ein. Der Fürst hat darin tragende Partien inne – die des respektierten Gatten, des geschätzten Freundes, des dann verlorenen, innerlich entfremdeten und doch präsent bleibenden Ehemannes. Dass ihm die Partie des Liebhabers in dieser Ehe offenkundig verwehrt war, ist Realität und für die von Stand und Konvention diktierten Beziehungen des 18. Jahrhunderts nicht ungewöhnlich. Ungewöhnlich allerdings war Louise.

Abends auf dem See im Mondschein die Harfe im Winde.
Am grünen Donnerstag pflanzte der Fürst mit mir ... drei Eichen in Neumarks Garten bei Sonnenuntergang.[12]

Der Fürst lehrte mich englisch lesen und las selbst sehr viel in dieser Sprache.[13]

Ich spielte öfters mit dem Fürsten Federball und schlug manchmal bis tausend.[14]

Ich besorgte jeden Posttag die Briefe des (abwesenden) Fürsten.
Ich bekam einen Brief des Fürsten aus Paris.
... bekam Briefe vom Fürsten aus London.
In Wörlitz fand der Fürst alles in gutem Stande vor, was ich unter meiner Besorgung gehabt hatte.[15]

Eine große Anzahl Kirschkerne, die er mir geschickt hatte, säte ich in Neumarks Garten.[16]

Ich eröffnete den Ball, tanzte aber nur Menuets ... Am folgenden Morgen ging der Fürst nach Wörlitz; ich aber blieb in Dessau.[17]

Er ging. Sie blieb. Das klingt wie ein Leitmotiv, ist aber auch umkehrbar. Es trifft die Tatsache, dass Fürst und Fürstin sich angewöhnten, jenseits des Protokolls eher getrennte Wege zu gehen, auch wenn diese nur einige hundert Meter oder wenige Kilometer voneinander entfernt lagen. Doch als aus den fürstlichen Kavalierstouren Informationsreisen und politische

---

[9] Wilfried Heinecke, *Dessauer Kalender 1994–1997*, hrsg. von der Stadt Dessau, Stadtarchiv
[10] Tagebuch, Anfang 1772 (Ohne Datum)
[11] ebd., 26. Junius 1779
[12] ebd., 24. und 27. März 1777
[13] ebd., 2. Mai 1775
[14] ebd., 23. April 1778
[15] ebd., 2. und 22. Oktober 1785
[16] ebd. 8. November 1785
[17] ebd., 28. Dezember 1774

Erkundigungen geworden waren, nahm die Fürstin sich die Freiheit, eigenständig unterwegs zu sein. Das Dessauer und das Wörlitzer Schloss, das Luisium und später das von ihr so genannte Graue Kloster in Wörlitz waren ihre Wohnsitze. Sie zu wechseln, entsprach den Jahreszeiten wie dem Hofprotokoll und nicht zuletzt den persönlichen Vorlieben ihrer Bewohnerin.

Wir waren oft in Wörlitz beim Bau des neuen Hauses zugegen ... Der Fürst verreiste ... und ich musste indeß bei den Gartenarbeiten und dem Bau des Hauses öfters nachsehen."[18]

Wenn ich den Fürsten bisweilen nach Wörlitz begleitete, beschäftigte ich mich damit, die Verzierungen des Plafonds und übrigen Füllungen im Hause in Gyps zu gießen.[19]

Das Wörlitzer Haus ward ... festlich eingericht. Der Ball dauerte die ganze Nacht hindurch und mein Vater und ich waren wohl die einzigen, die daran gedacht hatten, sich zur Ruhe zu begeben.[20]

Im Laufe der Jahre wird deutlich, wie die häuslichen Tätigkeiten, die höfischen Vergnügungen (die Louise nicht schätzte) und die Beschäftigung mit Baustellen und Gärten die Fürstin nicht daran hindern, ihre Wohnsitze hinter sich zu lassen. Und abzureisen. Für zwei Tage nach Leipzig, für kurze Zeit ins Schloss nach Sandersleben – einem Familienbesitz –, nach Halberstadt zum Schriftsteller Gleim, nach Hannover zum Arzt Zimmermann ... Solche Ziele füllen Seiten. Die Fürstin reist, kurz oder lang. Es scheint, als wäre ihr wichtiger wegzufahren als anzukommen. Dass sie im eigenen Land oder in benachbarten Fürstentümern Besuche machte, ergab sich von selbst. Dass sie aber lange private Reisen incognito und in kleinster Gesellschaft unternahm, ist etwas entscheidend anderes. Bereits die junge Louise setzte sich Ziele, nachdem sie 1770 mit dem Fürsten für drei Monate in die Schweiz und nach Frankreich bis Lyon gereist war.

Zum ersten Mal: die Schweizer Gebirge

Wir verließen also Wörlitz ... und zogen nach Dessau, von wo der Fürst mit mir, Erdmannsdorff, einer Kammerfrau, einem Koche und drei Lakaien in zwei Wagen ... abreisten. So begann meine erste große Reise und zum erstenmal entfernte ich mich von meinem 6 Monate alten Sohne.[21]

Fast dreißig Jahre später übernimmt sie Mitteilenswertes dieser ersten, spätere Gewohnheiten prägenden Reise aus ihren Aufzeichnungen ins Tagebuch: Sehenswürdig bleiben zum Beispiel *Landau, wo ich das erste französische Militair sahe* (5. August); der Straßburger Münsterturm mit seinen 630 Stufen – *und als ich oben wie bezaubert umher schaute, genoß ich des schönen Schauspiels der untergegangenen Sonne und des aufsteigenden Mondes zur gleichen Zeit* (4. August); die Gegend von Neu-Breisach, wo sie – offenbar bei sehr guter Fernsicht – zum ersten Mal die *Schweizergebirge erblickt* (8. August); am nächsten Tag das Basler Münster und *den berühmten Todtentanz*, der nicht mehr existiert. Man logierte *in den drei Königen*, einem Hotel am Rhein, das es heute noch gibt. Der Rheinfall von Schaffhausen stand auf dem Reiseprogramm; *Erdmannsdorff zeichnete ihn ab und auch ich wagte einen mislungenen Versuch ihn darzustellen* (14. August). Auf der Rückfahrt, in Basel, *kaufte der Fürst einen Käse von 120 Pfund* (15. September).

Die Reisegesellschaft hatte auf ihrem Wege Kunstsammlungen, ein Naturalienkabinett und Manufakturen besichtigt, ein furchterregendes Gewitter erlebt und *keinen Augenblick ungenutzt, um alles merkwürdige in Augenschein zu nehmen*. Louise reiste über Bern nach Lausanne und Genf, wo sie des berühmten Voltaires Haus aufsuchte, so wie sie in Zürich *den berühmten Geßner*[22] gesehen hatte. Dass Voltaire den Besuchern nicht erschien, war ihr eine bemerkenswerte Schilderung wert:

Nachdem wir uns Fremde bei dem alten Dichter hatten anmelden lassen, erschien bald eine dürre magere Figur von Kammerdiener, der mit weinerlichem Ton, aber in sehr guter Sprache seinen Herrn entschuldigte, uns nicht annehmen zu können und ihn zugleich durch Fieber und Gewitterangst so jammerhaft schilderte, dass man freilich mehr den alten Herrn als sich selbst beklagen musste.[23]

Luisium – ganz Anmut und Eleganz

Friedrich Wilhelm von Erdmannsdorff (1736–1800), der bedeutendste Vertreter des Frühklassizismus in deutschen Landen und als Freund und Baumeister des Fürsten von Anhalt-Dessau einer der geistigen Väter des Gartenreichs, war bereits mit der Planung einer weiteren Variante der *villa suburbana* beschäftigt, noch bevor seine meisterliche Schöpfung eines englischen *country house* in Wörlitz vollendet war. An diese 1773 eingeweihte palladianische Villa – laut de Ligne *alles Anmuth und Säulen* – schloss sich nun auf anderem Terrain eine weitere Sommerwohnung an, die ganz auf die Bedürfnisse der Fürstin zugeschnitten war und eher die Bezeichnung Gesamtkunstwerk verdient.

Der grazile Baukörper kommt im Gegensatz zum Wörlitzer Schloss ohne eine antikisierende Säulenfront und andere Würdezeichen aus. Dafür ist er von besonderer Anmut und Eleganz – ein Wohnsitz von fast bürgerlichem Zuschnitt, dazu eine denkbar glückliche Verbindung von Architektur und Gartenkunst: von Haus und Park, von Interieurs und umgebenden Anlagen, die sich bis zum Elbufer hin in die umgebenden Weiden mit ihren alten Solitäreichen verlieren. Und wie das *Gothische* Haus dem Wörlitzer Schloss als Kontrast entspricht,

---

[18] ebd., 6. April 1771
[19] ebd., Anfang 1772 (ohne Datum)
[20] ebd., 22. März 1773
[21] ebd., 23. Julius 1770

[22] Salomon Gessner (1730 Zürich 1788): Bedeutender Schweizer Dichter, Zeichner, Radierer und Maler. Schöpfer der in viele europäischen Sprachen übersetzten „Idyllen".
[23] Tagebuch, 4. September 1770

so antworten wenige Jahre später neogotische Nebengebäude auf den Klassizismus der unweit von Dessau gelegenen neuen Sommerresidenz auf dem Gelände des einstigen barocken Jagdhauses *Vogelheerd*. Auch dies war kein Zufall, sondern Programm: Das Gartenreich zwischen Wörlitz und Dessau demonstriert bis heute, dass jedes Gebäude, jede Anlage ihren Part in einem großangelegten Ensemble zu spielen hatte.

Nie verließ ich diesen Feengarten, den ich im Jahre 1778 zum erstenmal und nachher oft wieder besuchte, ohne die beglückende Stille des Geistes, welche nach Horazens Ausdrucke, Bitterkeiten durch ein sanftes Lächeln mildert, und die Mutter der ächten Lebensweisheit ist. [24]

Bereits 1771 hatte Fürst Franz der jungen Gemahlin *eine Hälfte des Gartens* und *1000 Rthl. jährlich zur Unterhaltung desselben und des Hauses* [25] zum Geburtstag geschenkt. Das Landhaus am Weiher mit schönster Aussicht wurde den Neigungen seiner Besitzerin entsprechend komponiert: Ein Vestibül, sieben Räume auf zwei Etagen, ein den „weiblichen Tugenden" gewidmeter Saal, ein Dachgeschoss mit wenigen Diener- und Gästezimmern, gekrönt von einem zierlichen Belvedere – mehr fasst das Gebäude nicht.

Der Fürst und ich stellten den Maler Fischer aus Berlin im neuen Haus des Vogelheerds an, alles vorgeschriebene und vorgezeichnete zu malen. [26]

Das „Vorgeschriebene" stammte ebenfalls von Erdmannsdorff. Dessen leichthändige Dekorationen für das Luisium entstanden in enger Verbindung zu den Vorstellungen des Fürstenpaars. Haustyp und Interieurs orientierten sich an Antike und italienischer Hochrenaissance wie am palladianischen Vorbild und an Dekorations-Moden englischer Landhäuser der Zeit. Die bis auf den Saal kleinen Räume bilden ein filigranes Ensemble, eine Folge delikater Gebilde von jeweils unterschiedlichem Charakter: Je eine Farbe bestimmt deren Atmosphäre: Karmesinrot, Mattgrün, ein violett und blau gefasstes leichtes Gelb, ein Himmelsblau. Als Kaschierung von Schränken, vermutlich im ehemaligen Ankleidezimmer, dienen Spiegelwände, in denen die Fenster zum Park zusammen mit den Decken- und Wandmalereien betörend aufscheinen.[27] Louises Arkadien auf dem Lande (in den 1990er Jahren restauriert) ist bis heute ein kleines irdisches Paradies geblieben. Ein Haus, im Frühling und Sommer zu bewohnen, inmitten von grünem Laub und Blumenwiesen, mit offenen Fenstern und einer Saaltür, die unmittelbar in den Park hinausführt.

Wir fuhren mit Erdmannsdorff und meinem Sohne nach dem Vogelheerd… [28]

Ich fuhr wie gewöhnlich mit der Gesellschaft auf die Jagd. Mittags war große Tafel im Vogelheerd, der nun den Namen Luisium erhalten hatte. [29]

Im aufklärerisch-ästhetischen Programm des Gartenreichs ging es darum, Kunst- und Naturschönheit zur Einheit und diese zum Erlebnis werden zu lassen. Deshalb das Motiv des Fensterblicks und die komponierten Ausschnitte der Parklandschaft. Deshalb die Verweise auf Bildungserfahrungen. Daher die Vielfalt der kunsthistorischen Zitate und Hinweise auf Reisen, etwa in der Ausstattung des Luisium. Sie geben bis heute Auskunft über den geistigen Zusammenhang des Ganzen, tragen Geschichte und Geschichten in sich und besitzen auch eine einfache Botschaft: Dieser Wohnsitz gehörte einer gebildeten Frau und ist ein dem Weiblichen und der Liebe gewidmeter Ort, an dem das männliche Element heiter dialogisch, aber nicht dominant auftritt. – Die Realität sah damals anders aus. [30]

Kleine Freuden für den Sohn

Ausschließlich „mein Sohn" benennt Louise Friedrich von Anhalt-Dessau (1769–1814), den Stammhalter des Hauses und ihr einzig überlebendes Kind. Von seiner Geburt am 27. Dezember 1769 an erwähnt sie ihn kontinuierlich, ohne allerdings viel von ihm zu erzählen. Dem Sohn waren zwei Töchter vorangegangen: eine „unzeitige Niederkunft" im Februar 1768 und nach dieser Fehlgeburt eine weitere Tochter im Februar 1769, *die aber ihr Leben kaum auf einige Stunden brachte, weil ich sie im 8ten Monat gebahr.* [31] Dieser zweitgeborenen Tochter gedachte Louise öffentlich ihr Leben lang, indem sie – meist vor oder nach ihrem eigenen Geburtstag am 24. September – *Blumenbänder um meines Kindes Grabmahl wand* [32] – an der *Goldenen Urne* im Wörlitzer Garten.

Vom Erbprinzen Friedrich ist tatsächlich wenig zu berichten. 1788 trat er 19jährig als Oberstleutnant ins Preußische Heer ein, nach dem Feldzug gegen die Franzosen 1794 erhielt er seinen Abschied als Generalmajor und war dann für seinen Vater in Regierungsgeschäften des eigenen Landes tätig. Nach einer missglückten Verlobung mit einer preußischen Prinzessin folgte 1792 die Heirat mit Christiane Amalia von Hessen-Homburg; aus der Ehe stammten fünf Kinder – die Louise im Tagebuch ebenso wie die Schwiegertochter nachgerade zärtlich erwähnt. Friedrich starb 1814, drei Jahre nach seiner Mutter und drei Jahre vor seinem Vater.

Nie werde Sie die Freundschaft und Güte Louises vergessen und nie aufhören, sie zu verehren, schreibt Christiane Amalia kurz nach deren Tod 1811 an Matthisson:

---

[24] Friedrich Matthisson, Briefe, Zürich 1795, S. 184
[25] Tagebuch, 24. September 1774
[26] ebd., 10. April 1778
[27] siehe auch: Ursula Bode, *… ein großer Garten und ein kleines, aber freundliches Schloss,* in: Das Luisium im Dessau-Wörlitzer Gartenreich, München/Berlin 1998, S. 53
[28] Tagebuch, 5. Januar 1775
[29] ebd., 3. November 1779
[30] wie Anm. 27, hier S. 45
[31] Tagebuch, 11. Februar 1768 und 11. Februar 1769
[32] ebd., 25. September 1781

Schon früher äußerte ich dem Erbprinzen meinen Wunsch, die Tagebücher meiner lieben Schwiegermutter zu besitzen und wusste nicht, dass Sie einen Auszug daraus gemacht haben. Nun hat er's mir bewilligt, und Sie können wohl glauben, mit welcher treuen Sorgfalt ich ihn aufbewahren werde. – Wie viel Gutes kann ich nicht daraus schöpfen! [33]

In seiner Jugend war Louise dem Erbprinzen Friedrich offenbar eine aufmerksame Mutter. Sie hält fest, wann sie dem Sohn kleine Freuden bereitete [34]: etwa ein Schaukelpferd (1772) oder *ein kleines Haus, worin er mit seinen Cammeraden recht behaglich am Tisch sitzen konnte* (1773). Sie registriert, wie oft sie ihren Sohn französisch lesen lässt – und das dies schlecht gehe. Sie fühlt sich krank vom vielen Ärger, des Unterrichts wegen und notiert heftige Auftritte – offenbar mit Vater und Sohn –, wegen der *unbescheidenen Jagdliebe, worunter ich sehr litt.* [35] Was auf beide zutreffen konnte. Wichtig ist ihr auch zu erwähnen, wie Friedrichs Unternehmungsgeist sie erschrecken konnte:

Auf einem Spaziergang mit meinem Sohne unweit der Wassermühle, bis wohin sich wirklich die Ueberschwemmung ausdehnte, lief das Kind, voller Freude über diesen Anblick, bis an die Brust ins Wasser. Wir hielten ihn erschrocken zurück, während Basedow ihm zujauchzte: Vortrefflich! [36]

Der Pädagoge Basedow, Mitbegründer des Philanthropin in Dessau, hatte offenbar nichts gegen die Ertüchtigung von Kleinkindern. Angesichts eines Unfalls wenige Jahre später jedoch fühlt man sich an Goethes 1809 erschienene „Wahlverwandten" erinnert, dessen tragischer Höhepunkt – das Ertrinken eines Kindes – das Unglück der beiden Paare im Zentrum des Romangeschehens besiegelt.

Am Abend fiel mein Sohn im Herausspringen aus der Gondel ins Wasser, jedoch ohne Schaden. Ich bekam vor Schreck eine Ohnmacht. [37]

Goethe zeichnet, Louise stickt, der Herzog faulenzt

1776 war Goethe als Begleiter des Herzogs Carl August von Sachsen-Weimar-Eisenach zum ersten Mal nach Wörlitz gekommen. Unabhängig von ihrem Altersunterschied von siebzehn Jahren trafen sich die beiden Fürsten in ihrem Temperament wie ihren Zielen: zwei sich gegenseitig anregende moderne Herrscher über Territorien in wirtschaftlicher und politischer Randlage, mit Sinn für Reformen wie Leidenschaft für die Jagd und vereint im Fürstenbund.

Wir hetzen uns mit den Sauen herum, und mir tuts besonders wohl, dass soviel Neues um mich herum lebt. [38]

Das schrieb Goethe an Frau von Stein, der sie doch sonst in seinen Briefen mit empfindsameren Schilderungen Dessauischer Landesverschönerung verwöhnte. Der bemerkenswerten Ansichten gab es ja genug. So ist nicht verwunderlich, dass vom Wörlitzer Garten Anregungen des Dichters und des Herzogs in die Planung des Weimarer Parks an der Ilmenau eingingen. Auch den Tiefurter Park der Herzogin Anna Amalia wollte Goethe dem in Wörlitz angleichen. So existiert in diesem Sommersitz beispielsweise eine Wandgestaltung, die mit ihrem Dekor heimatlichen Pflanzengeranks an einen Raum im Luisium erinnert. Die „Wahlverwandtschaften" schließlich spiegeln Ideen der Gartenkunst, wie sie der Dichter in Wörlitz aufnahm: Eduard, ein reicher Baron im besten Mannesalter, wünschte bereits auf der ersten Seite des Romans, sich an einer neuen (Garten-)Schöpfung zu erfreuen, um die es in dem Roman zunächst geht:

Dieser stieg nun die Terrassen hinunter, musterte im Vorbeigehen Gewächshäuser und Treibbeete, bis er ans Wasser, dann über einen Steg an den Ort kam, wo sich der Pfad nach den neuen Anlagen in zwei Arme teilte. Den einen … ließ er liegen, um den anderen einzuschlagen, der sich links etwas weiter durch anmutiges Gebüsch sachte hinauswand; da wo beide zusammentrafen, setzte er sich für einen Augenblick auf einer wohl angebrachten Bank nieder, betrat sodann den eigentlichen Stieg und sah sich durch allerlei Treppen und Absätze auf dem schmalen, bald mehr bald weniger steilen Wege endlich zur Mooshütte geleitet. [39]

Des Herzogs und Goethes häufige Besuche in Dessau und Wörlitz sind Louise bedeutsam genug, um konstant vermerkt zu werden – selbst wenn der Dichter in Rätseln philosophiert:

Der Fürst kam aus Berlin wieder und am folgenden Tag auch der Herzog, Göthe und Wedel, die drei Tage blieben.
Göthe zeichnete, ich stickte und der Herzog faulenzte. Als ein Bienenschwarm über uns sich in einen Baum sezte, sagte Göthe, dass dies eine lange Fortsetzung unseres gegenwärtigen Thuns bedeutete. [40]

Nicht sonderlich häufig konstatierte Louise, dass sie sich einem Damen ihrer Zeit so selbstverständlichen Zeitvertreib widmet – doch gelegentlich war ihr eine besondere Variante von Handarbeit ein paar Zeilen wert:

Ich begann eine mir ganz fremde Kunst zu betreiben, nämlich die Tapezierarbeit. Ich fing an, ein Stuhlkissen zu nähen, mit Seide Rosen und Blätter darstellend. [41]

---

[33] Christiane Amalia von Anhalt-Dessau Friedrich von Matthisson, Anhaltinische Landesbücherei Dessau, Matthisson-Nachlaß, Brief vom 12. Januar 1812
[34] ebd., 27. Dezember 1772 und 27. Dezember 1773
[35] ebd., 25. Julius 1785
[36] ebd., 9. Junius 1771
[37] ebd. 30. Mai 1776
[38] Goethe an Charlotte von Stein, 5. Dez. 1776 Zit. nach Kießmann, *Wörlitz und Weimar,* Dessau , o. J. (1927), S. 24
[39] Johann Wolfgang von Goethe, *Die Wahlverwandtschaften,* Frankfurt am Main 1976, S. 11–12
[40] Tagebuch, Mai 1778 (ohne Datum)
[41] ebd., 2. September 1803

Schöngeistiges und Johannisbeeren

Dass die Fürstin ihrer Herkunft entsprechend musische Beschäftigungen pflegte, ist keine Frage. Auch nicht, dass sie eine musikalische Erziehung genossen hatte und nicht nur theoretisch an Gartenbau und Pflanzenzucht interessiert war. Wobei ihre Anmerkung für das Jahr 1774 bereits leicht abschiednehmend klingt: Sie habe damals noch häufig Musik gemacht, Klavier, Harfe und Mandoline gespielt, ist dort zu lesen, worauf eigene musikalische Aktivitäten fortan nie wieder erwähnt werden. Praktische Garten- und Küchenarbeit entsprach dagegen Louises an der Lektüre von Rousseaus Schriften und Romanen geschultem Gefühl für die Notwendigkeit natürlichen Daseins: Mit Kindern spielen. Im Garten tätig sein. Spazierengehen zwischen Äckern und Beeten. Eins Sein mit der kunstvoll belebten Natur, so wie man es auf englischen Landsitzen lernte – solche Maximen klingen auch in ihren wortarmen Tagebuchzeilen mit.

Ein seltener Tag! Denn ich war viele Stunden unter freiem Himmel einsam, genoß der schönen Morgenluft, der Stille und fühlte mich einmal wohl. [42]

Ich kochte in diesen Tagen viel Kirschen ein, so wie ich Ende vorigen Monats viel Johannisbeersaft zubereitet hatte. [43]

Es ward an dem Wall am Berting eine Baumschule angelegt. Ich steckte allein 452 lombardische Pappeln dort ein [43a] (die Zypressen des Nordens).

Mit ihm (ihrem Sohn) *säeten wir viele Obstkörner in Wörlitz.* [44]

Erst den 23. konnten mir etwa ein Dutzend weiße Erdbeeren aus meinem Garten gebracht werden. [45]

Ich hatte viel Freude am Lesen der Sternheim. [46]

Doppelstriche für Torquato Tasso

Lektüre bedeutete der Fürstin viel. Vom Jahr 1781 an gibt sie auch im Tagebuch darüber Auskunft, mit präzise anmutenden Angaben und Listen ihres literarischen, philosophischen und theologischen Pensums. Dabei zählt sie Bücher auf, wie andere Jagdtrophäen; erwähnt Zeitungen und Monatsblätter politischen und literarischen Inhalts und geht – vielleicht auf Anregung des Sekretärs und Vorlesers Matthisson – nach 1800 dazu über, sich jeweils am Monatsende mit einer Zusammenfassung Rechenschaft über das Gelesene abzulegen. Ebenso verfuhr sie mit den *Weltbegebenheiten,* an denen ja in dieser Zeit kein Mangel war, obwohl die Schlachten der napoleonischen Kriege zunächst weit entfernt geschlagen wurden.

Die Abendlektüre war jetzt Anton Reiser. [47]

So beginnen Jahrzehnte hindurch die Notizen. Knapper geht es wirklich nicht. Doch Louise setzt offenbar voraus, dass auch künftige Leser und Leserinnen mit den Autoren vertraut sind. Und verrät darüber hinaus nur ein Mal, wie es ihr bei einer Lektüre ergangen ist:

M. (Matthisson) brachte mir den Titan von Jean Paul, aber, den Musen sei's geklagt! Ich hatte weder Sinn, noch Empfänglichkeit dafür. Trotz meiner Anstrengung mich durchzuarbeiten, widerstand mir das Buch so sehr, dass ich es weglegen musste. [48]

Einen weiteren Kommentar dazu gibt die Fürstin nicht, was im übrigen die meisten ihrer Lektüre-Anmerkungen nicht von denen zum Zustand ihrer Ehe oder zur französischen Revolution unterscheidet. Erstaunlich, wie informativ die Aufzeichnungen dieser Leserin dennoch sind, die einfach mitteilt, was sie las und was in ihren Salons gelesen wurde: überwiegend Gegenwartsliteratur, aber auch Bücher, die einige Jahrzehnte früher erschienen waren. Häufig sind es Romane oder historische Werke englischen und französischen Ursprungs.

Samuel Richardson Roman C*larissa or the history of a young lady,* erschien zum Beispiel 1748 in England und 1748–51 in deutscher Übersetzung; Louise las ihn 1781. Karl Philipp Moritz' *Anton Reiser,* der erste deutsche psychologische Roman, ein ungemein realistisches Abbild der gesellschaftlichen Lage des Kleinbürgertums nach 1750, kam erstmals 1785 heraus. In unserer Zeit nannte Arno Schmidt ihn die „grandioseste aller Selbstbiographien ... ein Buch, wie es kein anderes Volk der Erde besitzt." Wie gern wüsste man, was Louise von Anhalt-Dessau davon hielt.

Sehr interessant ist es, in ästhetischer und psychologischer Hinsicht, ein von der Fürstinn gelesenes Buch zu durchblättern, weil sie niemahls anders zu lesen pflegt, als mit der Feder oder dem Bleystift in der Hand, und jede Stelle, wodurch sie besonders erfreut, gerührt, angezogen, ergriffen oder festgehalten wurde, immer mehr oder weniger auffallend markirt. Zuweilen gibt es doppelte, auch dreyfache Striche ... Klopstocks Oden sind beynahe lauter Strich. Zunächst sehen die Werke von ... Wieland, Lessing, Göthe und Schiller am buntesten aus. Der meisten Doppelstriche hat sich aber Göthe zu erfreuen, besonders in der Iphigenia aus Tauris und im Torquato Tasso. Überhaupt werden wenige Schriftsteller meiner Nation wärmer von ihr bewundert und fleißiger wiedergelesen als Göthe und in vielen ihrer Briefe kommen Schilderungen, Wendungen und Ausdrücke vor, die durch Energie, Wendungen und Colorit lebhaft an diesen Dichter erinnern. [49]

---

[42] ebd., 28. Mai 1778
[43] ebd., 10. August 1778
[43a] ebd., 25. März 1781
[44] ebd., 29. November 1784
[45] ebd., 23. Junius 1805
[46] ebd., 18. Februar 1775
[47] Ebd., 14. April 1787; Karl Philipp Moritz, Anton Reiser – Ein psychologischer Roman, Berlin 1785/1786
[48] ebd., 14. September 1800
[49] wie Anm. 2, hier S. 189/190

Eine der eher unterhaltsamen, ja verwegenen Lektüren der streng protestantisch erzogenen Louise war 1787 *Tom Jones*, (Henry Fieldings Roman *The History of Tom Jones, a Foundling* von 1749, deutsch 1771). Der Roman – ein Meilenstein der englischen Literatur – ist wie vieles andere aus dem fürstlichen Bücherkabinett heute in neuen Ausgaben verfügbar, wobei vermutlich erst Tony Richardsons höchst erfolgreicher Film von 1963 Tom Jones' Geschichte hierzulande wieder bekannt machte. Aktuelle Literatur war damals Gottfried Seumes *Spaziergang nach Syrakus*, aktuell waren Goethes Dramen und sein *Wilhelm Meister*; auch Schillers *Don Carlos*, *Nathan der Weise* von Lessing oder Herders und Wielands Werke; Jean Paul kommt – diesmal kommentarlos – etwa mit dem *Siebenkäß* vor, und allein die Auswahl der in kurzen Zeitspannen gelesenen Bücher ergibt eine erstaunliche Mischung – von antiken Schriftstellern zu deutschen Autoren des 18. Jahrhunderts, von den Historikern Boswell und Gibbon über Chesterfield bis zu Lavaters Predigten.

Dazu Philosophisches: Leibniz und Voltaire. Und Rousseaus Schriften, die für die Idee des Gartenreichs so große Bedeutung hatten, dass das Fürstenpaar den alten Herrn 1775 in Paris aufsuchte und vier Jahre nach dessen Tod 1778 in Wörlitz auf einer von Pappeln umsäumten Insel eine Urne zu dessen verehrendem Gedenken aufstellen ließ – eine berührende Inszenierung, die sich auf Ermenonville nördlich von Paris bezieht. Rousseau hatte die sublime Schönheit dieses Landschaftsparks geliebt und sich vor seinem Tod nur zwei Monate lang der Gastfreundschaft des Schlossherrn erfreuen können. Er wurde auf der von einem kleinen Weiher umgebenen *Ile des Peupliers* inmitten einer Runde von Pappeln bestattet, bevor er seine letzte Ruhestätte im Pantheon fand.

Im ausführlichen Tagebuch ihrer Englandreise [50] hatte die damals 25jährige Louise beschrieben, wie sie Rousseau am 15. Oktober 1775, zusammen mit dem Fürsten auf der letzten bedeutenden Station ihrer eigentlichen England-Tour, in seiner ärmlichen Wohnung antrifft:

Er schien neugierig zu wissen, was wir für Leute wären ... Er hörte alles, was wir sagten mit Freundlichkeit an, antwortete mit ein(nem) gütigen Lächeln, überhaupt habe ich selten eine so verständige und wohlwollende Physiognomie gesehen. Seine Augen, voll Feuer, verrieten nichts Menschenfeindliches ... welches ich doch nach allen Beschreibungen von ihm vermutete ...

Während den Abschieds Complimenten machte er noch unseres Sohnes Erwähnung. Ich sagte, er würde, in etwas, nach seinen (Rousseaus) Plänen erzogen; er sagte aber, indem er wider alle Schriftstellern und wider sich selbst (war) dass alles überflüssig wäre, besonders über die Erziehung: car la nature a donné le penchant au Parent qui seul suffit pour élever bien leurs Enfants, mais toujours, dis-je, il faut, pour savoir guider ce penchant, les livres bons ...

An der vierten Wand (des Zimmers) kann ich mich nichts erinnern gesehen zu haben, als einen nidrigen Peruquen Stock, worauf seine Perücke war. So war die Wohnung des berühmten Mannes, der durch seine Werke soviel Ruhm erworben und doch durch etwas sonderbares Wesen, was die Franzosen bizarre nennen, die Leute so von sich abgeschreckt hatte, dass er arm und verlassen sein Leben verlebt. [51]

Literarische Berühmtheiten scheinen die Fürstin von Anhalt-Dessau angezogen zu haben. So versuchte sie in späteren Jahren, auf einer Reise (1793) zu einem Mediziner in Kiel, Matthias Claudius in Wandsbeck (*... alt und grämlich*[52]) und Friedrich Gottlieb Klopstock in Altona zu treffen, *der eine Vorlesung halten wollte, wozu es aber nicht kam, weil er es auf der Brust hatte.* [53]

Zum Zeitvertreib dienten ihr neben leichten französischen Romanen offenbar Biographien – wie die der Marie Antoinette, die ihr der Fürst im Jahr nach dem Sturm auf die Bastille zu Lesen gab.[54] Reiseberichte schätzte die Fürstin, etwa von Friederike Brun, die sie 1795 kennen lernte oder die Schriften der Germaine de Stael und der Sophie von La Roche.

La Roches *Geschichte des Fräulein von Sternheim*, 1771 herausgekommen (1775 von Louise gelesen), ist ein bürgerlicher Roman und das Erstlingswerk einer für ihre Epoche höchst erfolgreichen Frau. Eine Freundin kann man sie nicht nennen, dazu waren die Standesunterschiede zwischen der Fürstin und preußischen Prinzessin und den „schreibenden Frauenzimmern" ihrer Zeit generell zu groß. Doch die La Roche (1730 1788), Frau eines Politikers und Großmutter der Bettina von Brentano, beeindruckte Louise als berühmte Schriftstellerin; sie publizierte für ein vorwiegend weibliches Publikum mehr als 35 Jahre lang Romane, Reisebeschreibungen und pädagogische Schriften und gab auch die erste deutsche Frauenzeitschrift heraus, die monatlich und überregional erschien und *Pomona für Teutschlands Töchter* hieß.

Das ‚Magazin für Frauenzimmer' und das ‚Jahrbuch für das schöne Geschlecht' zeigen meinen Leserinnen, was teutsche Männer uns nützlich und gefällig achteten. Pomona wird Ihnen sagen, was ich als Frau dafür halte. [55]

Ich schickte der de La Roche für die ihr übrig gebliebenen Exemplare der Pomona 400 Rthl.. [56]

Die Damen hatten sich auf einer Reise getroffen, worauf die Schriftstellerin in einem Brief ein schwärmerisches Bild des fürstlichen Paars von Anhalt-Dessau entwarf:

Ich habe noch eine vortreffliche Fürstin kennen gelernt. Sie ließ mich nach Mannheim einladen, und ich reiste mit ihr nach Heidelberg, sah und las eine schöne reine Seele voll Kenntnis und Güte. Der Fürst kam

---

[50] *Die Englandreise der Fürstin Louise von Anhalt-Dessau im Jahr 1775*, hrsg. von Johanna Geyer-Kordesch, unter Mitarbeit v. Angela Erbacher u. Uwe Quilitzsch, Berlin 2007, S. 231–235.
[51] ebd.
[52] Tagebuch, 2. Julius 1793
[53] ebd., 5. Julius 1793
[54] ebd., 16. Februar 1790
[55] Pomona für Teutschlands Töchter, 1783, S. 3
[56] Tagebuch, 1. April 1784

und besuchte uns. Er ist alles, was der wahre Menschenfreund sein soll und sein kann.[57]

In einem Brief an Johann Caspar Lavater hatte sie selbstbewusst angemerkt:

Mit der Feder bin ich, was ich bin; *mit meiner Person,* was ich kann.[58]

Ein solches, nachgerade pragmatisches Bekenntnis wäre Jenny von Voigts wohl nicht in den Sinn gekommen. Sie sah sich als Seelenfreundin Louises. Kennen gelernt hatte sie die Fürstin anlässlich einer Badereise nach Pyrmont und traf sie später nur noch ein Mal wieder. Jenny (1749–1814) war die Tochter des berühmten Justus Möser (1720–1794) in Osnabrück, eines westfälischen Politikers, Juristen und Historikers, der auch als Gelegenheitsdichter einen Ruf besaß. Sie hatte zusammen mit ihrem Vater dessen beliebte *patriotischen Phantasien* herausgebracht, lebte in guten, eher bürgerlichen Verhältnissen und tauschte sich per Post mit Louise über das Leben und über neue Literatur aus. Ganz im Sinn empfindsamer Freundschaftsbündnisse der Zeit , die Nähe weniger in der unmittelbaren Begegnung als im Einklang der Seelen suchten, konnte Jenny sich auch in ekstatischen Bekenntnissen verlieren:

Schon drey Wochen, Heute da ich Sie sah des Abends und wie viel Wochen werden nicht noch in den Abgrund der Ewigkeit sich hineinstürzen ehe ich Sie wiedersehe ... Sie wiedersehen – vielleicht nie – Sie so ganz die Einzige – Original des Ideals was ich mir sonst immer schuf – in Ihnen hab ich's gefunden Sie – könnte ich's Ihnen nur ausdrücken wie mich jeder Gedanke an Sie beglückt ... Luise Du, die Du mein Bist/ mein, dass keine Kraft Dich zu trennen vermag, mein, mein, im allgemeinen Schiffbruch alles vergänglichen mein durch Glauben, mein durch Hoffnung, Mein durch liebe.[59]

Lavater und das Ungesagte

Johann Kaspar Lavater (1741–1801) war jener vieldiskutierte Züricher Theologe, dessen Predigten und Schriften damals auch in deutschen Landen so berühmt waren, dass er regelrechte Tourneen zu veranstalten pflegte. Der bis zur Verstiegenheit eloquente Geistliche war auf seinen Wegen nicht nur interessanten Frauen wie der La Roche begegnet, mit denen er Briefe wechselte; seine Theorien zur Physiognomie des Menschen machten ihn auch mit Naturwissenschaftlern bekannt, die sich – wie Goethe – mit seinen Lehren auseinander setzten.

Es war nachgerade unumgänglich, dass er auch die Bekanntschaft des fürstlichen Paares machte, dem er den vierten Teil seiner *Physiognomischen Fragmente* widmete. Wobei er sich nicht allein als blendender Gesprächspartner und theologischer Ratgeber erwies; mit seinen Verbindungen diente er dem Fürsten auch, indem er für dessen Gothisches Haus im Wörlitzer Garten mittelalterliche oder Glasfenster der Renaissance besorgte und nach Dessau schickte. (Ende des 18. Jahrhunderts begann man in der Schweiz, – zum Beispiel in Rathäusern – sich dieser Dinge zu entledigen.) Als Ausdruck seiner Verehrung ließ Franz von Anhalt-Dessau an Lavaters Geburtstag eine Büste des Freundes in einer Nische in Neumarks Garten aufstellen.

Louise lernte den berühmten Mann auf einer Schweizreise kennen und durch seine Vermittlung machte sie auch die Bekanntschaft des Predigers Johann Kaspar Häfeli (1754–1811), den Franz von Anhalt-Dessau 1784 als reformierten Hofkaplan nach Wörlitz berief. Doch auch für die sich entfaltende Beziehung zwischen Lavater und Louise gilt, wie für die meisten Lebensumstände der Fürstin, dass darüber in den komprimierten Notizen ihres Tagebuchs viel Ungesagtes bleibt. Für schöne Tage in Begleitung der reisenden *entourage* sprechen allerdings die Aufzeichnungen vom August 1783. Man trifft sich zum Essen, man fährt mit dem Boot über den See und macht andere Ausflüge. Man hört Lavaters Predigten und an ihrem Geburtstag am 24. September schreibt Louise nicht ohne elegischen Unterton:

Eine stille feierliche einsame Stunde im Garten in der Dämmerung. Es tröpfelte sanft der Regen.[60]

Einige Monate später stellt sie fest:

In Wörlitz. Es kamen jeden Posttag Briefe von Lavater und gingen welche an ihn ab.[61]

Der rege Briefwechsel, die enge Beziehung, all die Höhenflüge dieser Begegnungen müssen spätestens 1785 ihr Ende gefunden haben. Was überhaupt geschah, gehört zu den Geheimnissen im Umfeld der Fürstin, die nie aufgeklärt worden sind. 1787 steht im Tagebuch, dass sie Lavater nun schon seit zwei Jahren nicht mehr schriebe. Ein Jahr später heißt es, dass auf ihren Wunsch hin Briefe aus Zürich zurückgesandt worden seien, da sie auch *die meinigen von ihm schon alle abgegeben*[62] habe. Das Vertrauen war dahin. Von einer unzumutbaren Indiskretion seitens des Predigers wurde gemunkelt, der offenbar auch als Vermittler in der längst glücklosen Ehe des Paares aufgetreten war.[63]

---

[57] Sophie von La Roche, *Ich bin mehr Herz als Kopf,* Ein Lebensbild in Briefen, hrg. von Michael Maurer, München 1985, S. 261 (Brief an Lavater)
[58] ebd., S. 243
[59] Frauenleben im 18. Jahrhundert, hrsg. v. Andrea van Dülmen, München/Leipzig/Weimar 1992
[60] Tagebuch, 24. September 1783
[61] ebd. 14. Januar 1784
[62] ebd., 23. März 1788
[63] Ein Konvolut dieser Briefe befindet sich seit langem in der Züricher Universitätsbibliothek

Eine Resolution oder: Es bleibt also beim Alten

Durch eine offizielle Scheidung endete diese Ehe nicht, auch wenn Louise 1802 im einem Brief an den Fürsten schreibt, er habe ihr seit der Scheidung nicht das Geringste geschenkt und ihn um eine Zulage der jährlichen Apanage bittet. (Sie wird ihr darauf in Höhe von 3 000 Reichstalern gewährt.) Die Trennung fand sehr viel früher statt: In eben den Jahren der Beziehung zu Lavater, in denen der Fürst den Bau und die Ausstattung des *Gothischen Hauses* vollendete. Dort lebte er in morganatischer Ehe mit Luise Schoch und den gemeinsamen drei Kindern. (Vor seiner Eheschließung war der junge Franz von Anhalt eine Verbindung zu der Pastorentochter Johanne Eleonore Hoffmeier eingegangen; seinen Sohn Franz Georg, später Graf Waldersee, ließ er bei Hofe erziehen. Louise schätzte ihn.)

Die Stürme seien so heftig gewesen, dass ihre Kraft sie ganz verlassen habe, kommentierte Louise den Höhepunkt ihrer Ehekrisen und die Zeit der Verhandlungen *wegen der möglichst besten Existenz für mich.*[64] Dass Berater die Privilegien und finanziellen Zuwendungen für ein neues Leben festlegten, unterstrich den offiziellen Charakter der Problemlösungen.

Ich verließ meine eiskalte, ungeheizte Schlafkammer und ließ mein Reisebett im Eckzimmer aufschlagen, wo ein eiserner Ofen gesetzt wurde. Der Fürst war in Dessau und wir schrieben uns nicht.[65]

Die Fürstin ging nach Wörlitz, wo sie nun *ohne die Nothwendigkeit einer Hofhaltung* wohnen sollte. Sie ging offenbar beherzt mit den praktischen Anforderungen des neuen Lebens um, indem sie zum Beispiel den Gatten ersuchte, auch im Luisium wohnen und einen Koch einstellen zu können. Innerhalb eines Monats wurde die Frage aufgeworfen, ob dort auch Winterheizung zu installieren sei. Und positiv vermutlich nur deshalb beantwortet, weil die Fürstin offenbar das Problem innerhalb weniger Tage mit dem Baudirektor regelte. Trauer und Unruhe – so schreibt sie - beherrschten jedoch ihr Leben weiterhin. Eine Änderung ihrer Tage sah sie nicht. Während der kommenden Jahrzehnte ihres getrennt-gemeinsamen Lebens allerdings blieben dem Paar die Aufgaben des Protokolls und die Tatsache, dass der Fürst weiterhin seine Frau besuchte, um mit ihr zu speisen oder zu plaudern.

Resolution vom Fürsten, welche ich das Schloß von Wörlitz bewohnen, auch den Garten umher nebst Neumarks Garten für mich behalten solle. Den Fremden stehe nach wie vor das Besehen des Hauses frei, dessen Einrichtung ich nicht verändern müsse, auch müsse ich Diners geben u. fremde Herrschaften da bewirthen. Es blieb also beim Alten.[66]

Elisa von der Recke (1754–1833), eine schriftstellernde Zeitgenossin mit unstetem Reiseleben und dabei eine der kritischen Kommentatorinnen ihrer Epoche, hielt in Briefen und Tagebuchaufzeichnungen die bewegte Zeit zwischen der Französischen Revolution und den Siegen Napoleons in Europa fest. Als schwärmerische Pietistin auch im Briefwechsel mit Lavater, suchte sie damals die Gesellschaft der Fürstin von Dessau. Sie war die Tochter eines polnisch-sächsischen Kammerherrn und Schwester von Dorothea, der glanzvoll auftretenden Herzogin von Kurland, lebte ihrerseits aber in dagegen bescheidenen Verhältnissen und erscheint in ihren Lebenszeugnissen als kluge, tatkräftige, und wohl auch warmherzige Person. Als häufiger Gast am Hof in Dessau, im Luisium oder im Wörlitzer Schloss, dem *Wohnsitz leidender Tugend*[67] wurde sie in den 1780er Jahren eine der wenigen Vertrauten Louises und machte sich Sorgen um sie.

Die schönste Aussicht in und um Wörlitz hat man aus diesen Zimmern. Aber sie werden ebenso wenig benutzt als die niedliche Wohnung auf dem Sieglitzer Berge und im Dianentempel. Wie könnte man sich hier im Kreise gewählter Freunde seines Daseins freuen, wenn der Besitzer dieser schönen Anlagen Sinn für gesellige Freuden und sokratischen Lebengenuss hätte! Jetzt haben die Reisenden den besten Genuß von diesen schönen Anlagen, die mit den hässlich schmutzigen Häusern des Dorfes unangenehm konstrastieren.

Mich machte mein heutiger Spaziergang recht traurig, weil der Gedanke mich bedrückte, dass ein im Grunde so gutes Menschenpaar, als der Fürst und die Fürstin von Dessau sind, sich gegenseitig drücken, weil sie einander missverstehen... Nur im kultivierten Mittelstande ist wahre Glückseligkeit und fröhlich weiser Lebensgenuß zu finden.[68]

Der Fürst speiste in Wörlitz mit mir allein und wurde, wegen der Geburt des Mägdleins im gothischen Hause abgerufen...[69]

Auf meiner Morgenpromenade begegnete ich dem Fürsten mit seinen Hausgenossen. Er stellte mir seine zwei Töchter vor, die mir sehr wohlgefielen. Ich ersuchte selbig einmal Nachmittags, mit ihrer Gouvernante... zu mir in die Wohnung zu kommen. Ich ging zur Communion.

Ich ließ die beiden Töchter aus dem gothischen Hause wiederum mit ihrer Gouvernante zum Thee rufen.

Der Fürst äußerte nachher den Wunsch, die Mutter dieser Kinder doch auch bei mir zu sehen.

Da ich mich aber schon am folgenden Tage auf längere Zeit nach Luisium begab, so entschuldigte ich mich fürs erste.[70]

Reichardt – in Eile und auf Reisen

Abends beim Concert ließ sich Herr Reichardt, Kapellmeister des Königs von Preußen uns vorstellen. Er blieb 6 Tage.[71]

---

[64] Tagebuch, 4. Dezember 1786
[65] ebd., Januar 1786 (ohne Datum)
[66] ebd., 4. Juli 1792
[67] Elisa von der Recke, Tagebücher und Selbstzeugnisse, hrg. v. Christine Träger, Leipzig 1984, S. 305
[68] ebd., S. 304
[69] Tagebuch, 5. Januar 1788
[70] ebd., 2., 9., 10., 13 Mai 1800
[71] ebd., 6. September 1778

Siebzehn Jahre lässt sich die Spur des Musikers und zeitweiligen königlichen Kapellmeisters durch das Tagebuch der Fürstin verfolgen. Auch Johann Friedrich Reichardt (1752–1814) war einer der durch ihren Beruf und ihre öffentliche Stellung auffallenden Männer, die Louise anzogen. Er galt in seinem musikalischen Metier als einer der vielseitigsten Künstler seiner Zeit – wenige Jahre ein königlich-preußischer Hofkapellmeister, dazu Komponist von Liedern und Instrumentalmusik, Musikschriftsteller und -kritiker. Louise von Anhalt trifft ihn hier und da; sie speist mit ihm und dem Fürsten; er präsentiert ihr seine erste, dann seine zweite Frau, seine Kinder. Reichardt ist stets in Eile und auf Reisen und in seinem Lebensstil einer der prototypischen Künstlergestalten der Epoche – etwa mit Johann Friedrich August Tischbein (1750–1812) aus der renommierten Malerfamilie vergleichbar, der zeitweise Hofmaler in Dessau war und Jahrzehnte seines Lebens zwischen Rom, Arolsen und Pyrmont, Dessau, Leipzig und St. Petersburg verbrachte.

Dem damals erfolgreichen Kappellmeister begegnet Louise in Dessau oder Luisium. Sie trifft ihn unvermutet in Karlsbad, besucht ihn – begleitet von ihrer Vertrauten, der Generalin Raumer – in Giebichenstein (heute ein Hallenser Vorort) und empfängt ihn im Chinesischen Zimmer des Wörlitzer Schlosses, nicht ohne all diese flüchtigen Begegnungen präzise zu vermerken. In den frühen 1790er Jahren taucht Reichardt immer wieder irrlichternd in ihren Aufzeichnungen auf. Und erntet dann offensichtlich den Lohn seiner Bemühungen:

Ich übergab Reichardt den ... von mir unterschriebenen Schenkungsbrief der 20 000 Rthl. meines Vermögens, welche er zum Ankauf und zur Einrichtung eines Hauses in Giebichenstein benutzte.[72]

Das war viel Geld, auch für eine Fürstin, auch gemessen daran, dass sich ihre Geburtstagsgaben an Sohn und Enkel zum Beispiel auf drei- bis vierstellige Reichstaler-Summen beliefen. Offensichtlich änderte das generöse Geldgeschenk nichts am unvermeidlichen Ende der Geschichte einer diskreten fürstlichen Zuwendung. Reichardt musste seine Entlassung in Berlin und seine prekären finanziellen Verhältnisse offenbaren:

... er wolle nun versuchen sich in Holstein oder Copenhagen eine sichere Lage zu verschaffen. Worauf ich ihm der Ehrlichkeit gemäß antwortete, da meine Casse größtentheils erschöpft sei, so könne ich ihn nicht wie zuvor unterstützen und mein Befinden sei so übel, dass ich selbst bedürfen würde, eine Reise zu machen.[73]

Beim Ankleiden bekam ich einen Brief von Reichardt aus Hamburg voll rasenden Unmuts, teuflischer Undankbarkeit und Lügen. Ich beantwortete ihm zum lezten Mal für meine Lebensdauer. Diese Erschütterung meines Gemüths hatte nachteilige Folgen für meine Gesundheit.[74]

Ein Blitzesleuchten in der Nacht

Häfeli (mittlerweile Pastor in Bremen) hielt in W. eine Gastpredigt, die ich mir anhörte. Am naemlichen Morgen gab er mir den Gedanken ein mit der Brun nach Italien zu reisen. Ich ergriff ihn. Es war ein Blitzesleuchten in der Nacht.[75]

Meine Reise wurde gebilligt.[76]

Im Juli waren dem Fürsten Gerüchte zugetragen worden, dass Matthisson, der inzwischen zum Vertrauten gewordene Reisebegleiter, ein *citoyen francais* sei und *er sowohl als die Recke seien mit R. innigst verbunden und gleich ihm ganz demokratisch gesinnt. So war's da ein Glück, dass wir durch Häfelis Mund diese falschen Gerüchte widerlegen lassen konnten.*[77]

Früh um 4 Uhr reiste ich ... ab ... und so in Gottes Namen jenen unbekannten Höhen meiner dunklen Zukunft entgegen.[78]

Das Dunkel sollte sich lichten. Die Tour durch Norditalien bis Rom und Neapel und zurück über Venedig und Triest dauerte dreizehn Monate und von Krankheiten war selten die Rede. Im Verhältnis zu den Eindrücken, die Louise dank zahlloser Sehenswürdigkeiten und ihr unbekannten Landschaften gehabt haben muss, ist sie mehr als summarisch abgehandelt. Nicht ohne die Erwähnung allerdings, dass die Fürstin in Genua erstmals sah, was ihr heimatliches Gartenreich mit seinen Pflanzungen und antikisierenden Tempelarchitekturen im Park planvoll suggerierte: eine südliche Szenerie, die antike Vergangenheit beschwor.

Ankunft in Genua, dessen prachtvolle Lage mich lebhaft frappierte. Hier sahe ich auch die ersten Pinien und Cypressen, am Felsen wild wachsende Agaven; aß zuerst vom Granatapfel und durchging einen Hekengang von hohen Mirten.[79]

Die kleine Reisegesellschaft, zu der neben Matthisson und wenigen Bediensteten zeitweise auch Friederike Brun und ihre Kinder gehörten, konnte noch unabhängig von *den damals in Italien beginnenden Kriegswirren*[80] sein, die sie wenig später zwang auszuweichen. Man hatte den Weg über den St. Gotthardt auf Pferden (oder Mauleseln) bezwungen; es gab mit den Kutschen die üblichen Pannen und Achsenbrüche, deren Reisende damals gewärtig sein mussten – einer der Wagen stürzte beim Einschiffen auf eine Fluß-Fähre ins Wasser, wurde aber glücklich gerettet. Gewitter kamen, unsaubere Gasthöfe ließen sich nicht vermeiden. Louises Anmerkungen zu den erwarteten Sehenswürdigkeiten sind die einer gebildeten Touristin ihrer Epoche, die sich mit Hilfe von Reisebüchern wohl auch intensiv vorbereitet, ja sogar ein wenig Latein gelernt hatte, um der

---

[72] ebd., 22. April 1794
[73] ebd., 5. Januar 1795
[74] ebd., 28. Januar 1795
[75] ebd., 28. Junius 1795
[76] ebd., 12. August 1795
[77] ebd., 1. Julius 1795
[78] ebd., 21. August 1795
[79] ebd., 10. Oktober 1795
[80] ebd., 27. Mai 1796

Vergangenheit ihres Gastlands zu huldigen. Am 12. Oktober kam sie *im ersehnten Rom* an.

Über den mir so merkwürdigen Aufenthalt daselbst bewahre ich ein von mir geführtes ausführliches Tagebuch auf und derselbe kann daher hier mit Stillschweigen übergangen werden. Wir hatten das Glück in dem Rath Hirt einen ebenso gelehrten als angenehmen Führer durch Roms Merkwürdigkeiten zu haben.[81]

Friedrich Matthisson, selbstverständlich auch anwesend, hat im vierten Teil seiner *Erinnerungen* diese italienische Reise auf mehr als 250 Seiten bei aller zeitbedingten leicht umständlichen Diktion so lebendig und lesenswert geschildert, dass man sich wünschte, seine gesamten Reiseschilderungen seien neu ediert: hier die Ausflüge in die Campagna; die über das Volksleben und die Improvisatoren auf den Marktplätzen staunend amüsierte Fürstin; die zahllosen Kirchen und die Museen, die man besichtigte; die Besuche bei Angelika Kauffmann (1741–1807), das Porträtsitzen und den Ankauf des großformatigen Gemäldes *Amor und Psyche* für das Luisium.

Angelika mahlte das Bildnis der fürstlichen Freundinn von Dessau, mit ihres Colorits gewohnter Harmonie und Kräftigkeit. Nur haben wir dabei zu bedauern, dass der Hauptpunkt in der Porträtmahlerei, die Ähnlichkeit, nicht ganz von der Künstlerin getroffen wurde.[82]

Wenige Tage nach Louises Rückkehr aus Italien kam der Fuhrmann mit den Kisten aus Rom im Luisium an.

Ich fuhr mit Erdmannsdorff und Tischbein … nach Luisium, wo wir Angelikas Amor und Psyche auspackten. Alle brachen in lautem Lobe darüber aus. Nachmittags kam Matth. und wir packten seine hetrurischen (etruskischen) Vasen aus.[83]

Ein neuer Mann in Louises Leben: Aloys Hirt

Die Reisegesellschaft hatte sich in Dresden von ihrem Begleiter Aloys Ludwig Hirt (1759–1837) getrennt. Der Altertumsforscher und Kunsthistoriker machte in den kommenden Jahren Karriere in Berlin, an der Akademie der Künste und dann beim Aufbau des Preußischen Museumswesens. Die Fürstin von Anhalt-Dessau war sehr angetan von ihm und seiner hohen Bildung. Ja sie fühlte sich mit ihm so verbunden, dass sie nach der gemeinsam in Italien verbrachten Zeit nicht nur über Monate ihre Notizen seiner damaligen Erläuterungen abschrieb, sondern über diese *Aufsätze über die Kunstgeschichte* hinaus Briefe mit ihm wechselte – offensichtlich nicht unbedingt glücklicher Stimmung.

Ich schrieb an Hofrath Hirt, der mir, seit einem halben Jahre, keine Silbe, kein Lebenszeichen geschrieben hat.[84]

Mit Hofrath Hirt, knapp zehn Jahre jünger als die Fürstin, traf sie sich in Dessau oder auf dem Lande bei mehr oder minder offiziellen Essen. Er war der letzte der Männer in ihrer Umgebung, zu dem sie sich hingezogen fühlte – und den sie offenbar nicht nur schwärmerisch angebetet hatte. Dass Louise ihn bei einer offiziellen Gelegenheit sah, er jedoch keinen Blick, kein Wort für sie gehabt habe, schreibt sie in ihrem ausführlichen Tagebuch dieser Jahre und verschlüsselt für einige Sätze ihre Bekenntnisse. Als dieses ausführliche Tagebuch jetzt bearbeitet wurde, zeigte sich, dass die Fürstin gelegentlich eine an Freimaurer-Zeichen erinnernde Geheimschrift verwandte. Einmal entziffert, sind die Geheimnisse nun aufgedeckt. Und so eindeutig erscheinen Zuneigung und Verzicht formuliert, dass man in diesen privaten Bereich gar nicht eindringen möchte.

Und das Verlangen mit ihm zu leben und zu sterben, meine liebe und doch das schreckliche Entbehren … meine Scheidung hielt er für unmöglich. Könnte er auch jetzt von Berlin weg sein, so könnte er ja doch nicht mit mir hier sein … Und das er mein sei, mit herzlicher Ehrlichkeit und heisser Umarmung mir versichert.[85]

Vor diesem Hintergrund sind nicht nur die Fluchten Louises verständlich: die Reisen zu den Schönheiten der Schweiz und den angenehmen Traubenkuren in Südwestdeutschland ebenso wie ihre Aufenthalte bei der Stuttgarter Familie Hartmann, deren Haus sie für eine kurze Zeit besaß.

Und so blieb ich in der freundlichen Wohnung mit der schönen ländlichen Aussicht, als schwebte ich auf Rebenhügeln, in der meiner Gesundheit wohlthätigen Atmosphäre, im stillen Genuß der Freundschaft und des Wohlwollens … und wartete nun bessere Jahreszeit und die Wendungen des Krieges ab.[86]

Bei einer Abreise aus der Schweiz am 16. Dezember 1804 notiert sie:

Der Gedanke, dass ich nie wieder nach dem Genfer See kommen könnte, trübte mein Gemüth; ich verließ des Aufenthalt und dieses Land mit sehr beklommenem Herzen, weil nur da die Natur und die Luft mich gesund und meine Einsamkeit zum glücklichen Genuß gemacht hat.[87]

Ein Jahr später beendete Louise den Versuch, in ihrem „*kleinen Tagebuch für M.*"[87a] das eigene Leben in komprimierter Form gereinigt vorzuführen. Sie lebte in Luisium und im Grauen Haus zwischen Kirche und Schloss in Wörlitz. Friedrich Matthisson, der sie noch einige Male auf Reisen begleitete, verließ Dessau nach ihrem Tod 1811 und trat 1812 in den Dienst des Königs von Württemberg. 1826 ging er nach Wörlitz zurück,

---

[81] ebd., 12. Oktober 1795
[82] wie Anm. 2, hier: Vierter Theil S. 124
[83] Tagebuch, 28. September 1796
[84] ebd., 22. März 1802

[85] Louisens eigenhändiges Tagebuch am 21. Julius 1797
[86] Tagebuch, 3. Oktober 1800
[87] ebd., 16. Dezember 1804
[87a] Ausführliches Tagebuch, 23. November 1800

schrieb über seine Reisen und seine Erfahrungen mit Kunst und Menschen und erfreute sich an seinen Sammlungen; er starb 1831 und überlebte Franz von Anhalt-Dessau um zwei Jahrzehnte.

Ein bislang nicht veröffentlichtes Dokument aus dem Dessauer Matthisson-Nachlass wirft ein Licht auf die Besoldung des Vorlesers und Reisebegleiters, der an seinen Freund Klamer Schmidt am 27.1.1795 nach Halberstadt schreibt: ... *Ich bin seit drei Wochen bei meiner edlen Fürstin [...] u. werde auch wohl noch einige Wochen hier bleiben. Elisa u. die Mamsel Froben gehören auch zu unserm kleinen Zirkel u. wir vergessen bei unsrer Abendlektüre u. traulichen Mahlzeit der ganzen weiten Welt...* Üblich war in jenen Zeiten, dass die Bediensteten von der Herrschaft kein festes Gehalt bezogen, sondern eher ein Taschengeld erhielten. Louise schätzte Matthisson offenbar sehr, denn ihrem eigenhändig verfassten Tagebuch vertraute sie unter dem 10. April 1797 an: ... *denke schwere, Matthisson einen sichern Gehalt zu versehen...*

Drei Jahre später fasste sie den nun im vollen Wortlaut wiedergegebenen Entschluss:

Lieber Matthisson!
Um Ihnen doch ein Merkmal meiner Erkenntlichkeit für Ihre mir stets so redlich als uneigennützig erwiesenen Freundschaft und Theilnahme zu geben, da Sie vom Jahr 1794 mein Täglicher Gesellschafter und Vorleser sind, bestimme ich Ihnen nach meinem Ableben hierdurch, auf so lange Sie leben, und wo Sie sich aufhalten mögen eine jährliche Pension von Sechshundert Thaler sage 600 Rthl. in Golde, zu halb oder vierteljähriger bezahlung pronumerando zahlbar; und aus meiner Nachlassenschaft bestimme ich Ihnen das Gemählde in Oel von Ferdinand Hartmann Psyche vor Lethe knieend; und mein eigen Portrait in Oel als Kind gemahlt. Diese meine wohl überlegte und deutlich hier aufgesetzte Willensmeinung schreibe ich eigenhändig zweimal gleichlautend auf, hier dieses Bladt ist die eine Abschrift, die andere lege ich meinen Pappieren bey, damit dieses mein bestimtes Verlangen und versprechen nach meinem Ableben von meinem lieben Sohn und deßen Erben und Nachfolger angelegentlichst erfüllt werde, und dieses als ein von mir außdrücklich bey meinem Leben gegebenes Versprechen Ihnen nach meinem Tode gewissenhaft gehalten werden mag. So geschehen hier eigenhändig, und mit meiner Unterschrift und Siegel vollzogen.
Wörlitz den 1ten Mertz 1800
Luise FstvAnhalt-Dessau MargBrandenSchwedt.[88]

---

[88] Anhaltische Landesbücherei, Matthisson-Nachlass, Mappe 18, Blatt 28

Einleitung
Welche den Zeitraum von 1756 bis 1767 summarisch enthält
1756
Im Jahre 1756 mußte ich zuerst, als ein sechsjähriges Kind, die Hauptbegebenheiten des Tages und in der Zeit in Journalform aufzeichnen oder viel mehr sehr schlecht nachschreiben. Diese Arbeit begann am 29. Aug., als Friedrich der Große in Sachsen einrückte, wo er am 10. September Dresden besezte. So geht es nun den langen siebenjährigen Krieg hindurch fort, bis 1763 und ich finde in diesen ganzen Zeitraume nichts mich und die Meinigen betreffendes bemerkt, ausser, daß,
1757
der Marggraf im Oktober 1757 mit uns aus Berlin, aber nur auf zwei Tage bis Spandau flüchtete
1758
daß die Russen im Jul. 1758 meines Vaters Gut Stolzenberg in der Neumark verwüsteten
1760
und mich von 1760 an, beinahe zwei Jahre in Magdeburg, aber nicht so lange wie die Königin aufhielt, welche erst am 16. Feb. 1763 nach einem dortigen Aufenthalte von 3 Jahren wieder nach Berlin zurückkam, wo, nachdem der Frieden am 5. März publizirt worden war, der König, am 30. desselben siegreich einzog.
1763
Am 8ten April wurden meine Schwester und ich, dem Könige, am Abend bei der Königin, vorgestellt, als das Spiel beinahe geendigt war. Den 9ten November kam der türkische Gesandte Achmed Effendi nach Berlin und besuchte meinen Vater den 24ten des selben Monats.

1764

Am 23ten Juni sah ich den Riesen namens Gillet, den mein Vater nach dem Abendessen zu sich kommen ließ.
Im September sah ich in Berlin zum erstenmal einen Löwen und andere fremde Thiere.
In diesem Jahr, ich weiß aber nicht mehr in welchem Monate, spielte ich auf dem Schlosstheater, vor dem Könige, die Rolle der Clytemnaestra in Racine's Iphigenie in Aulis

1765

Am 8ten März Vormittags um 10 Uhr sah ich den regierenden Fürsten von Dessau zum erstenmal, nachdem mein Vater mir am Abend zuvor bekannt gemacht hatte, dass der König mich diesem Fürsten zur Braut bestimme. Einige Wochen hatte Byron, Herzog von Curland, beim Könige um mich angehalten, aber verneinende Antwort erhalten. Mir hatte seine Gegenwart sowohl, als sein Ansuchen ein Fieber zugezogen. Krank verließ ich den Ball, welchen der Prinz Ferdinand auf des Königs Befehl, am 8ten März dem Fürsten und mir zu Ehren

Rosina Matthieu, Markgräfin Leopoldine Marie von Branden-burg-Schwedt, geb. Prinzessin von Anhalt-Dessau, Mitte 18. Jahrhundert

Joachim Martin Falbe, Markgraf Heinrich Friedrich von Brandenburg-Schwedt, um 1770

Anton von Maron, Fürst Leopold III. Friedrich Franz von Anhalt-Dessau, um 1766

geben musste und bekam die Rose am Fuße. Der Fürst blieb dieses erste Mal bis zum 20ten März in Berlin und schenkte mir sein Miniatürbild an einer Uhr und Kette mit Brillianten besezt.

Im April und May wiederholte der Fürst seine Besuche. Indeß aber wurde ich tödlich krank. Am 12tn Jul. kam der Fürst wieder nach Berlin und wohnte mit uns und dem gesamten Hof in Charlottenburg, dem Beilager des Prinzen von Preußen und der Prinzessin Elisabeth von Braunschweig bei. Am folgenden Tag wechselte der König zwischen dem Fürsten und mir die Verlobungsringe, wobei er mich liebreich küsste: Der Fürst schenkte mir an Juwelen, eine Haarnadel mit sieben Glocken, große Ohrringe, wie Rosen geformt, einen großen Ring und sieben Knöpfe zum Halsbande…

Im Sept. kam der Fürst nach Berlin, um Abschied zu nehmen, denn er wollte am 18. Okt. von Dessau nach Italien abreisen. Am 19ten Okt. kamen die drei Schwestern des Fürsten mit dem Grafen von Detmold und der Gräfin Sophie von Anhalt nach Berlin, wo sie sich 10 Tage bei uns aufhielten. Am 13ten Nov. starb die Marggräfin von Schwedt und mein Onkel sagte mir bei dieser Gelegenheit, dass es ihm Leid thäte, nicht vor meiner Verlobung Wittwer geworden zu sein, weil er mich gern zur Frau genommen hätte.

1766

Am 19ten März verließen wir Berlin. Mein Vater führte nemlich meine Schwester nach Herforden, wo sie als Aebtissin eingeführt ward. Wir machten den Weg über Hannover in vier Tagen. Im folgenden Monat kam auch meine Tante, die Prinzessin Henriette von Anhalt, nach Herforden. Im Julius begleitete ich meinen Vater nach Pyrmont, wo er die Brunnenkur gebrauchte.

1767

Am 28ten März kehrte der Fürst von Dessau in sein Land zurück, nach einer Abwesenheit von 17 Monaten. Den 30ten kam er nach Berlin, wo er sich bis zum 8ten April aufhielt. Am 29ten besuchte er uns wieder und blieb bis zum 5ten May. Ich ward hierüber sehr krank. Nach meiner Genesung kam der Fürst auf einige Tage. Um diese Zeit starb der junge Prinz Heinrich von Preussen an den Blattern. Im Jun. kam der Fürst wieder auf einige Tage zu uns. Am 23. Jul. war sein lezter Besuch vor der Vermählung.

Jul. Wir begaben uns mit dem ganzen Hof nach Charlottenburg, wo der König am 25ten Vormittags mit den Prinzen und Herren Ministeren in mein Zimmer kam und Graf Finkenstein mir den Entsagungseid auf die preussischen Staaten vorlesen und ich selbigen nachsprechen musste. Am Abend gegen 9 Uhr verrichtete der Hofprediger Sack in der Hofkapelle in der gewöhnlichen Etikette die Trauung. Hierauf ward vom Goldservice gespeist und der Fackeltanz machte den Beschluß der Feierlichkeit. Am folgenden Tage war Schauspiel und Ball und am Montag den 27ten die Verlobung der Prinzessin Wilhelmine von Preußen mit dem Statthalter von Oranien durch Prokurazion.

Am 2ten Aug. verließ ich das väterliche Haus als des Fürsten Frau und ging mit ihm nach Potsdam, wo der König in Sanssouci mit uns zu Mittag speiste. Den Abend brachten wir in Potsdam bei dem Prinzen und der Prinzessin von Preußen mit Wasserfahrten, Musik und Speisen zu. Am folgenden Morgen, früh um 5 Uhr reiste der Fürst mit mir nach Dessau ab, wo wir gegen 4 Uhr Nachmittags ankamen. Am nemlichen Tage traf auch mein Vater in Dessau ein und kurz darauf auch meine Schwester von Herforden. Als wir uns in diesen Tagen nach Mitternacht von einem Balle wegbegaben, welchen der Fürst Dietrich mir zu Ehren gegeben hatte, that ich von der Treppe in seinem Palais einen äußerst gefährlichen Fall. Prinz Albert, des Fürsten Bruder war mein Führer. Ich verschwieg den äußeren Schaden, den inneren offenbarten spätere Folgen.

Im Anfange des Nov. holte ich den sechsjährigen Sohn des Fürsten Franz Waldersee von der Frau Neidsch seiner Mutter ab und vertraute ihn, dem Wunsche des Fürsten gemäß, den

Unbekannter Künstler, Schloss Schwedt von der Oder gesehen, 1830

Händen des Herrn Behrisch, welchen Gellert empfohlen hatte! Dieser sollte ihn nun unter unserer Aufsicht auf dem Schlosse erziehen. Damals befand sich ein englischer Geistlicher beim Fürsten zu Besuch, der ein angenehmer Gesellschafter war. Er half auch das Singspiel le Roi et son fermier auf dem Schlosstheater vorstellen [daneben in Blei: Mr. Morgan]

1768

Februar
11. Eine unzeitige Niederkunft war die traurige Folge des Treppensturzes im vergangenen Jahre. Ich ward von einer kleinen Tochter entbunden, die aber ihr Leben kaum auf einige Stunden brachte, weil ich sie im achten Monat gebar. Im März, als ich in Dessau das Zimmer hüten musste, kam mein Schwager Prinz Hans Jürge mit Herrn Bährenhorst von der mit seinem Bruder gethanen Reise zurück.

Junius
6. Nach einem dreitägigen Nasenbluten werden mir die Blattern durch den D. Heßler aus Magdeburg eingeimpft.

In diesem Sommer bekam der Fürst auch zu Oranienbaum den Besuch des Bildhauers Cavaceppi, seines Bekannten aus Rom, welchen der berühmte Winkelmann] hierher begleitet haben würde, wenn diesen sein böser Genius nicht von Wien zurück nach Triest dem Dolche seines Mörders entgegengetrieben hätte. Im Sept. und Okt. machte der Fürst die erste kleine Reise mit mir, theils nach Leipzig, theils in seinem eigenen Lande umher, nach Alsleben, Sandersleben usw.

1769

Merz
26. Ich hielt einen Kirchgang in Dessau am Ostertage.

April
7. Kurz nachher, als ich mit dem Fürsten den Grundstein zum Wörlitzer Hause gelegt hatte, erkrankte ich an den Windpocken. Hierauf erfolgte der Tod der zweiten Schwester des Fürsten, Gemahlin des regierenden Grafen von Lippe-Detmold.

Leopold Ahrendts, Schloss in Dessau, um 1830

Im Juni begleitete ich den Fürsten nach Halle, um den Prinzen von Bernburg und dessen Gemahlin zu besuchen. Im Aug. veranstaltete ich zur Geburtstagsfeier des Fürsten ein kleines Fest, wozu die idyllische Idee aus Geßners Daphnis entlehnt war. Im Sept. waren wir mit unserer Tante, der Prinzessin Wilhelmine in Oranienbaum, wo der Fürst an meinem Geburtstage den Garten schön erleuchten lassen wollte, aber die Witterung vereitelte die Ausführung des Plans.

November
1. Der regierende Graf v. d. Lippe-Detmold, Wittwer der zweiten Schwester des Fürsten, bewarb sich persönlich um die dritte.
8. Seine Vermählung mit ihr wurde bald darauf vollzogen.
20. Der Graf von Detmold reiste mit seiner jungen Frau nach Hause und die älteste Schwester des Fürsten, Agnes, ingleichen die zweite Gräfin v. Anhalt Wilhelmine, begleiteten sie nach Detmold.
18. Der Fürst reiste nach Stettin, um seinen Bruder Hans Jürgen einen Besuch zu machen.

Dezember
2. Der Fürst Dietrich ward krank und starb im 67ten Lebensjahre Abends um 11 Uhr, am nemlichen Tage, als der regierende Fürst wieder von Stettin zurückgekehrt war.

27. Am 27. Dez. ward ich glücklich von einem Sohn entbunden, der am folgenden Tage im Beiseyn des Fürsten, meiner Tante Wilhelmine und meines Onkels Eugen getauft wurde.
28. Hr. v. Erdmannsdorff war sogleich z. Könige von Preußen gesandt worden, nach welchem mein Sohn in der Taufe den Namen Friedrich erhielt.

1770

Januar
28. Ich hielt meinen Kirchgang zu Dessau. Zum erstenmal hatte ich meine Zimmer am Geburtstage des Königs, vier Tage vorher, auf einige Momente verlassen, um die Gesundheit desselben im großen Saale auszubringen.

Februar
Ich folgte dem Fürsten nach Wörlitz, wo mir gar nicht wohl war.

März
Nur auf zwei Tage verliessen wir unsere dortige Wohnung, um in Dessau den Besuch der Fürsten von Bernburg und Cöthen zu empfangen.

April

8. Hierauf hatten wir in Wörlitz den traurigen Anblick der verwüstenden Ueberschwemmung, welche den Elbwall, an einer Stelle die Wassermühle genannt durchbrach und sechs Wochen lang in gleicher Höhe blieb.

23. Wir fuhren nach Dessau, um den Geburtstag des Prinzen Albert zu feiern, hierauf nach Oranienbaum, wo der Fürst mit einem Theil des Hofes der Hasenjagd wegen, eine Zeitlang aufhielt. Mein Sohn befand sich mit einer Amme ebenfalls daselbst.

Junius

2. Der Fürst ging mit Erdmannsdorff zur Revüe bei Körbelitz ab, um dem Könige von Preussen seine Aufwartung zu machen.

6. Ich hingegen reiste mit Frl. v. Ahlimb, meiner Hofdame nach Sandersleben, wo der Fürst am Tage meiner Ankunft eintraf.

9. Wir gingen zusammen nach Gröbzig, von da nach Dessau, welches wir nach einem Aufenthalte von einigen Tagen wieder mit Oranienbaum vertauschten.

14./16. Hier hatten wir den Besuch des Grafen Leopold von Anhalt, nebst Frau und Tochter.

20. ingleichen von Fürsten und der Fürstin von Cöthen. Ich litt an einem Zahngeschwüre, dem ungeachtet fuhr ich mit dem Fürsten nach Wörlitz

24. um der Einführung des Probstes Cöler beizuwohnen.

Julius

1. Wir hatten den Besuch des Kammerherrn von Lattorf und seiner Frau, die sich damals in Klieken aufhielten.

3. Wir zogen von Oranienbaum wieder nach Wörlitz, wo auch mein Sohn mit seiner Amme und Franz Waldersee mit seinem Hofmeister Behrisch sich unausgesetzt befanden. Da es im sogenannten CavalierHause an Raum fehlte, so weißt der Fürst den Kindern das kleine Gebäude zur Wohnung, welches unser verstorbener Onkel Dietrich ehemals während der Jagdzeit zu bewohnen pflegte.

8. Der Fürst beschloß eine Reise nach Lausanne zu thun, um den berühmten Tissot, seines Blutspeiens wegen zu Rathe zu ziehen.

21. Wir verliessen also Wörlitz mit den Kindern und zogen nach Dessau, von wo der Fürst mit mir, Erdmannsdorff, einer Kammerfrau, einem Koche und drei Lakaien in zwei Wagen

23. am 23ten abreiste. So begann meine erste große Reise und zum erstenmal entfernte ich mich von meinem 6 Monate alten Sohn. Wir kamen am ersten Tage bis Merseburg, weil die Überschwemmungen Umwege verursachten.

24. Am 24ten übernachteten wir auf dem Gute eines Grafen Werther zu Neuhausen, der aber abwesend war. In Eisenach rasteten wir einen halben Tag, den wir mit Schreiben hinbrachten.

26. Am 26ten erreichten wir Vacha. A. 27ten gings bis Fulda.

28. Am 28ten bis Gelnhausen

29. und am 29ten erreichten wir zum Mittagessen Bockenheim, den Wohnsiz unserer Tante Henriette, die wir überraschten. Wir fanden bei ihr den Grafen Solms von Baruth mit einem Sohn u. einer Tochter, nebst einer Französin mit ihrem Manne. Er hatte sich eine Zeit lang in Paris aufgehalten und war jetzt auf der Rückreise nach Baruth begriffen.

Friedemann Hunold, Erbprinz Friedrich von Anhalt-Dessau, 1820

Christoph Friedrich Reinhold Lisiewsky, Prinzessin Anna Wilhelmine von Anhalt-Dessau, um 1765/70

August

1. Wir blieben bis zum 1ten August in Bockenheim. Unsere Tante
2. begleitete uns bis Mannheim, wo wir im Wirthshause zum Prinzen Karl abstiegen. Am Abend besuchten wir in Schwezingen das Schauspiel.
3. Am folgenden Morgen besahen wir einige Merkwürdigkeiten der Stadt, unter andern die verschiedenen Arbeiten des Bildhauers Verschaffelt. Im Schlosse gefielen mir besonders dort die Tapeten, welche nach Raphaels Cartons verfertigt waren.
4. Am 4ten betrachteten wir die Gemähldesammlung und reisten am nemlichen Nachmittage von Mannheim ab. Ich muß hier nochh anmerken, daß mir meine Tante zwei große ächte Perlen als Pandelocs zu Ohrringen übergab; ich musste aber einen Revers ausstellen, die selben nicht zu veräussern, sondern beim Dessauischen Hause zu lassen. Wir wollten Landau noch erreichen; allein ein Kärner, der nicht auswich, zerbach die Federn des Wagens, wodurch wir genöthigt wurden, in Heidersheim zu übernachten. Die Reparatur hielt uns einen halben Tag auf.
5. Schnell fuhren wir durch Landau, wo ich das erste französische Militair sahe. Sehr spät kamen wir in Hagenau an und nahmen unser Nachtquartier im Posthause.
6. In Strasburg, wo wir im Geist abtraten, erstieg ich die 630 Stufen des berühmten Münsterthurms und als ich oben wie bezaubert umher schaute, genoß ich des schönen Schauspiels der untergehenden Sonne und des aufsteigenden Mondes zu gleicher Zeit.
7. Im Schauspiel wurde *le Tambour nocturne et la Clochette* vorgestellt.
8. Am 8ten verließen wir Strasburg und erreichten erst Abends um 8 Uhr Otmersheim. In der Gegend von Neu-Breisach erblickte ich zuerst die Schweizergebirge.
9. Des folgenden Tages waren wir schon zum Mittagsessen in Basel, wo wir in den drei Königen logierten. Nachmittags besuchten wir die Cathedralskirche, die kleine und die große Promenade, den Garten eines Herrn Weiss, besahen das Durlacher Haus und auf dem Kirchhofe den berühmten Todtentanz. Im Mondscheine machten wir noch einen Spaziergang auf der großen Brücke.
10. Den folgenden Tag widmeten wir verschiedenen Gegenständen der Natur und Kunst; von erstern nenne ich nur Herrn Bernoullis Naturalienkabinet und von leztern die Kupferstichsammlung des Hrn. von Mechel. Dies ward noch am 11ten fortgesezt und erst Abends um 7 Uhr, nachdem noch einige feine Zize waren gekauft worden, reisten wir weiter und übernachteten in St. Münster.
12. In Schafhausen fesselte uns der Anblick des Rheinfalls bis zum 14ten.
14. Erdmannsdorff zeichnete ihn ab und auch ich wagte einen mislungenen Versuch ihn darzustellen. In Zürich wohnten wir an der Brücke im Schwert. Die Aussicht aus meinem Zimmer zeigte mir einen Theil der Eis- und Schneegebirge. Wir machten Hirzels Bekanntschaft und besuchten den berühmten Geßner auf seinem Landhause. Bei einer Seefahrt überraschte uns ein heftiges Gewitter, welches uns zu landen und vor dem schrecklichen Regen Schutz zu suchen zwang. Der Fürst und Erdmannsdorff machten, begleitet von einem Junker Mayer, auch dem bekannten Bauern Kleinjog einen Besuch. Wir mietheten einen Kutscher bis Bern und verließen

17. Zürich am 17ten. Ein heftiger Regen erfüllte die Gegend. Bette und Gepäck waren durchnässt.
18. Am 18ten Abends um 6 Uhr kamen wir in Bern an, wo wir einen Tag blieben.
20. Spät erst kamen wir am 20ten nach Moudon, weil wir lange in Avenches verweilt hatten, um uns ein Paar Fragmente eines antiken musirischen Fußbodens und andere Alterthümer zu besehen.
21. Am 21ten hatte ich oberhalb Lausanne zuerst den großen Anblick des Genfersees. Dieses erhabne Schauspiel recht zu genießen, stiegen wir den Berg zu Fuße hinab. Nachmittags um 1 Uhr stiegen wir im goldenen Löwen zu Lausanne ab. Herr Langer, Hofmeister eines Herrn v. Lindenau (jezt Bibliothekar in Wolfenbüttel) kam als Bekannter sogleich zu uns und besorgte bessere Wohnung bei Demois. Villardin, welche eben verreisen wollte und daher ihre Wohnung gern auf einen Monat vermiethete. Tissots Bekanntschaft machte der Fürst am nemlichen Tage, bei der Herzogin von Curland, geb. Prinzessin von Waldeck, meiner guten Freundin und Correspondentin, welche sich ebenfalls ihrer Gesundheit wegen in Lausanne aufhielt. Von andern hier, theils erneuerten, theils gemachten Bekanntschaften nenne ich nur die Prinzen von Meklenburg und ihren Hofmeister Moclair, den Fürsten Par mit seiner Gemahlin, die Familie le Duc, du Seigneux, Mad. Meserai, Comte de St. Hypolite, Herr und Frau Boissi.
27. Wir verliessen Lausanne um auch das schöne, nur zwei Tagesreisen entfernte Lyon zu sehen. Unser erstes Nachtlager war Nion. Am folgenden Tage erreichten wir La Vaute und
29. am 29ten kamen wir Abends um 9 Uhr im Mondschein nach Lyon, wo wir im Palais Royal logirten. Die Gegend die wir durchreist waren, hatte mich entzückt. Wir ließen während unseres Aufenthalts in dieser Stadt keinen Augenblick ungenuzt, um alles merkwürdige in Augenschein zu nehmen. Wir durchstrichen sie zu Fuße und zu Wagen nach allen Seiten und besuchten auch die reizenden Gegenden am Ufer der Saone. Wir kauften einige dort verfertigte Stoffe und besahen bei dieser Gelegenheit verschiedene Manufakturen und Fabriken. Zwei Abende waren wir im Theater. Das erste Mal ward vorgestellt: *l' Ecole des Maris et le Huron* und das anderemal Voltaire's Semiramis und *la coupe enchantée*.

September

2. Da wir erst Nachmittags von Lyon abreisten, so kamen wir am folgenden sehr spät zu
3. Secheron bei Genf an.
4. In Genf besahen wir die Gemäldesammlung des *Chevalier Fassio*, der auch die Güte hatte uns nach *Plain-Palais* zu führen. Obgleich die dunstbeladne Atmosphäre ein Gewitter verkündigte, so sezten wir dennoch unsern Weg nach Ferney fort. Allein Donner, Blitz, Hagel und Sturm sezten bald die Natur mit vereinter Macht in einen so furchtbaren Aufruhr, daß die stärksten Nussbäume umgeworfen, Weinberge und Felder verwüstet und Wege und Thäler überströmt wurden. Unsere Rettung dankten wir dem Instinkt der Pferde, die kurz mit uns umlenkten und sich unter ein weit vorstehendes Dach flüchteten. Da unsere Kutsche unbeschädigt geblieben war,

so kamen wir endlich in Ferney glücklich an, wo wir bei einem armen Uhrmacher einkehrten, dessen Frau eben mit dem 16ten Konde hochschwanger ging. Nachdem das Toben der Elemente sich gelegt hatte, besahen wir Voltaires Wohngebäude und die Kapelle, welche er, laut der goldenen Inschrift, zur Ehre Gottes errichtet hat. Nachdem wir uns Fremde bei dem alten Dichter hatten anmelden lassen, erschien bald eine dürre, magere Figur von Cammerdiener, der mit weinerlichem Ton, aber in sehr guter Sprache seinen Herrn entschuldigte, uns nicht annehmen zu können und ihn zugleich durch Fieber und Gewitterangst so jammerhaft schilderte, daß man nun freilich mehr den alten Herrn als sich selbst beklagen musste. Auf dem Rückwege fanden wir die ganze Gegend bis Secheron verheert; die wenigen noch stehenden Bäume waren von Zweigen und Blättern entblöst, Wein, Früchte und Gras zerschlagen und überschwemmt, die Erde vom gewaltigen Rgen zerrissen: es war ein fürchterlicher, Grausen erregender Anblick! Auch im Hause und Garten unseres Wirthes zu Secheron fanden wir traurige Spuren der Verwüstung.

5. Wir begaben uns hierauf zum zweitenmale nach Genf um die Gemäldesammlung des Hrn. Trochin zu sehen. Einige schöne Berghems zogen besonders meine Aufmerksamkeit an. Längs dem Seegestade ging es nun wieder nach Lausanne, wo wir am Abend ankamen. Es regnete den ganzen Tag und der See war in heftiger Bewegung. Auch dieses war mir ein neues, interessantes Schauspiel. Ich hatte in Lausanne das Vergnügen den wohlbekannten, braven Hofmeister meiner Kindheit *Andrieux* wiederzusehen, der aus meines Vaters Hause zu den beiden Prinzen von Preussen zog und nachher sich wieder nach Gorgier, seiner Baronin in Neuchatel begeben hatte.

8. Der Fürst musste auch eine Deputazion des Magistrats annehmen, der ihn durch drei seiner Mitglieder komplimentiren ließ.

12. Als wir Lausanne verließen, trennte sich Erdmannsdorff von uns, um nach Rom zu reisen. Da er seinen Bedienten Stockmann, der uns bisher als Kurier gedient hatte selbst mit sich nahm, so engagirte der Fürst den Sohn des Wirthes von Secheron De'jean, zugleich in der Absicht, diesen französisch sprechenden Bedienten in der Folge bei seinem Sohne Franz Waldersee anzustellen, damit das Kind sich frühzeitig diese Sprache zu reden, gewöhnen sollte.

13. Die erste Nacht blieben wir in Avenches; die darauf zu Bern in der Krone.

14. Bei Langenbrück, wo wir unser drittes Nachtlager hielten, fand ich die Gegend vorzüglich schön.

15. In Basel kaufte der Fürst einen Käse von 120 Pfd. Und ich nahm von Mecheln einen schönen in rother Kreide gezeichneten Kopf von Frey.

16. Von Basel gingen wir noch bis Kembs. In Strasburg gingen wir ins Theater und sahen *Esop à la Cour* und die Oper Silwain vorstellen. Über Germersheim, Speier, Mannhein u. Darmstadt kamen wir wieder

19. bei meiner Tante in Bockenheim an, die uns

20. am folgenden Tage nach Frankfurt ins Schauspiel führte, das aber abscheulich war.

24. An meinem Geburtstage verliessen wir Bockenheim Nachmittags und kamen wegen der schlechten Wege erst um 10 Uhr Abends in Hanau an.

25. Am folgenden Tag brachen beide Wagen zweimal, so daß wir nur bis Saalmünster kamen.

26. Zwischen Saalmünster und Schlüchtern brach die Axt und wir erreichten nur leztern Ort.

27. Des folgenden Tages fehlte es an Postpferden und wir mussten in Hünefeld bleiben. Von hier ging es ohne weitern Unfall über Eisenach, Erfurt, Naumburg, Weissenfels und Leipzig nach Dessau wo wir Abends um 9 Uhr gesund anlangten.

Oktober

1. Um die Ueberraschung, die der Fürst vorgesezt hatte, vollständig zu machen, stiegen wir am Thor ab und gingen zu Fuße nach dem Schlosse, wo wir die Herren und Damen noch bei der Abendtafel fanden. Bei unserem Eintritte waren alle wie versteinert und sehr geneigt uns für Geistererscheinungen zu halten. Ich lief sogleich zu meinem Sohne, der eben gewaschen und zu Bette gebracht wurde. Er hatte indeß den ersten Zahn bekommen. Der Fürst ging noch zu Behrenhorst, während Prinz Albert mich zu meiner Tante Wilhelmine führen mußte, wo aber alles schon zu Bette war. Ruhebedürftig kehrte ich nach Hause zurück.

18. Prinz Hans Jürge kam zu Besuch von Stettin und zur nämlichen Zeit waren ein Graf Einsiedel und ein Graf Dallwitz in Dessau.

31. In Oranienbaum wurden Hasen gejagt. In einem Kariole mich selbst fahrend, folgte ich der Jagd. Das Pferd stürzte und ich that einen sehr gefährlichen Fall. Meine Füße waren dergestalt im Geschirr des Handpferdes verwickelt, daß meine Schuhschnalle abgebrochen ward, indem das Pferd sich losriß. Ohne den schnellen Beistand des Vorreiters Huhn, wäre ich unfehlbar geschleift worden. Eine kleine Contusion am Kopfe war alles was ich davon trug. Alles eilte herbei und Hr. v. Glafey that bei dieser Gelegenheit einen so üblen Sturz mit dem Pferde, daß er auf einige Augenblicke die Besinnung verlor.

November

29. Prinz Hans Jürge kehrte nach Stettin zurück und nahm Behrenhorst mit sich.

Dezember

Der Graf Leopold von Anhalt, nebst Frau und Tochter, ingleichen Herr u. Frau Brand aus Schmerwitz und Herr und Frau Lattorf aus Klieken kamen auf einige Tage nach Dessau.

27. Am nemlichen Tage an welchem mein Sohn sein erstes Jahr vollendete, gab meine Tante eine Feete, zum Geburtstage des Fürsten Eugen, ihres Bruders. Es ist bemerkenswerth, daß wir am lezten Tage des Jahres noch Hasen und Füchse jagten; doch war dies nur auf der Oranienbaumer Heide möglich, weil um Wörlitz Felder, Gärten und Dörfer seit dem April dieses Jahres noch immer überschwemmt waren.

1771

Januar

1. Die Witterung am ersten Tage dieses Jahres war so mild, daß der Frühling schon heranzunahen schien.

10. Doch änderte dies sobald, daß der Fürst schon am 10ten mich im Schlitten nach Wörlitz fahren konnte.
20. Der Major von Raumer kam mit seiner schönen jungen Frau, einer geb, Gräfin Küssow, nach Dessau
24. Am Geburtstage des Königs von Preussen gab der Fürst ein Diner und Abends Redoute, auf welcher sich 185 Masken befanden. Bei diesem Anlasse hielten sich Hr. u. Frau (Cammerherr) v. Lattorf, Major v. Raumer mit seiner Frau, aus Stargardt, der Postmeister von Hansen aus Cöthen und Herr und Frau Ludwiger einige Tage hier auf.
25. Mein Sohn wurde jetzt von der Amme entwöhnt, welche wieder zu den Ihrigen nach Unterwidderstädt zurückkehrte.
30. Am Geburtstage des Prinzen Hans Jürge gab der Fürst abermals ein großes Diner und Abends Redoute im großen Saale, die diesmal aus 270 Masken bestand. Man tanzte bis 5 Uhr morgens. Mein Sohn konnte nun schon ohne Stüze und Haltung von meinem Zimmer in Dessau bis zum Cabinet des Fürsten gehen.

Februar
Den Februar brachten wir abwechselnd in Wörlitz und Dessau zu, woselbst die meisten obengenannten Fremden sich so noch befanden.
11. Zum Fastnachtsabend gab der Fürst die dritte Redoute, welche aus 205 Masken bestand und mir deshalb Vergnügen machte, weil ich in meiner Einsiedlertracht von niemanden erkannt wurde.
20. Der Fürst ließ den Wörlitzer See unter Eise fischen, wobei Majorin v. Raumer und ein Major v. Bülow gegenwärtig waren
28. Der Fürst fing nun an die von der Ueberschwemmung versehrte Gartenanlagen wieder zu bessern und zu erweitern. Wir konnten den Garten noch zu Fuße auf dem Eise durchgehen

März
3. Im März erfolgte der Tod meines Onkels des Marggrafen von Schwedt.
10. Bald darauf reiste Major Raumer wieder nach Stargardt zurück. Das Wasser begann von neuem zu wachsen.

April
Wir waren oft in Wörlitz beim Bau des neuen Hauses zugegen.
6. Der Fürst verreiste mit Behrenhorst nach Hamburg und ich mußte indeß bei den Gartenarbeiten und dem Bau des Hauses öfters nachsehen und auch mit ausfahren, wenn die Meute gallopirte. Der König von Preussen erwiederte diesmal den ersten Lachs, welchen ich, in Abwesenheit des Fürsten ihm schickte, mit einigen Pisangs, welche seltene Frucht wir bisher noch nicht gesehen hatten
19. Nach der Zurückkunft des Fürsten feierten wir
22. den Geburtstag des Prinzen Albert, Morgens mit Fuchsjagt, Mittags mit einem großen Diner und Abends mit einer Redoute. Beide Herren von Lattorf aus Klieken mit ihren Frauen, drei Zerbster Officiere und ein Hr. v. Krosigk aus Popliz waren dabei gegenwärtig.

29. Wir hatten darauf den Besuch des Domherren v. Rochow mit seiner Frau. Diesen ganzen Monat und schon ein Theil des vorigen war deutsches Schauspiel hier.

Mai
4. Von Wörlitz aus machten wir im Kahn eine Fahrt zum Wildeberg.
8. Rochows verließen uns wieder. Es wurden viele Meubles für das neue haus zu Wasser von Dessau nach
12. Der Prof. Basedow aus Hamburg kam jetzt bei uns an und erhielt fürs erste Zimmer im Schlosse zur Wohnung.
14. Mit ihm und den Kindern gingen wir auf einige Tage nach Oranienbaum, wohin uns auch Prinz Albert begleitete. Jeden Vormittag unterhielt uns Basedow mit seinen pädagogischen Projekten und Plänen, nach welchen der Fürst, auf eigene Kosten, eine Erziehungsanstalt in Dessau zu errichten beschloß. Basedow reiste wieder ab. Ich verabschiedete jetzt auch meine alte Cammerfrau, die bis dahin nebst der Amme auch meinen Sohn gewartet hatte, mit einer lebenslänglichen Pension.

Junius
Im Anfange des Jun. wohnten wir mit Behrenhorst in Wörlitz.
6. Basedow kam wieder nach Dessau, als wir uns eben in Oranienbaum aufhielten, wo sich auch Major Kiniz befand. Die Elbe und die Mulde wuchsen so stark an, daß auch der Weg von Oranienbaum nach Dessau gesperrt war.
9. Auf einem Spaziergange mit meinem Sohn unweit der Wassermühle, bis wohin sich wirklich die Ueberschwemmung ausdehnte, lief das Kind, voller Freude über diesen Anblick, bis an die Brust ins Wasser. Wir hielten ihn erschrocken zurück, indeß Basedow ihm zujauchzte: Vortreflich!
12. Wir fuhren nach Dessau um der Prinzessin Wilhelmine zum Geburtstag zu gratuliren. Von Fremden befanden sich dort, die Gräfin Solms, geb. Prinzessin von Berenburg, die Familie des Majors Liebenau aus Sachsen, der Graf Leopold mit seiner Familie, ein Herr v. Pfau und ein Herr v. Perill. Es war Ball. Wir kehrten jedoch am nemlichen Abend nach Oranienbaum zurück. Behrenhorst reiste nach Stettin und Basedow nach Leipzig. Franz Waldersee wohnte jetzt unter Behrisch's Aufsicht mit meinem Sohn zusammen und mußte jetzt schon zuweilen im Garten Oranienbaum reiten. Seit der Reise begleitete ich den Fürsten weit öfter am Vormittage zu Pferde, als im vergangenen Jahre.

Julius
3. Am Anfange des Julius nahm die Ueberschwemmung zu. Ich war mit dem Fürsten allein in Wörlitz: die Kinder und Behrisch waren in Oranienbaum geblieben. Der Fürst fuhr zu Wasser nach Dessau. Ich beschäftigte mich im neuen Hause damit, daß ich Gypsabdrücke machen half, bis zu seiner Wiederkunft.
7. In dieser Zeit borgte er von meiner Tante Wilhelmine 10 000 Rthl. und von meinem Onkel Eugen 5 000 Rthl., aber nur auf zwei Jahre. Die Kinder kamen einige Male zum Essen zu uns nach Wörlitz und wir ritten auch öfters zu ihnen herüber.
14. Franz Waldersee wohnte zum erstenmal dem Gottesdienst bei. Im neuen Hause ward schon häufig gespeist.

Friedrich Matthisson, Auszug aus dem Tagebuch der Fürstin Louise von Anhalt-Dessau: Der Alltag der Fürstin Louise

16. Von meinem Vater kamen 15 000 Rthl. oder vielmehr die schriftliche Versicherung, daß sie ankommen würden.
20. Wir begaben uns sämtlich (auch die Kinder) von Oranienbaum nach Dessau. Der Major Pfuhl war auch daselbst und man machte in diesen Tagen viele Promenaden zu Wagen, zu Pferde u. zu Fuße.
27. Der Fürst ließ mich nach Wörlitz nachkommen, wo er einige Tage allein zugebracht hatte. Die Gegenden um den See und Garten waren nun wieder vom Wasser frei, so daß wir überall umhergehen konnten. Wir besuchten auf einige Tage den Fürsten und die Fürstin von Cöthen in Biendorf. Leztere schenkte mir zwei ziemliche Flinten, womit ich einige arme wilde Enten und schöne Fasanen töten musste. Sie wollte mir gar zu gern ihre Liebe zur Jagd einflössen!

August
3. Ich schenkte dem Fürsten eine antike Marmorstatue der Venus, die eine Muschel hält, welche ich aus Cavaceppis Sammlung gekauft hatte. Um seiner Geburtstagsfeier in Dessau auszuweichen, verreiste der Fürst mit mir über Gröbzig nach Sandersleben.
12. Wir kamen über Mosikau zurück, wo wir zwei Tage bei der Tante geblieben waren.
17. Wir hatten den Besuch des Generals Anhalt mit seiner Frau, die mir wie eine Schwester ähnlich war.
21. Ich machte auch jetzt die Bekanntschaft des redlichen Zollikofers, reformirten Predigers in Leipzig, der nach Dessau gekomen war.

22. Ich begleitete den Prinzen und die Prinzessin von Berenburg zu Pferde über Oranienbaum nach Wörlitz, wo der Fürst ihnen die neuen Anlagen und die Einrichtung des Hauses zeigte.
27. Einige Tage nachher klebte ich die Kupferstiche auf die Wände der Bedientenstuben des Wörlitzer Hauses. Um diese Zeit war in Dessau ein Herr von Schulenburg aus Gotha und Herr und Frau Medem aus Berlin.

September
8. Der Cammerrath Dietz brachte mir von meinem Vater die noch rückständigen 15 000 Rthl. meiner Mitgift, von welcher Summe, wie ich denn schon beim ersten Projekt der Basedowschen Schulanstalt meine Mitgift dazu angeboten, mir der Fürst 12 000 Rthl. sogleich überließ, um diese zum Besten besagter Anstalt zu verwenden. Ich ließ am 11ten zur Ader.
20. Begleitet von den Kindern und einigen Herren und Dames vom Hofe reisten wir nach Sandersleben, wo gejagt ward. Zu meinem Geburtstage hatte der Fürst meinen Sohn in der rothen Jagduniform kleiden lassen. Im Freckleber Busch war ein ländliches Fest, wo Gänge, Bäume und Hügel durch Blumen und tanzendes Landvolk verschönert waren.

Oktober
11. Nach einem (dreitägig) dreiwöchentlichen Aufenthalt verließen wir Sandersleben. Der Fürst fuhr in der Postschäse mit mir und meinem Sohn über Bernburg und Brambach, einem

Jagdhause des Fürsten von Cöthen, wo wir Mittag hielten, wieder nach Dessau.

16. Mit meiner Tante Wilhelmine und dem Prinzen Albert waren wir zur Jagd in Heinrichswalde, weil sich der sächsische Prinz Carl, Herzog von Curland, sich daselbst bei meinem Onkel aufhielt. Beim Zurückfahren warf die Kutsche, worin meine Tante zu vieren saß um, jedoch ohne Schaden.

18. Der Herzog speiste in Wörlitz im obersten kleinen Saal des neuen Hauses.

24. Meine Tante begab sich wieder nach Dessau, wohin auch wir ihr nachfolgten.

November
8. Zum erstenmal seit meiner Existenz in Dessau speiste der Fürst von Berenburg daselbst.

13. Der Fürst reiste nach Dresden, von wo er nach einer fünftägigen Abwesenheit zurückkehrte.

16. Auch Herr v. Erdmannsdorff kam wieder aus Italien nach Dessau, nachdem er etwas länger als ein Jahr entfernt gewesen war.

29. Basedows Familie etablirte sich nun auch in Dessau.

Dezember
In den ersten Tagen dieses Monats besuchten uns der Fürst und die Fürstin von Cöthen der Sauheze wegen auf einige Tage; von Fremden waren nur Rochows und Ludwigers hier. Die Heze dauerte den ganzen Monat hindurch.

22. Die Tochter des Hofmarschalls von Brinkenhof war mit dem Lieutenant v. Esebeck durch den Superintendenten Desmarés auf dem Schlosse getraut.

27. Am Geburtstage meines Sohnes war Ball und vorher Diner bei meiner Tante, wobei die Herrn v. Ende, v. Bismark, v. Kökeriz und v. Strozi, ein alter ungarischer Edelmann, gegenwärtig waren.

30. Ein paar Tage nachher gab der Fürst den Kindern eine kleine Fête.

1772

Dieses Jahr begann für mich mit körperlichen Leiden, zu welche schon der Grund vorlängst, besonders aber seit zwei Jahren gelegt worden war. Aber der Ausbruch dieser Angriffe, die bisher meine Seele und meinen Körper erschütterten, äußerte sich nun immer mehr und mehr, durch Ohnmachten, Schwindel, Fieberhize, tiefe Traurigkeit, Mangel an Schlaf und Esslust und Sehnen nach Klosterstille oder dem Grabe. Hinzu gesellten sich noch Halsentzündung und Catharr. Die zwei ersten Monate dieses jahres hindurch war ich so leidend, daß ich oft halbe Tage lang das Bette hüten, mitunter dennoch auf dem Schlitten nach Wörlitz fahren und auch ausreiten musste. Um diese Zeit wurden die warmen Soupers bei Hofe abgeschafft u. an den Courtagen blieb man nicht mehr zum Essen. Dagegen ward aber eine Assemblee eingerichtet, welche zuerst von meiner Tante, der Gräfin, Präsident Stensch, den Geschwistern v. Raumer, Puttkammers und Brinkenhofs gegeben wurde. Die Gräfin Wilhelmine von Anhalt ließ durch mich ihre Mutter bitten, in ihre Heirat mit dem hannöverschen Major Campen einzuwilligen. Der Oberstallmeister v. Neidschüz und der Forstmeister von Erdmannsdorff starben. Bei Qualendorf ward ein Vatermörder gerädert. Bei meinen Unpässlichkeiten, so wie auch bei meinem vorigen Wochenbette war die Canzleidirektorin von Raumer meine beständige Gesellschafterin. Wenn ich den Fürsten bisweilen nach Wörlitz begleitete, beschäftigte ich mich damit, die Verzierungen der Plafonds und übrigen Füllungen im neuen Hause in Gyps zu gießen. Der Major Kaufberg kam mit seiner Frau nach Dessau.

März
21. Als der Fürst mit mir von Brambach kam und auf dem Qualendorfer Feld in der Postschäse fuhr, war es an manchen Stellen so tief, daß die vier Pferde vor uns bis an den Bauch versanken. Als man sie abspannte, arbeiteten sie sich heraus. Um uns aus dem Schlamm zu ziehen, ließ sie der Fürst hinten vorspannen: aber wir wurden gewaltsam umgeworfen. Etwas Schmerz am Kopf ausgenommen, den ich noch einige Zeit nachher spürte, lief alles ohne weiteren Schaden ab. Ich bekam jetzt ein schönes englisches braunes Pferd Mignon genannt zu meinem Gebrauch.

27. Ich sahe zum erstenmal den Karpfenfang nicht weit von der Jonizer Mühle mit an.

31. Ich vollendete mit der Scheiflern die Verzierungen eines blau und weissen Bettes, für Behrenhorsts Schlafzimmer im neuen Haus zu Wörlitz bestimmt.

April
5. Der alte Görken verlor seine junge Frau, eine geb. von Bindersen durch den Tod. Der Fürst bekam von unserer Tante, auf sein Ansuchen eine am Wörlitzer Elbwall gelegene Wiese, von welcher er Erde nehmen wollte, eine abschlägigen Antwort.

Mai
Wir machten eine kleine Reise, meist zu Pferde, über Biendorf, wo der Fürst von Cöthen uns zwei Tage bei sich behielt, nach Sandersleben. Hier waren zwei Herren v. Hardenberg, wovon der eine mit mir und einer englischen Dame von seiner Bekanntschaft frappante Aehnlichkeit finden wollte.
Ueber Berenburg und Biendorf, wo wir übernachtet hatten,
7. kamen wir wieder nach Dessau zurück.

14. Es entstand bei der Tafel ein Zwist zwischen Behrenhorst und Glafey, der so hizig ward das er Behrenhorsten herausfordern wollte. Da sich aber andere ins Mittel schlugen, so ward die Sache firdlich beigelegt.

25. Der Fürst ließ mich eine Reise zu meinem Vater nach Schwedt machen, begleitet von den beiden Hofdamen, Glafey, Behrisch, der Scheiflern und einer Cammerjungfer für die Damen, hauptsächlich um meinen Sohn, den ich die Freunde hatte auch mitzunehmen, dem Großvater zu zeigen.

26. Unterwegs blieb ich eine Nacht bei meiner Tante in Köpenik.

27. Am folgenden Morgen kam mir mein Vater mit zwei Kutschen entgegen. Ich blieb wohl 14 Tage in Schwedt. Der Marggraf hatte seine große Freude an seinem Enkel. Es war ein hübsches Theater in der Orangerie erbaut worden, auf welchem verschiedene Liebhaber aus der Stadt Operetten aufführten. Einen Abend um den andern war Konzert und am

Vormittage musst ich mit Hrn. v. Bornstädt ausfahren um die Gegend zu besehen. Der Prinz Hans Jürge kam auf einen Tag mit Behrenhorst zum Besuch.

Junius

9. Die Rückreise geschah mit öfters unterlegten Pferden und auch die Nacht hindurch sehr schnell.
10. Am zweiten Abend war ich schon in Wörlitz. Bis Bosdorf war uns der Fürst entgegengekommen.
Von Fremden kamen in diesem Monat nach Dessau: Herr u. Frau v. Berlepsch aus Dresden, ein Graf Brühl, Herr und Frau von Winkel, Herr und Frau von Kalitsch, nebst ihrer Schwester Frl. v. Zerbst.
26. Wir bezogen zu Wörlitz das neuerbaute sogenannte Küchengebäude. Im gelben oder sogenannten Cavalierhause, wo wir bis dahin gewohnt hatten, bekamen nun die beiden Kinder, nebst ihrem Hofmeister Behrisch, ihr Logis; wie auch Rode der jüngere.
28. Ich wurde plötzlich krank und musste zur Ader gelassen werden. Man brachte mich eilends nach Dessau wo ich ein heftiges Fieber bekam, welches mich die ersten neun Tage des Jul. hindurch im Bette gefangen hielt. Herr und Frau v. Byern waren auf einige Tage in Dessau.

August

3. Der Fürst reiste mit mir, nebst unserem Sohn und Behrisch nach Rekahn zum Domherrn v. Rochow, von wo wir über Bernau wieder nach Schwedt gingen,
6. wo wir früh um 9 Uhr dem Marggrafen eine Ueberraschung verursachten, die er sehr gut aufnahm und uns mit großer Freude bei sich behielt. Am folgenden Tage machte er mit uns allen dem Prinzen Hans Jürge einen Besuch in Stettin, reiste aber nach der Mittagstafel beim Herzog von Bevern
9. am 9ten mit meinem Sohn und Behrisch wieder nach Schwedt, indeß ich mit dem Fürsten noch zwei Tage länger in Stettin blieb, wo sich auch eben die Majorin von Raumer aufhielt.
Wir gingen nach Schwedt zurück welches
15. der Fürst drei Tage später verließ, um seine Reise nach Preussen fortzusezen. Der Prinz Hans Jürge begleitete ihn eine Strecke und Behrenhorst kehrte nach Dessau zurück. Ich blieb mit meinem Sohn im väterlichen Hause wo ich bald
21. einen starken Fieberanfall bekam. Weil aber gerade der Geburtstag meines Vaters war, so überwand ich mein Uebelseyn: aber am folgenden Tage musste ich das Bette hüten. Ich behielt das Fieber sehr lange. Auch Behrisch war, schon früher als ich, davon befallen worden.

September

10. Der Fürst kam aus Preussen zurück. Die Rückreise nach Dessau ward nun, troz meinem Fieber angetreten.
18. Wir verließen Schwedt, der Fürst, meine Damen und ich, meinen Sohn auf dem Schosse. Den ersten Tag erreichten wir Spandau, wo sich Erdmannsdorff befand und mit dem Fürsten
19. nach Potsdam fuhr, indeß ich mit der übrigen Gesellschaft nach Wörlitz fortreiste, wo ich
20. bei meiner Ankunft mich so krank fühlte, daß ich wirklich zu sterben glaubte. Meine Reisegesellschaft ging sogleich nach Dessau ab und der Fürst kam am folgenden Tage auch nach Wörlitz. Da mein Arzt Kretschmar mich so übel fand, daß ich kaum einige Stunden ausser dem Bette ausdauern konnte, so gab er mir den Rath mich nach Dessau zu bringen
22. welcher auch befolgt wurde. Meine Krankheit bestand in einer Art von abzehrenden hizigen Fieber.

Oktober

4. Weil ich noch nicht wieder ausgehen konnte, so wiederholte der Superintendent seine schon gehaltene Erntedankpredigt in meinem Vorzimmer. Ich fing an, mit dem Fürsten zuweilen auszufahren.
9. Jetzt wurden meinem Sohn durch Kretschmar die Blattern eingeimpft.
14. Meine Tante Henriette kam zum Besuch mit einer Mad. Linois und Hr. v. Rackmann und bewohnte die Zimmer auf der Gallerie neben den meinigen. Beim ersten Wiedersehen meiner beiden Tanten musste ich, so krank und schwach ich mich auch fühlte, die Mittelsperson machen und mit der jüngsten zur Aelteren fahren.
31. Am lezten Tage dieses Monats besuchte ich seit meiner Krankheit Wörlitz wieder zum erstenmale.

November

1. Auch ging ich wieder zur Kirche, war aber immer noch so leidend an Körper und Gemüth, daß ich oft mehr als einmal des Tages schlimm wurde.
7. Ich wurde zur Ader gelassen.
11. Die Prinzessin Henriette kam mit der Gräfin Solms wieder von Potsdam zurück, wohin sie auf einige Tage verreist gewesen war.
17. Ich bekam abermals Fieberanfälle und konnte erst
29. nach zwölf Tagen wieder zur Kirche gehen
30. Meine Tante verließ uns wieder mit ihrem Gefolge und der Gräfin Solms.

Dezember

14. Man fand rathsam mich abermals zur Ader zu lassen.
27. Die Prinzessin Wilhelmine feierte den Geburtstag ihres Bruders auf die gewöhnliche Weise und ich bereitete meinem Sohn an diesm Tage auch einige kleine Freuden. Er bekam das erste Schaukelpferd, musste aber doch zu Mittag mit zur Tante fahren.

1773

Januar

8. Auf der Saujagd bei Lederiz erschoß ich 14 dreijährige Schweine, wovon das erste auf der Stelle todt blieb.
13. Ich bekam das Nesselfieber und ward so schlimm, daß
19. ich meinen Tod für gewiß hielt. Der Arzt und Behrisch benachrichtigten den Fürsten von meiner gefährlichen Krankheit, wiewohl ich ihnen geäussert ahte, es sei besser ich stürbe, als daß ich noch zuvor dem Fürsten Leiden verursache. Der Fürst verlangte durch ein Billet, man soll ihm durch einen reitenden Boten sogleich Nachricht von meinem weiteren Befinden geben.

20. Am folgenden Tage kam der Fürst selbst, der wie vorher zu bemerken vergessen ward, in Wörlitz war.
31. Am lezten Monatstage konnte ich wieder ausgehen.

Februar
Wir fuhren diesen Monat häufig Schlitten, aber ich litt unsäglich viel an Leib und Seele.

März
10. Mein Vater kam mit seinem Hofmarschall v. Wilmersdorf nach Dessau.
22. Das Wörlitzer neue Haus ward im Beiseyn des Marggrafen festlich eingericht. Der Ball dauerte die ganze Nacht hindurch und mein Vater und ich waren wohl die einzigen, die daran gedacht hatten, sich zur Ruhe zu begeben.
23. Den Morgen nach dieser Feierlichkeit reiste mein Vater wieder ab. Meine innern Leiden mehrten sich fast täglich und kaum vermochte der Körper noch ihre Bürde zu tragen.

April
Da die Ohnmachten noch sehr häufig waren, ließ man mich von neuem zur Ader. Ungeachtet dieses fortdauernd kränkelnden Zustandes begleitete ich den Fürsten bisweilen nach Wörlitz; ging auch manchmal in Dessau in Gesellschaften.

Mai
2. Die Gräfin Solms, die sich kürzlich mit einem Grafen Burghausen verheiratet hatte, kam bei ihrer Zurückkunft aus Herforden wieder hier durch. Es war geade Redoute
12. Sie reiste nach einem Aufenthalt von zehn Tagen wieder ab.
15. Ich machte mit dem Fürsten, meinem Sohn, der Gräfin Leopold, v. Görken und Behrisch eine Reise nach Sandersleben, wo wir
20. nur wenige Tage blieben und dann nach Wörlitz zurückkehrten.
24. Erdmannsdorff brachte Hrn. u. Frau Schönberg zu uns, die sich einige Tage in Wörlitz aufhielten. Diese sehr gute und liebe Frau blieb nachher in Briefwechsel mit mir.

Junius
1. Behrenhorst reiste nach Stettin.
5. Hr. v. Wreech, zubenamt der Dicke, besuchte uns und wir ritten nach Wörlitz.
11. Mein Sohn hatte Fieber.
13. Ich reiste mit meinen Damen nach Magdeburg, um die Prinzessin von Oranien bei ihrer Durchreise nach Berlin dort zu sehen.
14. Am folgenden Abend spät kam ich zurück.
15. Der Prinz Ferdinand, des Königs Bruder, kam zum Essen nach Dessau. Domherr v. Hopfgarten und Präsident v. Dachröden waren auch da. Am nemlichen Tage stürzte sich die Kammerjungfer Meyer aus dem Fenster der Frl. Sehar herab, nachdem sie noch die Reise nach Magdeburg mitgemacht hatte.
16. Ich war wieder zum Ersticken schlimm: nur ein schneller Aderlaß verschaffte mir Luft.
17. Die Schönbergs besuchten uns abermals.

26. Der Chevalier Smith, ein Engländer, kam bei uns an.

Julius
13. Ich vergoldete die Inschrift am Wörlitzer Hause.
14. Wir hatten den Besuch eines italienischen Offizirs in spanischen Diensten Namens Marazzini.
22. Prinz Hans Jürge und Behrenhorst überraschten uns auf eine sehr angenehme Weise in Wörlitz.
28. Ich ritt mit dem Fürsten und seinen zwei Brüdern nach Wörlitz und in diesen Tagen war dem Pr. Hans Jürge zu Ehren Gesang und Festlichkeit auf dem Wörlitzer See.
31. Ich sprach mit der alten Gräfin wegen ihrer Enkelin Luise aus Halberstadt, einer Tochter des Grafen Albert von Anhalt.

August
25. Ich fuhr zur alten Gräfin, um die kleine Luise, welche der Vater selbst nach Dessau gebracht hatte, mit mir auf das Schloß zu nehmen. Sie war 5 Jahre alt. Es kam ein Herr von Grothausen zu Besuch aus Leipzig hierher. Die kleine Luise begleitete mich nun auch immer nach Wörlitz und wohnte neben und in meinem Zimmer.

September
5. Auf den Wiesen bei Wörlitz war ein Hutrennen.
12. Der Herzog von Curland kam zu meinem Onkel.
16. Es war Maskerade auf dem Schlosse.
19. Prinz Hans Jürge reiste wieder ab.
24. Zur Feier meines Geburtstages war Ball und am folgenden Tage reiste der Herzog von Curland wieder ab.

Oktober
3. Ein junger Baron Fries war mit seinem Hofmeister Mattei auf einige Tage hier,
5. ingleichen ein Hr. v. Wilkeniz aus Cassel und ein Cammerherr v. Reder.
8. Der braunschweigische Leibarzt Wagler kam zu uns und impfte meinem Sohn, dem kleinen Friz des Hofr. Kretschmar, dem jungen Kleist, der mit Waldersee durch Rode erzogen ward und meiner Gräfin die Blattern ein. Kleist war der kränkste von allen.
21. Die Pocken kamen bei meinem Sohn zum Ausbruch, ich fuhr aber dabei immer mit ihm spaziren.
25. In Bobbe brannten 18. Häuser ab.
28. Die Majorin von Kleist, unseres Zöglings Mutter kam hier an. Nachdem die Kinder sämtlich die Krankheit überstanden hatten, kehrte Hr. Wagler wieder nach Braunschweig zurück.

November
5. Meine Schwester aus Herforden kam mit der Generalin von Wreden und dem D. Picht in Dessau an
10. Der Obristlieutenant v. Pfuhl ward auf dem Schlosse durch den Superintendenten mit der Gräfin Leopold getraut.
11. Tags darauf war Maskenball.
19. Das neue Ehepaar reiste nach Berlin und einige Tage später
26. meine Schwester nach Schwedt.

Dezember
1. Ich ritt zum erstenmal auf dem neugemachten Wege mit dem Fürsten nach Wörlitz. Er war einige Tage unpäßlich,
13. bald darauf stürzte er mit dem Pferde, wobei das rechte Bein sehr gedrückt worden war.
20. Ich ließ in Wörlitz zur Ader. Man schlug zweimal fehl. Zum drittenmal floß das Blut, aber ich bekam einen schlimmen Fuß.
27. Mein Sohn bekam zu seinem Geburtstage ein kleines Haus geschenkt, worin er mit seinen Cammeraden recht behaglich am Tisch sizen konnte.

1774

Januar
Der erste Monat dieses Jahres ging ganz gleichtönig vorüber. Ausser einigen Offizieren vom Leibregiment und einem Reisenden vom Kap gebürtig, erschienen auch keine Fremden. Ich hatte Husten und Schnupfen.

Februar
Im Anfange des Feb. hatte ich so heftiges zahnweh, daß mir Blutigel gesezt werden mussten.
16. Auch der Husten dauerte noch fort. In Wörlitz war jetzt die eine Reihe kleiner Häuser abgerissen, wo des Onkles Haus und der Stall gestanden hatten. Bisher hatte der Fürst an den Abenden wo nicht Cour oder Gesellschaft war, durch Behrisch den Grandison vorlesen lassen. Vormittags wurde, wenn wir uns zu Wörlitz befanden, im Marc - Aurel gelesen.
21. In Nebenaugenblicken unterhielt ich mich damit, die ausgeschnittenen Bilder auf den Flor der chinesischen Laternen zu kleben.

März
5. Die Frl. v. Sehar und der Lieut. Loucadou wurden als Brautleute vorgestellt. Seit vorigen Monat war Schauspiel in Dessau.
24. Ich befand mich wieder so schlimm, daß nur ein schneller Aderlaß Erleichterung schaffen konnte.

April
5. Wir legten den Grundstein zum neuen Stallgebäude in Dessau. Der Hofmarschall v. Wrech besuchte den Fürsten einige Tage.
10. Wir waren mit Gesellschaft, worunter sich auch der Kammerdirektor Hoffmann befand, in Wörlitz und zeigten Neumarks Garten, wie auch den meinigen, der schon früher als der erstere war angelegt worden.
20. Wir gingen nach Sandersleben, wo sich auch
22. die Herren von Bülow und v. Wedel einfanden wie auch die Obrist. v. Pfuhl und den Vater meiner kleinen Luise, den Grafen Albert. Große Freude von beiden Seiten!
23. Bei unserer Wiederankunft in Dessau trafen wir daselbst den Hausmarschall Schönberg, der sich einige Tage aufhielt. Ich machte damals noch häufig Musik, sang, spielte Klavier, Harfe und Mandoline.

Mai
Dieses Monats erste Hälfte waren wir alle in Wörlitz mit Kindern u. Hofdamen, wo uns ein Graf Einsiedel besuchte; dann wieder in Dessau,
28. wo wir aber beide allein bald wieder nach Wörlitz zurückkehrten.

Junius
4. Meine Tante kam nach Wörlitz und stellte uns ihre Hofdame Wuthenau als Braut des Herrn v. Glafey vor.
6. Baron Fries, Mattei und Cammerd. Hoffmann brachten auch ein Paar Tage daselbst zu.
15. Nach dem Aderlaß fing ich in Dessau den Egerbrunnen zu trinken an und ging dazu jeden Morgen nach meiner Schwägerin Garten.
24. Nach vollendeter Kur begab ich mich wieder nach Wörlitz.
27. Der Fürst reiste mit Erdmannsdorff nach Rheinsberg und ich kam an diesem Tage wieder nach Dessau.

Julius
4. Der Hofmarschall von Brenckenhoff stellte mir die Demois. Herrmann als seine Braut vor.
7. Ich fuhr mit meinen Damen Sehar und Ahlimb, Glafey, meinem Sohn und Behrisch nach Wörlitz, von wo wir am folgenden Morgen
8. unsere Reise nach Schwedt fortsezten, wo wir, nach zwei Nachtlagern in Sarmund und Freienwalde
10. morgens um 10 Uhr ankamen. Am folgenden Tage
11. traf der Fürst auch mit Erdmannsdorff aus Rheinsberg daselbst ein.
14. Beide reisten aber bald darauf nach Stettin und
16. die Ahlimb zu ihrem Bruder.
17. Der Fürst kam in Begleitung seines Bruders und des Generals Möllendorf aus Stettin zurück.
22. Mein Vater schenkte mir 1000 Rthl.
Gegen Ausgang dieses Monats kamen wir nach Wörlitz zurück. Während unserer Abwesenheit war der preussische Major Collon nach Dessau gekommen, um da wohnen zu bleiben.

August
1. Wir begleitet am ersten Tage des Aug. schon die Hirschjagd.
4. Meine Tante feierte im Morizischen Palais die Hochzeit ihrer Hofdame, die daselbst mit Glafey getraut wurde.
10. Der Geburtstag des Fürsten ward mit Jagd, Diner und Ball bei meinem Onkel celibrirt.
22. Die Majorin v. Campen war mit ihrem Mann in Dessau, um ihre Mutter, die Gräfin Anhalt zu besuchen.
26. Franz Waldersee stürzte so heftig auf der Jagd, daß ich ihn halb todt auf meinem Schooße nach Dessau brachte. Der Prinz von Bernburg aus Halle nebst seiner Gemahlin und seine Schwester die Marggräfin von Bayreuth waren hier. Mit meinem Befinden war es noch gar nicht gut.

September
10. Jetzt erst kam das porzellane Tafelservice von Berlin an, welches ich dem Fürsten zum Geburtstagsgeschenk bestimmt hatte.

24. An meinem Geburtstage litte ich an heftigen Zahnschmerzen. Am Vorabend ließ mir mein Onkel eine Serrenade mit Blasinstrumenten bringen und am folgenden Morgen fuhren wir alle nach dem Vogelherd, wo der Fürst mir die eine Seite des Gartens übergab und mir 1000 Rthl. jährlich zur Unterhaltung desselben und des Hauses zulegte. Die Kinder mussten mich empfangen und mit Blumengewinden die Grenzen meines Gebietes bezeichnen. Auf dem Platze wo das alte Haus gestanden hatte und das neue erbaut werden sollte, ward das Singspiel Elysium durch Mamsel Niedhardt und die Herren Steinacker und Kottowski aufgeführt. Rode und meine beiden Kammerfrauen hatten die stummen Rollen darin übernommen. Hierauf war in Dessau Mittagstafel und Abends Maskenball auf dem Saale. Kaphengst, Bender und Esebeck waren zugegen.

Oktober
7. Ein alter Maler Namens Gagliani kam nach Wörlitz, um sich daselbst zu besehen; auch Langenau, Dellhost hielten sich einige Tage dort auf.
28. Der Fürst reiste mit mir und der Ahlimb nach Leipzig, wo wir zwei Tage blieben, Zollikofern predigten hörten und Wielands Alceste aufführen sahen.

November
2. Prinz Albert kam mit seiner jungen Frau, einer geb. Gräfin v. d. Lippe-Biesterfeld aus Westphalen bei uns an. Sie gefiel mir im ersten Augenblick. Schon eine ziemliche Weile hatte sich der Major Kaufberg mit seiner Frau in Dessau aufgehalten.
8. Wir führten die Alberten gleichsam in Oranienbaum ein, wo der Fürst ihr und ihrem Mann den untern Theil des Hauses zur Wohnung angewiesen hatte.
18. Die Raumers aus Stargardt waren bei uns.
23. Der Fürst schenkte mir das schwarze Kaffeservice von gebrannter Erde aus England.
25. Es ward in meinem Kabinett zu Wörlitz der erste Ofen vor dem Kamin gesezt.
28. Ich besuchte meine Schwägerin Albert in Oranienbaum.
30. Ich fuhr in Dessau mit der Ahlimb und dem Kinde auf dem Schlitten.

Dezember
5. Um mich vom Ersticken zu retten, ward ich wieder zur Ader gelassen.
13. Die kleine Gräfin Luise fing nun an Musikstunden bei Dähndorf zu nehmen.
19. Einer Lüge wegen bekam sie von mir die erste und einzige Ohrfeige. Wir ritten mit Obristlieutenant Raumer, seiner Frau und den beiden Jagdjunkern Görschen und Harling nach Wörlitz.
27. Meine Tante Wilhelmine gab am Geburtstage ihres Bruders das gewöhnliche Fest. Da sie aber unpaß war, ersuchte sie mich ihre Stelle dabei zu vertreten. Ich eröffnete auch den Ball, tanzte aber nur Menuets. Meine Schwägerin Albert war auch mit ihrem Mann hereingekommen und war viel mit mir in meinem Zimmer. Wir liebten uns.

28. Am folgenden Morgen ging der Fürst nach Wörlitz; ich aber blieb in Dessau.

1775

Januar
5. Wir fuhren mit Erdmannsdorff und meinem Sohn nach dem Vogelheerd um den Grundstein zum neuen Hause zu legen. Von da zurück ging ich in die Kirche, denn es war Bußtag. Als ich wieder auf mein Zimmer kam, wurden die Zahnschmerzen, die mich schon eine Weile her geplagt hatten, so unerträglich, daß mit Kretschmar sogleich zwei Zähne ausreissen mußte.
8. Es erschien ein junger Graf Colonna aus Schlesien. Am Vortage war wie gewöhnlich Mittags und Abends Gesellschaft und Konzert.
10. Ich war mit auf der Saujagd, wo ich auch meine Schwägerin fand und während der Jagd, mit ihr im nemlichen Wagen fuhr.
17. Es hielt sich jetzt ein Schweizer, Ulysses von Salis hier auf, um sich mit Basedows Erziehungssachen zu besprechen. Er speiste immer auf dem Schlosse. Ich litt diesen Monat sehr am schlimmen Halse und mußte auch ein Brechmittel einnehmen.

Februar
10. Die Flüsse schwollen so sehr an, dass man einen Durchriß der Wälle befürchten mußte, jedoch begann das Wasser
18. nach 8 Tagen wieder zu fallen. Am Ende dieses Monats war meine Schwägerin Albert mit ihrem Mann drei Tage in Wörlitz, wie auch Graf Colonna und Delhost. Ich hatte viel Freude am Lesen der Sternheim.

März
3. Delhost nahm Abschied und verließ. Er war ein artiger Mann im Umgange und verrieth eine schöne und gute Seele.
7. Basedow führte Afsprung zum Fürsten nach Wörliz. Ich ritt viel mit dem Fürsten spazieren.
9. Prinz Hans Jürge überraschte uns angenehm, bei welchem Anlasse der Fürst auch die Alberts wieder zu uns kommen bat.
13. Der Marggraf schrieb mir, er habe auf meine Empfehlung den v. Glafey in seine Dienste genommen.
14. Ich mußte wieder scheiden von meiner Schwägerin, die nach Oranienbaum zurückkehrte.
18. Mein Sohn bekam das Fieber.
20. Auf drei Tage war ein Chevalier Falchinri in sardinischen Diensten zu Dessau. Mein Sohn ward wieder besser, aber ich mußte das Zimmer hüten. Der Arzt Wagler aus Braunschweig besuchte uns wieder.

April
7. Herr v. Villars, ein Genfer, war auf einige Tage in Dessau. Rust meldete mir seine Heirath mit der jüngsten Mamsell Niedhart und zugleich seinen Ernennung zum Musikdirektor. Der Taschenspieler Philadelphia ließ seine Kunststücke im Ring sehen.

Johann Heinrich Christoph, Frank(e), Fürstin Louise Henriette Wilhelmine von Anhalt-Dessau, 1775

Johann Heinrich Christoph Frank(e), Fürst Leopold III. Friedrich Franz von Anhalt-Dessau, 1775

22. Der Geburtstag des Prinzen Albert wurde durch Diner, Konzert und Souper gefeiert. Meine Schwägerin machte gegen Ende des Monats eine fausse couche.
30. Ich besuchte sie auf einige Stunden.

Mai
2. D. Barth aß zum erstenmale mit uns in Wörliz. Die kleine Luise hatte das Fieber und war deshalb in Dessau bei ihrer Tante. Der Fürst lehrte mich englisch lesen und las selbst sehr viel in dieser Sprache.
11. Die zweite Tochter des Obristlieut. v. Puttkammer verlobte sich mit dem Hrn. v. Ludwiger, dem seine erste Frau, die jüngste Stentsch schnell gestorben war. Ich besuchte meine Schwägerin in Oranienbaum, die immer noch das Bett hütete.
14. Wir waren bei Glafey zur Kindstaufe. Vanhall ließ sich mit seiner Frau im Konzert hören. Die kleine Luise war immer noch fieberkrank bei seiner Tante. Der Fürst las mir in diesen Tagen, ein neues Trauerspiel von Klinger, das leidende Weib zweimal vor. Das eine mal war auch Berenhorst dabei zugegen. Die Raumers nahmen Abschied und reisten wieder nach Stargard.
29. Ich nahm Luise wieder nach Wörliz. Der Fürst las mir aus dem goldenen Spiegel vor.

Junius
4. Prof. Hubert speiste mit zwei Liefländern in Wörliz..
5. Tags darauf kam Friedrich Raumer aus Preußen zurück, wo er Oeconomie gelernt hatte. Der Bruder meiner Schwägerin, ein Graf zur Lippe, kam aus Wien hier an, wo er Reichshofrath ist. Ich fuhr mit ihm zu seiner leidenden Schwester.
10. Der Fürst theilte mir die von Tissot erhaltene Antwort mit, die den Rath enthielt Bäder zu gebrauchen. Er erklärte zugleich, daß ich ihn auf dieser Reise begleiten solle, wenn ich zuvor noch meinem Vater einen Besuch gemacht haben würde.
16. Ich reiste dem zufolge mit meinem Sohn, der Seher, Behrisch und der Scheifler nach Schwedt ab, wo ich etwa eine Woche blieb. Prinz Hans Jürge kam auch dahin.
24. Ich packte Geld ein für meine Mutter.
26. Auf der Rückreise besuchte ich meine Tante in Köpenik. Der Fürst und Waldersee kamen uns bis Coswig entgegen.
30. Der Graf Albert, kam nach Dessau, um seine Tochter Luise zu sehen. Am nemlichen Tage starb der Obristlieut. v. Puttkammer.

Julius
5. Früh um 5 Uhr traten wir von Dessau aus die Reise nach England an. Erdmannsdorff, Raumer, die Scheiflern, Kammerlakey Schröter, Neumark der Gärtner, mein Bedienter Kampfhenkel, und Stockmann, Erdmannsdorffs Jäger begleiteten uns der Fürst und ich saßen in der Postchäse, zwei Leute auf dem Bock derselben und die übrigen alle in und auf dem englischen Wagen. Vor dem grünen Thore bei Halle, wo wir Pferde wechselten, fanden wir den Grafen Leopold nebst Frau und Tochter, welche, um uns zu sprechen dahin gekommen waren. In Dieskau assen wir beim Cammerdirektor Hoffmann zu Mittag und nachdem wir mit ihm, seiner Frau und zwei Stiefkindern seinen Garten sehen hatten rei-

Unbekannter Künstler, Johann Christian Neumark, um 1790

sten wir weiter und kamen Abends um 11 Uhr in unserem Nachtquartier nach Naumburg. Indeß die beiden Betten aufgeschlagen wurden nahmen wir Thee u. Butterbrot und dann sogleich zu Bette.

6. Um 4 Uhr gings weiter. Wir kamen bei guter Zeit nach Erfurt. Der Fürst ging aus und ich schrieb mein Tagebuch.

7. In Gotha durchgingen wir den englischen Garten des Herzogs mit vieler Aufmerksamkeit, der erst seit 6 Jahren war angelegt worden. Ein Herr von Gabler, Bekannter des Fürsten kam im Posthause zu uns. In Eisenach, unserem bestimmten Nachtlager, fanden wir den jüngeren Berenhorst, welchen der Fürst von Mühlheim, wo er auf Werbung lag, dahin beschieden hatte. Er frühstückte am folgenden Morgen noch mit uns. Wir fanden an diesem Tage die Wege so höchst elend, daß wir auf 4 Meilen, von 3 Uhr Nachmittags bis Abends 11 Uhr fuhren und so erreichten wir über Berka nur Alsfeld, wo alles ekelhaft u. hässlich und kaum das Theewasser trinkbar.

9. Von hier ging es über Grünberg und Giessen, auf abscheulichen Steinwege nach Wezlar, wo mir heftige Kolikschmerzen eine Ohnmacht zuzogen.

10. Am folgenden Tage kamen wir über Weinberg, Limburg und Montabauer nach Coblenz. Ein fürchterliches Gewitter hatte uns dahin begleitet, aber auf dem Flusse empfingen uns Klarinetten und Waldhörner und das gewaltige Geläute aller Glocken ließ uns die halbe Nacht hindurch kaum schlafen.

11. Es ward hier ein Rasttag gehalten, der theils mit Briefschreiben, theils mit einer Wasserfahrt auf der Mosel und der Beschauung der umliegenden Gegend zugebracht wurde. Von Coblenz setzten wir, in einem gemietheten Fahrzeuge, die Reise

12. auf dem Rhein fort. Morgens um 7 Uhr schifften wir uns ein und landeten Abends um 9 Uhr zu Cölln, wo wir übernachteten.

13. Von hier gelangten wir in zwei Tagen über Bergen, Jülich, Geilenkirchen, Sittart, Rekem, Tongres, St. Trond, Tirlemont und Löwen nach Brüssel, wo wir zwei Tage blieben und im *Hôtel Royal* logirten. Wir besahen einige Kirchen und Bildergallerien.

15. Der Chevalier Verhulst, dem wir einen Besuch machten, besizt eine sehr vorzügliche Sammlung von Gemälden, ist aber seit 25 Jahren, nicht ein einziges mal mehr in seinen Bilderzimmern herumgegangen, weil er seit 30 Jahren sich für gefährlich krank hält. In dieser Stadt sahe ich die Statue des Herzogs, welche ich vor 5 Jahren in Mannheim, bei Hr. Verschaffelt hatte vollenden sehen. Beide Abende unseres hiesigen Aufenthalts waren wir im Schauspiel. Am erstern wurde *la double epouses* und Zemira und Azor von Gretry und am zweiten *le Ecole des Bourgeois* und die Operette *les deux avares* ebenfalls von Gretry sehr gut aufgeführt.

17. Früh um 5 Uhr verliessen wir Brüssel und kamen über Halle, Enghien, Ath, Tournay, und Pont á tressin nach Lille, wo wir im *Palais royal* abstiegen.

18. Am folgenden Tage sollte Calais erreicht werden, allein vor Béthune zerbrach die eiserne Axt [Achse] der Postschäse deren Wiederherstellung bis Abends um 8 Uhr dauerte. Dieser Umstand nöthigte uns in Béthune zu übernachten.

19. Da wir am andern Morgen von hier schon um 4 Uhr abreisten, so waren wir Nachmittags gegen 5 Uhr schon in Calais, wo wir bei dem mir durch Sterne schon bekannten *Mr. Dessein* wohnten. Der erste Blick Abends über die Meeresfläche hin, nach den weissen Küsten von Albion, bleibt mir unvergesslich. Den Fürsten besuchten hier zwei seiner alten Bekannten Capitain Banks und West.

20. Um 3 Uhr schon zur Schiffahrt gerüstet, bestiegen wir das Paketboot um 5 Uhr, welches der Fürst zur Hälfte mit einem irländischen *Duc de Leinster* gemiethet hatte. Dieser nebst zwei englischen Officiren und seinem übrigen Gefolge schiffte sich mit uns ein. Die Witterung war herrlich, aber die Windstille hielt uns sehr in unserem Laufe auf. Nachmittags, als wir schon 12 Stunden kaum merklich geschwommen waren, näherte sich ein kleines Fahrzeug mit 4 Matrosen und erbot sich, diejenigen von der Equipage, die dazu Lust hätten in 4 bis 5 Stunden nach Dover zu schiffen, mit dem Beifügen, daß das Paketboot sicherlich die Nacht werde auf dem Meer zu bringen müssen. Der Vorschlag fand Gehör. Der Fürst und ich, der Duc de Leinster mit den beiden Officiren, Erdmannsdorff, die Scheiflern und Schröter stiegen in das Boot herab und landeten glücklich um 10 Uhr Abends zu Dover, wo wir im Gasthof zum Schiff übernachteten. Es war zur Zeit der Ebbe als wir an kamen.

21. Unser Paketboot kam erst am andern Morgen mit Raumer und der übrigen Equipage nach. Wir frühstückten alle zusammen und der Vormittag verging mit Schreiben. Nachmittags reisten wir nun landein und kamen über Canterbury noch nach Sittingbourne wo wir schliefen.

22. Die Luft machte meinen Körper matt und schien mir gar nicht zu bekommen. Wir fuhren durch Rochester nach Ingress, wo wir abstiegen und einen Garten besahen. Von hier

kamen wir nach Dartford, wo wir erst um 6 Uhr Abends Pferde erhalten konnten, und hierauf nur noch Blackheadt erreichten.

23. Am folgenden Tage fuhr der Fürst allein mit Neumark nach London, um eine Wohnung für uns zu wählen. Er kam mit der Nachricht zurück, daß er eine Wohnung gefunden, wir dieselbe aber erst in zwei Tagen beziehen könnten. Erdmannsdorff fuhr Nachmittags nach London, und der Fürst mit mir und Raumer nach dem Landhause des Lord Tyrawley und nach Greenwich, wo wir am Ufer der Themse das schönste und größte Hospital für Seeleute sahen.

24. Am folgenden Tage begaben wir uns alle nach London, bestiegen die Gallerie der Paulskirche, fuhren in den Hauptstraßen umher, besahen unsere Wohnung in der Bondstreet, ließen unsere Leute und Equipage daselbst und fuhren dann zum Soupieren und Übernachten wieder hinaus nach Turnhamgreen.

25. Wir nahmen Chiswick, Elliots Place und Osterley Park in Augenschein. Zu Mittag assen wir in Twickenham, sezten Abends im Nachen über die Themse und erreichten um 9 Uhr unsere Wohnung in London, die auf 8 Tage für 10 Pf. Sterling gemiethet war.

26. Vormittags blieb ich allein. Nachmittags ward Cooks Museum und das Pantheon besehen und Abends waren wir in Vauxhall, wo aber die Gesellschaft weniger zahlreich als gewöhnlich gewesen seyn soll.

27. Wir besahen Mylord Shelburnes Pallast, kauften mancherlei in den Läden umher und hatten Abends Besuch von Hrn. Morgan, Kapellan der Königin, den der Fürst schon kannte.

28. Er frühstückte am folgenden Morgen mit uns. Hierauf gings nach St. James Park wo wir zwei Elefanten sahen und nach Ranelagh. Dann besahen wir die sehr schöne Wohnung des Sir Watkin Williams Wynn Esq. Und Abends waren wir im Schauspiel.

30. Wir besuchten die Herzogin von Kingston, welche dem Fürsten ihr Haus zu Bath für die Badezeit anbot. Abends kam Graf Brühl zu uns.

31. Graf Brühl führte mich zu einem Juwelier, dem ich meine Brillianten umzufassen gab. Wir speisten zu Mittag beim Grafen und sahen Abends den berühmten komischen Schauspieler Samuel Foote auf seinem eigenen Theater und in seinem eigenen Stücke agiren.

August

1. Wir bekamen die ersten Briefe aus Dessau und hatten den Abschiedsbesuch des Grafen Brühl.

2. Wir verliessen London und kamen Abends in Marlbrough an, hatten folglich 75 englische (15 deutsche) Meilen zurückgelegt.

3. Sehr angenehm brachten wir einige Tage zu Bowood bei Mylord Shelburne zu, wo wir die liebreichste Aufnahme fanden. Ausser seine beiden Söhne und ihrem Hofmeister, fanden wir daselbet auch noch den Obersten Barré, den Major Carlton, einen Portugiesen Namens Magellan, Nachkömmling der berühmten Seefahrers und Herrn Morgann. Unser güthiger Wirth fuhr mit uns nach Calne, einem Städtchen, wo der berühmte Physiker Priestley, unter Lord Shelburnes Schuzze wohnte. Dieser sanfte und liebenswürdige Gelehrte, stellte vor uns mehrere Versuche mit verschiedenen Luftarten [an].

6. Der Lord reiste nach Irland und wir nach Bath, wo wir in die für uns bereitete Wohnung der Herzogin von Kingston einzogen. Der Fürst badete täglich und trank den Brunnen. Für mich hatte die Luft etwas sehr drückendes und ich war gar nicht wohl. Magellan besuchte uns.

15. Der Fürst führte einen Geistlichen Namens Dart zu mir, der mir und Raumer täglich Unterricht im Englischen geben sollte.

24. Wir gingen zu Fuß hinaus nach einem einsamen, verödeten Garten eines Hrn. Allen, wo Fielding uns seinen Tom Jones finden lässt.

25. Wir besahen auf dem Cirkus die Gemäldesammlung eines 72jährigen Greises Namens Hamilton. Der Fürst schickte Raumer nach Wycombe, einen Pachthofe des Lord Shelburne, um daselbst seine ökonomischen Kenntnisse zu erweitern.

26. Wir machten eine Lustreise nach Bristol, wo die gothische Kirche besonders meine Aufmerksamkeit anzog. Wir besuchten Kingsweston, einem Landsiz dessen Lage eine der schönsten ist die ich je gesehen. Wir wollten über die sehr breite Saverne schiffen, allein die Stürme brausten so fürchterlich, daß wir unser Vorhaben aufgeben und in einem schlechten Wirthshause übernachten mußten.

27. Am folgenden Morgen war es noch stürmischer. Der Fürst meinte für eine Lustreise sei das Wagestück einer Ueberfahrt zu groß und so kamen wir nicht nach Wallis. Wir reisten nun nach Stourhead und besahen und durchgingen diesen schönen Landsiz des Mr. Hoare. Alfreds Thurm, den wir bestiegen, ist 222 Stufen hoch und in Form eines Dreiecks gebaut.

29. Wir kamen über Bowood, wo wir die liebreichen Kinder des Lords Shelburne auf einige Stunden besuchten, nach Bath zurück.

30. Ich ritt auf der Manege zwei Pferde, die aber nicht zu miethen waren. Es war mir um so leichter hierauf Verzicht zu thun, da mich die geringste Bewegung in freier Luft sehr angriff.

September

3. Der Fürst erhielt einen eigenhändigen Brief von unseren Sohn, der uns sein Wohlbefinden meldete. Wir wohnten dem Gottesdienste bei, wo Dart predigte. Das Singen ohne Orgel und blos ein Chor von schönen weiblichen Stimmen allein, worauf dann die Gemeinde antwortcte, gefiehl mir sehr. Erdmannsdorff zeichnete mein Profil, das sich der Fürst in Karniol stechen ließ.

8. Abends gegen 11 Uhr, als ich gerade am Fenster auf dem Stuhl kniete, um den Mond anzublicken, spürte ich ein sonderbares Wanken unter mir, als wollte der Stuhl fallen und zugleich bebte die Thür meines Zimmers. Am andern Morgen erfuhr ich, daß man um die nemliche Zeit in allen Häusern der Stadt eine Erderschütterung verspürt habe.

11. Ich machte die Bekanntschaft einer jungen Miß Burges die französisch sprach und mir sehr wohlgefiel.

14. Nach vollendeter Kur verließen wir Bath und besuchten in Bowood die lieben Söhne des Lords Shelburne. Sie führten uns in eine Landschule, die ihr Vater sehr schön für die Armen eingerichtet hatte. Mr. Jerwis, der Hofmeister der jungen Lords, mit dem ich mich nun schon mit weniger Mühe unterhalten konnte, schien mir ein kluger und guter Mann zu sein.

15. Ungern verließ ich diese guten Menschen und ihren schönen, stillen Landsiz. Wir kamen Abends spät in Oxford an,
16. wo am andern tage die Merkwürdigkeiten der Stadt besahen. Zu Mittag begaben wir uns nach Rousham einen Landgute des Mr. Cottrell, Ceremonienmeister des Königs, den der Fürst schon kannte.
18. Von hier gingen wir nach Stowe, wo der Fürst schon ehedem gewesen war. Der alte ehrwürdige Lord fühlte väterliches Wohlwollen für mich und wehmüthig nahmen wir von einander Abschied.
22. Wir begaben uns nach Blenheim und dann zu Mittagessen wieder nach Rousham, wo wir den Bruder des Herzogs von Manchester, Dashwood fanden, den ich schon in Dessau gesehen hatte.
23. Von hier fuhr man herüber nach High-Wycombe wo sich Raumer eingemiethet hatte. Die Nacht ward im Städtchen Hensley an der Themse zugebracht.
24. Da war der erste kalre Himmel, helle Luft und milder Sonnenschein seit ich in England war. Hierdurch erquickt und gestärkt beschloß ich mein 25tes Jahr. Der Fürst besuchte mit mir einen seiner Bekannten Mr. Ensley. Darauf fuhren wir nach dem Landsize des Generals Conway, genannt Park Place. Zu Mittag kamen wir nach Windsor, besahen das Schloss, die Kirche, wo Carl I. begraben liegt und fuhren durch den von Pope besungenen Park.
25. Am folgenden Tage besahen wir noch einige Landsize und waren Abends noch vor Sonnenuntergang in Richmond.
26. Ich erhielt gute Nachrichten von meinem Sohne. Raumer der noch länger in England bleiben sollte, nahm Abschied von uns und wir begaben uns nach London,
27. besuchten am zweiten Abend unseres Aufenthalts das Theater von Coventgarden und
28. am folgenden das von Drurylane, bei weitem das schönste, so ich in England sahe, wo das rührende Trauerspiel von Otway *Venus preserved* aufgeführt wurde. Beim Nachhausefahren geriethen wir in das Gedränge einer Feuersbrunst. Eine so angstvolle Betäubung hatte ich noch nie empfunden und mein Gemüth war so sehr dadurch erschüttert, daß ich die Nacht nicht schlafen konnte.
29. Graf Maltzahn und seine beiden Söhne besuchten uns. Nachmittags führte der Fürst mich zum Maler Reynolds [berichtigt in: Kupferstecher Ryland].
30. In Maltzahns und Erdmannsdorff Gesellschaft besuchten wir Hrn. u. Frau von Dieden die in einem abgelegenen Hause wohnten. Sie ließ sich auf dem Flügel hören.

Oktober
1. Am folgenden Tage machten sie uns den Gegenbesuch. Nachmittags brachte der Fürst Miß Goddart mit, die er schon lange gekannt hatte und welche großes Verlangen zeigte mit uns nach Deutschland zu gehen. Sie sandte deshalb einen Boten zu ihren Eltern die in Bath waren.
2. Wir brachten 4 Stunden im großen Museum zu und besuchten hierauf die beiden Herren Forster, Vater und Sohn, die erst vor kurzem von ihrer von ihrer Weltumschiffung mit Cook zurückgekommen waren. Dies war eine meiner angenehmsten Bekanntschaften und die Unterhaltung mit diesen merkwürdigen Männern, verschaffte mir eine Menge neuer Kenntnisse und Ideen. Georg Forster schenkte mir eine Karte, wo er selbst mit Strichen seine Seereise bezeichnet hatte. Auch trank ich hier zum ersten Male in meinem Leben Kapwein. Abends brachte uns Miß Goddart mit viel Freude die Nachricht, sie habe von ihren Eltern Erlaubnis zur Reise bekommen. Die Herren Forster schickten dem Fürsten einige Südseeseltenheiten zum Geschenke. Hierauf sahen wir in Coventgarden Shakespear's Romeo und Julia aufführen.
3. Ich machte heute die in jeder Rücksicht herrliche Bekanntschaft mit der Angelika Kauffmann, wonach ich mich so sehr gesehet hatte. Wir hatten den Besuch von Mr. Calden einem großen Verehrer Basedows.
4. Wir verliessen London, der Fürst und ich in der Postschäse und Miß Goddart, Erdmannsdorff, Morgan u. die Scheifler im neuen Wagen der zu London war gekauft worden. Abends waren wir in Rochester.
5. Tags darauf führte uns Commodore MacKenzie an den Bord eines Kriegsschiffes das bei Chatham zur Abfahrt bereit lag. Der sehr höfliche Mann hatte die Güte und Geduld mir drei Stunden lang die Einrichtung und Construkzion des erstaunlichen Gebäudes zu erklären. Im Pulverraum standen wir 16 Fuß tiefer als die Wasserfläche. Abends gelangten wir bei hellem Mondschein in Dover an und
6. begannen am folgenden Morgen, im Paketboot, mit günstigem Winde, die Ueberfahrt nach Calais. Die See ging hoch; es stürmte kalt, man band meinen Stuhl auf dem Verdeck fest, als ich aber seekrank wurde, brachte man mich zu Bette. Glücklicherweise landeten wir nach drei Stunden schon in Calais, wo ein gutes Mittagessen, welches Morgan munter Laune würzte, uns bald wiederherstellte. Dieser angenehme Gesellschafter blieb in Calais,
7. wir aber sezten unsere Reise fort und kamen in zwei Tagen
8. über Amiens nach
9. Chantilly, wo wir alles Merkwürdige besahen und manches schön fanden.
10. Nur die Anlage im englischen Geschmack war höchst absurd und kindisch. In St. Denis besahen wir die Begräbnisse der Könige und die anderen Grabmäler, worunter das von Turenne sich auszeichnete. Verschiedene Reliquien und Nazionalheiligthümer, z.B. das Schwert der Jeanne d'Arc, drangen sich auch unserer Betrachtung auf. Nun folgten wir Erdmannsdorff nach Paris, der vorausgegangen war und uns ein Logis im *Hôtel de Saxe*, rue Colombiere, bestellt hatte.
11. Den ersten Vormittag kamen und gingen Puzmacherinnen und Haarkräusler wie Ebbe und Flut. Miß Goddart und ich, mußten nun unser Haar, das wir in London breit und locker aufgekämmt getragen hatten, in Paris in eine fatale Kegelform zwängen lassen. Abends waren wir im Schauspiel *aux Italiens* wo *la Clochette* und *Sylvain* gegeben ward.
12. Gleich nach dem Frühstück fuhren wir nach Meudon, Versailles und St. Cloud und hier durch *le bois de Boulogne* wieder nach der Stadt zurück, wo wir am *Pont tournant* abstiegen und zu Fuß durch die Tuillerien nach Hause kehrten.
13. Wir waren *aux Invalides*, in der *Ecole militaire*, auf der Sternwarte, u. besahen die Kirche *Val de Grâce*, *aux Carmelites* und de *St. Genevieve*. Zu Mittag speiste ein *Mr. D'Arget* bei uns mit dem wir auch *au Palais royal* zur Oper gingen, wo ich, im Vorbeigehen, die alte Mdme. *du Boccage* sahe.
14. Die Sorbonne, *Palais Luxembourg*, das Findelhaus und *Notre Dame*.

15. Das *Louvre*, *Tuilleries*, *Palais royal*, die Aussenseite der Bastille. Abends *aux Italiens*, wo man *la Sorcier* und *la Colonie* vorstellte.
16. Mein schönster Tag in Paris: denn ich sahe ich sprach Rousseau. Zu Mittag assen D'Arget und Clérisseau bei uns u. Nachmittags besuchten wir die alte Mad. Geoffrin. –
17. Unsere Rückreise ging über Vivray Chalons, Harville, Boulay, Zweibrücken, Lautern, Frankenstein, Maynz, Frankfurt (wo ich die Herzogin von Curland, die ich vor fünf Jahren in Lausanne verlassen hatte überraschte) Gelnhausen, Fulda, Eisenach, Erfurt, Naumburg u. Merseburg nach Dessau wo wir

November
1. Nachmittags um 5 Uhr glücklich ankamen. Der Fürst ließ bei Berenhorst vorfahren. Dieser mußte sich mit in die Postschäse sezen und so aufs Schloß. Ich eilte zu meinem Sohn, den ich gottlob! gesund fand.
6. Wir zeigten Miß Goddart Wörliz, wohin wir uns auch bald mit den Kindern begaben und beinahe bis zum Ende des Monats daselbst blieben.
29. Es war ein Stelljagen bei Saalegast.

December
6. Wir hatten den Besuch der beiden Grafen Christian und Friedrich zu Stolberg die aber nur drei Tage blieben.
18. Meine Schwägerin Albert kam auf einige Tage nach Dessau.
20. Wir gingen sämtlich (auch Miß Goddart) nach Wörliz, kamen aber nach 4 Tagen wieder zur Stadt.
27. Zum Geburtstagsfeste des Onkels war meine Schwägerin wieder zwei Tage in Dessau.

1776

Januar
Ich spielte öfters mit dem Fürsten Federball und schlug manchmal bis tausend. Es ward
24. mit einem Schlitten mit Musik zum Mittagessen nach Wörlitz gefahren. Beinahe wäre
28. der Fürst mit mir vom Walle heruntergestürzt. Wir hatten Maskenball, auf welchem ich als Diana erschien.

Februar
7. Der Fürst fuhr mit mir nach Oranienbaum, um meiner Schwägerin zum Geburtstag zu gratulieren.

März
Iezt begann es auf dem Philanthropin lebhafter zu werden. Simon und Schweighäuser. Oft rathschlagte der Fürst mit Erdmannsdorff, Berenhorst und Behrisch über Basedows und seiner Gehilfen Vorschläge und Erwartungen. Es ward beschlossen drei Jahre hindurch dem Institute 6000 Rthl. zu geben.
27. Hausmarschall Schönberg kam und blieb einige Tage in Dessau.

Mai
1. Der Fürst hatte den Besuch des Ministers Zedlitz Die Brandten schickte mir aus Schmerwiz ein zahmes Dammthier, welches im Hofraum von Schochs Wohnung eingestellt wurde.
26. Von Leipzig aus kamen Mylord Chesterfield, Mr. Hume, Yverdon und Hubert und einige Tage später fahren hier die beiden Prinzen von Coburg, einem Major Bork, einen Engländer Stanhope und die Brandes [ab].

Junius
2. Der Geheimrath von Edelsheim war in Dessau. Wir begaben uns wieder nach Wörlitz. Die Fremden waren sämtlich abgereist.
21. Mylord Chesterfield war einige Tage bei uns. Bald nach seiner Abreise schickte er meinem Sohn ein kleines gelbes Pferd.
30. Am Abend fiel mein Sohn im Herausspringen aus der Gondel ins Wasser, jedoch ohne Schaden. Ich bekam vor Schrecken eine Ohnmacht.

Julius
13. Mylord Chesterfield kam wieder mit Hume und blieb acht Tage.
21. Der Fürst trank Eger und ich den Pyrmonterbrunnen.
29. Nach einigen Tagen gingen wir wieder nach Wörlitz um die Brunnenkur fortzusetzen.

August
18. Der Fürst erhielt aus England den Karneol zum Ringe, in welchen er mein Profil hatte schneiden lassen. Graf Pleß und

Anton Maron, Fürst Leopold III. Friedrich Franz von Anhalt-Dessau, 1766 (verschollen)

Friedrich Salathé, Luisium, 1845

Bülow kamen zur Jagd, welcher ich fast auch immer zu Wagen mit einigen Fremden folgte.

September

6. Der Fürst, die Goddart, Luise, und ich und die beiden Kammerfrauen gingen nach Wörlitz, wo auf dem Drehberg dem Landvolk ein Fest gegeben wurde. Man theilte Preise aus und ließ tanzen. Mittags und abends ward unter Zelten gespeist.
18. Fuhr mit der Goddart und Ahlimb zur Jagd und zum Essen nach Heinrichswalde.
24. Der Fürst schenkte mir zu meinem Geburtstage ein weißes, reich gesticktes Atlaskleid. Wir fuhren am Morgen alle nach dem Vogelheerd, wo die Wände des neuen Hauses, das eben erst unter Dach gebracht war, mit Tannengrün bekleidet und mit Blumengewinden verziert waren. Hinher kamen meine Tante und Schwägerin zum Frühstück, wobei Klarinetten und Waldhörner Musik machten. Nach zwei Stunden kehrte man nach Dessau zurück. Lord Chesterfield nahm den Platz des Kutschers und die Zügel und fuhr uns nach Dessau. Das Dinner war im großen Saal. Der Herzog von Curland, Gräfin und Graf Seidewitz und Herr von Singensfeld waren dabei gegenwärtig. Abends war Redoute. Man tanzte bis 2 Uhr.
25. Wir hatten eine Sauheze und speisten Mittags auf dem Vogelheerd. Abends war Schauspiel auf dem Liebhabertheater in Dessau.

November

9. Wir fuhren mit der Tante Henriette nach Barby, wohin auch Berenhorst uns begleitete. Hier lernten wir den Grafen Wittgenstein, Herrn von Wobeser,
11. den Bischof Spangenberg einen ehrwürdigen und lieben Greis, den Bischof Wattewille, den Grafen und die Gräfin Reuß und einen jungen Wattewille mit seiner Frau kennen. Man zeigte uns alles Merkwürdige und frühstückte mit uns. Gegen 3 Uhr Nachmittags kamen wir nach Gnadau, wo wir sogleich umhergingen und die Einrichtungen des Etablissements in Augenschein nahmen. Gegen Abend kamen Spangenberg und die jüngeren Wattewille, die uns um 8 Uhr in die Kirche führten, wo wir die Rede des erstern und den feierlichen, gedämpften Gesang der Brüdergemeinde anhörten. Am folgenden Tag reisten wir nach Großalsleben.
30. Einige Tage nachher kam auch Kaufmann, der die Schattenrisse von Berenhorst und den Büsten des Apoll und Herkules nahm.

December

1. Kaufmann bekam Antwort von Weimar, nach welcher der Herzog und Göthe in zwei Tagen hier seyn wollten. Der Fürst fuhr diesen Gästen bis Saalgast entgegen.
4. Wir waren alle auf der Sauheze. Die Hunde ergriffen wieder des Fürsten Pferd, so daß er stürzen musste. Ich war dichte dabei im Wagen und erschrak so, daß mir die

Sprache versagte. Doch der Fürst hatte keinen Schaden genommen.

11. Meine Schwägerin Albert kam auch nach Dessau. Sie war mit mir auf der Jagd. Wir ritten mit dem Herzog, Göthe und Kaufmann über den Vogelheerd nach Wörlitz. Am Vormittag zeichnete mich Erdmannsdorff und Abends spielten wir alle Gänsespiel.

14. Der Fürst hatte mir ein kleines gedrucktes Buch von Kaufmann zu lesen gegeben und Nachmittags Schwärmerbataille. Ich fuhr mit dem Herzoge, Göthe und Kaufmann nach dem

15. Philanthropin, wo Basedow eben seine Stelle feierlich niederlegte und die Direction Campen überließ.

1777

Januar
26. Ich ließ im Vogelheerd das chinesische Haus abbrechen.

Februar
3. Ich fuhr nach Oranienbaum, wo ich mit der Albert einen stillen, glücklichen Tag verlebte. Wir waren vertraute Seelen. An ihrem Geburtstage fuhr ich wieder zu ihr und brachte ihr Armbänder von meinen Haaren und mit meinem Bilde. Ihr Prinz Albert hatte sich völlig mit ihr entzweit und war fort, ohne zu sagen wohin.
8. Auf dem Schlosstheater wird Ariadne auf Naxos probiert.
11. Kaufmann kam mit einer Fr. v. Linker aus Weimar

März
24. Abends auf dem See im Mondschein die Harfe im Winde.
27. Am grünen Donnerstage pflanzte der Fürst mit mir und Kaufmann drei Eichen in Neumarks Garten bei Sonnenuntergang. An diesem Tage entstand ein heftiger Zwist welchem die Entfernung Kaufmanns erfolgte.

April
3. Der Fürst übergab Berenhorsten die Haushaltung des Schlosses und des Hofes, die bisher der verstorbene Brenkenhof geführt hatte und Glaffey wurde Reisemarschall.

May
2. Der Cammerherr Lattorf und seine Frau, kamen jetzt auf dem Schlosse zu wohnen, denn leztere hatte die Stelle der Loucadou angenommen.
6. Wir waren mit dem Grafen Anhalt und Berenhorst in Wörlitz zum Gedächtnis der Schlacht bei Prag. Wir sahen im Garten den Aufgang der Sonne.
29. Wir reisten mit Hofkammerrath Coeler und Carl Rode über Radegast und Gröbzig (wohin mein Sohn und Behrisch auch kommen) nach Sandersleben.

Junius
2. Der Fürst fuhr mit Erdmannsdorff von Sandersleben nach Weimar. Nach sechs Tagen kommt der Fürst wieder.
28. Wir besuchten Berenhorst in dem neuen Hause, daß ihm der Fürst geschenkt hatte.

Julius
Graf Brühl hielt sich einige Tage in D. auf, hinzu kommen auch noch Graf Lehndorf mit einer Gräfin Schlieben.
17. Es war Hutrennen bei Joniz in der Allee nach dem Vogelheerde, wobei ich die Preise austheilte. Es war jede Woche dreimal Hirschjagd, wobei ich meist immer gegenwärtig war.
30. Miss Goddart nahm von uns Abschied, um wieder nach London zu gehen. Sie reiste bis Hamburg mit Mad. Wolke.

September
3. Graf und Gräfin Reuß aus Barby besuchten uns in Wörlitz auf zwei Stunden.
12. Wir nahmen die Obristin Raumer zu uns heraus, weil ihre Nichte Bockhausen die Blattern bekommen und sie dieselben noch nicht gehabt hatte. In diesen Tagen war auch der Graf Marschall in Wörlitz. Die Raumer verreiste.
15. Meiner Schwägerin Bruder der Reichshofrath kam mit einem Prinzen von Meklenburg
21. Ich wurde zur Albert gerufen, die zu sterben schien.
24. Mein Geburtstag ward auf dem Drehberg durch ein Landfest unter Zelten gefeiert. Der Fürst stattete 10 Mädchen je mit 150 Rthl. aus und von mir bekam jede ein schwarzes Kleid.
25. Mein Schwager und der P. Georg von Meklenburg verreisten wieder. Ich litt unter heftigen Zahnschmerzen, fuhr aber doch zur Jagd und zum Diner nach Heinrichswalde.
28. Aus Russland kam ein Hr. v. Grimm hier an, auch ein Engländer Namens Pitt. Der Fürst hatte viel Verdruß mit dem Philanthropin.

Oktober
3. Ich verließ meine liebe Albert so schlimm, daß ich mich, als ich nach Schwedt reisen sollte, mit tiefer Betrübnis von ihr losriß, weil ich sie nicht wiederzufinden fürchtete.
4. Wir traten, begleitet von Frau v. Lattorf, meinem Sohn, Franz, Kleist und Behrisch, diese Reise an und erreichten
6. Schwedt um zwei Uhr am dritten Nachmittage. Der Marggraf war uns mit seinen beiden alten Damen der Majorin Spikowski und Frl. Weger entgegengekommen. Es war häufig Schauspiel, Conzert und immer große Gesellschaft. Zu Besuch kamen der Herzog v. Bevern, Prinz Hans Jürge, der Prinz von Wirtemberg, General Möllendorf und mehrere.
23. Wir reisten zum Prinz Hans Jürge, von wo wir nach einem sechstägigen Aufenthalt wieder nach Schwedt kamen.

November
6. Der Fürst reiste nach Hamburg und ich mit der Lattorf von Schwedt nach Berlin, wo ich zum Mittage im väterlichen Haus abstieg, die Besuche vieler und Adliger bekam, an alle Höfe ging und bei der Königin soupierte.
7. Am anderen Morgen reiste ich ab und war Abends um 9 wieder in Dessau.
9. Der alte Herr v. Görken war indeß gestorben. Der Arzt meiner Schwägerin, de Marées, war der Meinung, es würde gut sein wenn ich dieselbe auf einige Zeit nach Dessau kommen ließe, damit er sie unter täglicher Aufsicht haben könne. Ich ließ sie mit meinen Pferden holen und das waren traute Tage die ich mit ihr verlebte.
Ich bekam die Rose im Gesicht und Zahnschmerzen.

Wappen der Familie von Raumer

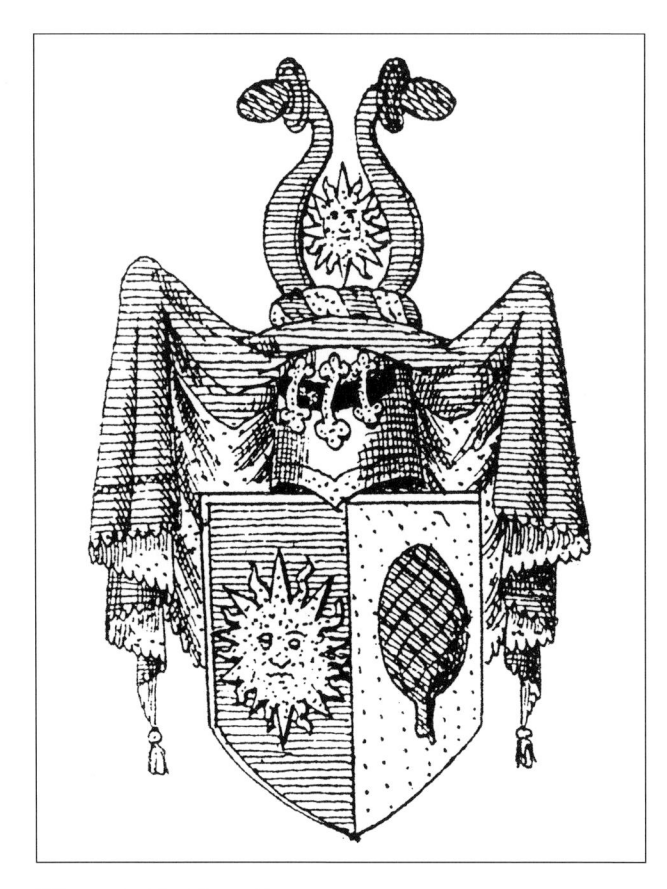

20. Der Fürst kam von Hamburg wieder. Ich musste noch einige Tage das Zimmer hüten.
24. Die Albert ging wieder nach Oranienbaum zurück.

Dezember
5. Berenhorst verreiste. Der Erbprinz von Braunschweig besuchte den Fürsten bei seiner Durchreise.
14. Auch war ein Braunschweigischer Officier Namens Ichtriz hier.
22. Der Fürst und Fürstin v. Cöthen kamen auf zwei Tage zu uns. Die zwei lezten Tage dieses Jahres und Monats beschlossen wir in Diebzig.

1778

Januar
In den ersten Tagen des Jan. war der Hauptmann Morgenstern in Dessau.
6. Meine Schwägerin war einige Tage bei mir; ich war nicht wohl und mußte zur Ader lassen.
17. Der Prinz und die Prinzessin von Bernburg aus Halle kamen und blieben einige Tage. Mein Befinden und der Anschein meiner Unpässlichkeit ließ mir eine Schwangerschaft vermuthen. Wir gingen nach Wörliz, wo wir bis zum Anfang des Feb. blieben,

Februar
4. dann begab sich der Fürst nach Dessau und ich

7. nach Oranienbaum, von wo er mich am vierten Tage wieder abholte
9. nach Wörliz. Von da fuhren wir alle auf einige Tage nach Dessau.
23. Berenhorst kam auch wieder zurück.

Merz
2. Mein Vater kam mit Frl. Weger, meiner alten Hofmeisterin, Hr. v. Glafey und D. Picht zu 4. uns. Graf Friedrich v. Anhalt der lange bei uns gewesen war,
7. verreiste wieder. In diesen Tagen wohnte die Albert auf dem Schlosse in D. bis
10. wir uns alle nach Wörliz begaben, wo sie dann nach Oranienbaum zurückkehrte.
18. Mein Vater reiste mit seinem Gefolge wieder ab und der Fürst ging mit ihm bis Berlin,
22. von wo er nach 5 Tagen wiederkam und die schon längst laut gewordenen Kriegsgerüchte vergewisserte.
26. Hauptmann Morgenstern wurde auch abberufen: Der Fürst reiste mit Erdmannsdorff nach Dresden und gab mir den Auftrag seine Postbriefe zu öffnen und darüber zu berichten.
28. Die Albert kam wieder auf zwei Tage zu mit nach Dessau.

April
1. Mein Sohn der einige Tage unpaß gewesen war, konnte wieder sein Zimmer verlassen.
4. Der Fürst brachte mir schönes sächsisches Porzellan als ein Geschenk des Churfürsten aus Dresden mit. Während seiner Abwesenheit war ein Major Platen vom Freibatallion an die Stelle des sonst gewöhnlichen Werbemajors gekommen.
10. Der Fürst und ich stellten den Maler Fischer aus Berlin im neuen Hause des Vogelheerdes 12. an alles vorgeschriebene und vorgezeichnete zu malen.
14. Der Fürst reiste mit Berenhorst nach Berlin. Schönbergs kommen. Die Albert war an diesen Tagen wieder bei mir.
18. Der Fürst kam wieder von Berlin, wo er aber Berenhorst noch gelassen hatte.
20. Schönbergs, nachdem sie noch die Tour nach Barby gemacht hatten, gingen wieder nach Dresden.
23. Das hallische Regiment marschierte durch Dessau. Die Bernburger Prinzlichkeiten und General Knobelsdorf speisten mit uns.
28. Die Mamsell Niedhart wurde als Sängerin mit 300 Rthl. Gehalt engagiert. Man hatte ihr von Gotha 400 Rthl. anbieten lassen.

May
1. Der Fürst fuhr nach Biendorf und ich begab mich nach dem Vogelheerd, wohin die Albert auch kam und wir einen schönen stillen Tag verlebten.
6. Wir gingen einige Zeit nach Wörliz,
9. wo uns Frau v. Münster mit Sohn und Tochter besuchte.
10. Der Fürst ging nach Leipzig, von wo er mit dem Herzog v. Weimar, Göthe und Wedel zurückkam, um mit diesen Herren nach Berlin zu reisen.
18. Ich ward am Arm zur Ader gelassen. Die Albert war bei mir in Wörliz.

22. Der Fürst kam von Berlin wieder und am folgenden Tag auch der Herzog, Göthe und Wedel, die drei Tage bei uns blieben.

May Göthe zeichnete, ich stickte und der Herzog faullenzte. Als ein Bienenschwarm über uns sich in einen Baum sezte, sagte Göthe, daß dies eine lange Fotzsetzung unseres gegenwärtigen Thuns vorbedeute. Wir hatten einen Tag die Bernburger aus Halle in Wörliz mit welchen der Fürst abreiste.

Junius
2. Der Fürst kam nach Wörliz über den Vogelheerd zurück, wohin ich ihm entgegenfuhr. Es waren verschiedene saldernsche Officiere dabei, auch General Knobelsdorf und Loucadou,
5. ingleichen eine mir aus Berlin wohlbekannte Ingersleben als Frau v. Börstel. Es kam ein Lord Clyeton nach Wörliz, der am folgenden Tage mit uns nach Dessau fuhr und daselbst eine
14. Woche blieb. In dieser Zeit wohnte die Albert in meinem Cabinet.
26. Meine Tante Henriette kam mit ihrer Hofdame, einer Donop, bei uns an. Wir führten sie nach Wörliz, welches aber der Fürst früher mit ihr verließ, als ich und die Lattorf.

Julius
2. Nur auf einige Stunden kam der Fürst nach Wörliz, weil seine Gegenwart,
4. wegen der vielen Durchmärsche in Dessau nothwendig war.
6. Meine Tante kam mit ihm zum Essen. Er erschien wieder zum Diner mit einem Marquis Rossignant und dessen Frau. Die Albert besuchte mich häufig, während ich mit der Lattorf in Wörliz war. Es wurde bestimmt, daß ich wegen der Nähe der Stadt, meine Wochen im Vogelheerd halten sollte.
8. Zwei Tage war iezt der Fürst mit Hoffmanns wieder in Wörliz.
17. Kretschmar kam mit Lorenz und ich musste am Arm zur Ader lassen. Die Brüder Stosch und Muzelius waren hier mit dem Fürsten, der um diese Zeit öftern Unterhaltungen mit Berenhorst hatte, die ihn sehr traurig machten.

August
1. Wir begaben uns nach dem Vogelheerd, wo der Fürst einige Zeit mit mir wohnen wollte.
2. Wir kommunizierten beide in Dessau.
9. Wir gingen wieder nach Wörliz. Der Fürst reise nach Sandersleben und
10. sein Geburtstag wurde diesmal gar nicht gefeiert. Ich kochte in diesen Tagen viel Kirschen ein, so wie ich Ende des vorigen Monats viel Johannisbeersaft bereitet hatte. Die Ahlimb war mit mir in Wörliz.
15. Der Fürst kam zurück. Ich war keinen Tag ohne Schwindel, Zahnschmerz und schreckliche Bangigkeit.
16. Wolke aß mit zwei jungen v. Rönne in Wörliz.
22. Die Albert kam und wir hatten glückliche, stille Stunden, wanden Blumenkränze und schmückten damit die Urne auf dem Grabe meiner Tochter. Ich stellte mir gewiß vor, daß ich meine Wehen nicht überleben würde, die nach der gewöhnlichen Rechnung in die ersten Tage des September fallen mußten.
23. Der Fürst erkundigte sich bei Kretzschmar, wenn er wohl glaube, daß ich niederkommen würde und da dieser von 8 oder 14 Tagen sprach, so wurde beschlossen, daß ich mich noch am nemlichen Abend nach Dessau begeben solle, damit man sicher ginge und ruhig abwarten könne.
26. Der Obrist Raumer kam nach Dessau. Die alte Hebamme Hämmerlingen versicherte, ich würde noch vor einer Woche nicht entbunden weren. Ich fing an die Glaspumpe anzusezten, weil der Fürst mir für diesmal erlaubt hatte das Kind selbst zu säugen. Da Prinz Albert seine Frau völlig verlassen, nachdem er seinen Secretair Heinse gemishandelt und fortgejagt hatte: so hieß mich der Fürst sie von Oranienbaum abholen, damit sie bis zur Beilegung des ehelichen Zwistes auf dem Schlosse blieb.

September
1. Unerwartet kam die Linkern aus Weimar, blieb zwei Tage hier und war fast immer mit mir und der Albert.
3. In der Nacht war es mir so schlimm, daß man glaubte ich würde niederkommen. Jedoch ging es wieder vorüber und ich konnte den Tag darauf ausfahren.
6. Abends beim Conzert ließ sich Herr Reichardt, Kapellmeister des Königs von Preußen uns vorstellen. Er blieb 8 Tage.
15. Rochows auch Herr v. Wreech waren einige Tage in Dessau.
24. Mein Geburtstag ward durch ein großes Diner im Vogelheerd gefeiert, wozu sich der Herzog von Curland mit seinem Gefolge aus Heinrichswalde einfand. Der Fürst schenkte mir eine solche Flötenuhr, wie sie der Marggraf v. Schwedt hatte.

Oktober
6. Der Fürst kam von Leipzig, wo er sich einige Tage aufgehalten hatte zurück.
8. Berenhorst verreiste zum Prinzen Hans Jürge. Ein Baron Megdem aus Liefland brachte
10. seinen Sohn hierher, der nebst vier jungen Winterfeldts im Philanthropin aufgenommen wurde. Ich fuhr mit der Albert und der Scheifler nach dem Vogelheerd, wohin Kretzschmar eine geschickte und erfahrene Hebamme aus Zerbst hatte kommen lassen. Diese erklärte nach angestellter Untersuchung meine Schwangerschaft für falsch. Es war also Krankheit und diese Vorstellung machte mich sehr traurig. Hinzu kam noch die Nachricht, Prinz Albert sei wieder in Oranienbaum und so gingen seine unglückliche Frau und ich, beide stillschweigend bis Sonnenuntergang Hand in Hand im Garten umher.
16. Ich musste mit ihr zugleich an den Prinzen schreiben, der mir aber sehr kalt und trocken antwortete.
21. Ich begann die Kur und Arzneien zu bebrauchen, die Kretzschmar für meine Umstände nothwendig hielt. Der Fürst schickte den Hofrath Coeler nach Oranienbaum, um wegen der Albert mit dem Prinzen zu sprechen.
27. Ein Zahnarzt, Farreau genannt, nahm mir drei Oberzähne heraus, die mich sehr geschmerzt hatten und schon hohl zu werden anfingen, da man mir in Berlin im 16ten Jahr alle Zähne puzen und mit heißen Sägen hatte auseinanderbeugen lassen.
28. Der Fürst ritt zu seinem Bruder.

29. Der Zahnarzt ersezte die 3 Zähne durch ein einziges Stück und versicherte, ungeachtet der heftigen Schmerzen die mir dies verursachte, den besten Erfolg.

31. Ich fuhr mit der Albert nach Tornau, um ein kleines Kind zu sehen, das im vorigen Jahr, in einer Schachtel, neugeboren um Weihnachten auf einer Landstraße vor gefunden worden. Man hatte ihm in der Taufe den Namen Christine beigelegt. Ich beschloß die Erziehung des armen Fündlings zu übernehmen und nannte sie, wegen ihrer glücklichen Lebenserhaltung Glücken.

November

5. Der Capellmeister Reichardt kam mit Weib und Kind in Dessau an, wo er sich auf einige Monate eingemietet hatte.

6. Meine liebe Albert musste sich von mir trennen und zu ihren Verwandten reisen.

10. † Ich bekam die Nachricht vom Tode meiner Schwägerin Casimire, der Frau des Detmolder Grafen. Ich fuhr nach Wörliz (wo auch der Fürst eintraf) und wand schwarze Bänder um die Urne meines Kindes: denn Casimire hatte es todt dort hin getragen und begraben helfen.

14. Die Albert kam wieder nach Dessau zurück.

15. Göcking war auch daselbst und erschien öfters bei Hofe und im Philanthropin mit Reichardt. Die Albert schrieb und unterschrieb den Entfernungs-Contract von ihrem Prinzen, den auch der Fürst unterzeichnete.

28. Ich war mit der Albert im Vogelheerd, wo wir in der Laube den Untergang der Sonne abwarteten.

December

1. Der Fürst nahm Reichardten auf einige Tage mit nach Wörliz.

5. Der junge Graf Dönhof kam nach Dessau.

16. Die Frau Reichardt war zu Thee bei mir mit ihrem Sohn, ein Kind von 18 Monaten.

18. Der Minister Ende mit Frau und Tochter kam in Dessau an.

29. Meine liebe Albert verreiste auf lange Zeit nach der Lausiz zu ihrem Bruder.

1779

Januar

2. Der Fürst fuhr nach Groß-Alsleben um daselbst seine Schwester Agnes zu sprechen. Nachmittags besuchte mich die Reichardt mit ihrem Kinde und der Mann holte sie wieder ab. Dieser Besuch ward noch ein paar Mal wiederholt.

6. Der Fürst kam zurück, reiste aber bald daruf,

9. mit Waldersee und Winterfeld auf 4 Tage nach Leipzig.

Februar

Dieser Winter war so gelind wie ich noch keinen erlebt hatte; ich ging daher täglich spazieren: denn der Arzt hatte mir, um den starken Leib zu verlieren, viel Bewegung und wenig Schlaf angerathen. Ich ging spät zu Bette und stand um 4 Uhr wieder auf. Wir erhielten die Nachricht vom Tode des Major, der Schwiegersohn der alten Gräfin.

4. Der Fürst mit mir zur Hirschfütterung und von da nach Melau zum Onkel, der den Besuch des Herzogs von Curland und seiner Frau hatte.

10. Wir begaben uns nach Wörliz und blieben allein mit der kleinen Luise und Raumer, der immer daselbst auf dem Amte wohnte.

20. Der Fürst verweilte sehr lange mit mir und Erdmannsdorff auf dem Vogelheerd, um verschiedenes im neuen Hause anzuordnen. Als ich im Garten umherging, um die Sonne untergehen zu sehen, traf ich Reichardt, mit dem ich sprach.

27. Berenhorst brachte die Nachricht vom Frieden mit.

Merz

4. Der Fürst von Cöthen besuchte und Reichardt verreiste wieder.

8. Der Minister Schulenburg kam und fuhr mit dem Fürsten nach Wörliz.

12. Prinz Hans Jürge kam an.

16. Wir hatten den Besuch des berühmten Georg Forster. Mit ihm und einen russischen Obristen fuhren wir nach Wörliz. Forster sezte hier ein Verzeichnis der Südseeseltenheiten auf, welche sein Vater dem Fürsten geschenkt hatte.

20. Wir fuhren im Jagdwagen nach Oranienbaum, wo beide Brüder den Prinzen Albert besuchten. Ich blieb mit Luise und Forster an der Schäferei halten. Thränen entquollen meinem Herzen meine Schwägerin nicht mehr da zu wissen.

24. Herzog Ferdinand von Braunschweig kam hier an. Es

26. war Schauspiel und tags darauf fuhren wir ihn nach Wörliz.

27. Er reiste bald wieder ab.

28. Einen Tag nach ihm auch Forster.

April

7. Ich war krank und einen Augenblick glaubte ich zu erstikken, hatte Fieber, doch legte ich mich nicht.

23. Meine Schwägerin schrieb mir, sie könne die Einladung des Fürsten nicht willfahren, so lange ihr Vater lebe: sie bitte ihn aber flehentlich zu erlauben, sie zu besuchen.

30. Ich reiste also früh um 3 Uhr mit der Lattorf, Luise und der Scheiflern von Wörliz ab und kam über Wittenberg, Jüterbock und Luckau Abends halb 10 Uhr in Callau an.

Mai

1. Am folgenden Morgen ging ich mit der Lattorf zu Fuße nach Saßleben, wo meine Schwägerin bei ihrem Bruder mit dem alten Vater wohnte. Hier blieb ich die ganz erste Hälfte des Monats,

15. machte in Sachsen die Bekanntschaft der gräfl. Lynarschen Familie und kehrte nach Wörliz zurück.

Ich machte noch zwei kleine Reisen in diesem Monate mit dem Fürsten:

20. bis 22. zuerst nach Leipzig, dann nach Rekhan um Rochows Landschule zu sehen. Dahin begleitete uns auch der Superintendent.

31. Am letzten Tage des Monats befand ich mich in Dessau so übel, daß ich mein Leben zu verhauchen dachte.

Junius
3. Beim Durchmarsch des Kalksteinischen Regiments speisten General und Officiere bei uns auf dem großen Saale.
18. Rochow brachte einen jungen Schullehrer Namens Damm mit nach Wörliz.
25. Ich fing an den Egerbrunnen im Vogelheerd und der [Fürst] eine Badekur auf dem Sielizerberge zu gebrauchen. Täglich kam er aber entweder zu mir oder ich zu ihm.

Julius
15. Grade in der Mitte des folgenden Monats beschloß ich diese Kur und war einige Tage nachher sehr krank.
29. Wir verließen den Vogelheerd und Sielizerberg und begaben uns nach Wörliz, wohin uns

August
1. der Superintendent folgte um uns das Abendmahl zu reichen.
10. Ich schenkte dem Fürsten die in Rom erschienenen Campi phlegrai mit ausgemalten Kupfern.
12. Tante Henriette kam zu uns als ich eben heftige Zahnschmerzen hatte.
16. Der Fürst forderte mich auf, zu meines Vaters Geburtstage nach Schwedt zu reisen, mit dem Beifügen, daß er mich diesmal nicht dahin begleiten könne.
19. Ich reiste daher mit der Lattorf, Glafey und der Scheiflern dahin ab. Letztere hatte sich vor einige Tage zuvor ein Stück vom Kamm ins Auge gestoßen und litt heftige Schmerzen: ich bediente mich daher selbst.
20. In Angermünde bekam sowohl ich als Glafey, vermutlich von Fischen, die abgestanden waren, einen starken Anfall von Kolik.
22. Wir kamen an meines Vaters Geburtstage früh um 7 Uhr unerwartet in Schwedt an, wo ich meine Schwester, die zwei Brüder Herzg. von Bevern, den Prinz Louis von Wirtemberg und auch den Capellm. Reichardt antraf, welche aber sämtlich, meine Schwester ausgenommen, bald wieder abreisten.
23. Täglich war Gesellschaft, Musik oder Schauspiel.

September
2. Ich reiste wieder nach Wörliz, wo sich eben Hr. v. Rochow befand.
9. Wir hatten den Besuch des Prinzen Constantin (Bruder des Herzg. V. Weimar) und des Herrn v. Knebel seines Gouverneurs.
14. Ariadne ward aufgeführt.
21. Wir fuhren mit der Tante Henriette nach Heinrichswalde, wo der Herzog von Curland mit seinem Gefolge war.
24. Mein Geburtstag ward auf dem Drehberg gefeiert. Das Grabmal und die Pflanzungen, auch oben die Kuppel waren schon vollendet. Es war Pferderennen und Mädchen liefen um den Preis. Wir speisten zu Mittag im runden Saal über dem Grabmal und blieben die Nacht in Wörliz.

Oktober
1. Der Herzog Ferdinand von Braunschweig kam und der Fürst ließ ihm das ländliche Fest des 24. Sept. im Kleinen wieder darstellen.

3. Nach zwei Tagen reiste er wieder und ein böhmischer Graf Collowrat und der holländische Gesandtschaftsprediger erschienen an Tafel.
Die Gräfin Eichstädt mit zwei Töchtern, ein schwedischer Officier Namens Armfeld und Cammerherr Schafgotsch kamen hier an.
8. Der Fürst reiste mit mir nach Leipzig, wo wir den Grafen Collowrat wiedertrafen und ich die Bekanntschaft des Ministers Wurm und des Grafen Marcolini machte. Auch sahe ich hier die Gr. Werther, Fr. v. Hohenthal und Berlepsch wieder. Am folgenden Tag kehrten wir nach Dessau, wo meine Schwester auf ihrer Rückreise von Schwedt nach Herforden uns einen Besuch machte.
17. Bender mit seiner Frau und ein Engländer Freemann kamen nach Dessau.
18. Meine Schwester reiste wieder ab.
24. Der Marquis Luchesini erschien in Dessau und blieb vier Tage.
28. Wir gingen mit Prinz Hans Jürgen und Caroline Hill nach Wörliz, wo wir die ganze Woche des folgenden Monats hindurch blieben.

November
10. Hoffmanns kamen nach Wörliz, auch kam mein Schwager zur Sauheze.
23. Ich ließ den Arm zur Ader, nahm Abführungs- auch Brechmittel.
30. Es ward in Wörliz im gelben Hause ein Schullehrer-Seminarium gegründet. Der Superintendent hielt die Rede und Damm wurde als Lehrer bei dieser Anstalt eingeführt. Meine Cammerfrau die Scheiflern ward als seine Frau erklärt.

December
1. Wir gingen alle nach Dessau.
14. Es waren daselbst zwei Schweizer Tscharner und Pfyfer.
27. Der Geburtstag meines Sohns ward durch ein großes Diner und Abends mit einigen seiner Gespielen aus dem Philanthropin gefeiert.

1780

Januar
3. Es waren verschiedene Fremde hier, unter andern General Kalkstein mit seiner Frau, Kleist, Kiniz und ein Herr von Marschall aus Dresden.
10. Kretschmar ließ mich abermals eine neue Arznei anfangen, die aus einem übel schmeckendem Teige bestand.
17. Wir erhielten die Nachricht vom Tode der verwittweten Prinzessin von Preußen, Mutter des Thronfolgers. Ich war in diesem Monate viele Tage nicht aus der Stube gekommen.

Februar
2. Grothausen kam nach Dessau, um sich eine Zeitlang da aufzuhalten.
6. Ich bekam üble Nachrichten vom Befinden der Albert; sie brachte den ganzen Monat leidend zu.

März

11. Ich war in Wörliz so krank, daß der Arzt geholt ward. Man gab mir Brechmittel. Erst nach acht Tagen besserte es sich wieder.

27. Herr und Frau Berg aus Berlin kamen nach Dessau, auch ein Herr v. der Lühe aus Gotha. Die Berg ward mir gut, so wie ich ihr.

April

1. Meine Tante Wilhelmine wurde krank. Ich blieb bei ihr und

2. † drückte ihr um Mitternacht die Augen zu. Früh um 3 Uhr war ich noch da und half sie aus dem Bette bringen. Dies alles hatte mir Körper und Seele sehr angegriffen.

7. Das Testament wurde bei meinem Onkel eröfnet. Unerwartet kam die Tante Henriette.

12. Ich fuhr mit dem Fürsten nach Wörliz, wo er am folgenden Tage die Scheifler mit dem Inspector Damm trauen ließ.

17. Ich wurde sehr krank und nach Dessau gefahren und sogleich zur Ader gelassen.

19. Es war ein polnischer Graf Zwervonski mit einem sehr geschickten Mandolinspieler auf zwei Tage hier. In den folgenden Tagen war öfters des Abends, um meinen Sohn Freude zu machen, Schiffsbataille, wozu Grothausen die Anstalten gemacht hatte und das ganze dirigierte. Dieses Spiel belustigte auch den Fürsten und alle Erwachsenen, die ihm zusahen.

Mai

10. Wir fuhren nach Wörliz und zwei Tage nachher reiste Grothausen von Dessau ab.

14. Charpentier war mit Prinz Hans Jürgen in Wörlitz.

Johann Heinrich Schröder, Karoline Friederike von Berg, um 1800

18. Wir begaben uns wieder nach Dessau.

22. Der Fürst ging auf zwei Tage nach Leipzig. In Leipzig speiste die junge Frau v. Raumer zum erstenmal mit uns.

29. D. de Marées reiste über Wörliz und Saßleben zu meiner sehr kranken Schwägerin und wir gingen wieder nach Dessau.

Junius

2. Franz Waldersee legte sein Glaubensbekenntnis ab, wobei wir, ingleichen seine Mutter und Schwester gegenwärtig waren. Hiernach fuhr der Fürst mit mir und der Ahlimb nach Wörliz, wo wir den Herzog und die Herzogin von Weimar mit ihrem Gefolge empfingen.

6. Die Herzogin machte von hier aus der Prinzessin von Preußen, ihrer Schwester einen Besuch

8. kam aber nach zwei Tagen wieder zu uns.

10. Bald reiste alles wieder ab u. wir gingen nach Dessau. Am Abend als die Herzogin von ihrer Schwester wiederkam, war auch meine arme kranke Albert in Wörliz angekommen.

14. Mit ihr, der Frau v. Lattorf und unseren Leuten reiste ich nach Meyenberg, wo ich auf Kretschmars Rath, unter D. Trampels Leitung, baden sollte. Wir kamen nach

23. vier Nachtlagern (Groß Alsleben, Wolfenbüttel, Hannover und Pyrmont) daselbst an.

26. Ich fing meine Kur an: früh Salz, dann eine Flasche Pyrmonter, dann ein warmes Bad bis an den Hals, wobei mir ein Eimer kaltes Wasser über den Kopf gegossen wurde, gegen 12 Uhr eine bittere Arznei, Nachmittags eine Flasche Meyenberger Wasser, dann wieder Arznei, gegen Abend ein Dampfbad, nach dem Essen ein Fußbad bis an die Knien, wobei kalte nasse Tücher um den Kopf geschlagen wurden, so nach 11 Uhr mit noch einem Pulver zu Bette und früh um 5 Uhr wieder auf !!! Hiebei wechselten beiläufig immer Lavements, Pillen, Pulver, Tropfen und Latwergen mit einander ab. O Aerzte! Aerzte! besonders Herr Trampel! war diese Behandlung Bosheit oder Unwissenheit? Doch wohl das letztere! Ich sahe aber doch viele Leute und gab Besuche in Detmold. Meine Schwägerin Agnes mit ihrem Mann dem Baron Loen war bei mir, ein neues glückliches Ehepaar. Auch hatte ich den Besuch meiner Schwester aus Herforden.

Julius

4. Am meisten interessierte mich die Bekanntschaft des Herrn u. der Fr. v. Voigt und des Raths Sprickmann.

17. In dieser Gesellschaft fuhren wir nach den merkwürdigen Extersteinen. Dies sind einzelne, hervorragende Felsmassen auf einer weiten Ebene. Nach einer Ohnmacht im Bade ward ich mittags zur Ader gelassen.

August

5. Ich war nun so weit durch diese Fegefeuer, daß ich in der Nacht phantasierte.

11. Ich nahm traurigen Abschied von den Voigts und Sprickmann,

12. die den anderen Morgens früh abreisen wollten.

16. Ich bekam stärkere Geschwulst an den Füßen mit Entzündung verbunden, die Hr. Trampel mit Saturnextract vertreiben wollte. Aber sie wurden zur förmlichen Rose. Ich be-

kam Briefe, die mein Gemüth verstimmen mussten und den schon so sehr gepeinigten Körper
23. noch hinsinkender machten. Ich ward dadurch bestimmt, noch am nemlichen Tage, so krank ich mich auch fühlte, über Detmold und Herforden abzureisen.
27. Am fünften Tage kam ich Abends in Dessau an. Meiner Schwägerin war durch diese Reise weit wohler geworden und ich weit kränker.

September
4. Meine liebe Albert reiste nun wieder ab, und nahm die Donop, welche nicht mehr bei meiner Schwester bleiben wollte, mit sich nach Saßleben.
7. Ich stand persönlich bei Rust Gevatter. Ein Graf Fizthum mit seiner Frau,
15. auch die Gräfin Wartensleben geb. Lynar, waren bei uns. In Wörliz, wo wir
21. abwechselnd waren, besuchte uns Herr von Berg aus Berlin.
[In der Jahreszeile des Blattkopfes: a son jour de naissance de 30 ans son jardin cecu le nom de (Louisium)]
24. Die Feier meines Geburtstages begann mit einer Kanzelrede in Wörliz, wobei die zwölf Bräute gegenwärtig waren. Hierauf war das Landfest auf dem Drehberge. Das Wettrennen, wobei die Preise von mir ausgetheilt wurden und die Tänze des Landvolkes unterhielten uns bis gegen 9 Uhr Abends. –
26. Ich bekam das Fieber mit schrecklichem Husten und ich musste bis tief in den folgenden

Oktober
21. hinein, Bette und Zimmer hüten. – Ich ging zum Abendmahl.
22. Graf Colonna und Racknitz kamen.

November
3. Ich fuhr wie gewöhnlich mit der Gesellschaft auf die Jagd. Mittags war große Tafel im Vogelheerd, der nun den Namen Luisium erhalten hatte. –
10. Immer noch halb krank fuhr ich mit den Rochows nach Wörliz.
13. Der Fürst ging mit mir nach Dessau zurück, weil meine Tante Henriette angekommen war.
18. Ich war wieder sehr krank, hatte Ohnmacht und Erbrechen.
19. Dennoch erschien ich am folgenden Tage zur Cour.

December
2. Der Fürst nahm mich mit nach Wörliz. In diesen Zeiten war er öfters allein dort, weil ich zu kränkelnd war, um jedes Mal ihm dahin zu folgen.
7. Zum Geburtstage meiner Tante Henriette den mein Onkel durch Diner und Ball feierte, gingen wir in die Stadt.
10 bis 24. Ich war lange wieder sehr leidend. Die Nächte hindurch hatte ich Fieber.
† Die Kaiserin Theresia war jetzt gestorben. – Ich hatte in diesen Tagen eine Weste zu sticken vollendet, die ich Erdmannsdorff schenkte.
27. Zum Geburtstage des Onkels war großes Diner und Schauspiel.
31. Der Fürst machte mit dem Prinzen Hans Jürge eine Reise nach Leipzig.

1781

Januar
7. Der Fürst kam aus Leipzig zurück. Ich that den Vorschlag, die Donop, welche meine Schwägerin mit nach Saßleben genommen hatte, zu mir zu nehmen. Der Fürst bewilligte dies.
12. Es war Redoute auf dem großen Saal. Mein Onkel ward bettlägerig.
28. Wir feierten den Geburtstag des Prinzen Hans Jürgen in Wörliz in kleiner Gesellschaft. Ich war immer noch kränkelnd und musste medizinieren.

Februar
14. Die Donop kam aus Saßleben und erhielt das Zimmer mit wo die Comtesse Luise wohnte. Wegen des Onkels Krankheit war alles still und ohne Cour.
22. Abends beim Auskleiden verbrannten die Vorhänge meiner Toilette.
25. Mein Onkel ward immer kränker, man erfuhr, daß seine Schwester sich sein Testament von ihm auserbeten habe, aus welchen Gründen, lässt sich nicht bestimmen. Doch hatten es seine Leute, da er fast immer ohne Besinnung war, wieder nach sich genommen und verschlossen. Nun lösten wir uns alle gleichsam bei ihm ab.

Unbekannter Künstler, Isabella von Wartensleben, 2. Hälfte 18. Jahrhundert

Christoph Friedrich Reinhold Lisiewsky (?),
Prinz Friedrich Heinrich Eugen von Anhalt-Dessau, nach 1746

März
1. Der Onkel begehrte auch mich zu sehen. Prinz Hans Jürge führte mich an sein Bette. Er ließ sich aufrichten, sah mich starr an und sagte: Habe allzeit lieb gehabt... Adje! mein Engelchen! Auf die Frage, ob er nicht noch seine Schwester sehen wolle, antwortete er immer, Nein! Aber sie kam ungerufen, machte viel Wesens, ließ den Pfarrer Bobbe kommen und plagte den Sterbenden mit Versprechen von Dingen, die er nicht mehr verstand.
2. † Endlich früh um 8 Uhr stirbt der arme alte Onkel. In dieser Zeit musste ich täglich, entweder beim Fürsten oder in meinem Zimmer, meinem Sohn französisch lesen lassen. Dieses gab leider immer Anlaß zu Missvergnügen, denn es ging schlecht.
14. Berenhorst theilte mir seinen Vorsatz mit, eine Amtmannstochter aus Zörbig zu heiraten.
22. Der Fürst ging mit mir nach Wörliz wohin auch die Rochows kamen.
25. Wir gingen zusammen nach Dessau zum Abendmahl.
26. Es ward an dem Wall am Berting eine Baumschule angelegt. Ich steckte allein 452 lombardische Pappeln dort ein.
30. Der Fürst ging zur Lesung des Testaments vom Onkel und zur Theilung nach Dessau. Er brachte mir die Nachricht daß ich 8000 Rthl. und den vierten Theil des Porzellans geerbt habe.

April
3. Der Fürst reiste nach Sandersleben. Ich fuhr fort mit meinem Sohn französisch lesen zu lassen, weil Behrischens Aussprachen nicht die beste war. Meine Lektüre bestand meistens in Taulers, Oberreits, Hahns, Lavaters u. a. dergl. Schriften.
3. Auch las ich die Clarissa. Der Marggraf von Baden kam mit dem Erbprinzen und Edelsheim.
6. Der Fürst reiste auf einen Tag mit ihm nach Leipzig.
10. Ich begab mich wieder mit meinem Sohn und seiner Cammerfrau nach Wörliz. Erdmannsdorff kündigte uns seine nahe eheliche Verbindung mit der Ahlimb an.

Mai
1. Wir gingen wieder nach Dessau.
6. Es starb der D. de Marées, ein guter, lieber Mensch
7. Die Schönbergs kamen wieder zu Besuch.
21. Berenhorst speiste mit seiner Frau, die ich noch nicht gesehen hatte, bei uns in Luisium.
22. Nachmittags kamen Bertuch und Kraus aus Weimar.
29. Wir standen in Wörliz bei Raumers ersten Kinde Gevatter. – Ein seltener Tag! denn ich war viele Stunden unter freiem Himmel einsam, genoß der schönen Morgenlust, der Stille und fühlte mich einmal wohl. –

Junius
3. Wir waren wieder in Dessau. Es speisten auf dem Schlosse Mylord St. Assapf, Mr. St. Germain, Graf Löpel, Prof. Eck und ein russischer Major Dunser. –
6. Der junge Graf Solms v. Baruth und die jungen Tobler aus Zürich kamen an.
10. Wir erhielten die Nachricht vom Tode der Majorin Campen, geb. Gräfin Wilhelmine von Anhalt.
18. Ich begab mich wieder zum Wohnen nach Luisium, wo ich noch Bildereinfassungen aufzukleben hatte. Ich badete mich daselbst und trank die Molken.
29. Wir besuchten den Prinzen Hans Jürgen der mit dem Pferde gefallen war und im Georgenhaus krank lag.

Julius
3. Die Frau v. Raumer aus Stargard kam mit ihrer Niece zum Mittagessen. Mein Befinden war durch die Bäder nicht besser geworden, vielmehr hatten sie das Treiben des Blutes nach dem Kopf, das Nasenbluten und die Geschwulst der Füße noch verstärkt.
12. Wir hatten in Wörliz den Besuch des Minister Schulenburg und seiner Frau. Am folgenden Tag kochte ich wieder Johannisbeersaft.
21. Wir gingen wieder nach Dessau.
28. Nachdem ich heftige Zahnschmerzen gehabt riß mir Kretschmar einen Backenzahn und am folgenden Tag noch einen aus. Ich blieb übrigens sehr leidend und krank.
31. Ebert aus Braunschweig war mit seinem Schwiegervater in Dessau.

August
8. Die Damm war in Wörliz mit einer Tochter niedergekommen. Die gute Mama Raumer kam von einer kleinen Lustreise zurück und hatte im Unversehen den Arm gebrochen.
9. Gingen wir alle mit Prinz Hans Jürgen und Carol. Hill nach Oranienbaum wo
10. die erste Hirschjagd war.

17. Ich reiste im offenen Wagen von Wörliz aus über Coswig, mit der Ahlimb nach Schwedt. Der Fürst begleitete uns bis an die Elbe. In der Kutsche folgten die Donop und die Cammerfrauen.
18. In Köpenik hielt ich einen Rasttag, bekam aber die Tante die sehr schwach war, nicht zu sehen.
19. In Angermünde ging die Ahlimb von mir ab und reiste zu ihren Verwandten. In Schwedt ging alles nach der gewöhnlichen Weise.
21. Zum Geburtstag des Marggrafen kamen auch die Fürstlichkeiten aus Stettin und Königsberg.
28. Ich bekam eine Ohnmacht und hatte eine üble Nacht.

September
9. Ich reiste wieder von Schwedt ab.
11. In Köpenik stieß die Ahlimb wieder zu mir. Ich traf in Wörliz alles wohl an.
17. Meine liebe Albert kam an.
24. An Meinem Geburtstage war das gewöhnliche Landfest auf dem Drehberge, woran die Bergs, Elliots, Göthe und ein junger v. Stein mit Theil nahmen.
25. Ich wand mit der Albert Blumenbänder um meines Kindes Grabmal. Dann ging alles wieder nach Dessau.
28. Ich ward sehr krank.

Oktober
2. Ich ging wieder mit der Albert spazieren. Garve war in Dessau.
5. Erdmannsdorff ward mit der Ahlimb getraut.
6. Ich machte die Bekanntschaft mit Hrn. v. Pannwiz und seiner Schwester. Der junge Graf von Dettmold mit Kersten und Hoffmann kamen an, um vom Philanthropin zu profitieren.
20. Major Borgmann kam, um den Major Klüx abzulösen.
26. Der Fürst ließ mich mit der Albert nach Wörliz kommen, die bald darauf wieder
31. verreiste.

November
Das Hubertus-Jagdfest ward wie gewöhnlich in Dessau gefeiert. Es war ein junger Hr. v. Branconi hier.
12. Ich hörte bei Fr. v. Neidschüz das Glaubensbekenntnis ihrer Tochter ablegen.
14. Auf zwei Tage war ich in Wörliz, wo sich Rochow, Bülow und Hofmanns befanden. Meine Lectüre war jetzt Pfennigers Magazin, Lavaters Gedichte und über die Wundergaben, welche schon seit einigen Jahren abwechselnd mich angenehm unterhalten hatten.
29. Major Klüx verließ mit seiner Familie Dessau. Ich war bei vielen Sauhezen in diesem Monat gegenwärtig.

1782

Januar
Dieser Neujahrstag war bitter kalt.
3. bis 6. Wir waren auf ein paar Tage in Wörliz. Frau von Berenhorst kam mit einem Sohn nieder.
11. Hofrath Leuchsenring war in Dessau.
17. Mein Sohn bekam die Rose im Gesicht.

Martin Klauer (?), Silhouette von Johann Wolfgang von Goethe und Fritz von Stein, 1844

24. Wir feierten zu Wörliz, in kleiner Gesellschaft den Geburtstag des Prinzen Hans Jürge.
28. Krank am Fieber kamen wir wieder nach Dessau.
29. † Der Fürst brachte mir die Nachricht daß meine Mutter gestorben sei. Mein Sohn musste das Zimmer hüten.

Februar
7. Ich ging wieder zur Kirche, wegen des Todes meiner Mutter in tiefer Trauer.
19. Präsid. Stubenrauch ward wegen der Erbschaftsangelegenheiten nach Berlin geschickt. Er kam nach 8 Tagen zurück. Zu meinem Übelbefinden und Husten gesellten sich noch ein böses Ohr, wogegen Kretschmar warme Kräuterumschläge verordnete. Doch ging ich dabei mit dem Fürsten aus, der auch immer fort klagte und unpässlich war.

März
12. Bei starkem Winde und da meine neuen wollnen Kleider und Schleier mir Blicke und –Schritte hemmten, fiel ich in Luisium sehr hart aufs Knie, daß es schwoll und lange schmerzte.
13. Der Fürst nahm mich mit nach Wörlitz. Die Witterung war sehr böse, es fiel Schnee und die Fenster froren.
15. Also kehrten wir bald wieder nach der Stadt zurück. Mein Husten und Übelsein

28. nahmen immer mehr zu. Dennoch ging ich zur Cummunion. Ich war sehr krank und der Husten ließ mir keine Nacht Ruhe. In dieser Zeit spann ich das Garn zu meinem Sterbetuch.

April
1. Die erste Nacht diese Monats brachte mir doch wieder drei Stunden Schlaf, ich war aber durch die dauernde Heftigkeit des Hustens und Schnupfens fast ohne Sinne: den Geruch und Geschmack hatte ich ganz verloren und das Sehen und Hören ward mir ganz beschwerlich. Am Abend dieses Tages las ich Arnauds Fanny.
3. Bald darauf Adelson und Salvini .Meine gewöhnliche Lektüre waren immer noch Lavaters und Hahns Schriften und die Mesiade.
5. Herr und Frau von Miltiz kamen hier an und ich soupierte wieder bei Tafel und fuhr mit ihnen nach Luisium. –
23. Ich konnte wieder Musikstunden halten und singen. Die Donop verreiste zu ihren Anverwandten.
27. Ich begab mich mit meinem Sohne und Comtesse Luise nach Wörliz, wo der Fürst schon tags zuvor sich befand. Es war mir immer noch nicht wohl.
29. Cammerrath Rode kam in Geschäften zurück.

May
4. Ich mußte nach der Stadt, um den Prinzen von Coburg mit seiner Frau und Schwester zu bewirthen.
5. Der Fürst kam am folgenden Tage nach. Abbé Raynal war auch da. Wir bekamen die
† Nachricht vom Tode meiner Tante in Köpenik, verwittweter Prinzessin von Wirtemberg.
12. Wir hörten einen Prediger aus Neuwied Namens Röntgen in der Luther. Kirche predigen.
15. Ich war mit dem Fürsten und meinem Sohn auf ein Paar Tage in Sandersleben.Wir waren abwechselnd diesen Monat in Dessau und Wörliz. Auch besuchte ich sehr oft Luisium, wo eben die Grotte gebaut wurde.

Junius
2. Die Donop kam von ihrer Reise zurück.
6. Der Fürst verreiste nach Eisenach. Graf Callenberg, ein guter Klavierspieler war einige Tage in Dessau.
8. Ich folgte dem Fürsten mit meinem Sohn, der Donop, Cammerrath Rode und der Hiefer.
9. In Leipzig hörte ich Zollikofer predigen
10. und spazierte Abends nach dem Rosenthal hinaus.
11. Jenseits Auerstädt, wo ich übernachtet hatte, kam mir der Herzog von Weimar und der Fürst entgegen. Wir fuhren nach Weimar zur Herzogin Luise. Der Fürst ritt. Wir besuchten auch die Herzogin Mutter in Tiefurth. Ich war mit Göthe, Villoison, Seckendorf u. dem Statthalter Dalberg in Gesellschaft. Tiefurt ist ein schöner, lieblicher Wohnsitz an der Ilm.
13. In Erfurt besuchte uns Dalberg im Gasthof. In Gotha wurden blos Pferde gewechselt. In Eisenach war schon alles für uns in des Herzogs Wohnung bereitet, der auch bald nach uns mit Hr. v. Stein daselbst eintraf.
14. Wir stiegen zur Wartenburg hinauf und nach Tafel in Klüften und Büschen herum, bis durch rieselnde Bäche von Stein zu Stein das sogenannte Landgrafenloch erreicht war. Von dort ging es nach Wilhelmsthal einem Jagdhause des Herzogs, von wo wir um 10 Uhr nach Eisenach zurückkehrten.
15. Wir fuhren mit dem Herzoge, meinem Sohn und der Donop nach Ruhla, einem kleinen Orte, wo wir den Prinzen von Philippsthal mit seiner Frau, einer Schwester der Herzogin von Gotha fanden. Die Landleute tanzten. Wir blieben den ganzen Tag.
16. Ich sezte nun meinen weitern Weg nach Cappeln mit der Donop alleine fort. Der Fürst mein Sohn, Waldersee und Rode reisten nach der Schweiz. In Cassel, wo ich mich unter dem Namen Tym im Thore aufschreiben ließ, schickte ich sogleich zu Isabelle Wartensleben, die alsbald kam und bis nach Mitternacht bei mir blieb.
17. Von Cassel gelangte ich in dritthalb Tagen über Paderborn und Osnabrück nach Cappeln,
19. wo Agnes, ihr Mann und dessen Bruder mich mit der größten Freude empfingen. Ich fand schon zwei Kinder, einen Sohn und eine Tochter. Diese ländliche Wohnung und das stille, frohe, häusliche Leben darin, that meiner Seele wohl.
25. Es kam die liebe Jenny Voigt aus Osnabrück, deren Bekanntschaft ich vor zwei Jahren in Meyenberg gemacht hatte. Ihr Mann holte sie nach einigen Tagen wieder ab.
30. Beide kamen aber bald wieder auf einige Tage zu Besuch.

Julius
4. Auch der Vater der Voigt, der alte, liebenswürdige Moser, war einmal zum Mittagessen da. 9. Mit ihm fuhren Tochter und Schwiegersohn wieder nach Osnabrück.
13. Ich erhielt vom Fürsten einen sehr frohen Brief aus Zürich, nebst zwei Zeilen Einlage von Lavater.
16. u. 25. Voigts kamen noch zweimal zum Besuch.
27. Bekam ich abermals Briefe vom Fürsten mit dem Befehl am 3. Aug. in Groß Alsleben zu sein.
30. Ich verließ also meine lieben, guten Wirthe. In Melle, wo Voigts wohnten, hielt ich Mittag. In Herforden wo ich Abends ankam fand ich meine Schwester nicht.
31. In Lemgo frühstückte ich im Leopoldinenhof mit der damaligen Gräfin u. Grafen Wilhelm und dessen Frau. Bei leztern musste ich in Bracke speisen. Beim Frühstück ward auch der kleine Sohn der Casimire zugegen. Nach abscheulichen Wegen und Wagen zerbrochen vor Hannover, kam

August
1. ich glücklich in Wolfenbüttel an.
2. Ich fand hier schon den Fürsten auf dem Platz vor der Bibliothek, die wir mit Langern besahen.
3. Am folgenden Tage kamen wir mit unserm Sohn und Gefolge Abends in Groß Alsleben an.
6. Von hier gings über Sandersleben und Gröbzig nach Wörliz wo wir
10. bis zum Geburtstage des Fürsten blieben, der aber nur ganz häuslich mit Prinz Hans Jürgen und einigen wenigen von der täglichen Umgebung gefeiert wurde.
Nachmittags waren wir im Georgenhaus und Abends begaben wir uns nach Dessau, wo aus zweien meiner Wohnzimmer ein einziges gemacht worden ist. Waldersee und Rode kamen auch von der Reise zurück.

14. Der Fürst hatte sie nemlich in Würzburg zurücklassen müssen, weil Waldersee sehr krank geworden war. Den übrigen Theil dieses Monats brachte man abwechseln in Dessau, Luisium und Wörliz zu. Von Fremden waren hier: Baron Stosch, Casamata, Cerati und Rochows. Die Jagden gingen wie gewöhnlich. Mein Sohn überschlug sich einmal dabei mit dem Pferde. [Randnotiz: noch nicht 13 Jahr ganz völlig alt]

September
2. Wir hatten den Besuch des Herzogs von Weimar.
15. Wir begaben uns nach Wörliz.
23. Die Bergs kamen und tags darauf die verwittwete Herzogin von Weimar, die uns von der Mittagszeit bis Abends 8 Uhr auf sich warten ließ.
24. Mein Geburtstag wurde, so regnicht und windig es auch war, wie gewöhnlich auf dem Drehberg gefeiert.
30. Die Herzogin reiste wieder nach Weimar ab.

Oktober
4. Wir gingen sämtlich nach Dessau. Canzler Hofmann und Superint. Ewald aus Detmold kamen an. Letzterer speiste mit uns in Wörliz und predigte auch einmal in der großen Kirche.
10. In Vergleichung mit unserem Superintendenten gefiel er ungemein. Er kam hierauf noch einige Tage zu uns nach Wörliz, wo auch Graf Wallenstein war.
13. Am Erntedankfest war ich in Dessau in der Kirche.
19. Ewald reiste wieder ab. – Ich war sehr krank und konnte nicht mit nach Wörliz.
23. Nach einigen Tagen konnte ich wieder nach Luisium fahren, fühlte mich aber so matt, daß ich kaum im Stande war, im Garten umherzugehen.
26. Ich musste wieder heraus in Gesellschft.
29. Herr v. Grävniz und Mattei waren da. Ich folgte dem Fürsten nach Wörliz.
Mattei und Branconi nahmen Abschied und gingen wieder nach Wittenberg. Zur Hubertusfeier gingen wir nach Dessau.

[November]
14. Ein Hr. v. Igelström aus Liefland speiste mit seiner sehr artigen aber kranken Frau bei uns in Wörliz. Auch Hofmanns kamen mit einem Hr. v. Salis. Ich stickte eine Weste für meinen Sohn.
21. Der Fürst ging mit mir nach Dessau und Waldersee ward nach Rekahn geschickt.
24. Ich bekam einen schlimmen Hals der mich bis zum Beginn des folgenden Monats meist im Bette und im Zimmer hielt.

December
2. Die Frau Steinacker starb und ich beschloß ihre kleinen Töchter von 4 u. 5. Jahren mit der Glücken erziehen zu lassen.
10. Der Fürst kam von einer kleinen Reise nach Rekahn zurück. Ich zeichnete mir ein kleines Medaillon in der Mitte eines goldenen Kreuzes auf der Brust zu tragen.
21. Es kam ein Hr. v. Busch, nebst Frau und Schwägerin. Nun waren auch die drei Kinder mit zusammen in Luisens Zimmer.

23. Der Herzog von Weimar und Göthe kamen, mussten aber den folgenden Tag schon wieder fort. Mein Sohn war schon einige Tage krank.
27. Zu seinem Geburtstage ward ein Ball gegeben, wo ich noch mit tanzte.

1783

Januar
13. bis 22. Ich war mit dem Fürsten in Wörliz. Das Wasser war groß und man fürchtete an einigen Stellen für den Wall. Ich litt sehr an heftigem Schwindel bis zur Ohnmacht, Kopfschmerz u. Uebelkeiten. Dieser Zustand dauerte mit geringen

Februar
7. Abwechslungen noch einen Theil des Februars.
9. Der Fürst kam von Weimar zurück, wohin er, bei Gelegenheit der Entbindung der Herzogin, sechs Tage verreist war. Er fand den Herzog von Wirtemberg mit seiner Gräfin Hohenheim in Dessau, der incognito reiste und fuhr mit ihm nach Wörliz. Ich hatte diese Herrschaften, die am folgenden Tage wieder abreisten, nicht gesehen, weil ich wegen Unpässlichkeit im Zimmer bleiben musste. –
16. Ich ging zwar zur Kirche, hatte aber einen gewaltigen Husten und bekam von neuem das Fieber.
27. Ich fuhr nach Wörliz, aber nur zum Mittagessen.

März
10. Die Erdmannsdorff war mit einer Tochter niedergekommen,
13. die ich zur Taufe hielt.
25. Wir hatten in Wörliz den Besuch der Igelströmschen Familie.
29. Die Burghausen hielt sich 14 Tage lang mit ihrem Mann in Dessau auf und wohnte auf dem Schlosse.

April
11. Die Comtesse Luise legte auf meinem Zimmer in Dessau, im Beiseyn der Gräfinnen Anhalt und vieler Personen vom Hofe, ihr Glaubensbekenntnis ab. Der Superintendent war mit dieser Schülerin sehr zufrieden und ich schenkte ihr einen silbernen Theekasten.
15. Wir hatten in Wörliz den Besuch von Hofmanns. Mit der Comtesse Luise gingen wir in Dessau zum Abendmal. Den übrigen Theil des Monats wohnten wir meist in Luisium.

Mai
1. Nach einer langen, aus des Herzens Tiefen quillenden Unterredung mit dem Fürsten, zu welcher er Anlaß gab durch den Vorschlag mit mir zu Lavater zu reisen, fuhren wir
4. Abends nach Wörliz und
6. nach zwei Tagen wieder nach Luisium, von dort reiste der Fürst mit meinem Sohn
8. zu Hofmanns und nach Sandersleben, kam aber am dritten Tage wieder zurück.

Unbekannter Künstler, Schloss Heidelberg, zwischen 1782–1830

15. Von Wörliz aus verreisten wir nach Rekahn mit meinem Sohne und der Comtesse Luise. Ich machte daselbst die Bekanntschaft des Herrn Niemayer aus Halle.
16. Wir sezten unsere Reise nach Bernau fort, wohin der Fürst Waldersee und den jungen Grafen Donah bestellt hatte.
17. Waldersee ging nach Berlin und wir nach Schwedt, wo wir Abends eintrafen. In Bernau erfuhren wir auch, daß der Capellm. Reichardt Wittwer geworden sei. In Schwedt ging es wie immer, außer das diesmal militärische Uebungen der Dragoner hinzukamen, welchen wir zuweilen zusahen.
25. Waldersee kam aus Berlin und erzählte, es hieße Reichardt heirathe eine junge Wittwe, die schon bei ihm wohne.
28. Wir verließen Schwedt und erreichten Köpenik, wo wir übernachteten und ein starkes Gewitter hatten.
29. Am folgenden Morgen, war ich schon 2 Uhr angekleidet, aber die Pferde kamen erst um 4 Uhr. Abends um 10 Uhr kamen wir in Wörliz an. Tags darauf nahm ich Salz ein, ward körperlich sehr übel, aber mein Gemüthe litte noch mehr.

Junius

2. Da ich nicht beim Mittagessen erschien, weil Gäste da waren, schickte mir der Fürst Nachmittags die Lattorf, mit mir nach Luisium zu fahren, um von Reichardt, der mit ihm gespeist hatte und im Begriff war nach der Schweiz und Italien zu verreisen, Abschied zu nehmen, er selbst wolle mit den anderen Fremden nach Wörliz reiten.

4. Ich fuhr also hinaus und empfing den angekündigten Abschiedsbesuch. Der Fürst kam wieder aus Wörlitz und ich erschien an der großen Tafel.
8./13. Der Minister Herzberg, auch die Generale Saldern und Veltheim kamen zu Besuch.
22. In Wörliz waren Wieland und Bertuch einige Tage. In Dessau speisten ein Herr u. Fr. v. Döring nebst deren Schwester, ein liefländischer Graf Manteufel und Bibliothekar Langer mit uns. Hinzu kamen noch zwei Grafen mit ihrem Hofmeister Kolborn, Graf Forstenburg, ein Herr v. Pfuhl u. a. m. Mit diesen Fremden war man in diesen Tagen umhergegangen und gefahren, um ihnen alles zu zeigen. Unter allen dünkte mich Kolborn der interessanteste. –
30. Ich war Abends allein mit dem Fürsten auf dem Sielizer Berg und die Sonne, die wohl seit drei Wochen von Dünsten umhüllt gewesen war, ging zum erstenmal wieder strahlend unter.

Julius

2. Wir waren einige Tage in Wörliz. Es kam ein junger Graf Wallis und ein Hr. v. Gamberi aus Neuschatel. Die Sonne schien wieder dunkelroth und in dicke Dünste gehüllt.
12. Ich war um 4 Uhr aufgestanden um den Fürsten und Waldersee abreisen zu sehen.
13. Tags darauf folgte ich früh um 5 Uhr mit meinem Sohne in der offenen Chaise und noch einem viersitzigen Wagen, worin die Comtesse Luise, Hofr. Kretschmar, sein Sohn und

die Hiefern saßen. Ueber Naumburg, Erfurt und Gotha kamen wir

15. nach Eisenach, wo wir im Fürstenhause abstiegen, den Herzog und den Fürsten fanden und nach der Mittagstafel wieder das Landgrafenloch besuchten, wo wir noch einmal so viel Wasser fanden als im vorigen Jahre.

16. Der Fürst blieb ungetrennt von uns bis Frankfurt.

18. Wir besuchten die Tante in Bockenheim.

19. Der Fürst reiste mit Waldersee weiter und ich begab mich mit der Tante nach Homburg, wo wir auch die Detmolder, Schaumburger und Isenburger Herrschaften sahen.

20. Ich hatte den Besuch von Göthes Mutter und dem Major Böhm und dessen Frau. Dann speiste ich wieder in Bockenheim, wo abermals die erwähnten Fürstl. Herrschaften beisammen waren.

21. Ich bezahlte dem Wirthe im rothen Hause 80 Rthl. Und reiste über Oppenheim nach Mannheim und fand daselbst die Fr. v. la Roche und den Baron Hohenfeld, der aber bald wieder nach Speier zurückkehrte.

22. Ich reiste mit der la Roche nach Heidelberg und stieg in den drei Königen ab. Wir stiegen zugleich zu den schönen Schloßruinen hinauf, wobei die la Roche mich unaufhörlich unterhielt. Nach dem Mittagessen kam der Kirchenrath Mieg auf einen Augenblick. Ich trennte mich von der la Roche und fuhr noch bis Durlach.

23. Hier stieß der Fürst wieder zu uns und führte mich nach Carlsruh, wo ich die Schwester des Hr. v. Edelsheim Fr. v. Vergener kennenlernte. Wir besahen den englischen Garten, wo Hirsche aus Bengalen waren und kehrten dann zu den Kindern nach Durlach zurück und eilten nach dem Essen von da nach Steinach, wo wir den Marggrafen mit seiner ganzen Familie fanden. Kaum hatte die Wohnung für uns alle Raum genug.

28. Nach dem Aufenthalt von drei Tagen verreisten wir über Rastadt nach Strasburg, wo ich allein mit dem Fürsten ausging und eine lange, ernste Unterredung mit ihm hatte. Er zeigte mir das Begräbnis des Marschalls von Sachsen. Dann bestiegen wir mit den Kindern den Münster. Ich ließ es diesmal bei 300 Stufen bewenden, indessen die anderen noch 200 Stufen höher stiegen.

29. Der Fürst reiste nach Colmar. Ich musste später abgehen und gelangte zum Nachtessen nach Breysach, wo auch der Fürst mit Waldersee eintraf.

30. Nach einer fast eben so langen Unterredung, als die zu Strasburg, sezte ich die Reise fort und bestellte mich auf den folgenden Tag nach dem Baadener Bad. Ich kam schon um 3 Uhr Nachmittags in Basel an und ich zeigte meinem Sohn die dortigen Merkwürdigkeiten.

31. Ueber Rheinfelden, Laufenburg und Waldshut kamen wir Abends um 11 Uhr nach Baden.

August

1. Ich ging bei drückender Hitze mit Kretschmar zu Fuß nach dem Bade, um die Einrichtung zu erforschen, weil ich mit den Kindern und dem Arzte einige Wochen daselbst zubringen sollte. Nachmittags ging auch der Fürst hinaus. Wir fanden alles sehr ekelhaft und schmutzig. 2. Kretschmar mußte nach Schinznach, er gab mir bei seiner Wiederkunft den Rath, lieber in Baden zu bleiben.

Martin Gottlieb Klauer, Johann Caspar Lavater, 1784

3. Wir begaben uns also mit Sack und Pack nach den Bädern hinaus, wo die Zimmer seitdem nach Möglichkeit gesäubert waren. Gleich nach dem Essen reiste der Fürst nach Zürich und ich blieb nun an der rauschenden Limmat mit allen übrigen doch ganz allein. Wir nahmen alle Arznei.

4. Der Fürst brachte Lavatern zum Mittagessen und dies war meine erste Bekanntschaft mit ihm. Zollikofer, der gerade durchreiste, besuchte uns auch. Dieser Nachmittag und der

5. folgende Tag waren für mich sehr peinlich. Ich nahm mein erstes Bad.

6. Der Fürst reiste mit Lavatern wieder ab, kam aber am folgenden Tage wieder, ohne diesen.

8. Er führte mich hinaus nach dem Schlosse Habsburg. Auf dem Rückweg gingen wir zu Fuß durch Königsfelden: Der Mond entstieg der waldigen Höhe. Ein ernster, einsamer, unvergesslicher Weg! Um 9 Uhr fuhren wir wieder in Baden ein.

9. Es kam der Marggraf von Baden, samt seiner ganzen Familie, um bei uns im Bade zu speisen. Am nemlichen Tage machte ich die Bekanntschaft von Lavaters Frau, die von Zürich gekommen war, wohin wir uns alle am

10. folgenden Tage begaben, um Lavater predigen zu hören. Wir speisten mit den Badener Herrschaften im Schwert und kehrten Abends nach Baden zurück.

Heinrich Lips nach Elisabeth Pfenniger, Johann Caspar Häfeli, um 1805

11. Ich badete drei Stunden Vormittags und eine Nachmittags und fühlte mich so matt, daß ich kaum mit dem Fürsten umhergehen konnte.
12. Der Fürst fuhr wieder nach Zürich.
14. Er kam auf einige Stunden wieder und verreiste dann von neuem mit den Badener Herrschaften. Lavater wiederholte mit seiner Frau die Besuche öfters.
17. Ich badete wieder drei Stunden Vormittags und zwei Stunden Nachmittags. So ging es alle Tage fort.
18. Der Fürst kam wieder und hatte verschiedene alt gemalte Fensterscheiben gekauft. Auch war hier der Züricher Mahler Freudenweiler bei uns.
21. Der Fürst fuhr mit mir und Luise über Wettingen nach Zürich, bis ans Seeufer, wo wir schon Lavater mit einem Schifflein fanden, das uns nach Richterswyl führen sollte. Zu Oberried stiegen wir ans Land und besahen die ländliche Wohnung des dasigen Pfarrers. Auch der Fr. Schultheß waren wir begegnet und ich hatte die Bekanntschaft mit dieser herzlichen Freundin Lavaters gemacht. Hierauf schifften wir weiter nach Richterswyl zu D. Hoze, der gar herrlich wohnt. Der Abend war sehr lieblich im Garten, zwischen duftenden Blumen und unter dem klaren, prachtvollen Sternenhimmel. Es war mir wohler, wie seit langer Zeit.
22. Nach dem Frühstück, am folgenden Morgen bekam der Fürst Briefe von Edelsheim, die ihn länger zu bleiben verhinderten. So mußten wir schon wieder von D. Hoze Abschied nehmen. Wir nahmen den Landweg über Wädischwyl, wo wir bei einem braven Bauern Namens Brendli abstiegen und sodann zum Landvogt Escher gingen, wo die Aussicht unbeschreiblich schön war. In Thalwyl ging ich, indeß die Pferde gefüttert wurden, mit Luise auf den Kirchhof, wo man ebenfalls eine der schönsten Aussichten am Zürichersee hat. Wir übernachteten in Zürich im Schwert, gingen aber zuvor zu Lavater ins Haus wo wir Pfennigers Bekanntschaft machten.
23. Wir waren schon um 1 Uhr in Baden, wo denn der Fürst und Kretschmar viel über mein Befinden sprachen, welches freilich in diesen Tagen sehr übel war.
24. Der Fürst reiste früh ab und ich badete wie gewöhnlich. Freudenweiler musste auf des Fürsten Befehl uns alle auf einem Bilde malen.
27. Kretschmar und Waldersee begaben sich nach Zürich. Wir hatten den Auftrag vom Fürsten daselbst eine Campagne zu miethen-
29. Dem Fürsten folgte nun mein Sohn, Kretschmar, dessen Sohn, der Jäger Große und der Bediente Braun. Am nemlichen Nachmittage reiste ich mit Luisen, Waldersee, der Hiefern und zwei Bedienten durch Zürich nach der für mich gemietheten Wohnung in Hottingen. Eine Köchin und Magd waren auch schon da angenommen. Lavater führte mich ein. Seine Frau und Herr Schultheß, der Herr des Hauses waren schon da. Das Haus war groß und wir hatten es ganz inne.
30. Ich hatte den Besuch der Frau Schultheß, die ich bei der Seefahrt kennen lernte. Um 5 Uhr Abends gingen wir alle zu Stadt in Lavaters Wohnung. Um 7 Uhr fuhr ich mit Luise wieder nach Hause.
31. Mein Kopf schmerzte sehr. Die Luft war herrlich und ich war Vormittags unter freiem Himmel allein. Nachmittags hörte ich Lavater predigen und war nachher bis zum Abend in seinem Hause, wo ich denn wieder nach Hottingen herausfuhr. Als wir eben zur Nacht essen wollten, überraschte uns Lavater mit Pfenniger und Häfeli. Letzteren lernte ich iezt zuerst kennen. Dieser Besuch dauerte aber nur einige Minuten.

September

1. Lavater und Frau kamen zum Mittagessen; Nachmittags kam Frau Schultheß. Dann gings zu Lavater herein, wo ich einen Grafen Reuß, Frau Orell und Fr. Pfenniger kennen lernte. Ich bekam einen heftigen Stickhusten und das Nachhausetragen in der Porteschäse machte das Uebel noch ärger.
3. Wieder nach 4 Uhr zu Lavater und dann in seine Abendpredigt.
4. Früh um 7 Uhr gingen wir alle in die Stadt zur Kirche und mit Lavater zum Abendmal. Mittags assen wir bei ihm, dann nochmals zur Kirche und Abends bei Sturm und Regen wieder nach Hause. –
5. Auf Lavaters Verordnung wurden Nachmittags mit Luisen Visiten gemacht, beim Bürgermeister, bei Kilchbergs und Schultheßens.
6. Der Maler Rehberg, den der Fürst aus Italien hatte kommen lassen, machte mein Portrait für Lavater.
7. Ich ging mit Frau Schultheß auf dem Wall umher und besuchte das Waisenhaus. Auch waren wir bei einer alten Jungfer

Namens Muralt. Bei Fr. Schultheß ward gegessen und Nachmittags in die Kirche gegangen.

8. Wir sahen mit Lavater den sonderbaren Uebungen auf dem See zu, die eine Seeschlacht nachahmen. In der Abendgesellschaft bei Lavater sprach ich Häfeli wieder.

9. Ich hatte den Besuch des alten Hirzel und Nachmittags Gegenvisitation.

10. Rehberg malte wieder. In den beiden folgenden Tagen vollendete auch Freudenweiler ein in Baden angefangenes Bild.

13. Der Herzog von Wirtemberg erschien mit seiner Hohenheim Nachmittags bei uns zu Besuch.

14. Abends waren wir zusammen bei Lavater. Ich hörte Heß im Münster predigen.

15. Rehberg malte an meinem Bilde, wobei Lavater zugegen war. Ein gewisser Schmoll zeichnete mein Profil. Nachmittags auf dem Weinberge mit Mama Lavater und Häfeli.

17. Es war ein schöner Morgen im Garten, wo die Heß mich besuchte.

18. Früh allein und Nachmittags zu einem Liebhaberkonzerte bei Sekelmeister Kilchberger.

19. Mit Lavater auf den Albis, leider bei ungünstiger Witterung. Luise und Waldersee begleiteten mich täglich überall und zu Hause war erstere meine beständige Gesellschafterin. Nachmittags zu D. Lavater. –

21. Ich hörte den Oberpfarrer im Münster predigen und besuchte ihn.

23. Ein unangenehmer Tag, weil ich Anstalten zu meinem Geburtstage merkte. Ich bat Lavater sehr nichts von der Art zu beginnen.

24. Eine stille, feierliche einsame Stunde im Garten in der Dämmerung. Es tröpfelte sanfter Regen. Lavater, Pfenniger und Freudenweiler kamen zum Frühstück. Letzterer hatte zwei Waldhörner mitgebracht. Das Mittagessen war bei Lavater. Es ließ sich ein blinder Harfenspieler dabei hören und Lavater und Armbruster gaben mir viele mit Versen beschriebene Zettelchen. Abends waren alle in Hottingen (auch Hoze und Rehberg), wo denn Zimmer, Tische und Bilder mit Lichtern, Blumen und Kränzen aufgepuzt waren. Lav. schenkte mir sein von Rehberg gezeichnetes Portrait.

25. Zum Diner im Schönhof bei Fr. Schultheß. Abends in der Reblaube. Besuch des Oberpfarrers und seiner Frau.

27. Zu Besuch bei Frau Geßner.

28. Häfelis Fragmente, die ich zu lesen anfing, hatten meinen ganzen Beifall.

29. Besuche von Dr. Ring aus Carlsruh, dem jungen Tobler, Mahler Schmoll, Fr. Schultheß und Hr. u. Fr. Ott aus dem Schwert.

30. Mit Luisen schon Vormittag nach Schönhof gewandert, wo die Schultheß die Form meiner Arme und Hände in Gips goß.

Oktober

2. Lavater aß zu Mittag in Hottingen und Nachmittags gingen wir nach dem Rebhäuschen zur Mama.

3. Wir hatten endlich einmal schönes und helles Wetter und ich ging am Morgen mit Luise auf einen nahen Hügel, wo wir eine reizende Uebersicht der ganzen Gegend hatten. Nachmittags fuhren wir mit Lavaters nach der Campagne einer Frau Escher.

4. Lavaters Predigt. Abends kam ein bettelnder Garf Sereni zu ihm

5. Ich hörte in der Jacobskirche Häfeli predigen. Zu Mittag im Schönhof gegessen.

6. Abends in Lav. Rebhäuschen ward mir eine Jungfer Mayer vorgestellt.

7. Geßners Besuch. Nachmittags mit Lavater nach Erlebach, einem schön am See gelegenen Landhause Kilchbergers, dem Dorfe Oberried gegenüber.

9. Ich hörte den alten Tobler predigen und besuchte ihn.

10. In Lav. Rebhäuschen sahen wir einen Glariser Bauern der sich in Deutschland hatte für Geld sehen lassen. Meine hochgestreckte Hand erreichte seine Stirn.

11. Wir sahen schon bei Lav. Abends den. Pr. de Ligne mit seinen Söhnen und Damen.

12. Ebendaselbst einen Dichter kennengelernt, der ohne Arme war.

16. Häfeli und Lav. assen bei mir. Erstern besuchte ich nachher und sah seine Frau und beide Kinder.

17. Häfeli besuchte mich mit seinem kleinen Caspar. Ich lernte im Rebhäuschen eine eben angekommene Gräfin Stolberg u. Fr. Schweizer aus Zürich kennen. Ganz unerwartet kam der Fürst an.

19. Nachmittags mit ihm in Lavaters Predigt. Dann nach dem Rebhäuschen.

20. Hier musste mich ein Pastellmaler Namens Lanchester malen. Graf und Gräfin Reventlow und Gräfin Stolberg waren schon da.

21. Der Fürst machte mit uns u. Lav. eine Reise nach Lucern.

22. Bei einer Seefahrt stiegen wir zu Rütli und Gersau ans Land. In Lucern war ein Hr. Runke unser Gesellschafter. – Wir besahen das Merkwürdige der Stadt und also auch Pfyfers Basrelief der Schweiz. Nachmittags zu Wasser nach Küssnacht, von da zu Fuß von Tells Capelle nach Immensee und von da auf dem Zugersee nach Zug, wo übernachtet wurde.

24. Des Generals Zurlauben Bekanntschaft gemacht. Ueber den Albis wieder nach Hottingen.

25. Dem Pastellmaler gesessen. Mittags bei Obrist Escher.

26. Ein trüber Tag. Wir fuhren zum großen Münster den Antistes zu hören. Abends in Lavaters Predigt und nachher eine lange Unterredung mit ihm und dem Fürsten.

27. Zum Prof. Usteri um die Töchterschule zu sehen. Mittags mit D. Hoze bei Lav. gegessen. Nachmittags mit dem Fürsten und Lav. bei einem Hr. Wertmüller, um dessen geschnitzte Holzarbeiten zu sehen.

29. Der Fürst reiste mit Waldersee nach Mariae Einsiedeln, ich ging mit Luise zu Lav. um dem Pastellmaler zu sizen.

30. Besuch des Helfer Heß, dann mit Mama Lav. zur Töchterschule und Nachmittags zu einem Pfarrer gefahren, der Taubstumme unterrichtet.

31. Der Fürst und Waldersee kamen wieder. Im Rebhäuschen fanden wir Nachmittags auch Häfeli, dem dem Fürsten gefiel, so daß er auch den Vorsaz äußerte, ihn in sein Land zu nehmen.

November

1. Abschiedsbesuch im Thalgarten. Ich schenkte der Frau ein Miniaturbild en medaillon mit einer goldenen Kette.

2. Abschiedsabend bei Lavater, wo alle Bekannten versammelt waren. Lav. und Häfeli kamen noch Abends spät in Hottingen zu uns.
3. Abreise von Zürich. Lav. begleitete uns. Mittags in Eglisau. Beim Rheinfall ausgestiegen und von da zu Fuß nach Schaffhausen, wo übernachtet wurde.
4. Der Fürst reiste ab. Wir andern fuhren noch ein mal nach den Rheinfall mit Lav. der hierauf wieder nach Zürich zurückkehrte.
5. Abreise von Schaffhausen bis Freiburg im Breisgau.
6. In Emmendingen lernte ich Schlosser kennen, bei dem ich den Fürsten fand. Dann noch mit dem Fürsten bis Kehl, wo man die Nacht blieb.
7. In Strasburg stellte uns Mattei die Branconi vor. Er und Forstenburg assen zu Mittag mit uns. Ich kaufte für mich und Luise Kleider, weil wir in Carlsruh bei Hofe erscheinen sollten.
8. Früh zum Münster gegangen, Mattei gesprochen und abgereist. In Rastadt übernachtet.
9. Wir waren 4 Tage in Carlsruh. Es waren täglich Hofgesellschaften und Comödie.
13./15. In Heidelberg besuchte uns Kirchenrath Mieg beim Abendessen. In Frankfurt hatte ich den Besuch von Lavaters Sohn, dem ich eine goldene Uhr schenkte. Wir assen Mittags bei der Tante mit Lettos, besahen das Eslinger Cabinet und einige Gemälde auf dem Römer. Abends wieder zur Tante.
16. In Offenbach besuchten wir den Prediger Stolz. Von hier fast unter beständigem
17./18. Regen über Hanau, Gelnhausen, Hünefeld und Eisenach nach Gotha, wo wir auf dem Schlosse abstiegen, die herzogl. Familie besuchten ein Dejeuner dinatoire annehmen mußten. Wir waren auch eine Weile bei der alten Oberhofmeisterin v. Buchwald. Um 12 Uhr sezten wir unserer Reise nach Erfurt fort.
20. Wir frühstückten daselbst mit dem Statthalter v. Dalberg. In Weimar empfing uns der Herzog schon an der Haustür. Man mußte schnell sich gut ankleiden, weil, wegen Versammlung der Landstände große Tafel war. Nachmittags bei der Herzogin Mutter und Abends Kartenspiel und Souper bei der reg. Herzogin.
21. Vormittags lange bei der Herzogin Luise und ihren Kindern. Großes Diner wobei Göthe war.
22. Diner bei der alten Herzogin. Nachmittags trug Sekendorf gar feierlich sanft und schön einige seiner Lieder vor.
23. Herdern predigen gehört. Dann Abschiedsbesuch bei der alten Herzogin. Abends Cour, Konzert und Souper, wobei Wieland erschien.
24. Abreise von Weimar im Schneegestöber. In Rippach übernachtet.
25. In Leipzig besuchten wir Zollikofer. Nach unserer Ankunft in Dessau gingen wir sogleich zum Prinz Hans Jürge und dann aufs Schloss. Ich ließ wegen Zahnschmerzen, die mich schon lange geplagt hatten Kretschmar kommen, der sogleich den leidenden Backenzahn auszog. Die Backe schwoll und ich musste am folgenden Tage das Zimmer hüten.

December
1. Graf Friedrich nahm Abschied, um nach Petersburg zu reisen. Ich war in diesen Tagen immer in Gesellschaft.
10. Wir sahen den Kandidat Ring aus Carlsruh, den ich in Zürich gesprochen hatte.
25. Es waren drei Prinzen von Holstein auf dem Schlosse.
27. Meines Sohns Geburtstag wurde durch eine Saujagd, große Mittagstafel und Abends durch eine Gesellschaft junger Leute aus den Philanthropin gefeiert.
28. Am folgenden Tage kam der Herzog von Weimar und es war Abends Ball.
29. Mir war gar nicht wohl. – Sauheze und Abends Comödie.
30. Der Herzog von Weimar nahm Abends von uns Abschied.

1784

Januar
1. Der Fürst verreiste und kam erst nach drei Tagen wieder. Ich hatte immer viel Husten. In diesen Tagen kamen an Fremden der braunschw. Hofmarschall von Aschersleben, Graf Wallenstein, Casanova und Winterfeld. Ich gab meinem Sohn täglich eine Stunde Unterricht.
14.–20. In Wörliz. Es kamen jeden Posttag Briefe von Lavater und gingen welche an ihn ab.
28. An seinem Geburtstage gab mein Schwager selbst ein Mittagessen.
29. Ein junger la Roche in französischen Diensten und Hofrath Leuchsenring kamen nach Dessau.

Februar
3. Die neue Arbeitsschule in Wörlitz mit dem Probst besucht. Es waren zwei ital. Schauspieler da die kleine Buffonaden auf dem Schlosstheater vorstellten.
20. Der Fürst mit mir und meinem Sohne fuhr nach der Hirschfütterung. Wir wurden sanft umgeworfen. Mein Husten und meine Winterunpäßlichkeiten dauerten immer fort.
28. Ich bestimmte der Wittwe Süptiz jährlich 70 Rthl. nebst Wohnung und Holz in Wörliz, wofür sie armen Landmädchen Unterricht ertheilen sollte.
29. Der Eisgang fing an und das Wasser wuchs. Der Fürst begab sich mit mir und Luisen nach Wörliz. Die Promenade mussten wir schon zu Fuße und zu Kahn passieren.

Merz
1. Der Jäger Große brachte die Nachricht daß der Lachsfang weggerissen sei und das Eis auch die große Brücke verschoben habe. Die Eisdecke des Sees hob sich, wir waren rings vom Wasser umgeben, die Wälle wurden überspült und die Fluth, vom Eise gedrängt, trat bis an die Auffahrt des Wörlizer Hauses vor.
5. Münsterberg und Griesen waren so von Wasser umgeben, daß nur mit Flössen Communikazion statt haben konnte. Es kam die Nachricht daß die große Elbbrücke durch den Eisgang fortgerissen sei. Auch die Lebbenbrücke war weggeschwommen. Auf den Wörlizer Wällen hatten sich hohe

Eisschichten aufgeschoben, die auch hie und da Bäume im Garten umgeworfen hatten. Der Fürst ritt nach Dessau und kam am nemlichen Abend

7. mit meinem Sohn und dem jungen la Roche wieder. Ich schrieb die Wassergeschichte auf.
Wir gingen nach Resen und Vockerode.

9. Der Geh. Rath Harling meldete durch eine Staffette aus Dresden, daß die Elbe von neuem wachse.

12. Jedoch bekamen wir bald ansehnlichen Fall. Lavater gab über sein Befinden immerfort sehr klägliche Nachrichten und sagte sich todtkrank. Ich besuchte bisweilen meine zwei Schulen in Wörliz, die von der Süptiz und eine andere blosse Arbeitsschule. Lavaters Aussichten in die Ewigkeit, Häfelis Predigten und besonders Garves Cicero wurden in diesen Tagen gelesen.

24. Ich begab mich wieder nach der Stadt.

31. Wir durchgingen mit Erdmannsdorff die Schlosskirche in ihrer neuen besseren Gestalt. Von da besuchte ich mit Luisen den Superintendenten; der erste und lezte Besuch den ich ihm machte.

April

1. Ich schickte der la Roche für die ihr übrig gebliebenen Exemplare der Pomona 400 Rthl.

6. Der Fürst fuhr mit mir und Luise nach Wörliz.

12. Die Lattorfs kamen mit einem v. Schulenburg zum Essen. Der Fürst hatte viele Tage mit Neuendorf zu reden: denn dieser sollte Director einer neuen, verbesserten Schule in Dessau werden. Der Superintendent kam auch deshalb nach Wörliz. Zugleich sprach der Fürst mit ihm über den Nuzen einer Reise des Probstes und Neuendorfs nach der Schweiz und sagte ihm, daß Häfeli hierher berufen sei.

19. Besuch von Rochows.

25. Ich nähete mein selbstgesponnenes Grabtuch. Hoffmanns kamen. Der junge Gildemeester war im Philanthropin eines sehr schmerzhaften Todes gestorben.

Andreas Irmer, Entwurf Fürstenstuhl in der Kirche St. Marien in Dessau, 1796 ▷

▽ *Andreas Irmer, Entwurf Empore in der Kirche St. Marien in Dessau, 1796*

29. Ich beschenkte den Fürsten mit der kleinen Sammlung von rothen Schwefelabdrücken von Stosch. Ich war sehr mit Schwindel geplagt.

May

2. Wir gingen alle nach Dessau wo die Gräfin Burghausen von ihrem Mann geschieden angekommen war und der Fürst ihre Wohnung bezahlte.

8. Die Fürstin von Detmold war mit ihrem jüngern Stiefsohn hier, um den ältern zu besuchen und wohnte auf dem Schlosse. –

17. bis 22. Mit fremden Damen in Wörliz.
24. Der Fürst ging nach Dieskau. Ich mußte zur Ader lassen. Abends trat der Fürst unerwartet mit dem Herzog von Weimar in mein Zimmer. Ich bekam auch von Häfeli jetzt Briefe, denn ich mußte ihm des Fürsten Meinung wegen seiner Herreise schreiben.
29. Ein Comte de Rochefaucauld und andere Fremde speisten bei uns.

Junius
7. In den ersten Tagen dieses Monats war Bischofswerder mit dem Fürsten in Wörliz. Ich wurde krank; bekam so heftiges Seitenstechen, daß Kretschmar bange ward und diesen wieder mein Wissen den Fürsten in Wörliz davon hatte benachrichtigen lassen. Fußbäder und verschiedene Arzneien wollten nichts helfen. Die Detmolderin, die Burghausen und viele andere Damen besuchten mich nur zu oft. Ich bekam Fieber, welches durch ein Zugpflaster auf der schmerzhaften Seite noch vermehrt wurde. Ich verließ das Bette auf einige Stunden. Der Fürst fuhr immer ab und zu mit allen Gästen nach Wörliz und
20. Prinz Hans Jürge reiste mit Erdmannsdorff nach Töpliz. Ich konnte es in Dessau nicht länger aushalten, sonder fuhr, so krank ich war nach Luisium, um da zu wohnen, in der Hoffnung in der freieren Stille früher genesen, allein es dauerte doch sehr lange damit.
25. Ich mußte zur Ader lassen. Ich ging und fuhr zuweilen wieder aus und sahe Leute. Der Fürst wohnte auch einige Mal in Luisium.

Julius
2. Ein Brechmittel eingenommen. – In Dessau in der Kirche und hernach
8. Cour, Konzert und Souper ausgehalten. Hofmanns waren da. Auf dem Liebhabertheater war Comödie.
11. bis 14. Wir gingen auf einige Tage mit den Fremden nach Wörliz. Auf dem Schlosstheater in Dessau ward Ariadne auf Naxos vorgestellt. Es war auch gemüthlich so trübe Zeit für mich als körperlich.
17. Der Fürst reiste nach Weimar und die Detmolderin nebst ihrer Begeleitung wieder nach Hause. Mein Sohn begleitete sie eine Strecke zu Pferde. Ich schickte durch Steinackers Gelegenheit eine schöne Schreibtafel nach Wien, der mir die sehr feinen Zize und schönen Tücher geschenkt hatte.
24. Mit Luise nach Wörliz um daselbst die Johannisbeeren einzukochen.

August
1. Der Fürst kam zurück. Bischofswerder kam zu uns nach Wörliz.
6. Wir mußten verschiedener Fremder wegen zur Stadt: es war Graf Schönaich u. Frau, Hr. v. Bressel u. Frau, Hr. v. Korf, zwei Engländer und zwei Curländer. –
9. Mit dem Fürsten (der seinem Geburtstage ausweichen wollte) Luisen und Friedrichen auf ein Paar Tage nach Sandersleben.
16. bis 20. Hierauf in Luisium. Dann in Wörliz wohin Rochows, Golz und einige Officiere kamen.
23. Der Fürst zog mit mir nach Luisium, wo uns der Maler Freudweiler aus Zürich unvermuthet überraschte. –
28. In Wörliz wo Freudweiler, Rehberg u. Hr. v. Keller mit uns waren.
29. General Schiebler und Prof. Büsch. –

September
5. Der Herzog von Weimar kam. Man ging nach Wörliz, v. Hühnerbein, v. Marschall u. zwei Holländer kamen zum Essen hin.
9. Auch der Herzog von Gotha kam mit Hr. v. Lenthe. Wir wohnten alle in Wörliz. Rochows und Hr. u. Fr. von Spiegel kamen auch nach. –
13. Die Grafen Christian und Friedrich Stolberg mit ihren Frauen kamen zum Mittagessen; Abends der Kronprinz von Preussen mit Bischofswerder. Er besahe Luisium und reiste dann ab. Die Stolbergs kamen wieder um etwas in Wörliz zu bleiben. –
15. Jagd. Noch einige Fremde: v. Heiniz mit Frau u. Tochter, v. Carlowitz u. a. m.
16.–19. Wieder nach Dessau. Beide Herzoge reisten wieder ab.
22. Ich schmückte in Wörliz meiner Tochter Grab mit Blumenbändern.
24. Der Fürst schenkte mir heute, beim Beginn meines 35ten Jahres, zum Angebinde meines Sohnes Portrait von Rehberg gemalt und 500 Rthl. in Golde. Häfeli kam mit seiner Frau, zwei Kindern und einer Magd an. Es war die Nacht die sie auf dem Wege von Leipzig zugebracht hatten, sehr übeles Wetter gewesen. Ich führte diese Familie sogleich, auf des Fürsten Geheiß, in die für sie im Küchengebäude bereiteten Zimmer. Dann ward dieser Tag wie gewöhnlich durch das Landfest auf dem Drehberg gefeiert.
29. Wir begaben uns zum Wohnen nach Oranienbaum, wohin der Landgraf von Hessen-Homburg mit seinen beiden ältesten Söhnen zum Mittagessen kam.

Oktober
1. Ich besuchte Vormittags Häfelis in Wörliz und war zum Essen wieder in Oranienbaum.
5. Der Fürst blieb mit mir in Wörliz,
7. wohin auch Prinz Hans Jürge kam. Häfelis erste Predigt in Wörliz an einem Bußtage. –
10. Sontag: Der Fürst fuhr mit Häfeli, meinem Sohn und mir nach Oranienbaum. Häfeli predigte daselbst und wir speisten in zahlreicher Gesellschaft.
14. Nachmittags nach Wörliz zurück. Es kam ein landwirthschaftlich sehr erfahrener Schweizerbauer Namens Bossart hier an. Der Fürst wünschte, daß er die sehr nützliche Düngart seines Vaterlandes hier einführen sollte. Der preußische Gesandte von Alvensleben kam wieder zu Besuch.
17. Häfeli predigte in Oranienbaum, wobei wir alle, der Hof und das Jagdgefolge zugegen waren.
24. Bei seiner folgenden Predigt war auch Bischofswerder zugegen.
27. In Oranienbaum erschien beim Mittagessen die Fr. v. d. Recke, eine geistreiche, schöne Frau, die mir sogleich sehr wohl wollte. Sie stand auch mit Lavater im Briefwechsel, jedoch ohne ihn persönlich zu kennen.
29. Sie kam nach Wörliz und wir zeigten ihr daselbst alles Sehenswerthe.

30. Hierauf fuhr sie wieder nach Dessau.

November
1. Da mich der Fürst wegen Geschäfte mit nach Dessau nahm, sah ich auch die Fr. v. Recke und speiste mit ihr und Luisen auf meinem Zimmer.
2. Auch in Oranienbaum speisten wir miteinander.
3. Nachdem wir noch zusammen auf der Jagd gewesen waren, nahm sie Abschied. Es waren im Sept. so viele trübe Momente für mich gewesen, so wie ich denn überhaupt den ganzen Sommer hindurch moralisch und physisch sehr viel leiden musste.
7. Probst Cöler und Neuendorf kamen von ihrer Schulreise wieder zurück.
9. Wir fuhren nach Dessau, wo ich an beiden Füßen zur Ader ließ.
15. Der Fürst ließ, an Lavaters Geburtstage, die Büste desselben, in einer dazu gemauerten Nische, im Neumarkischen Garten aufstellen. Ich nahm mit Häfelis und Luise im englischen Siz Schokolade.
21. Häfeli predigte in Wörliz. Ich hatte täglich meinen Sohn zum Lesen und Schreiben bei mir.
29. Mit ihm säeten wir viele Obstkörner in Wörliz. Der junge Müller kam aus dem Philanthropin, um bei meinem Sohn zu bleiben. In den lezten Tagen des Monats musste Häfeli täglich Abends eine Stunde vorlesen und blieb dann auch zum Abendessen.

December
Ich richtete meine Schule unter Frau Süptiz nun besser ein. Der Fürst hatte mir erlaubt, diese im alten gelben Hause wohnen zu lassen. Häfeli gab auch einige Lehrstunden.
2. Er kam mit seiner Familie nach Dessau, wo ich mich schon befand und
5. predigte daselbst in der großen Kirche. Am nemlichen Tag that die ältere Hiefern einen gefährlichen Fall von der Treppe, bei Bornemanns, wo Häfelis wohnten. Man glaubte der Kopf sei so verletzt, daß sie sterben müsse. Sie ward in das Haus ihrer Mutter gebracht.
7. Wir fuhren nach Maxdorf um der Tante zum Geburtstage zu gratulieren.
18. Häfelis waren wieder in Wörliz. Wir folgten bald nach, kehrten aber nach drei Tagen schon wieder nach der Stadt zurück.
22. Häfelis kamen auch nach. Ich ließ den Kindern, wie bisher immer, ihr Weihnachtsgeschenk mit Lichtern in meinem Zimmer bescheren.
26. Häfeli predigte in der Schlosskirche.
27. Am Geburtstage meines Sohnes war Klapperjagd und Abends belustigten sich viele Jünglinge aus dem Philanthropin bei ihm mit kleinen Spielen.
28. Rehberg zeichnete mich für Lavater. –

1785

Januar
1. Mein Sohn und der Detmolder Graf wurden wieder gemessen. Es fand sich, daß jener 4 Zoll, dieser aber nur einen gewachsen war. Das Herumtragen des Klingbeutels ward abgeschafft und beim Herausgehen Büchsen hingehalten. Häfeli kam zu Fuß aus Wörlitz und predigte in der Schloßkirche.
2. Ich fuhr mit Luisen nach Wörliz,
11. besuchte meine Schule, aß bei Häfelis und war Abends um 5 Uhr wieder in Dessau.
18. Wir gingen alle nach Wörliz. – Prinz Hans Jürge kam mit Caroline Hill und wir feierten
28. seinen Geburtstag ganz in der Stille unter uns. Am Abend erfreute mich die Berg mit ihrer Gegenwart. Sie hörte auch Häfeli predigen.

Februar
1. Ich sah sie ungern schon so bald wieder abreisen.
18. Es fror stärker als den ganzen Winter. Vor- und Nachmittags gab ich meinem Sohn Stunden. Auch Müller gab ihm Unterricht. Zwei Tage war Seckendorf bei uns in Wörliz.
19. Häfelis zogen in den für sie eingerichteten und neu meublierten Theil des gelben Hauses ein und ich führte sie mit Luise hinüber.

März
4. Die Igelström speiste zweimal in Wörliz.
22. Ich ging in Dessau mit Luise zum Abendmal.

April
Der Herzog von Weimar reiste mit dem Fürsten zum Kronprinzen.
9. Nach Wörliz. – Es kam ein französicher Chirurgus (ein blosser Empiriker) den der Fürst konsultierte und unter seiner Leitung eine Kur gebrauchte.
15. Ich ließ Ader und hatte so starke Ohnmacht, daß Luise schrie, weil sie mich für todt hielt. Das Eis fing an zu gehen und die Überschwemmung hielt so lange an, daß man noch am Ende des Monats die Hälfte des Weges nach Dessau zu Kahn machen musste.

Mai
1. Häfelis Geburtstag dem ich Kuchen und Geschenk brachte. Der Unterricht dem ich meinem Sohn gab, dauerte immer so fort. Meine Gesundheit litte sehr darunter. Die kranke Igelström hatte sich in Dessau in das Wirthshaus eingemiethet. Examen an meiner Schule.

Junius
9. Die Obristin Pfuhlen besuchte ihre Mutter und kam auch zum Essen nach Wörlitz. Ich war einige Mal in Dessau, (wo auch die Gräfin Schweiniz war) aber nur um Cour zu halten und Dinners zu geben.
18. Wir bewirtheten in der Stadt die Fürstin Czartorisk, Graf Löpel, Podewils, Stéal, Werther, Schack und Tauenzien und kehrten dann nach Wörliz zurück.
29. Der Fürst reiste mit mir, Häfeli und meinem Sohn nach Rekahn, um die dasige Schule zu besuchen.

Julius
7. Bischofswerder kam. Ich fühlte mich krank vom vielen Ärger wegen des Unterrichts.
16. Ein Herr Engelmann und Consistorialrath Silberschlag assen zu Wörliz. Domherr Biber besuchte uns.

25. In den folgenden Tagen waren heftige Auftritte wegen meines Sohnes unbescheidener Jagdliebe, wobei ich sehr litt.
31. Besuch eines Grafen Rewentlow.

August
1. Der Fürst verreist auf drei Tage.
10. Sein Geburtstag ward in der Stille begangen. Erdmannsdorff u. Berenhorst waren allein in Wörliz; auch der junge Dedel aus dem Philanthropin, der öfters zu uns kam. Die Igelström wohnte bei Eiserbeck im Luisium.
13. Sie kam auf ein Paar Tage nach Wörliz. Ich hatte Schmerzen am Zahnfleisch und mußte in diesen Tagen wieder Arznei nehmen. Meist alle Abende ward im Palmensaal gespeist und Häfeli eine Stunde zuvor gerufen um etwas vorzulesen. Der Fürst dachte auf eine Reise [# in Bleistift: nach England]
26. Ich begleitete den Fürsten nach Gröbzig, von wo er mit unserem Sohn u. Cammerrath Rode nach Merseburg, ich aber wieder nach Dessau reiste. Ich war bei der Cour, im Konzert und wartete die Posten des Fürsten ab. Die übrige Zeit aber brachte ich in Wörliz zu.
31. Ich bekam einen Boten vom Fürsten aus Weimar.

September
1. Ich hielt Cour in Dessau, besuchte die Görschen und die Igelström.
2. Erstere hatte mich zum Gevatter gebeten. Ich bezog in Wörliz die oberen Zimmer, weil die untern geweißt wurden und vieles, was durch Feuchtigkeit verdorben war, wieder gebessert werden mußte.
4. Ich stand Gevatter bei Görschens u. besuchte Berenhorst.
5. Nachdem ich mir dem Grafen und der Gräfin Schmettau gespeist hatte, fuhr ich wieder nach Wörliz, wo ich jetzt die Comtesse und die drei kleinen Mädchen (die Steinackers und Glücken) bei mir hatte.
7. Häfeli aß Abends mit uns und las auch vor. Ich speiste in Dessau mit einem von Schaumburg, der den jungen Dedel wieder nach Holland bringen sollte und einem Grafen Testa.
19. Ich besorgte jeden Posttag die Briefe des Fürsten. Es kam ein Schüler Hamaus Namens Hill zu Häfeli. Ich sprach ihn auch im Garten.
20. Kretschmar und Schwabe kamen. Lezterer ließ mich zur Ader.
23. Meine liebe Schwägerin Albert kam unerwartet zu mir.
29. Ich fuhr mit ihr nach der Stadt, wo ich mit Berenhorst sprach, ein Bad nahm, mit verschiedenen Damen auf dem Schlosse speiste und dann nach Wörliz zurückkehrte.

Oktober
2. Ich bekam einen Brief vom Fürsten aus Paris. –
5. Mit der Albert im Luisium. – Sie reiste wieder ab.
7. Ich fuhr mit Häfeli nach der Stadt, wo dieser bei Berenhorst logierte und von da aus, zu Fuße die Landprediger besuchen wollte. Ich bekam einen Brief vom Fürsten aus Calais, besorgte die Posten, hielt die Gesellschaften und ging dann wieder nach Wörliz.
11. Ein Brief vom Fürsten aus Dover.
14. In Dessau Dinner gegeben, dann nachdem ich gebadet, wieder nach Wörliz, mit der Comtesse und Häfeli, der von seiner Wanderung zurückgekommen war. –
16. Wieder nach der Stadt, mit dem Herzoge von dem Grafen Döhnhof und deren Frauen gegessen. Um diese zu bewirthen blieb ich ein Paar Tage in Dessau.
19. Die Fürstin Gallizin, Sprickmann, Fürstenberg waren auch daselbst, ich sahe sie aber nicht. In Wörliz ließ ich zu heizen anfangen und badete noch fort, fror aber gewaltig. –
22. Ich fuhr nach der Stadt zum Prinzen Hans Jürgen und bekam tags darauf Briefe vom Fürsten aus London.
24. Eine große Anzahl Kirschkerne die er mir geschickt hatte, säete ich in Neumarks Garten.
26. Ich mußte in Dessau den Prinzen von Saarbrück mit seinem Geheimrath Mezrad auf dem Schlosse bewirthen.
30. Die Igelström hörte in Wörliz Häfeli predigen und aß nachher bei mir. Ich bekam einen Brief vom Fürsten aus Calais, am folgenden Tage wieder einen aus Metz und zugleich eine Staffette von ihm aus Weimar, die mich sogleich nach Leipzig zu kommen beorderte.

November
1. Früh um 4 Uhr fuhr ich nach Dessau, sprach Berenhorst, kleidete mich um und reiste dann nach Leipzig ab, wo ich um halb 2 Uhr ankam und den Fürsten, meinen Sohn und Rode vorfand. Der Fürst sahe schlimm aus und sprach lange mit mir über seinen physischen Zustand, worüber er klagte.
2. Mein Sohn war gewachsen. Wir reisten alle nach Dessau, wo wir Abends bei meinem Schwager assen.
8. In Wörliz fand der Fürst alles in gutem Stande was ich unter meiner Besorgung gehabt hatte.
9. Er reiste nach Langenwies und ich blieb mit meinem Sohn, dem jungen Müller und Rehberg in Wörliz.
11. Der Fürst kam wieder. Es begannen nun für mich besonders schlimme Tage.
17. Wir gingen nach Dessau. Die Stürme waren so heftig, daß meine Kraft mich verließ.
19. Die ganze vorige Nacht und diesen Tag war ich ein Raub der bittersten Betrübnis. Ich schrieb an den Fürsten und bat um Ausgleichung der obwaltenden Misverständnisse nur um zwei Mittelspersonen, nämlich um Häfeli und Berenhorst. In Berathschlagungen mit diesen flossen die Tage und Stunden dennoch für mich trostlos hin.
22. Der Fürst fuhr nach Wörliz, ich aber blieb und sezte schriftliche Vorstellungen auf.
25. Er kam zurück und ich händigte ihm das Geschriebene ein. Es wurden aber keine Entschließungen genommen. Ich mußte nun auch nach Wörliz, wo mein Sohn alle Vormittage eine Stunde zu Häfeli ging. Mir war so übel zu Muthe, daß ich alle Morgen, in diesen grauen Wintertagen, schon vor Sonnenaufgang im Garten umherging.

December
3. Wir fuhren nach Dessau. Ich war bei der Gräfin Schmettau zur Taufe.
4. Der Fürst zeigte mir das Schreiben, worin er Berenhorst anträgt, Oberhofmeister meines Sohnes zu werden und die Erziehung desselben allein zu dirigiren.
12. Wieder nach Wörliz. Der Fürst sagte mir er habe von Berenhorsten eine Antwort von 15 Seiten bekommen, zeigte mir dieselbe aber nicht sogleich, sondern erst einige Tage später.

16. Ich mußte an Berenhorst schreiben und bekam Antwort von ihm. Ich hatte noch am nemlichen Abend üble Zeit über den andern Hauptpunkt, der nächst der Erziehung meines Sohnes, noch die Ursachen meiner Leiden vermehrte. Ich war dabei seit Anfang November körperlich auch immer sehr leidend gewesen.

24. Wir fuhren sämtlich nach Dessau, und ich beschenkte am Abend wie gewöhnlich meinen Sohn, die Comtesse und die Kinder alle. Ich hatte Cathar und Fieber, auch einmal eine Ohnmacht und Nasenbluten. –

27. Saujagd, Dinner und Abends Redoute.

29. Ich spürte ein starkes Sausen im Kopf wodurch mein Gehör erschwert ward. Diese Beschwerden blieben trotz Kretschmars Verordnungen. Hinzu kam noch eine heftige Aergernis und betrübte Scene mit dem Fürsten. So fuhr ich nach Wörliz und endigte dies Jahr kränker und trauriger wie keins der vorigen.

1786

Januar

Kretschmar gab mir Umschläge und Arzneien, aber mein Gehör blieb dumpf und ich ward kränker. Ich verließ meine eiskalte, ein geheizte Schlafkammer und ließ mein Reisebette im Eckzimmer aufschlagen, wo ein eiserner Ofen gesezt wurde. Der Fürst war in Dessau und wir schrieben uns nicht.

8. Er kam mit dem Herzog von Weimar zum Essen. Tags darauf war Redoute in der Stadt. Ich blieb krank und allein. Häfeli war der einzige Vertraute der von allem wusste und dann vom Fürsten selbst unterrichtet worden war.

12. Lezterer kam mit mir zu reden und es schien sein Wille zu seyn, das ich meinen beständigen Aufenthalt in Wörliz einrichtete. Dabei blieb es. Er ging ab und zu. Wenn er in Wörliz war, gingen die Stunden wie gewöhnlich vorüber.

16. Ich bekam einen sehr unangenehmen Brief von meinem Vater, der wieder eine neue Maitresse hatte, von der man sagte, daß er sie heirathen werde.

24. [mit Bleistift am oberen Blattrand: a bien tout 17 ans]
Ich begab mich mit dem noch immer drückenden schweren Gehör nach Dessau. Mein Sohn wohnte mit Berenhorst und seinen Lehrern im kleinen Schlosse. Es war Redoute, wobei ich leider bis 9 Uhr Morgens blieb.

28. Meinem Schwager zum Geburtstag gratuliert, den Tag über große Gesellschaft. Ich konnte aber nicht hören, was in einiger Entfernung von mir gesprochen wurde.

29. Man sezte ein Blutigel an den Ohren, aber ohne Wirkung.

30. Der Herzog von Weimar war auf einen Tag in Dessau.

31. Ich ging wieder nach Dessau.

Februar

6. Ich war einen Tag in Dessau, hatte aber in dieser Zeit viel zu leiden.

12. Ich fuhr mit dem Fürsten zur Stadt und kam tags darauf wieder nach Wörliz. Ich war bald darauf noch ein paar mal dort.

18. u. 23. Mein Gehör blieb dumpf, dabei hatte ich einen schlimmen Hals und mußte einige Tage das Bette hüten.

Gottlieb Doeper, König Friedrich Wilhelm II. von Preußen, 1790

März

15. Ich konnte wieder ausfahren. Fast täglich waren Misverständnisse, die mein Gemüth beunruhigten und meine körperlichen Leiden noch drückender machten. Ich war bei der Cour in Dessau gegenwärtig.

26. Der Prof. Hugo, der als Lehrer meines Sohnes angestellt war, wurde mir präsentiert. Die Igelström wohnte noch immer in Dessau und kam bisweilen nach Wörliz.

31. Ich mußte mit der Tochter des Gärtners drüben eine Unterredung haben.

April

2. Ich fuhr der Gräfin Lindenau wegen nach der Stadt.

9. Wieder zur Cour. Tags darauf dem Examen in der großen Schule beigewohnt.

14. Ich kommunizierte auch und kehrte dann nach Wörliz zurück, kam aber doch zum Osterfeste wieder zur Stadt. Es war daselbst ein Cammerherr v. Buchwald angekommen und die Comtesse Sophie befand sich krank.

25. Der Herzog von Weimar besuchte uns in Wörliz. Ich ging vormittags viel in den Gärten umher, doch war die Witterung unfreundlich.

Mai
2. Es fror noch Eis.
13. Ich mußte, weil der Fürst abwesend war, die Herzogin von Braunschweig bewirthen und ihr alles zeigen. Nach ihrer Abreise ging ich wieder nach Wörliz.
16. Der Fürst kam auch wieder. Jeden Donnerstag Mittag wurden, wie am Sonntage, Damen aufs Schloß gebeten. Der Herzog v. Gotha, Domherr Brabeck, Baron Vintinghof und Hr. Heisch kamen zu Besuch. Mit dem Herzoge v. G. reiste der Fürst nach Magdeburg zur Revüe.
24. Bei seiner Rückkunft brachte er auch noch den Herzog vom Weimar mit.
29. Beide Herzoge nahmen im Luisium von mir Abschied.

Junius
2. Berenhorst, Behrisch, Hugo und Vauclair (auch als Lehrer bei meinem Sohn angestellt) speisten mit uns in Wörliz. Ein Graf Baar war am Ende des Monats hier.

Julius
Meine Gesundheit hatte wieder so sehr gelitten, daß ich das Zimmer gar nicht verließ, obschon Gäste an Tafel waren.
12. Der Leibarzt Zimmermann kam mit seiner Frau vom kranken König von Preußen zurück. Der Fürst hatte ihn hierher eingeladen, um ihn über sich und mich zu consultiren.
13. Lavater kam auch an. Zimmermann gab mir den Rath, das Embser Wasser und hernach die Traubenkur am Rhein zu gebrauchen.
15. † Es starb die Comtesse Sophie von Anhalt, Aebtissin von Mosigkau.
Zimmermann reiste mit seiner Frau nach Hannover und Lavater mit dem Fürsten nach Weimar ab.
29. Die liebe Berg kam unverhofft zu mir nach Wörliz.
30. Der Fürst kam mit Waldersee von Weimar wieder. Es war ein schrecklicher Abend, wegen der Reise nach Embs, die ich zu unterlassen beschloß, hernach aber doch, nach einem nochmaligen Gespräch mit dem Fürsten antrat. Die Berg hatte mich schon mehrere Tage zuvor wieder verlassen. Meine Reisegesellschaft bestand aus der Comtesse, Häfeli und der Hiefern. Der Fürst nebst Friedrich und Waldersee (der schon Bräutigam der Comtesse war) begleiteten uns den Leipziger Weg hinaus.

August
Ich langte auf dem gewöhnlichen Wege über Frankfurt glücklich in Embs an, wo ich von Bekannten den Grafen Dohna mit seiner Familie fand. Die Gegend gefiel mir, die Wohnung war erträglich und ich konnte mit meiner Umgebung allein bleiben; ich daher entweder mit Comtesse und Häfeli spazieren oder blieb in meinem Zimmer, wo Abends gelesen ward. Kämpf war zu Besuch in Embs.
7. Jezt begann meine eigentliche Kur, die aus großen Bädern, Trinken des Embser Wassers, vielen Carnments, Tarz. Solub und auch Blutigeln hinter den Ohren bestand.
9. Die Frau Häfeli kam mit ihren Kindern.

September
Ich beschloß meine Kur mit dem 30. Bade. Ich hatte Bekannte aus dem Philanthropin, Bender und Eckert in Embs gesprochen und auch dort die Nachricht

16. † vom Tode Friedrichs II. erhalten. Ich [in Bleistift: schrieb] an seinen Nachfolger. Ich schenkte meinem Embser Arzt Herrn Wind 50 Rthl. und reiste ab. Ich wähnte mein Gehör habe sich gebessert, übrigens aber war ich sehr entkräftet und mager. Nachmittags waren wir in Schlangenbad, wo Zimmermann auch wollte, daß ich bade sollte. Der Herbst war schon sehr kalt u. alle Gäste fort. Ich trank Schwalbacher Wasser, badete aber nicht. Wir gingen auf den Höhen umher, wo ich Mainz und den Donnersberg schön übersahe. Es gelang Häfeli ein Landhaus in Schierstein für die Traubenkur zu finden. Der junge Herr von Coen, den ich von Cappeln aus kannte, besorgte die Einrichtung. Wir fuhren hin, ich gebrauchte unter Zimmermanns Direction die Trauben, nahm aber nur wenig Arznei. Der Prediger Stolz besuchte uns hier und ich schrieb verschiedene Aufsätze über meine künftige häusliche Einrichtung in Dessau oder Wörliz; denn die bisherige Lebensweise daselbst war für mich zu lastend gewesen. Um Bewegung zu haben, sägte ich am Vormittage Holz.

November
16. Wir begaben uns alle nach Frankfurt, wo ich den Herzog v. Gotha und meine Tante vorfand. Am folgenden Tage reiste Frau Häfeli mit ihren Kindern nach Dessau ab. Ich bekam den Besuch von D. Kämpf an den Zimmermann wegen meiner Ohrenleiden geschrieben hatte. Er gab mir auch sein schriftliches Gutachten darüber.
18. Ich reise mit der Comtesse, Häfeli und der Hiefer von Frankfurt ab. In Marburg ward auch Baldinger befragt, der ebenfalls ein schriftliches Gutachten gab.
21. In Göttingen speiste Lavaters Sohn mit uns zu Abend. In Hannover war ich viel mit Zimmermann, der durch einen Chirurgus eine Probe mit Einsprüzen in die Ohren machen ließ. Er gab mir auch noch seine Verordnungen schriftlich.

December
4. Über Braunschweig und Magdeburg langte ich wieder in Wörliz an. Alles ward nun schriftlich erörtert und Häfeli war Mittelsperson wegen der möglichst besten Existenz für mich.
10. Ich ging zur großen Kirche um den Superintendenten zu hören, auch in dem nächsten Kirchstuhl an der Kanzel, verstand ich ihn nicht; es war also mit meinem Gehör nicht besser geworden.
11. Am folgenden Tag begab ich mich mit der Comtesse nach Wörlitz, wo ich nun ohne weitere Nothwendigkeit Hof zu halten, ruhig bleiben sollte. Ich spürte aber eine sonderbare, mir unerklärliche Unruhe und Bangigkeit. Der Fürst zeigte mir sein nun fertiges gothisches Haus, die Bibliothek und das Musem in Neumarks Garten und den neuen Gasthof, wo nun alle Zimmer fertig gemalt waren.
17. Nach der Kirche meldete Häfeli mir Reichhardt an, der nach einem halbstündigen Besuche wieder abreiste.
24. Wegen des Marggrafen von Baden, der beim Fürsten war fuhr ich nach Dessau.
27. Auch war ich daselbst am Geburtstage meines Sohnes, dem ich einen schönen Stahldegen schenkte. Abends zur Redoute kam der Herzog von Weimar, wie auch Geisau aus Berlin.
28. Ich fuhr mit der Comtesse wieder nach Wörliz und so verflossen mir die lezten Tage des Jahres dem Anschein nach

zwar still und ruhig, aber so leidenvoll für mich in physischer und moralischen Rücksicht, als es beinah das ganze Jahr gewesen war.

1787

Januar
2. Es meldeten sich schriftlich: Glaffey als Hofmarschall, Görschen als Oberforstmeister und Harling als Jägermeister. Die Raumer schrieb mir, daß ihr Mann das Regiment in Brandenburg bekommen habe.
9. Ich litt sehr an Kopfschmerz und Schwindel machte den Anfang mich täglich elektrisieren zu lassen.
28. Zu meines Schwagers Geburtstag war ich auf zwei Tage in der Stadt.

Februar
1. Die Generalin Raumer speiste mit uns in Wörliz und nahm dann Abschied, um nach Brandenburg zu reisen.
22. Ich sezte den Gebrauch aller Arzneimittel aus, weil mir immer übler darnach ward.
26. Luchesini kam mit seiner Frau nach Wörliz und blieb einen Tag und eine Nacht.

März
1. Ich mußte doch die Kur wieder fortsetzen, die ich im vorigen Monat angefangen hatte. Der Berghauptmann Charpentier aus Freyberg war in Wörliz.
7. Der Fürst reiste nach Weimar. Kretschmar war nun selbst der Meinung, ich müsse mit der Kur aufhören, weil mir immer übler wurde und das Getöse in den Ohren zunahm.
19. Am folgenden Tage kam der Fürst wieder. Der Herzog von Braunschweig ging durch Dessau und sprach nur den Fürsten.
22. Der Cammerdiener Schröter zog mit seiner Familie in das Wörlizer Haus ein, wo diese Kastellanin geworden war. Bock kam nach Mellau.

April
2. Ich fuhr nach Dessau und ich stieg bei meinem Sohne ab, wo schon der Fürst, mein Schwager, der Superintendent und meines Sohnes sämtliche Lehrer versammelt waren, der (17 Jahr alt) nun sein Glaubensbekenntnis ablegte. Die ganze Handlung dauerte kaum ¾ Stunden. Man sprach viel von Politik. Wir assen zusammen und fuhren dann nach der Elbe, wo die Ceremonie des Einrammens vom ersten Pfahl zur neuen Zollbrücke statt hatte.
5. Am grünen Donnerstage kommunizierte ich mit dem Fürsten und meinem Sohn in Dessau.
9. und kehrte nach Wörliz zurück. General Schlieben aus Cassel war daselbst.
14. Der Fürst reiste nach Rekahn. Die Abendlektüre war jetzt Anton Reiser. Ich bekam Halsschmerzen und Nachts Fieber, so bliebs lange.

Mai
Der Fürst war nach Sandersleben. Mein Husten wurde immer stärker.
7. Kretschmar glaubte an eine Entzündung der Lunge. Ich mußte das Bette hüten und war am zweiten Pfingsttage dem Tode nahe.

Junius
5. Ich war immer zu Bette, doch weniger hustend, hatte aber Nachts heftigen Schweiß.
12. Ich konnte einige Stunden ausser dem Bette seyn. Die neuvermählte Waldersee kam auf zwei Tage zu mir. Sie war am nemlichen Tage getraut worden, als ich dem Tode nahe war
† und Vauclair, der Lehrer meines Sohnes, gestorben. Der Fürst war indeß verreist.
17. Meine linke Seite schmerzte sehr. Ich fing an die Molke zu trinken. Die Waldersee nahm Abschied. Sie reiste glaub ich nach Schlesien.
19. Ich versuchte wieder, von Häfeli geführt, etwas im Garten umher zu gehen.
27. Ich bettete mich wieder im großen Bette des Alkovens. Ob ich gleich Molke trank und sehr schwach war, so konnte ich doch schon ziemlich wieder umhergehen. Am nemlichen Tag kam der Fürst von seiner preussischen Reise zurück.

Julius
1. Der Herzog von Braunschweig war auf eine Nacht in Wörliz, ich blieb aber nicht bei Tafel.
8. Ich ging wieder zur Kirche und fing an Selterwasser zu trinken. Auch musste ich bald darauf zur Ader lassen.
22. Der Herzog von Weimar war in Wörlitz. Mir war immer noch nicht wieder wohl und besonders litt ich an Schlaflosigkeit.
30. Rochow war zu Besuch in Wörliz.

August
1. Die Gräfin Blumenthal mit ihren Töchtern und die Herren Kalkreuth und Burgsdorf assen mit uns.
2. Der Fürst reiste nach Rekahn. Nun gab mir der Arzt wieder einen braunen Saft alle Morgen zu nehmen.
8. Der Fürst verreiste wieder. Ich aß bei meinem Schwager im Georgenhaus. Die Abendlektüre war jetzt Einnhard und Gertrud.
14. Die Lattorf war einige Tage in Wörliz. Ich schrieb noch einmal ausführlich an die Schultheß nach Zürich, weil ich förmlich an Lavater zu schreiben, aufgehört hatte.

September
Ich lebte jetzt still und einförmig, aber körperlich leidend und gedrückt am Gemüth.
19. Der Fürst ging ab und zu, Häfeli las jeden Abend vor, und ich ging oder fuhr spazieren. Bisweilen speisten auch Damen in Wörliz. In diesen Tagen nahm der Fürst mich nach Gröbzig mit, von wo ich mit der Donop und Häfeli nach Sandersleben fuhr.
23. Da meine Schwägerin sich gerade in Wernigerode befand, so machte ich mir die Freude sie daselbst zu besuchen. Ich sahe auch Benzler wieder und fand bei der gräflichen Familie die liebreichste Aufnahme. Dies alles machte mich so sehr froh, wie ich lange nicht gewesen war. Wir kehrten nach

Gr. Alsleben zurück, von wo wir über Braunschweig nach Hannover reisten, welches das Ziel dieser Reise war, denn ich wollte Zimmermann sprechen.

Oktober
2. Ich reiste über Wolfenbüttel nach Alsleben zurück,
4. wo meine liebe Schwägerin mich mit ihrem Besuch erfreute.
6. Auch Lavaters Sohn kam von Wörliz aus hingalopiert, wo er den Festlichkeiten beigewohnt hatte, die daselbst durch des Königs Besuch waren veranlaßt worden.
7. Meine liebe Albert verließ mich wieder und tags darauf reisten wir nach Sandersleben,
10. wo bald darauf der Fürst mit Lattorf eintraf, die mir ihre schönen Geschenke vom König zeigten.
12. Wir reisten sämtlich wieder nach Hause. –
24. Es war Jagdversammlung in Oranienbaum, ich aber blieb in Wörliz. Die Abendlektüre war Alexis von Hemsterhuis. Der Fürst beschloß, meinem Sohn, der, um den Dienst zu lernen, vom Könige bei der Garde war angestellt worden, den Hrn. v. Knebel zum Aufseher zu geben. Ich mußte eine Arznei, von Schnecken gemacht einnehmen, befand mich aber nicht wohl darnach.

November
7. Ich schrieb wieder an die Frau Schultheß. Ich litt seit vielen Monaten an Zahnweh. Die Abendlektüre war Tom Jons.
14. Der König kam mit der Gräfin Ingenheim und Lindenau nach Oranienbaum. Es war in diesen Tagen Saujagd.
17. Nach einem Dinner in Wörliz reiste der König über Coswig wieder ab. Hofmanns waren in Wörliz. Immerfort hatte ich Zahnweh, Schnupfen und eine Art von Fieber.
26. Es wurde zuerst in meinem Eckzimmer, in einem neugesezten Ofen Feuer gemacht. Ich that den Vorschlag, auch im Schlafzimmer einen Ofen zu sezen, denn wann der Ostwind wehte, konnte ich selbst im Bett nicht warm werden. Dies ward, nach des Fürsten Genehmigung vom Baudirektor bewerkstelligt.
29. Schon seit mehreren Tagen plagte mich ein Schmerz in der linken Lende.

December
Es ward ein Geschwür daraus, das sich von selbst öffnete. Ich behielt indeß meine Schmerzen, weil es an einem zum Verbande ungemächlichen Ort war.
5. Der Obrist Stein besuchte den Fürsten in Wörliz. Abends wurden abwechselnd Herders zerstreute Blätter und Don Carlos gelesen. Meine Privatlektüre war das Leben der Königin Christine. Zimmermann schrieb mir fleissig und ich mußte ihm auch über mein Befinden Bericht erstatten.
11. Das Geschwür war immer noch offen, doch ich ging aus dabei.
19. Ich bekam abermals eine Halsentzündung und Flußfieber.
20. Kretschmar kam am folgenden Tage. Ich mußte im Bette bleiben und hatte starken Husten. Der Fürst reiste nach Potsdam. Leiden des Körpers und der Seele liessen mir keine Nachtruhe.
27. Ich beschenkte meinen Sohn an seinem Geburtstage, mußte aber im Bette bleiben. Er ging auf den Fischfang aus.

Mittags verließ ich das Bette und Abends kam der Fürst aus Potsdam (18 ans) zurück mit der Nachricht, daß der König unsern Sohn zum Obristlieutenant bei der Kavallerie ernannt habe. Diese Nacht ließ mich der Arzt Bleiwasser zur Kühlung des Geschwürs auflegen.
28. Nach wenig Schlaf erwachte ich mit heftigem Schwindel, Uebelkeit, Angstschweiß und Herzbeklemmung.
29. Ich sandte nach dem Arzt, der aber erst am folgenden Tage kam. Er gab mir ein Pulver, das am folgenden Tage abführte. Ich bekam wieder etwas Schlaf, der aber durch Zahnschmerz sehr abgekürzt wurde. So vollendete ich diese in so mancher Hinsicht trübe Leidensjahr.

1788

Januar
11. Das Geschwür war zwar geheilt, aber ich war dennoch gar nicht wohl und nahm täglich zwei Rhabarberpulver.
28. Zum Geburtstage des Prinzen Hans Jürgen war Mittagsgesellschaft in Wörliz. Gegen Abend fuhr der Fürst mit der ganzen Gesellschaft wieder nach Dessau. Die Lattorf meldete mir, daß die Erdmannsdorff mit einem todten Sohn niedergekommen sey. Ich ging zum Abendmal, hatte aber Brustschmerzen und starken Husten.

Februar
3. Wir lasen Sulzers Reisen und ich für mich allein *les Eponse malheureux* von Arnaud.
10. Ich ging zur Kirche, wobei der Nordostwind mich kränker machte. Mein Sohn aß mit uns in seiner Kavallerieuniform. In diesen Tagen bekam ich stärker geschwollene Füße.
14. Der Arzt ließ mich das isländische Moos zu gebrauchen anfangen. Wir lasen Abends die Lebensgeschichte Friedrichs II.
17. Ich hatte einmal wieder eine gute Nacht. Wir lasen wieder Herders Ideen und ich für mich Hemsterhuis.
25. Ich sprach mit dem Fürsten über die Nothwendigkeit einer Reise in wärmere Gegenden, um meine zerrüttete Gesundheit wieder herzustellen. Ich versuchte wieder auszufahren. Der Fürst speiste öfters mit mir, nebst meinem Sohn und Knebel. Das isländische Moos gebrauchte ich noch immer fort.

Merz
2. Ich ging mit dem Fürsten und meinem Sohn zur Kirche in Wörliz. Zimmermann gab mir schriftlich den Rath, im Mai zu Tissot nach Lausanne und im Sept. nach der Provence zu reisen und den Winter alleda zuzubringen. Die Unterredungen hierüber griffen mich wieder sehr an und ich wurde ernstlich krank. Heftiges Fieber und ein Ausbruch von rothen und weissen Friesel machten mich 14 Tage lang bettlägerig. Acht Nächte brachte ich völlig schlaflos zu. Erst nach 16 stündigem Schweiß durfte ich Bettzeug und Wäsche wechseln und

April
14. erst am 14. April konnte ich wieder in meinem Tagebuch schreiben. Die Lattorff fuhr wieder zur Stadt und ward durch

die Donop ersezt. Mein Sohn war am Ende des vorigen Monats mit Knebel nach Potsdam gereist. Es ging langsam mit meiner Genesung.

18. Ich speiste mit der Raumern und Erdmannsdorffs, durfte aber noch nicht aus dem Hause gehen.

26. Endlich machte ich einen kleinen Gang ums Haus herum. Der Fürst war nach Potsdam.

28. Die Berg kam mit ihrer kleinen Tochter und blieb zwei Tage.

30. Als sie abreiste kam der Fürst von Potsdam wieder. Ich fuhr am Nachmittage zum erstenmale wieder aus.

Mai

1. Am Himmelfahrtstage ging ich zuerst wieder zur Kirche. Waldersee kam aus Schlesien und brachte mir Grüße von seiner Frau. Die Lattorf schickte mir den Maler Senneral, der mich verschiedentlich im Profil zeichnete. Es ward schon von meiner Reise nach Selters gesprochen. Die Lattorf sollte mich begleiten. Der Minister Schulenburg speiste in Wörlitz mit mir beim Fürsten.

11. Ich ging am Pfingsttage zur Communion, und da die Oefen weggenommen waren, mußte meiner Krankheit wegen, noch im Pelz gehüllt bleiben. Die *memoires de Brandebourg* wurden damals gelesen.

12. Der Landgraf von Hessen-Cassel besuchte uns auf der Durchreise in Wörliz. Waldersee nahm wieder Abschied. Die Witterung war unfreundlich und die kalten Zimmer gaben mir schon wieder eine raue Brust.

19. Ich begab mich auf einige Stunden nach Luisium und ließ meinen Reisewagen holen in welchem ich wieder nach Wörliz fuhr.

23. Ich reiste mit der Lattorf, der Hiefern, der Burghausen und zwei Bedienten ab und langte über Groß-Alsleben und Wolfenbüttel ohne weiteres Ereignis in Hannover an.

25. Ich sprach Zimmermann täglich und obgleich ihm das südliche Frankreich für meinen Aufenthalt zweckmässig schien, so bestimmten wir uns doch für Vevey.

30. Häfeli mit seinem Sohn u. dem Cantor Schmelzer aus Wörliz kamen an auf einer Reise nach Bremen. Wir sprachen nun mit Zimmermann auch über Lavater, an den ich nun schon seit zwei Jahren nicht mehr schrieb.

Junius

7. Häfeli reiste nach Bremen und ich nach Selters ab, wo ich fast unter beständigem Husten, über Cassel, Marburg u. Weilburg, sehr elend und erschöpft ankam. Ich fand daselbst Fr. v. Döring, Zimmermanns Freundin, die mit viel Gefälligkeit mir einige Dachzimmer in Hr. Schimpers Hause verschaffte, welches an der Quelle lag. Ich war zuerst im großen Brunnengasthofe abgetreten, wo ich auch wohnen sollte.

14. Ich begann nun nach Zimmermanns Vorschriften meine Kur. Mein Husten war Nachts noch so heftig, das mir Hals und Augen ganz verschwollen. Ich mußte nun Ziegenmilch mit dem Kurwasser mischen und doch zwei Stunden schlafen.

21. Bald darauf hatte ich schon 4 Stunden Schlaf. Ich bekam den Besuch des Kurfürsten der zur Firmelung der Kinder nach Limburg reiste. Ich hatte bisher immer noch Halsweh gespürt.

Julius

5. Nun mußte ich das Wasser wieder ohne Milch nehmen, verbunden mit dem Gebrauch des Löwenzahns. Häfeli kam mit Briefen vom Fürsten aus Dessau an.

16. Ich endete meine Kur fühlte mich aber nicht hergestellt.

18. Wir reisten nach Frankfurt, wo ich meine 2 200 Rthl. bei Thurneisen in Carolins umsezte.

22. Die Lattorf mit der Burghard u. einem Bedienten gingen mit einem Fuhrmann nach Dessau zurück. Ich sezte meine Reise in zwei Wagens, mit Häfelis Familie, der Cammerfrau und dem Bedienten über Manheim, Rastadt, Straßburg bis Basel fort, wo für 8 Carolins ein Fuhrmann bis Neufschatel gemiethet wurde, wo ich, durch den Einfluß der herrlichen Schweizerluft, wohler ankam u. den D. Carater, der von Lyon zurückkam antraf. Nach Tische begab ich mich sogleich nach Channet, dem Landhause wo Fr. v. Berg gerade wohnte und welches wir zum Ort unseres Zusammentreffens bestimmt hatten. Die Auffahrt mit dem schweren Wagen war mühselig. Bei meiner Ankunft fand ich ein verschlossenes Haus. Die Dame, sagte die Grangére, sei nach dem Münsterthale gereist, um einer andern Dame entgegenzureisen, welcher sie auch geschrieben habe. Es war Abends ich konnte unmöglich den gefährlichen Weg nach der Stadt zurückmachen. Die guten Leute holten also einen Schlösser aus der Stadt und liessen das Haus öffnen. Am folgenden Tage kam ein Chevalier de ** (ich habe seinen Namen vergessen) der die Aufsicht und Besorgung dieser ländlichen Wohnung hatte und verschaffte mir mit viel Gefälligkeit einige der nö[t]higen Bedürfnisse. Die Lage, die Aussicht, die Luft, die ganze Gegend war so schön, daß wir leicht manchen Gemächlichkeiten entsagen konnten.

August

Häfeli las uns Abends Nathan den Weisen vor.

1. Endlich kam die liebe Berg. Nach einigen Tagen reisten wir über Yverdon, Moudon

5. nach La Tour de Pyl, wo die Berg bei Major Blonay eine Wohnung für mich gemiethet hatte, die groß und schön und dicht am Genfersee gelegen war. Doch da kein Garten dabei, auch die Luft wegen der Nähe des Sees nicht gut war und die Bise zu sehr dagegen wüthete, so suchte ich mir bald eine andere Ich miethete das Landhaus Gillamont vom Dr. Le Vade, wo ich nach einer kleinen Reise nach den Salzwerken von Bex und dem Wasserfall der Pissevache im Walliserland, einzog.

6. Häfeli verreiste, um seine Frau und Kinder zu holen, die von Basel aus nach Zürich gegangen waren. Die Berg war schon, als ich nach Bex ging nach Pfeffers gereist. Ich war also ganz allein mit meiner Cammerfrau und Kampfhenkel. Wehmüthig und auch körperlich nicht ganz wohl verlebte ich diese einsamen Tage. Ich spielte Clavier, las Rousseaus Werk, zeichnete und übersezte aus dem Englischen. Häfeli kam mit seiner Familie an. Ich hatte in diesen Tagen in Hautevill eine der schönsten Campagnen besucht, wohin ich hernach noch

8. einmal mit Häfeli zu Fuße ging.

9. Die Berg kam auch wieder und ich blieb diesen Tag bei ihr in St. Martin, wo sie wohnte. Wir fuhren nach Clarens und stiegen zum Schlößli Chatelard hinauf.

17. Mit der Berg wieder nach Hauteville. Abends las Häfeli aus dem Seneka vor.

26. Ich reiste nach Genf. Bei Aubonne sah ich auf dem Lignat die Sonne untergehen. Ich trat aus alter Bekanntschaft in Secheron bei De'jean ab.
28. Ich fuhr durch Genf nach Carouge in Savoyen und besahe einen dem Hr. Constant gehörigen, schönen Garten, St. Jean genannt.
29. Ich ging unter De'jeans Führung zu Fuße nach Genf, um die Zizfabrik und andere Merkwürdigkeiten zu sehen. Nachmittags verließ ich Secheron. Ich wollte in Copet die Wohnung des berühmten Necker sehen, sie ward aber nicht gezeigt. In Lausanne besuchte ich Montbenon und die Kathedralkirche wieder, wo ich 1770 zuerst war.

Oktober

Abends kam ich wieder nach Gillamont. Häfeli und die Berg hatten den Besuch von Lavater gehabt. Er hatte ein Schreiben an mich zurückgelassen, das aber unbeantwortet blieb. Dieser Besuch machte dennoch uns allen unangenehme Augenblicke.
8. Das Abnehmen des Geldes und die Irrungen von Lavater und Häfeli verursachten mir heftige Gemüthsbewegungen, die mich wieder krank machten. Ich mußte fort und konnte an keinen Winteraufenthalt denken.
13. Abschied von der Berg und meinem stillen Landhause.
18. In Schafhausen machte ich Müllers, eines Geistlichen Bekanntschaft, den Häfeli gut kannte.
19. Ich umreiste den Bodensee von Constanz bis Lindau, um doch noch so lange als moglich die Ansicht des schonen Landes zu haben, das ich verlassen musste. Über Memmingen, Augsburg usw. kam ich
31. in Wörlitz an. Der Fürst, mein Sohn und der Hof waren noch wegen der Jagd in Oranienbaum

November

2. wo ich auch bald speiste.
3. Mein Sohn reiste nach Potsdam. Ich besahe die neu gebaute Elbbrücke.
8. Besuch von der Generalin Raumer. Ich bekam wieder zahnschmerzen und die Nachricht aus Schwedt, daß der Marggraf sehr krank sei.
17. Prinz Hans Jürge kam mit Caroline nach Wörlitz um einige Tage da zu logieren. Ich bekam einen schlimmen Hals, hatte aber das Vergnügen

December

1. Frau von Berg, die aus der Schweiz zurückkam wiederzusehen. Sie reiste aber
3. bald wieder ab. Die Sauheze war jezt in Wörlitz. Täglich gab es lange Diners u. mein Halsschmerz dauerte fort. Der Fürst brachte mir die Nachricht
13. † von meines Vaters Tode. Mein Befinden wurde wieder übler. Ich bekam starkes Nasenbluten. In Dessau mußte ich verschiedenes mit dem Präsidenten Stubenrauch verfügen. Cammerrath Rode ward mir zum Bevolmächtigten gegeben u. reiste sogleich nach Berlin.
18. u. 24. Ich war der Geschäfte wegen in Dessau und hatte mancherlei Aerger und Verdruß.
27. Der zwanzigste Geburtstag [in Blei: 19] war der erste, den er von mir entfernt war.

30. Ich aß wieder in Dessau. Mit meiner Rückkehr aus der Schweiz, hatte Lavaters Briefwechsel mit Häfeli, des Marggrafen Tod, die dadurch verursachten Geschäfte und die böse Witterung mich moralisch und physisch viel Leiden gemacht.

1789

Januar
5. Der Fürst speiste in Wörliz mit mir allein und wurde, wegen der Geburt eines Mägdleins im gothischen Hause, abgerufen. Die Erbschaftsgeschäfte gingen ihren gleichförmigen Gang fort. Häfeli bekam einen heillosen Brief von Lavater. Die Abendlektüre waren die *voyages philosophiques* und Boswell gewesen,
10. und nun wurde der Cleveland angefangen.
16. Ich hustete wieder viel und hatte Brustschmerzen. Kretschmar und Schwabe kamen und ließen mich zur Ader.
17. Ich mußte den Milchzucker zu trinken anfangen. Ich schlief wegen des schrecklichen Hustens keine Nacht über zwei bis drei Stunden.
23. Ich fuhr nach Dessau mit meinem Sohn und dem Fürsten. Ersterer war aus Potsdam gekommen, um dem Prinzen Hans Jürgen den schwarzen Adlerorden zu überbringen.
28. Um ihm zu seinem Geburtstag zu gratulieren, fuhr ich ebenfalls herein, aß zu Mittag und kehrte Abends nach Wörliz zurück.

Februar
1. Die Elbe überschwemmte schon bis zum Walle alle Wiesen.
8. Ich fuhr über Oranienbaum nach Dessau. Es war große Gesellschaft und Ball, wobei ich, bis 2 Uhr morgens gegenwärtig blieb. Am andern ging ich wieder nach Wörliz.
12. Mein Sohn kehrte wieder nach Potsdam zurück.
18. Der Fürst aß mit dem Herzog von Weimar in Wörliz. Kretschmar hatte mir das Carlsbad angerathen.
28. Ich legte das *ultimatum* zu Häfelis Briefe in der lavaterischen Sache und beschloß diesen Monat nicht heiter, weil ich abermals viel an Leib und Seele gelitten hatte.

März
9. Prinz Hans Jürgen bekam vom Könige das Patent als General-Lieutenant. Die Geschäfte in den Erbschaftssachen vermehrten sich. Ich that den Vorschlag, da man wünsche mein Capital zu sichern, Walbek nahe Sandersleben zu kaufen.
23. Ich war in Dessau zum Essen bei meinem Schwager. Auf mein Begehren wurden mir aus Zürich Briefe von Lavater zurückgesandt, da ich auch die meinigen von ihm schon alle abgegeben hatte. Auch schrieb Lavater an Häfeli eine förmliche Abbitte, diese aber ging, wie alles in der Folge, durch Stolzens Hand.
26. Der Husten ward wieder stärker und ich hatte Schwindel gehabt, daß ich hinfiel.
30. Die Abendlektüre war Gibbon. Der See war mit dünnem Eis belegt. Am folgenden Tage aß ich mit dem Fürsten in Dessau und die Donop begleitete mich nach Wörliz. –

April
6. Ich fuhr mit ihr nach Dessau und wir warteten bis halb 3 Uhr mit der Mittagstafel auf den Prinzen Heinrich von Preußen. Graf Wreech, Tauenzien und Münchhausen waren seine Begleiter. Er besahe sich sogleich das Theater, speiste dann mit uns, kam nach Tische im mein Zimmer, um den berühmten Krötenring zu sehen und reiste dann wieder ab. Der Fürst begleitete ihn bis jenseits der Elbe, den Ring aus Spaß, auf des Prinzen Einfall, in der Tasche.
9. Am grünen Donnerstage ging der Fürst in Dessau u. ich in Wörliz zum Abendmal.
13. Ich erwachte mit heftigen Krämpfen und ich mußte mich übergeben.
14. Prinz Hans Jürge reiste nach Potsdam.
19. Berenhorst war in Wörliz und ich sprach lange mit ihm über meine Zukunft.
20. Reichardt speiste daselbst mit dem Fürsten, Häfeli und mir. Durch Häfeli hatte er sich melden lassen und verreiste Nachmittags wieder.
24. Ich litt wieder an Halsschmerzen, mußte aber nach Dessau fahren, um Geschäfte mit Rode abzumachen. – In diesen Tagen bekam ich von Rinter aus Bern die Schweizeraussichten von Aberli.

May
6. Ich besuchte Berenhorst in Dessau. Reichardt erschien in Wörliz, speiste mit mehreren beim Fürsten und stellte mir gegen Abend seine zweite Frau, eine geb. Alberti und verwittwete Hensler vor. Am folgenden Tage reisten sie wieder ab.
12. Der Erbprinz von Braunschweig speiste mit uns in Wörliz und nahm Nachmittags wieder Abschied. Die Donop blieb in Wörlitz. Ich kaufte meinen gelben offenen Wagen von Hr. Wieland, der Hofrath beim Prinzen Hans Jürge war.
13. Ich reiste mit der Donop nach Leipzig, wo ich schon den Hofmarschall Glafey fand.
14. Ich sprach Hofmann, besuchte Auerbachs Hof und das Schauspiel.
15. Früh 3 Uhr verliessen wir Leipzig und kamen halb 10 Uhr Abends in Dresden an, wo wir im Hôtel de Pologne abtraten.
16. Die Bildergallerie, Rüstkammer, das grüne Gewölbe und die Antiken beschäftigten uns an diesem Tag. –
17. In der Schlosskirche die Messe mit angehört u. dann die Stadt etwas besehen. Nachmittags im Plauenschen Grunde und auf dem Rückweg noch die Kirche unserer L. Frauen.
18. Abschied von Glafey genommen und mit den übrigen nach Töpliz gereist, wo wir wegen des Geyersberges erst um 7 Uhr Abends ankamen.
19. Es brach ein Rad an der neuerkauften Chaise, worin ich mit der Donop saß, wir kamen
nur bis Saz.
20. Endlich Abends in Carlsbad. Der Fürst mit Harling und Berenhorst, hatte sich auch der Kur wegen dahin begeben u. wohnte mit mir im Posthause. Auch Waldersees waren mit ihrer kleinen Luise aus Breslau dahin gekommen.
22. Ich begann einzunehmen und den Sprudel zu trinken, 7 Becher. Mittags speisten wir alle beim Fürsten, Abends wurde nicht gegessen.

Prinz Wilhelm V. von Oranien-Nassau mit seiner Frau Frederika Sophia Wilhelmina und seinen Kindern Frederica Louisa Wilhelmina, Wilhelm Frederik und Wilhelm George Frederick, um 1777

23. Nun fuhren wir nach Ellenbogen, der schönen Aussicht wegen.
24. Ich trank nun schon 13 Becher. Hofmanns waren auch da.
25. Häfeli, der mit Berenhorst ausgeritten war, hatte das Unglück zu fallen, doch war die Verletzung des Kopfes nicht gefährlich. Ich trank diesen Morgen 16 Becher. Der Fürst hatte nur einen Morgen einige Becher getrunken u. hörte damit auf. Er befand sich wohl. Häfeli trank, nach medecinischer Vorschrift, anhaltend und befand sich sehr übel darnach. Seine Hypochondrie stieg auf den höchsten Grad. Ich hatte abwechselnd Fieberfrost und Hize. Die häufigen Abführungen hatten mich äusserst abgemattet. Vier Tage trank ich 16 Becher und darauf nur wieder 12.

Junius
5. Der Fürst reiste mit Harling wieder nach Dessau. Berenhorst war tags zuvor zu Pferde dahin abgegangen. Waldersees bezogen über mir die Zimmer, welche der Fürst bewohnt hatte.
10. Ich fühlte Schmerzen in der Brust die mich Nachts so peinigten, daß ich nicht wusste was ich beginnen sollte. Graf Schmettau vom Pr. Ferdinand kam an.
12. Der Pack- Silber- u. Küchenwagen fuhr mit meinem Gespann ab.

Sandersleben, um 1710

14. Ich beschloß diese mir höchst nachtheilige Kur schenkte dem Arzte u. D. Mittenbacher 100 Rthl. und ließ einpacken.
15. Ich nahm Abschid von Waldersees u. reiste mit meiner Begleitung mismuthiger und trüber ab als ich gekommen war. Ich nahm den Weg über Plauen und Altenburg.
19. Prinz Hans Jürge kam nach Wörliz um Abschied zu nehemen, indem er ebenfalls nach Carlsbad reisen wollte.
21. Ich fuhr nach Dessau, wohin am folgenden Tage die Prinzessin von Oranien mit ihren drei Kindern kam. Ich fuhr ihr bis zur Zollbrucke entgegen, wo die noch unfertige Wohnung des Brückenschreibers mit vielen Blumen und Sträuchen ausgeschmückt war. Nach dem Frühstück sezte sie sich in meine Chaise und so gings über Georgenhaus u. Dessau nach Wörliz.
23. Man zeigte ihr Oranienbaum, wo der Platz schön geschmückt war und die Mädchen tanzten. Abends waren in Wörliz die Gärten erleuchtet.
24. Es regnete stark, doch wurde mit der Gesellschaft in Luisium gespeist, wobei, unter anderen Fremden, auch Harrington u. Graf Colonna zugegen waren. Abends wurde auf dem Schloßtheater die Jagd (Operette) aufgeführt. In Wörliz wurde Mitternacht soupirt. Wegen der pechfinstern Nacht waren wir unweit der Vasen an einen Baum angefahren, wodurch zwar die Chaise, wir aber weiter keinen Schaden nahmen. –
25. Nachmittags nach dem Silizerberg. Nach dem Souper ward in Wörliz auf dem Wasser gefahren um die wiederholte Erleuchtung zu sehen.
26. Früh um 2 Uhr versammelten wir uns und u. die Prinzessin reiste mit ihrer Familie über Coswig, wohin sie der Fürst begleitete, nach Potsdam zum Könige ihren Bruder.
27. Ich fuhr zur Comödie nach Dessau.
29. Waldersees kamen. Auch mein Sohn mit Kleist und Knebel waren hier.

Julius
7. Es starb das Fräulein Henriette Raumer. Mir war gar nicht wohl, Kretschmar, meinen gemachten Erfahrungen zum Trotz, rieth mir doch wieder nach Carlsbad zu gehen. Waldersees wohnten im Küchengebäude zu Wörliz, der Mann trank den Brunnen.
13. In Dessau war Olbergs Scheune abgebrannt. –

24. Ich bekam Angstschweiß, Brustkrämpfe, Magendrücken u. Erbrechen, litt sehr heftige Schmerzen u. bekam auch nach dem Lavement keine Oefnung. –
25. Ich mußte bei meinem Schwager in Dessau essen, der eben aus Carlsbad zurückkam.
26. Ich reiste mit der Donop nach Leipzig, wohin auch Häfeli mit seiner Familie nachkam. Wir fanden Fr. v. Recke im Hôtel de Saxe wo ich auch wohnen blieb.
29. Graf Geßler besuchte mich. Ich fuhr nach Wörliz zuruck.
31. Der Fürst aß mit verschiedenen Fremden daselbst mit mir. Ich hatte ein geschwollene Backe u. viele Schmerzen.

August
4. Mein Sohn reiste wieder nach Potsdam u. der Fürst ging nach Pyrmont.
6. Erdmannsdorff kam Abschied zu nehmen. Er reiste mit dem Erbprinzen von Braunschweig nach Italien.
12. Mit der Lattorf nach Magdeburg gereist, um die Prinzessin von Oranien zu sprechen. Wir blieben bis Abends zusammen und gingen auf dem Fürstenwall spazieren.
13. Am folgenden Tage kehrte ich nach Wörliz zurück.
16. Sehr unerwartet kam der Fürst schon wieder von Pyrmont.
17. Ich reiste mit der Donop nach Sandersleben, wo ich anfing
18. den Egerbrunnen zu trinken. Doch sezte ich dabei meine Geschäfte mit Rode schriftlich fort, welches mich oft bis zum Uebelwerden angriff.
21. Häfeli kam mit seiner Familie und wohnte beim Pfarrer.
31. Auch der Fürst kam. Esebecks assen mit uns.

September
Ich trank den Brunnen täglich und fuhr u. ging so oft aus, als es die Witterung zuließ.
2. Der Fürst kehrte nach Dessau zurück. In dieser Zeit las ich: Helvetius, Goldonis Memoirs, Pfeffels Gedichte, Zollikofers Reden und die Brüder.
18. Ich verließ Sandersleben und fuhr nach Groß-Alsleben, wohin Fr. v. Recke kam und eine 20. Nacht blieb.
22. Gleim kam noch einmal mit ihr von Halberstadt, reiste aber nach dem Mittagessen wieder ab.

23. Ich reiste mit meiner Begleitung nach Blankenburg, um meiner Geburtstagsfeier auszuweichen und die Gegend zu sehen.
24. Es war ein dämmerichter Tag. Es hatte geregnet und die Luft war milde. Auf dem sehr anmuthigen Kirchhofe zu Blankenburg begann ich mein 40tes Lebensjahr. Nachmittags fuhren wir nach Wernigerode und stiegen daselbst in dem elenden Gasthofe zur Forelle ab. Der brave Benzler brachte den Abend mit uns zu.
25. Besuch bei der gräfl. Familie. Nach dem Frühstück gings nach Halberstadt. Frau v. Recke kam sogleich ins Wirthshaus, ließ Gleim rufen, der mich in seine Wohnung führte. Ich sprach mit seinen Nichten und Fischer. Nach dem Caffe reiste ich wieder nach Alsleben und von da
26. am folgenden Tage nach Sandersleben.
27. Am Erntedankfest, wo ich in die Kirche ging, kam der Fürst mit meinem Sohn, sie reisten Tags darauf wieder nach Dessau und nahmen Häfeli mit.
30. Ich sandte einen Boten mit Gelde an einen armen, leidenden, jungen Menschen Namens Wagner, der sich schriftlich an mich gewendet hatte.

Oktober
1. Ich verließ Sandersleben und kam gerade zum Schauspiel nach Dessau.
2. Ich ging wieder nach Wörliz. Der Hof war wegen der Jagd in Oranienbaum, wo ich bisweilen zu Mittag aß.
21. Die Generalin Raumer besuchte mich.
26. Der Graf Suza, portug. Gesandter in Berlin, aß nebst Frau und Kindern mit uns in Wörliz.
28. Die Leopolden, des Oranienbaumer Stadtrichters Stieftochter, bekam von mir den Dienst als Castelänin in Luisium.

November
4. Mein Sohn reiste mit Knebel wieder nach Potsdam. Leztern schenkte ich eine von sächsischen Steinen schön gearbeitete Tabatiere. Die Generalin Raumer besuchte mich mit ihrer Schwester v. Arnim. Abends las Häfeli aus Gibbon vor.
12. Rode empfing von mir die schriftliche Versicherung, ihm so lange er meine Geschäfte besorgen würde, jährlich 500 Rthl. zu geben. Ich bekam Neigung die lateinische Sprache zu lernen und hatte die erste grammatische Stunde bei Häfeli.
24. Die Igelström kam und mit ihr reise ich nach Gröbzig und besahe mit Holzhausen das alte Schloß sehr genau: Denn der Fürst hatte meinen Vorschlag, dasselbe für mich in wohnbaren Stand sezen zu lassen, genehmigt. Aber die stärksten Gewölbe und dicksten Mauern waren gesprungen; ich mußte also diesen Plan aufgeben.
25. Am folgenden Tage reisten wir nach Sandersleben. Die Igelström reiste nach Leipzig ab.
27. Frau v. Recke kam aus Halberstadt und wir begaben uns mit einander wieder nach Gröbzig, wo ihr Holzhausens Spinnstube wohlgefiel.
28. Dann ging es nach Wörliz, wo sie mit ihrer Begleiterin Julie Reichardt in Erdmannsdorffs Zimmer wohnte.
29. Als wir mit dem Fürsten zur Kirche gehen wollten, ließ sich Capellm. Reichardt melden, den wir einige Minuten im chines. Zimmer sprachen, worauf er wieder abreiste.

December
Frau v. Recke blieb noch einige Zeit bei mir. Meine Lebensweise blieb dieselbe. Abends las Häfeli aus Allwills Papieren vor. Ich hatte viel Kopfschmerz und mit dem Latein ging es schwer.
27. Zum Geburtstage meines Sohnes fuhr Fr. v. Recke mit dem Fürsten nach der Stadt, kam aber am folgenden Tage wieder.
31. Ich begab mich, um der neuen Castellanin alles zu übergeben, auf einige Stunden nach Luisium.

1790

Januar
2. Ich musste zur Stadt um mit Rode zu sprechen. Don Karlos war die Abendlektüre.
7. Ich reiste mit Fr. v. Recke und Häfeli nach Leipzig, wo die Igelström sogleich zu mir kam. Häfeli sprach mit Wagner, den ich kennen lernte und ihm etwas Gewisses zu seinem Unterhalt bestimmte. Er lebte in Borna beim Pred. Fest.
10. Rückkehr nach Wörliz
11. Ich hatte ein so heftiges Getöse im Kopfe, daß ich den Rheinfall zu hören glaubte.
12. Fr. v. Reck kam wieder nach Wörliz. Täglich fast bekam ich Briefe und Papiere von Rode und Friedel über die Erbschaftsangelegenheiten.

Februar
3. Mylord Wycomb, ältester Sohn des Lords Shelburne, den ich als Knaben, mit seinem seitdem verstorbenen jüngern Bruder so lieblich fand, besuchte uns. Ein Mr. Mark war sein Begleiter. Der arme junge Lord hatte in Absicht der Harthörigkeit beinahe gleiches Schicksal mit mir. Er war zwar anmuthig von Bildung, aber das Feuer und der Kopf seines Bruders fehlten ihm.
4. Mein Sohn kam unerwartet. Ich las die Beschreibung der Pelew-Inseln.
16. Mein Sohn aß mit Knebel in Wörliz. Wir fuhren nach dem Silizer Berg. Der Fürst gab mir das Leben der Marie Antoinette zu lesen.
22. Ich fuhr mit Fr. v. Recke nach Cöthen zur verwittweten Fürstin.
25. Bald bekam ich von ihr den Gegenbesuch. Mein Gemüth war getrübt u. mein Befinden alle diese Tage übel.
28. † Es kam die Nachricht von Kaiser Josephs Tode.

März
3. Ich that den Vorschlag, in Wörliz ein anderes, weniger feuchtes Haus bewohnen zu dürfen und wo ich vor Fremden sicher wäre.
9. Kretschmar gab mir abermals den Rath so bald als möglich nach Carlsbad zu gehen.
12. Fr. v. Recke verreiste auf einige Tage.
15. Ich begab mich nach Treuenbrizen, wohin auch die Berg kam.
16. Rückkehr nach Wörliz. Ich las Schillers Götter Griechenlands
18. Fr. v. Recke kam wieder.

Hermann Neubürger, Das Haus der Fürstin in Wörlitz, 1846

20. Abends ward Göthes Tasso gelesen. Auch las ich die von der Berg geliehenen Schriften des Rousseau.

April

16. Ich bekam einen schlimmen Hals, der mich das Zimmer zu hüten nöthigte.
20. Waldersees kamen. Fr. v. Recke reiste ab.
24. Ich gab dem Tischler Irmer den Riß zu einem Bibliothekszimmer im neuen Hause, welches der Fürst für einen Geistlichen auf der Stelle hat bauen lassen, wo ehemals das Haus des Probstes stand.

Mai

19. Ich reiste nach Leipzig, um der Igelström einen lange versprochenen Besuch zu machen. Von hier begab ich mich nach Carlsbad, wo ich am ersten Pfingsttage eintraf,
23. und Lattorfs und den Hofrath Köler, die von Dessau mit meinen Pferden abgegangen waren, in der mir bestimmten Wohnung zur goldenen Harfe, schon völlig eingerichtet vorfand. – Am folgenden Morgen begann ich den Sprudel zu trinken und traf auf der Promenade die Plattenbergs und Steindorfs an.
25. Unerwartet begegnete uns im Hause Reichardt; er kam eben aus Italien zurück und reiste am folgenden Tage wieder ab. Diese Kur bekam mir ebenfalls sehr übel. Der Sprudel machte mir keine Oefnung, erhizte mich sehr und vermehrte meinen Schwermuth. Auf der Promenade sprach ich die Gräfin Schulenburg u. ihre Tochter häufig, auch die Herzogin v. Curland; am meisten aber Fr. v. Recke. Ich ließ mir auf einem Hügel bei Carlsbad von den Dorfleuten eine Laube bauen, wo ich oft mit Arbeit oder Büchern verweilte, auch einigemal aß.

Junius

12. Ich mußte nun anfangen in Sprudelwasser zu baden. Ich wurde aber bald zum hinsinken matt, verschmachtete vor Hize und hatte sehr geschwollene Beine.
26. Mit sieben Bechern mußte ich meine Cur beschliessen.
27. Wir verließen sämtlich Carlsbad und ich langte über Plauen, Altenburg, und Leipzig (wo mich die Igelström besuchte) wieder in Wörliz an, wo ich
30. den Fürsten u. Häfeli bei ihrer Egerbrunnenkur recht wohl fand.

Julius

1. Mit dem Fürsten nach Georgenhaus gefahren, wo mein Schwager an den Folgen eines Falls vom Pferde krank lag. –
7. Der Fürst verreiste [in Blei: nach Karlsruhe] Kretschmar gab mir jetzt täglich wieder Arznei.
10. Die Schwägerin von Glafey kam mit ihren Stieftöchtern Luise u. Amalie zu mir nach W. zum Essen.
18. Ich bekam einen Brief vom Fürsten aus Eisenach. Mein Körper blieb matt u. voll innerer Hize.
22. Die Juden weihten ihren neuen Tempel ein, wozu ich ihnen zwei silberne Leuchter schenkte.
27. Die Glafeys speisten wieder bei mir in W. Ich behielt die beiden Töchter und ließ sie mit Genehmigung des Fürsten

im Zimmer der Goddard wohnen. Häfeli las in den Abendstunden den Anton Reiser vor. Seit Carlsbad blieb ich immer unpässlich und hatte häufig schlaflose Nächte.
31. Ich reiste mit den beiden Glafeys und Häfeli nach Sandersleben, wo ich am andern Morgen Waldersees Besuch hatte, die abermals auf dem Gute Gnölbzig wohnten.

August
2. Ich trank nun wieder Egerwasser, wobei ich viel ausging und fuhr.
12. Der Fürst kam mit Harling von seiner Badener Reise zurück. Ich trug ihm die Idee vor mir Bellevüe bei Lausanne zu kaufen. Ich schrieb deshalb an Hofmann, der gerade in der Schweiz war. Der Fürst sprach auch von unseres Sohnes künftiger Verheirathung. Er reiste wieder nach Dessau u. ich trank den Brunnen fort.
21. Endlich ging ich mit den Glafeys nach Lauchstädt, Häfeli aber mit seinem Sohn nach Wörliz. Ich fand meine liebe Alberten mit ihrem Bruder, aber, Gott! Viel kränker und elender! Sie brauchte dort die Bäder. Ich verließ sie nur die Nacht und wollte noch länger bei ihr bleiben, als ich eine Staffette vom Fürsten bekam, wodurch er mir die Herzogin v. Curland mit ihrer Schwester anmeldete.
23. Ich mußte nach Hause reisen.
28. Die Herzogin kam erst nach einigen Tagen an. Sie hatte starke Begleitung und wohnte nicht in Wörliz sondern in Dessau.

September
1. Der Consistorialrath Funk speiste mit dem Fürsten in W. Ich hatte in diesen Tagen viel Zahn- und Kopfschmerzen, auch einen trockenen Husten.
15. Der Prinz August v. Braunschweig war in W. zum Essen.
20. Der Fürst schenkte mir zu meiner neuen Wohnung, ein schönes Büreau, 6 Stühle und ein Gehäuse zur Flötenuhr.
21. Widow mein liebes Vögelchen starb. Ich hatte es ein Paar Jahre nach meiner Ankunft in Dessau von einem holländischen, aus Ostindien kommenden Kaufmann erhandelt.
24. Mein Geburtstag wurde wie gewöhnlich auf dem Drehberg gefeiert. Die Waldersees wohnten wieder mit uns in Wörliz. Ich bekam von Hofmann Antwort aus der Schweiz. Der Kaufpreis wäre 12 000 Rthl., aber die Wohnung sei feucht und gar nicht für den Winter. Also war auch das nichts.

Oktober
11. Der Fürst sagte mir, unser Sohn sei in Breslau krank. Häfelis verliessen das gelbe Haus und zogen ins alte Amt ein, was nothdürftig reparirt worden war.
14. Der junge Graf Forstenburg aß mit uns. Ich war jetzt täglich mit der Einrichtung u. Möblierung meines neuen Hauses beschäftigt.
18. Die Abendlektüre war Schillers 30jähriger Krieg. Die Generalin Raumer u. ihre Schwester waren öfters bei uns.

November
4. Ich stellte meine Bücher schon, mit Häfelis Hilfe, in die Bibliotheksschränke des neuen Hauses.
22. Ich zog an einem Montage in dasselbe um. Das Räumen dauerte von früh um 6 Uhr bis Mittag, obgleich schon seit Wochen das meiste vorgeräumt worden war. Zum Mittagessen wie auch in den Abendstunden, hielten wir uns immer noch wie gewöhnlich im chinesischen Zimmer im Schloß auf. Die Glafey wohnte im grauen Hause unten neben der Cammerfrau, ich oben und die Magd in einer Dachstube.
27. Ich besuchte die Waldersees in Dessau.

December
6. Meine Privatlektüre war Young und Gibbon.
7. Ich bekam ein heftiges gallichtes Erbrechen.
14. In diesen Tagen gab es viel Geschäftsschreiberei mit Rode. Um mich zu erholen schrieb ich einiges von Matthissons Gedichten ab u. las Häfelis Manuskript seiner Reise auf den Rigiberg.
22. Ganz unverhofft kam mein Sohn, den man seine Krankheit gar nicht anmerkte, denn er war dick und fett.
27. Ich fuhr mit den Glafeys nach D. u. schenkte meinem Sohn zu seinem Geburtstage 300 Rthl. und eine selbstgestrickte Geldbörse. Wir speisten an zwei Tafeln und Abends war im großen Saale Ball. Ich spielte *quinze*. Am andern Morgen fuhr ich wieder nach Wörliz.

1791

Januar
1. Der Fürst aß mit mir und eilf Personen in Wörliz.
4. Der Herzog von Weimar berief ihn nach Leipzig.
6. In diesen Tagen lasen wir die *mémoires de Richelieu*.
11. Ich nahm in Dessau Abschied von meinem Sohn. Der Fürst aß in meiner neuen Wohnung mit mir u. den Glafeys. Er schenkte mir eine aus Leipzig mitgebrachte mit Stahlperlen gestickte grüne Brieftasche und die Büsten von Göthe und Herder.
13. Er bekam Briefe vom König, daß die Verbindung meines Sohnes mit der Prinzessin Luise, Tochter der Prinz. Ferdinand, so gut wie geschlossen sei. Ich hatte es sehr stark auf der Brust u. hustete die Nächte durch. Kretschmar besuchte mich oft und brachte immer Arznei. Ich ward aber immer kränker und der dauernde Husten und Schlaflosigkeit erschöpften meine Kräfte.
25. Der Husten u. das Fieber verminderten sich. Ich mußte mit dem Fürsten und Rode über Geschäfte conferiren u. ging zum Essen aufs Schloß, wo Gesellschaft war.
28. Am Geburtstage meines Schwagers fuhr ich nach Dessau, brachte ihm ein Geschenk und speiste mit an der großen Tafel. Abends wieder in Wörliz.

Februar
Ich bekam wieder Engbrüstigkeit, Husten u. Fieber u. konnte kaum den halben Tag ausser Bette bleiben. Kretschmar wiederholte: Er könne nichts dabei helfen, hier könne ich nicht besser werden u. s. w.
19. Ich war wieder auf einige Stunden in Dessau u. besuchte die Gräfin Schulenburg.
22. Häfeli war in D. mit Berenhorst zu reden, kam aber mismuthig wieder.

Heinrich Maximilian Imhof, Luise von Matthisson, geb. Schoch, 1820   *Heinrich Maximilian Imhof, Friedrich von Matthisson, 1820*

März

1. Ich hatte mit Berenhorst eine stundenlange Unterhaltung und ersuchte ihn, dem Fürsten vorzuschlagen, daß ich mich auch zuweilen im Luisium aufhalten und daselbst einen Koch haben könne.

3. Mein Sohn kam wieder nach Dessau. Ich fuhr dahin zur großen Tafel und Abends wieder nach W.

4. Ich spürte heftiges Drücken in der Herzgrube, was mich schon im vorigen Jahr so mismuthig gemacht hatte.

6. Kretschmar schickte mir schriftlichen Rath, des Inhalts: Ich solle einige Jahre in wärmeren Ländern verbringen oder hier Eselsmilch, Molken, isländisch Moos, Gurken und Melonen gebrauchen.

15. Berenhorst brachte mir die Antwort des Fürsten über das Wohnen in Luisium, man müsse erst sehen ob auch die Winterheizung in den Gebäuden statt finden könne und dann sezte Berenhorst von sich selbst über Kretschmars Rath hinzu: Eine solche jahrelange Gesundheitsreise sei *non sense* u. s. w. Kretschmar ließ mir Salben auf die schmerzende Herzgrube legen. Wir lasen Thümmels Reisen.

17. Ich begab mich mit dem Baudirektor nach Luisium, der der Meinung war, es würden die nöthigen Oefen ohne Feuersgefahr zur Winterheizung gesezt werden können.

28. Ich speiste in Dessau auf dem Schlosse. Meine Trauer und Unruhe nahmen überhand und die Umstände verhinderten mich eine Aenderung meiner Tage zu bewirken. Mitunter hatte ich auch Aerger von den beiden Glafeys, denen ich im Schreiben, Rechnen und Clavier vom Cantor Stunden geben ließ. Auch Häfeli gab ihnen Unterricht in Geographie und Geschichte.

31. In Dessau an der großen Tafel von meinem Sohn Abschied genommen.

April

3. Reichardt kam mit seiner Frau u. allen Kindern, welche

5. im Wirthshause blieben indeß er nach Halle reiste.

22. Kam er wieder seine Familie abzuholen und reiste

25. nach ein Paar Tagen ab. Ich aß mit dem Herzoge von Weimar u. vielen Fremden beim Fürsten, wurde aber durch die Niederkunft der Waldersee abgerufen. Ich fuhr zu ihr und blieb bis früh um 3 Uhr bei ihr, wo sie nach vielen Leiden mit einem Sohn niederkam. Ich ruhte nur wenig auf meinem Bette in Dessau, denn ich wurde von heftigen Zahnschmerzen gepeinigt.

27. Ich mußte zum Fürsten nach D. der mit dem Pferde gefallen war. Er hatte einen Kourier vom Könige bekommen, durch welchen ihm die Verlobung unseres Sohnes auf nächsten Sontag angesagt wurde.

Mai

3. Ich fuhr nach Luisium. Der Fürst kam aus Berlin zurück, wo er bei der Verlobung gegenwärtig gewesen war.

5. Es war so kalt, daß ich nicht bei der Einweihung des Georgenkanals gegenwärtig seyn konnte.

25. Ich ließ zur Ader u. die Eselin wurde wieder fortgeschickt. Meine Schwägerin meldete mir den Tod ihres Bruders bei dem sie bisher wohnte und sie ginge nach Kleinwelka.

27. Kretschmar nahm mir einen Zahn aus.

Junius

Der Hofprediger Sack aus Berlin ließ sich melden; ich nahm ihn an u. wir unterhielten uns wohl eine Stunde. Es wurde jetzt alles zur Ankunft der Ferdinandschen Familie bereitet.

5. Sie kamen an: meine Cousine, ihr Mann, die Braut und zwei Brüder. Man speiste lange u. fuhr auf dem See bis 10 Uhr Abends.

6. Der alte Herr besuchte mich mit dem Fürsten schon früh um 8 Uhr. Die Damen erschienen erst 10 Uhr. Hierauf überall im Garten umhergegangen. Um 4 Uhr gings zur Tafel. Ich bekam von Friedel die Nachricht, mein Proceß sei gewonnen u. die erste Instanz habe der Ferdinand Unrecht gegeben. Dies sei aber noch nicht publicirt. Dem ungeachtet ließ mir die Ferdinand durch Hrn. v. Hofmann noch einen Vergleich vorschlagen, wiewohl sie von allen schon früher als ich unterrichtet war. Nachmittags in Staub und Hize nach Oranienbaum, wo die Landmädchen tanzten. Hierauf Souper in Wörliz.

7. Vormittags nach Luisium u. dem Silizerberg. Diner um halb 5 Uhr. Abends auf dem Marktplatz tanzen gesehen.

8. Gegen 11 Uhr nach Georgenhaus – auf dem Wege ein kleiner Anblick von Jagd – im Lustgarten in D. ausgestiegen, wo die Braut mit Gesang, Versen u. Blumen empfangen ward. Splendides Diner bei meinem Schwager in Georgenhaus. Um 6 Uhr Thee im Garten u. im Wohnhause Kartenspiel. Um 9 Uhr fuhr man nach dem Schlosse in Dessau, wo die Damen versammelt waren welche ich alle präsentirte. Um Mitternacht Souper auf dem großen Saale.

9. Am folgenden Morgen reiste die Familie wieder ab. Mir erschien alles nur ein Fantom: den[n] Braut und Bräutigam passten so wenig zusammen, daß ich an der Wahrheit u. dem Bestand der Sache weder glauben konnte noch wollte. Mittag war ich endlich wieder allein in Wörliz.

14. Nach Dessau meine Tante besuchen, die daselbst angekommen war.

18. Reichardt reiste durch nach Berlin; er hatte sich mit seiner Familie auf drei Jahre in Giebichenstein eingemiethet.

27. Rode kam aus Berlin und Schwedt zurück. Es gab viele Geschäfte der Güter wegen.

Julius

4. Ich trank Bitterwasser, aber nur drei Tage lang. Mein Zahnfleisch wurde sehr schlimm u. der ganze Mund war voller Blasen. Kretschmar sagte, es sei eine Kinderkrankheit, die Schwemme genannt.

8. Reichardt kam zu Häfeli. Ich sprach ihn im Garten.

15. Da es sich im Munde nicht bessern wollte, ließ mich Kretschmar wieder Bitterwasser trinken. Ich las Sakontala; die Waldersee besuchte mich u. der Fürst aß meistens immer in meinem Hause. Wir besprachen über meinen Vorsaz, die Traubenkur am Genfersee zu gebrauchen und den Winter daselbst zuzubringen.

23. Ich hatte wieder die erste ruhige u. schmerzfreie Nacht gehabt, doch war mein Mund noch innerlich geschwollen.

August

5. Fr. v. Recke kam an. Am folgenden Tage begleitete ich sie bis Radegast.

8. Reichardt stellte mir in Wörliz den Capellm. Naumann aus Dresden vor.

15. Da mein Entschluß zur Reise fest war u. weder die Rekke oder Berg, noch die kranke Igelström oder die abwesende Raumer mich begleiten konnten: so that ich dem Hofmarschall Glafey (dessen eine Nichte ich auch mitnahm) den Vorschlag die Reise mitzumachen. In diesen Tagen hatte ich mich von einem fremden Maler Namens David malen lassen.

16. Ich reiste nach Radegast um der Igelström ein *Rendez-vous* zu geben. Da sie erst Abends kommen sollte, machte ich indeß der Reichardtschen Familie in Giebichenstein einen Besuch. Ich übernachtete in Radegast, woselbst der Fürst und Erdmannsdorff von Weimar kommend, am folgenden Morgen Pferde wechselten. Da die Igelström nicht kam, kehrte ich nach Wörliz zurück, wo ich einen Boten mit einem Brief von ihr fand, der mich verfehlt hatte.

25. Die Igelström kam. Ich erhielt Nachricht von der Pr. v. Oranien, die in Braunschweig war, mit dem Wunsche, daß ich da durchreisen möchte, um sie zu sehen.

29. Amalie Glafey reiste zu ihrer Schwester der Gr. Küssow ab.

30. Ich bekam einen viersizigen Reisewagen von Waldersee, nahm Abschied in Dessau und schrieb an meinen Sohn nach Potsdam.

September

1. Früh um drei Uhr reiste ich mit der Glafey in der offenen Chaise von Wörliz ab. Von Dessau aus traten der Hofmarschall, Wagner, der mein Secretair geworden war u. die beiden Cammerfrauen die Reise im viersizigen Wagen an. Ich fuhr über Maxdorf um von meiner Tante Abschied zu nehmen.

2. In Wolfenbüttel empfing uns die Pr. von Oranien mit ihrer Tochter im Schlosse. Ich blieb bis zum Abend meistens mit ihr allein. Als sie nach Braunschweig zurückkehrte, begab ich mich in den Gasthof, konnte aber wegen Halsschmerzen nur wenig schlafen.

3. Nun ging die Reise weiter über Nordheim, Cassel, Marburg, Frankfurt, Heidelberg (wo ich die ehrwürdigen Schloßruinen besichtigte) Offenburg u. Mühlheim nach Basel, wo wir in den drei Königen abtraten.

11. Ich blieb zu Hause um zu schreiben und ließ meine Begleitung indeß umherstreifen, das Merkwürdige zu besehen.

12. Wir verließen Basel am folgenden Morgen wieder.

13. In Bern genoß ich von der Terrasse des prachtvollen Anblicks der von der Abendsonne beleuchteten Eisberge.

14. In Moudon konnten wir wegen des daselbst stehenden Berner Militairs nirgends unterkommen. Wir mussten also indeß die Pferde gefüttert wurden im Wagen bleiben. Um 1 Uhr in der Nacht fuhren wir weiter. Vor Lausanne hatten wir von der Höhe, beim Erwachen des Tages, den hohen Genuß der herrlichsten aller schönen Aussichten.

In Rolle, wo wir im schwarzen Kopf abstiegen, besuchten mich die Larreys sogleich. Wir beiden Frauen hatten uns seit wir verheiratet waren nicht gesehen; den Mann kannte ich noch gar nicht. Diese Familie erwies uns viele Freundschaft und durch sie gelang es uns auch ein Landhaus bei Nion zu miethen, wie wohl mein Sinn nach Vevey gerichtet war und ich gern Hauteville gemiethtet hätte.

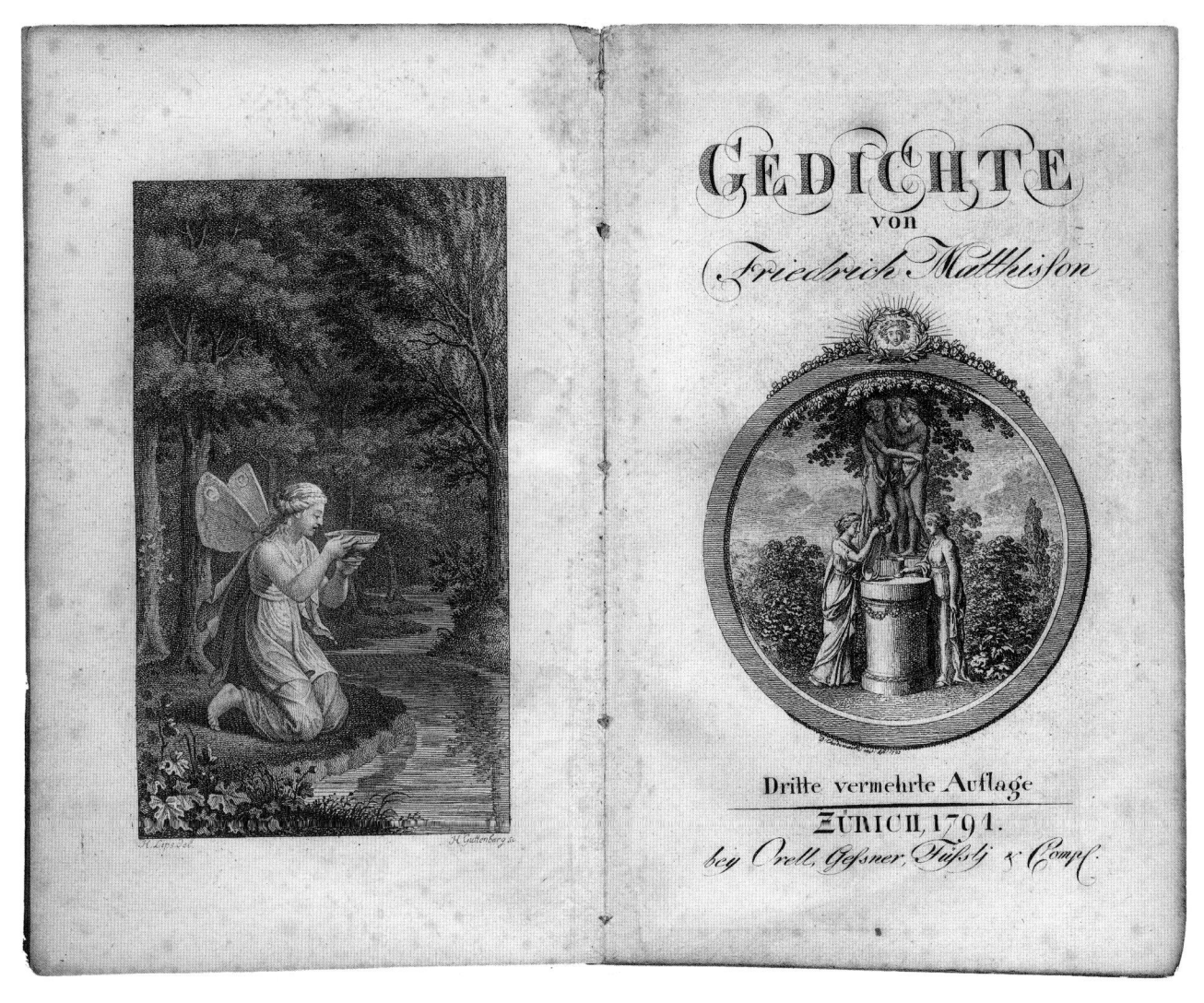

Gedichte von Friedrich Matthisson, 1794

21. bis 26. Wirklich hielt ich mich auch einige Tage in Vevey in den drei Kronen auf, fuhr in der Gegend umher, fand aber nichts lediges oder mir gefälliges zu vermiethen.
29. Wir begaben uns also nach Charlemont bei Nion, wo ich sogleich die Traubenkur anfing.

Oktober
1. Häfeli kam nun mit seiner Familie auch an und
7. bewohnte ein kleines, einige hundert Schritte von dem unserigen entlegenes Haus. Die Witterung war ziemlich kalt und wir mussten bald einheizen. Oft besuchten wir die Larreys in Rolle und sie uns. Glafey reiste auf zwei Tage mit Larrey nach Genf.
13. Unerwartet bekam ich Besuch des Grafen Friedrich Stolberg, der eine lange Unterredung mit mir über Lavater hatte. Ich las Chesterfields Briefe und Abends las Häfeli die Miß Lony von Fr. v. la Roche vor.

Wir besahen auch die Porcellan-Fabrike in Nion. Larrey machte schriftlich Richtigkeit wegen meiner Winterwohnung in Corseaux bei Vevey.

November
1. Glafey reiste abgeredetermaßen mit seinem u. einem meiner Bedienten wieder nach Dessau. Es that mir wohl Matthissons Gedicht auf den Genfer See öfters zu lesen.
2. Ich verließ nun Charlemont und zog nach Corseaux in das Landhaus eines Herrn Villars das ich auf ein halbes Jahr gemiethet hatte. Ich fand bestelltermaßen 200 Pfund Trauben daselbst vor. Eine Köchin und Hausmagd waren auch angenommen. Häfeli mit seiner Familie, die Glafey, beide Cammerfrauen u. drei Bediendte wohnten alle in diesem Hause; der Secretair Wagner aber, befand sich, da er kränklich war, bequemer in einem nahen Hause des Gastwirths. Bald ging es nun nach gewohnter Weise in der alten Tagesordnung fort. Auch hatte ich zum täglichen Ausfahren Pferde gemiethet. Nach dem Thee ward mit Häfeli und der Glafey gelesen, zu welcher Lektüre eine im Hause befindliche Bibliothek Bücher lieferte. Für mich allein las ich: Saussüre, Gibbon, Göthe, *les delices de la Suisse* u. *the man of feeling*.

D. le Vade besuchte mich oft und ich besuchte auch leider die Soireés in Vevey.

December
1. Larrey war auf zwei Tage mit seiner Tochter bei uns zu Besuch.
18. Wir gingen alle zum Abendmal nach Vevey. Ich bekam die Nachricht, daß mein Sohn nach Homburg gereist sei, um sich dort eine Braut zu wählen, da seine Verbindung mit der vorigen nicht vollzogen werden sollte.
31. Ich endigte nun das erste Jahr ausser Dessau seit meiner Verheirathung und die 16 frühen Jahre meines Lebens hatte ich immer in Berlin begonnen und vollendet.

1792

Januar
11. Wir kamen mit Larreys in Lausanne zusammen, von wo die Mutter Larrey nebst einer Tochter auf einige Tage nach Corseaux fuhr. Ich brachte sie wieder nach Lausanne wo wir ihren Mann fanden u. zusammen speisten.

Februar
4. Reichardt kam an von Straßburg auf einer Reise nach Lyon zu uns u. logierte in Vevey.
7. Er reiste nach ein Paar Tagen weiter.
20. Ich schrieb an den Fürsten wegen meiner künftigen Einrichtung und auch über Häfelis Zukunft, der nicht gern nach Dessau zurückwollte, ohne daselbst einen bestimmten Wirkungskreis und eine Wohnung zu haben.
23. Ich reiste mit der Glafey, Häfeli und einer Cammerfrau nach Genf, wo ich auch Banquiergeschäfte abzumachen hatte.

März
In den ersten Tagen des März litte ich an heftigen Zahnschmerzen. Die Glafey war wohl schon zum drittenmal auf dem abonnierten Ball in Vevey.
16. Mein Sohn meldete mir seine Verlobung mit der Prinzessin Amalia von Hessen-Homburg. Ich bekam schnell hintereinander zwei Briefe von Waldersee daß der Fürst sehr krank sei u. schnell beschloß ich deshalb abzureisen, nur von einer Cammerfrau begleitet; die Übrigen sollten die Nachrichten abwarten, die ich in Bern bekommen würde.
28. Daselbst erfuhr ich nun, daß der Fürst sich bessere und folglich meine Gegenwart in Dessau noch nicht nothwendig wäre.
30. Ich kehrte also nach Courseaux zurück.

April
4. Ich bekam einen eigenhändigen Brief von Fürsten: ihm sei wieder wohl; Häfeli solle bei der zu treffenden neuen Einrichtung der Regierung in Dessau als Consistorialrath angestellt werden bis er eine eigene Wohnung bekäme, könne er im obern Stockwerk der Hofmarschallswohnung logiren.
9. Larrey kam mit seiner Tochter zu uns.
12. Es gab in Vevey ein zahlreiche Soireé.
13. Larrey reiste wieder ab. Die folgenden Briefe deuteten auf eine baldige Rückkehr.

Boettinger, Horace Bénédict de Saussure, 1820

Mai
2. Ich beschloß meine Heimreise und zwar über Homburg. Auch schrieb ich Vorschläge an den Fürsten über meine künftige Existenz.
7. Ganz unerwartet ließ sich Matthisson melden. Ich sprach mit ihm in meinem Zimmer. Er eilte bald wieder fort zu Scherers Familie nach Grandclos, mit der er eben aus Lyon gekommen war.
8. Ich fuhr mit Häfeli u. der Glafey nach Grandclos und lernte die artige, sehr freundliche Familie Scherer kennen. Der Anblick der lieblichen Kinder erheiterte mein Gemüth. Matthisson begleitete uns bis Vevey, wo er in den 3 Kronen blieb.
10. Er kam zum Mittagessen zu uns. Ich machte in Vevey meine Abschiedsbesuche.
12. Häfeli reiste mit seiner Familie nach Dessau ab.
17. Angenehme Fahrt nach Roche wo ich zu Mittag aß. Nachmittag in Grandclos.
19. Spazierfahrt nach Moutrü, wo ich mit der Glafey in den Bergen umherging. Matthisson traf uns da u. führte uns nach einer Hirtenwohnung, von wo die Aussicht herrlich war. Wir sezten ihn in Vevey in den 3 Kronen ab.
20. Er kam zum Mittagessen nach Corseaux.
22. Wir nahmen Abschied in Grandclos u. Matthisson begleitete uns noch bis Clarens.
23. Ich verließ Corseaux u. blieb die Nacht in Rolle, auch noch den folgenden Tag daselbst bei den Larreys.

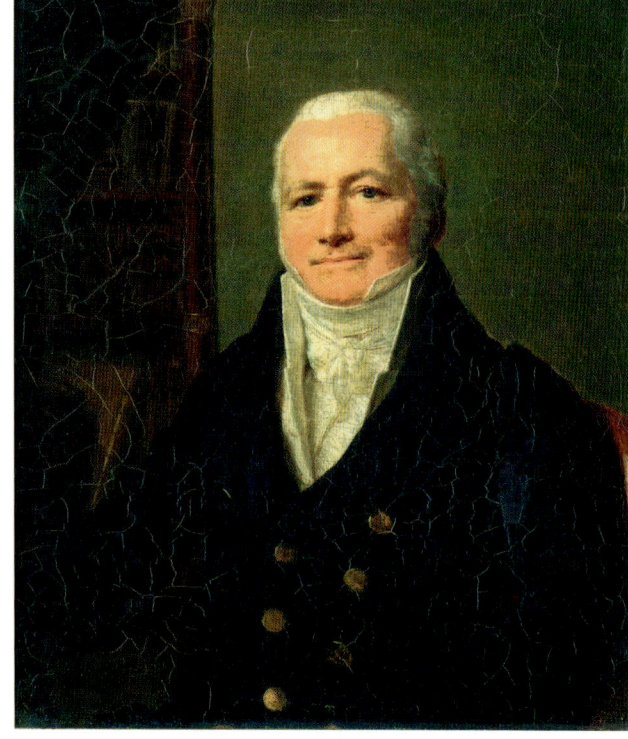

△ *Firmin Massot,*
Adrienne Elisabeth Amalie von Scherer, geb. Guillard und
Jakob Christoph von Scherer, um 1800

Christian Ferdinand Hartmann, Friedrich Matthisson, 1794

25. In Payerne sprach ich meine bonne Mme de Trey.
26. In Bern fand ich einen Brief vom Fürsten, worin er meldete, unser Sohn sei Oberst beim Leibregiment geworden und mit ihm wolle er meiner künftigen Einrichtung wegen erst alles recht genau besprechen.
27. In Hindelbank besahe ich das berühmte Monument von Nahl.
29. In Schafhausen wallfahrtete ich zum Rheinfall. Über Stuttgart, Heilbronn usw. gelangte ich

Junius
2. nach Frankfurt wo ich im alten Schwaben abstieg.
3. Besuch bei der Landgräfin in Homburg; Vater u. Töchter waren in Schlangenbad.
4. In Bockenheim fand ich alles nach der alten Weise. Ach! wie in Bockenheim einer armen Seele zu Muthe ist, die ein Jahr am Genfersee lebte! Nachmittags kamen die Homburger, auch meines Sohnes Braut, die mir wirklich gefiel. Die Tage verbröckelten sich sehr trocken, bis mein Sohn kam. Dieser glaubte, wenn ich den Landgrafen in Schlangenbad schriebe, würde er doch zur Hochzeit kommen. Dieses that ich und begab mich noch am nemlichen Nachmittage nach Homburg, wo ich im Gasthof abstieg. Ich hatte Mühe der Landgräfin vieles begreiflich zu machen, was doch nicht anders seyn mußte u. seyn konnte, auch mein Wohnen im Gasthofe.
11. Ich nahm Abschied von meiner Tante in Bockenheim. Der Landgraf hatte mir geantwortet, daß er kommen würde, wenn keine große Gasterei wäre. Noch am nemlichen Abend besuchte er mich selbst im Gasthof zu Homburg.
12. Gegen 8 Uhr begab ich mich aufs Schloß, wo die Trauung meines Sohnes war, auf welcher ein steifens u. großes Abendessen folgte.
13. Mein Sohn besuchte mich. Es wurde beschlossen daß ich mich noch einige Wochen in Schlangenbad oder Lauchstädt aufhalten würde. Ich entschied mich für lezteren Ort u.

15. reiste dahin ab. In Eisenach holte ich meinen Sohn mit seiner Frau u. Schwägerin ein.

18. Nach meiner Ankunft in Lauchstädt erschien Häfeli um mir von Seiten des Fürsten mündliche Vorschläge zu thun.

21. Lezterer beschied mich nach Merseburg, wo ich mit ihm, Häfeli und der Glafey in der Sonne zu Mittag speiste.

23. Mein Sohn mit seiner Frau u. Schwägerin aß bei mir in Lauchstädt.

24. Ich fuhr mit der Glafey nach Giebichenstein, wo. R. eben angekommen war.

28. Besuch der Igelström.

29. Ich fing an Egerwasser zu trinken.

Julius

1. Rode kam mit einer Menge Geschäftspapieren. Ich fuhr mit der Glafey nach Giebichenstein.

4. Resolution von Fürsten, vermöge welcher ich das Schloß in W. bewohnen, auch den Garten umher, nebst Neumarks Garten für mich behalten solle. Den Fremden stehe nach wie vor das Besehen des Hauses frei, dessen innere Einrichtung ich nicht verändern müsse, auch müsse ich Diners geben u. fremde Herrschaften da bewirthen. Es blieb also beim Alten. Da die Existenz in Lauchstädt mir auf keiner Weise courierte, so kehrte ich nach Wörliz zurück.

20. Der Fürst brachte den Minister Herzberg zu mir. Ich fühlte mich so recht krank daß ich mich kaum ausser Bette halten konnte. Um freiere Luft zu haben, begab ich mich die folgenden Tage nach Luisium.

August

10. Wir waren am Geburtstage des Fürsten zum Essen in Georgenhaus.

13. Mein Sohn, der zu seinem Regiment mußte, nahm Abschied. Ich ging wieder nach Wörliz, wo ich den Hofprediger Sack aus Berlin abermals sprach.

18. Hr. v. Schuckenau aus Schlesien speiste mit mir beim Fürsten.

23. Die Reichardtsche Familie war in W.

27. Ich zeigte der alten Alberti Luisium, wohin ich mich bald nachher wieder zum Wohnen begab.

31. Mein Sohn kam zu mir.

September

8. Wegen des geräuschvollen Besuchs der schwedischen Prinzessin verlängerte sich der Aufenthalt in Luisium. Ich fuhr nach Wörliz um Häfeli predigen zu hören.

23. Der Fürst schenkte mir ein Büreau.

24. Mein Geburtstag wurde wie gewöhnlich gefeiert. Diner und Ball in Wörliz.

Oktober

Ich mußte Unpässlichkeit halber mehrere Tage das Zimmer hüten. In Luisium bekam ich Besuch von Häfeli u. Stolz. Meine Lektüre schränkte sich seit meiner Rückkehr aus der Schweiz meisten auf Zeitungen und Journale ein. Weil Häfeli nun in Dessau wohnte, so fiel die Abendlektüre ganz weg.

7. Ich begab mich mit der Glafey wieder nach Wörliz.

12. Besuch von meinem Sohn.

Johann Friedrich August Tischbein, Prinzessin Christiane Amalia von Anhalt-Dessau, geb. Prinzessin von Hessen-Homburg, um 1800

15. Ich fuhr nach Dessau, um meine Tante Henriette, die aus Bockenheim angekommen war, zu besuchen; auch besuchte ich Häfeli in seiner neuen Wohnung im Hause des Hoffuriers Timme. Er schien zufrieden, nur damit nicht, daß er blos den Titel als Consistorialrath ohne Siz u. Stimme im Consistorio habe. Er predige alle 14 Tage in der Georgenkirche.

26. Mein Sohn hatte sich auf der Jagd zwei Knochen über der Schulter gebrochen. Ich besuchte ihn oft, anfänglich zweimal des Tages.

November

7. Reichardt, den ich noch auf der Reise glaubte, kam unvermuthet nach Luisium.

23. Häfeli kam zum Besuch nach Wörliz und

24. anderntags fuhr ich mit der Glafey auf zwei Tage nach Giebichenstein.

27. Ich besuchte meinen Sohn in Dessau der schon wieder ausgegangen war, aber den Arm noch in der Binde trug.

December

9. Mein Sohn bekam Ordre mit seinem Regiment nach Wesel zu marschieren.

13. Ich las Fisches Reisen. Ich schrieb an den König und bat ihn meines Sohnes Arms wegen diesen Winter noch hier zu lassen. Mein Vorreiter Schmidt den ich als Courier mit diesem Brief nach Frankfurt gesandt hatte, brachte mir bald die gewünschte Antwort des Königs. Ich eilte noch am Abend damit nach Dessau, allein mein Sohn blieb dabei kalt u. trocken

u. äusserte, das hülfe ja nichts, er müsse doch fort u. s. w. Des andern Tages kam er mit meinem Schwager, der es sehr gut fand, daß er des Königs Anerbieten annähme.

26. Reichardt reiste durch Wörliz.

27. Ich hatte schriftlich bei Harling angefragt, ob er wohl sein Gut in Joniz mir verkaufen wolle, auch der Glafey wegen ihrer vorhabenden Heirath mit M. etwas gewisses ausgesezt.

31. So beschloß ich diese für mich sehr stürmische Jahr einsam in Wörliz, immer noch unpäßlich, Tisane und Arznei nehmend, mit dem heißen Wunsch, es möge das lezte seyn, wenn noch aehnliche ihm folgen sollten.

1793

Januar

1. Mein Sohn und seine Frau kamen, mir zum neuen Jahre Glück zu wünschen.

4. Der Fürst erlaubt mir über das alte Amtshaus zu disponiren, um etwa Bediente oder Leute darin zu logiren. Ich bekam einen schmerzhaften Durchfall. Kretschmar urtheilte es müsse ein Geschwür innerlich aufgegangen seyn und hieß mich warme Umschläge, besonders auf die linke Seite legen.

15. Meine Tage gingen sehr leidend und unter beständigem Gebrauch von Arzneien.

26. Reichardt reiste von Berlin kommend hier durch.

28. Ich konnte dem Geburtstag des Prinzen H. J. nicht mit beiwohnen. Caroline bekam Porcellan Vasen von mir zum Geschenk. Die Waldersee war mit ihrem zweiten Sohn niedergekommen.

30. Ich versuchte wieder auszufahren.

Februar

2. Wieder nach Luisium gezogen. Ich hörte Häfeli in der Georgenkirche predigen.

3. Mein Sohn nahm Abschied. Ich mußte jetzt zuweilen baden.

10. Rode brachte mir Nachricht aus Berlin, daß die zweite Sentenz die erste ganz ungültig gemacht hätte in meiner Erbschaftssache, so daß also die Ferdinand und ihre Schwestern ihre Absicht erreichten. Kein Tag dieses Monats verging mir ohne körperliche Schmerzen.

März

7. Die Raumer schrieb nach Danzig an ihren Mann ob sie mit mir reisen könne. Der Schmerz in der linken Seite nahm fast immer zu.

10. Kretschmar gab mir sein schriftliches Gutachten ein.

11. † Rode meldete den Tod des Fürsten von Zerbst. Ich las Reinhardt's Christl. Moral u. Zeluko. Häfeli hatte einen Ruf nach Bremen bekommen.

21. Die Raumer erhielt eine bejahende Antwort aus Danzig. In der lezten Woche dieses Monats schien es sich etwas mit mir zu bessern.

April

2. Ich schickte Kretschmars leztes Gutachten mit meinen Anmerkungen begleitet, durch Reichardts Familie die eben dahin reiste, an Hensler nach Kiel.

14. Der Fürst erhielt die Nachricht, daß mein Sohn an den Röteln erkrankt sei.

17. † Kretschmar starb. Mein Sohn meldete seine Besserung.

Mai

5. Ich hörte Häfelis Abschiedspredigt in der Georgenkirche.

7. Schwabe ließ mich zur Ader.

9. Die Raumer und Häfeli assen zu Mittag mit mir im Garten. Mit ihnen und meiner Schwiegertochter fuhr ich Mittags nach der schön blühenden Oranienbäumer Kirschallee.

15. Es kam eine Relation meines Sohnes von der Schlacht, der er beigewohnt hatte. Eine Kanonenkugel ging so nahe an ihm vorbei, daß sein Pferd unter ihm niederstürzte. Ich bekam Antwort von Hensler. Um alles richtig zu beurtheilen wünschte er mich selbst zu sehen.

20. R. kam von Hamburg zurück.

22. Mit ihm und der Glafey fuhr ich nach Giebichenstein, wo wir 4 Tage blieben.

27. Ich war nun abwechselnd in Wörliz, Luisium u. Dessau und machte Anstalten zur Reise.

Junius

1. Häfeli kam nach einer langen Unterredung mit dem Fürsten zu mir, blieb bis Abends u. nahm Abschied. Die Raumer und ihre Nichte stellten sich nun auch schon ganz reisefertig ein.

3. Früh um 5 Uhr, als ich abreisen wollte, kam der Fürst um Abschied zu nehmen. Die Raumer u. die Glafey waren mit mir in der Kutsche, die Brockhausen und Cammerfrau fuhren in der Chaise.

6. Es ging über Genthin und Arendsee nach Lübeck, wo wir viel mit Umsezung des Geldes zu thun hatten. Hier bekamen wir Fuhrleute die uns nach Eutin führen sollten. Eine Stunde vor Arensböck brach die Axe der Kutsche. Wir gingen zu Fuß in den Ort. Nicht weit davon zerbrach alles wieder u. nun ward eine Nothaxe gemacht, die uns bis Abends 9 Uhr aufhielt. Es war pechfinster und der Himmel gewitterhaft bezogen. Die Fuhrleute schienen über dem des Wegs unkundig. Die Chaise war voraus nach Eutin, um Essen u. Quartiere zu bestellen. Gegen Mitternacht warfen wir um, bobei ich eine starke Contusion am Kopfe bekam. Hierauf folgten Ohnmachten u. Kopf und Genick schmerzten mich sehr. Doch war, nach Aussage des tölpischen Feldschers aus Eutin, der sogleich geholt ward, nichts gebrochen oder eigentlich beschädigt.

8. Meine Gefühle bis nach Kiel, wohin wegen mir im langsamen Schritte gefahren werden musste, verschweige ich gern. Hensler war verreist, aber unsere Wohnung schon eingerichtet. Schwindel und Uebelkeiten verließen mich gar nicht.

9. Hensler kam und verornete sogleich Aderlaß.

10. Am folgenden Tage konnte ich schon etwas umherlaufen, mußte aber den Kopf immer mit Essig u. kaltem Wasser feucht halten und strenge Diät beobachten.

11. Man sezt Blutigel auf die kleine Stelle des Kopfes die noch schmerzte. Täglich hatte ich lange Unterredungen mit Hensler, auch untersuchte der Chirurgus Keil meine Ohren und beide waren der Meinung, daß mein schweres Gehör von verstopften Gefäßen des Unterleibes herrühren. Hensler ließ mich diese ersten Tage Bitterbrunnen trinken.

19. Er begab sich mit uns nach Neuhof, das mir wohl gefiel, besonders wegen der schönen Aussicht auf die See.
21. Hensler reiste zu seinem sterbenden Sohn, aber der Tod war ihm zuvorgekommen.
22. Er kam am folgenden Tage wieder. Ich mußte Pyrmonterwasser trinken. Das Resultat seiner Beobachtungen war: Mein Körper sei vollkommen gut organisirt, das Zuträglichste für meine Gesundheit sei fürs erste das warme Wildbad bei Stuttgardt, dann die Traubenkur am Genfersee oder in Italien, wo ein Winteraufenthalt mehr als alle Kuren auf meine Gesundheit wirken würde. Ich schenkte ihm 200 Dukaten, in einer von mir gestrickten Börse.
29. Er begleitete uns, da wir abreisten bis Ascheberg, wo wir den Park durchgingen und des lieblichen Ueberblicks des Plönersees genossen. In Segeberg ward übernachtet.
30. In Hamburg stiegen wir in der Stadt Petersburg ab.

Julius
1. Die alte Alberti begleitete uns nach Wandsbeck zu Claudius, dessen Frau mir wohlgefiel. Er war krank u. daher etwas grämlich. Die Gräfin Reventlau, die ich 1783 in Zürich kennen gelernt hatte, war bei ihm. Diese nöthigte uns zum Frühstück bei ihrer Mutter der Gräfin Schimmelmann welches wir annahmen.
2. Reichardt kam aus Berlin.
3. Besuch bei Klopstock. Wir sahen Voigt u. seinen schönen Landsiz in Flottbek.
4. Diner bei Sieveking
5. Frühstück bei Klopstock der eine Vorlesung halten wollte, wozu es aber nicht kam, weil er es auf der Brust hatte. Knigge u. seine Familie kennen gelernt. Abends Wasserfahrt bei Reimarius.
6. Zum Mittagessen bei Voigt in Flottbek, der uns alle seine Anlagen zeigte. Abreise.
8. In Zelle besuchten wir das Denkmal Mathildens.
11. In Cassel erstiegen wir die 300 Stufen des Weissensteins. Ich vertauschte hier meine große Kutsche gegen eine daselbst gearbeitete Postchaise u. musste noch 360 Rthl. nachgeben.
15. In Würzburg besahen wir das Schloß, einige Kirchen u. die Gegend umher.
17. Unweit Mergentheim brach der Wagen. Ich sezte mich mit der Glafey und der Hiefer in die Chaise und fuhr weiter. Um Mitternacht erreichte ich Oehringen u. mit Tagesanbruch Heilbronn. Nachmittags um 3 Uhr war ich in Stuttgart. Die Raumer kam zu mir u. stellte vor, es sei kein Plaz im Wildbade u. man müsse ihn oft lange zuvor bestellen.
21. Deshalb begab ich mich erst allein mit der Glafey dahin u. fand es sehr schlecht zum Wohnen. Jedoch gelang es mir bei dem Special (Obergeistlichen) einige kleine Zimmer für mich u. die Cammerfrau zu erhalten. Zum Mittagessen ging ich aber ins große Haus zur Raumer herüber.
24. Ich begann das Egerwasser zu trinken und zu baden. Täglich vor u. nachmittags war ich auf der Promenade. Der Postmeister Madeweis aus Halle u. der Seckelmeister Kilchberger mit seiner Frau von Zürich, besuchten mich. Auch kam der Badearzt Keiser öfters zu mir und schwazte viel, wie diese Herren zu thun pflegen. Ich las Matthissons u. Salis Gedichte, Wendeborn, Ramdohr, Weißhaupt u. das Dictionaire de la Suisse.

August
12. Matthisson kam an um seine Braut einzuholen.
16. Ich nahm das achtzehnte und lezte Bad. Ich war im Ganzen wohler als das ganze Jahr hindurch.
17. Wir verliessen sämtlich das Wildbad und gingen über Hechingen u. Tuttlingen nach Schafhausen, wo mir schon die Luft wieder Kräfte gab.
19. Matthisson reiste mit seiner Braut nach Zürich, um sich da trauen zu lassen. Ich begab mich mit der Raumer, Brockhausen u. Hiefer nach Basel, wo wir in den drei Königen abstiegen.
20. Wegen der Nähe der Franzosen, suchten wir hier wie anfangs mein Vorsaz war, nun kein Landhaus, sondern, um meinen Pyrmonterbrunnen zu trinken, den ich mit schweren Kosten schon so lange mit mir herumschleppte, für den ersten Monat Arau zum Aufenthalt, wohin uns Hr. Burkard, den wir besucht hatten, eine Empfehlung an seinen Freund den Major Fleger mitgab.
24. Wir wohnten zu Arau im goldenen Ochsen und machten die Bekanntschaft des Major Fleger und seiner Frau. Ich trank den Pyrmonterbrunnen u. genoß eines neuen Lebens. Seit vielen Jahren war mir nicht so wohl gewesen. Mein Körper stärkte u. mein Gemüth beruhigte sich in dieser gesunden Luft und schönen Gegend.

September
3. Matthisson besuchte uns auf einige Stunden. Ein Brief Lavaters schickte ich unerbrochen zurück. Aus Dessau bekam ich die Nachricht von der Niederkunft meiner Schwiegertochter mit einem Mädchen.

Franz Michelis, Prinzessin Amalie Augusta von Anhalt-Dessau, 1799

Unbekannter Künstler, Staubbach im Lauterbrunnental, um 1820

9. Nach Schinznach in Flegers Gesellschaft.
15. Die gute Raumer u. die Brockhausen reisten in der gelben Chaise, begleitet von meinem Vorreiter Schmidt und ihrem Bedienten wieder nach Deutschland.
16. Die Matthisson kam zu mir. Wir besuchten die Familie des Landvogts zu Biberstein.
23. Abreise von Arau mit der Matthisson, der Hiefer u. zwei Bedienten, um uns nach Moutrü zu begeben.
24. In Lucern feierte ich still meinen Geburtstag u. zeigte der M. Pfyfers Modell.
Seitenweise von Bern über Thun nach dem Grindelwald. Wir schifften den Thunersee hinab unter Führung eines Hrn. Werner. Große und herrliche Aussichten. Stockhorn – Niesen – Gemmi – Spiez – Gießhorn – der Beatenberg mit seiner Capelle – im Hintergrund die Jungfrau. Nach der Landung sezten wir unsere Reise bis Untersee zu Fuß fort. In einem obern Zimmer des Gasthofs, wo man das Haupt der Jungfrau deutlich sehen konnte, sezte ich mich, um den Anblick recht zu genießen, auf einen großen Tisch. Dieser brach unter mir zusammen u. ich fiel zu Boden, daß das Haus bebte. Den Hausleuten ihren Schock zu vertreiben, sagte ich ihnen mit vielem Lachen: Das diese ehrfurchtsvolle Verbeugung der Jungfrau gegolten habe. Im Char à Banc ging nun diese herrliche Reise weiter über Steine u. Felsenecken, über Matten u. unter Obstbäumen, immer am Rande [der] brausenden Lütschinen über u. unter herabhangenden Felsmassen u. an Klüften. Welche Herrlichkeit! Solch ein Anblick fesselt an die Gegenwart u. [läßt] die Vergangenheit schwinden. Das Wetterhorn beschloß dieses Thal und schien den Himmel zu tragen. Wir liessen den Weg nach Lauterbrunnen liegen u. folgten dem nach Grindelwald. Das Schock – Wetter – und Vischerhorn thürmten sich vor uns auf. Es war schon Abend als wir das Wirthshaus erreichten. Ich ließ mich sogleich mit der M. zum untern Gletscher hinführen, wo aus zackigen Eismassen die Lütschine hervorbraust. Wir pflückten Erdbeeren direkt an den Regionen des ewigen Eises.

Johann Christian Haldenwang und Woche, Ansicht des Jungfrauhorns im Lauterbrunnental im Kanton Bern, 1797 ▷

ANSICHT des JUNGFRAUHORNS IM LUTHERBRUNNENTHAL im CANTON BERN.

Seiner Hochfürstl. Durchlaucht dem Herrn FRIEDRICH Erbprintz zu Anhalt Dessau &c. &c. &c.

29. Früh um 4 Uhr betrachtete ich beim Sternenlicht die schwarzen Umrisse des Mettenbergs u. Wetterhorns. Das lezte Mondsviertel beleuchtete die obern Schneemassen. Ein erhabener u. erschütternder Anblick. Groß! herrlich! almächtig! riesig! Meine Seele empfand was Worte nicht deuten können. Nach Tagesanbruch führte Werner auf dem Char à Banc uns den Weg nach Lauterbrunn. Noch schöner und interessanter schien mir dieses Thal als das gestrige; mächtig erhebt sich der gewaltige Lötschberg u. weiterhin ernst u. herrlich geformt aus ewiger Größe erhebt die Jungfrau ihr verschleiertes Haupt. Ihr gegenüber erscheint die Höhe von welcher der Staubbach herabweht. Zu Lauterbrunn stiegen wir im Gasthof ab und Werner führte uns zum Staubbache dem Ziele dieser Excursion, der aber in grauen Nebeln gehüllt war. Die Leute dort sagten, wenn die Sonne schiene, fielen ihre Strahlen nur Vormittags von 10 bis 11 Uhr auf den Staubbach. Ich bemerkte wie nächst der Jungfrau Wolken schwammen und dünnere Luft bisweilen Sonnenklarheit schimmern ließ und so konnte ich schließen daß diese Strahlen nur kaum eine halbe Stunde meinen Standpunkt treffen und den Staubbach erleuchten konnten. Ich hielt die Uhr in der Hand u. grade als es 11 Uhr war trennten sich die Wolken u. ein glücklicher Moment stellte uns den Regenbogen dar. Die herabstäubende Fluth erschien im Glanze der mannichfaltigsten Farben. Werner u. Roth die kundigsten der Gegend u. des Wetters, hatten zwar meine Harrens gespöttelt, aber jetzt bezeigten sie mir mehre als zuvor. Die Wasserfahrt war stürmisch, doch wir landeten glücklich in Thun. Nun ging es über Bern, Freiburg u. Vevey nach Moutrü

Oktober
2. wo ich, indeß meine Wohnung in Ordnung gebracht wurde, von dem höflichen Pfarrer des Orts Marandin gebeten ward, so lange in seinem Hause zu harren.
6. Ich begann die Traubenkur. Die Wohnung war schlecht, wie die Nahrung, und da M. mit seiner Frau doch bald nach Grandclos mußte, so miethete ich von *du Fresne* aus Vevey sein Landhaus Chemenin für 8 Carolinen monatlich. Mattissons gingen nach Grandclos und ich mit meinen Leuten nach Chemenin. Die sehr liebliche Gegend machte mir meine Einsamkeit angenehm. Alle Besuche wies ich zurück.
18. Briefe von meinem Sohn aus dem Lager bei Saarbrük. Dr. le Vade kam bisweilen zu mir. Ich versuchte mein Gehör zu bessern einige Tage die Elekrizität. Matthissons kamen zweimal auf ein Paar Tage zu mir.
31. Sie reisten nach Valeires. Ich las Cazotte u. Gorani. Ich mußte das Elektrisiren aufgeben, denn das Blut wurde dadurch stärker nach dem Kopf getrieben.

November
20. Ich verließ diesen lieben, schönen Aufenthalt und reiste über Basel, Heidelberg, Cassel, Hannover u. s. w.

December
nach Hamburg, wo R. mir vor der Stadt entgegenkam u. seine Familie mich sogleich im Gasthofe besuchte. Die Fr. v. Recke u. ich besuchten mit ihm die Rudolfi, Mattiesen u. Unzer. Groß Souper bei Büsch.
20. R. reiste nach Berlin.
28. Ich verreiste 5 Tage später u. nahm Marie Alberti u. den jungen Hensler mit. Leztern nur bis Lübten, von wo er nach Straßburg zu gehen willens war. Frau v. Recke begleitete mich bis Boizenburg.
29. Als ich in Luisium ankam, war der Fürst abwesend, mein Sohn aber in Dessau. Dieser kam noch am nemlichen Abend mit seiner Frau.
31. Der Fürst kam nach Dessau u. ich fuhr zu ihm.

1794

Januar
1. Der Fürst besuchte mich in Luisium. Ich fühlte mich krank. Die lange Winterreise, der mir sehr beschwerliche Aufenthalt in Hamburg, mein Irrthum die egoistischen Rathgebungen böser Menschen nicht zu ahnden, sondern ihnen zu folgen, bewirkten diese meine Leiden.
6. Der Fürst brachte mir die gute Nachricht, daß der König meinem Sohn den Abschied als Generalmajor bewilligt u. ihm den schwarzen Adlerorden ertheilt habe.
19. Besuch von meinem Sohne.

Februar
2. Ich war in Dessau zur Cour, aber sehr leidend und gedrückt. Der Husten war schon lange wieder meine Plage Tag u. Nacht.
23. Besuch von R. der damals sich in Giebichenstein förmlich einrichtete, weil er das holsteinische Gut, welches er von meinem ihm geschenkten Gelde hatte ankaufen wollen, wieder hatte fahren lassen. Er verdroß mich sehr, daß sein Schwager Alberti mir durch Marie den Aufsaz einer Schenkungsakte über dieses Geld vorschreiben ließ.

März
1. Das Wasser war sehr groß u. ich mußte den Weg nach Wörliz über Oranienbaum nehmen.
19. Berenhorst schrieb mir, er habe einen Sohn bekommen. Ich hatte einen starken Schnupfen u. Zahnweh. Einigemal speiste ich auf dem Schlosse in Wörliz.
30. Rust meldete mir, daß sein Sohn in Halle ertrunken sei.

April
19. Ich besuchte die Oranienbaumer Allee, welche in der schönsten Blüthe stand.
22. Ich übergab an Reichardt den von Rode aufgesezten und von mir unterschriebenen Schenkungsbrief der 20 000 Rthl. meines freien Vermögens, welche er zum Ankauf und zur Einrichtung eines Landguts in Giebichenstein benuzte. Ich ließ die Zimmer des alten Amtshauses etwas ausmalen u. einrichten.

Mai
2. Ich bekam in Luisium den Besuch vom Pastor Fest, den Wagner mir zuführte. Die Alberti fühlte sich sehr unglücklich u. ihr Gemüth litt sehr. Sie bildete indeß ihr Talent zum Zeichnen aus u. nahm Stunden beim Maler David.

12. Beim Abendessen ließ sich Matthisson melden, der im Eichenkranz angekommen war.
13. Er aß mit mir zu Mittag und reiste dann wieder ab.

Junius
16. Ich stattete in Cöthen meinen Besuch bei der jungen Fürstin mit der Lattorf ab.
18. Vielen Bitten nachgebend reiste ich zu meinem größten Leiden mit der Marie u. Hiefern nach Giebichenstein, von wo ich nicht wohler nach 12 Tagen wieder zurückkam.

Julius
2. Ich fing an den Egerbrunnen zu trinken u. badete dabei. Allein da Waldersee auf Befehl des Fürsten dem Koch die nöthigen leichten Speisen zu schicken versagte, weil man selbige in Wörliz nicht bekommen konnte,
7. so packte ich auf und begab mich nach Luisium wo ich einen Koch bekam, der das Essen meiner Diät gemäß zubereitete.
17. Ich hatte die Freude Häfeli wiederzusehen.
24. Er reiste wieder ab und meine Schwiegertochter kam von Homburg zurück.
27. Ich glaubte sterben zu müssen: Seitenschmerz, Ohnmachten, Krämpfe, Fieber, Kopf- und Zahnschmerzen waren meine körperlichen Leiden.

August
5. Ein Vomitiv linderte etwas meinen Zustand.
7. Ich sprach eine alte Bekannte, die Gr. Wartensleben, geb. Kleist.
18. Ich konnte wieder nach Dessau fahren.
27. Die Recke meldete mir ihre Ankunft bei mir im Monat Oktober.

September
15. Besuch von der Herz. von Mecklenburg-Schwerin. Die Alberti zog nach Dresden, wo ihr Schwager sie in die Kost gab. Meine Schwägerin Agnes mit Mann und Kindern war im Georgenhaus.
24. Mein Geburtstag ward wie gewöhnlich auf dem Drehberg gefeiert.
25. Auf Olbergs Anrathen puderte ich mein Haar ein, welches ich seit 18 Jahren nicht gethan hatte.

Oktober
1. Meine Schwiegertochter kam mit einem Sohne nieder [in Blei: Hzog. Leopold]. Ich fuhr sogleich zu ihr. Reichardts Familie mit dem Abbé Blarer kamen.
10. Große Tafel bei meinem Sohne wegen der Taufe des kleinen Leopold, unter dessen Paten ich war.
15. Matthissons kamen u. wohnten beim Gärtner in Luisium.
16. Wir fuhren zusammen nach Wörliz, wo wir bis Mittag blieben.
24. Beide reisten wieder nach Krakau.

November
1. Mein Sohn nebst einigen andern aus D., auch die alte Gräfin speisten bei mir, um den großen Karpfen verzehren zu helfen, den wir im Luisium gefangen hatten.

2. Reichardt meldete mir, daß ihm der König seinen Abschied gegeben habe. Er ging hier durch nach Berlin, um sich zu rechtfertigen.
6. Ich ließ im Amtshause alles zur Ankunft der Fr. v. Recke anordnen, welche Nachmittags mit der Dem. Kober eintraf.
16. Sie bekam den Besuch von Amalia Göcking mit ihrer Tochter, welche einige Tage in Wörliz wohnen blieben.
19. Häfeli schrieb mir, seine Frau u. Tochter wären tödtlich krank u. er warte noch immer vergeblich auf die ihm versprochenen Aufschlüsse aus Dessau.
20. Ich schrieb hierüber selbst an den Fürsten u. bekam schriftlich zur Antwort: Er bedaure das alles sehr, könne aber, ohne mit meinem Sohne gesprochen zu haben, nichts bestimmen.
24. Ich bekam einen sehr empörenden Brief von R. Eine Unterredung mit der Recke darüber, war zum Theil beruhigend. Sie war durch Hensler von dieser Sache unterrichtet, ohne daß ich selbst diesem Manne etwas davon anvertraut hatte.
28. Ich hatte mit meinem Sohn eine unangenehme Unterredung über Häfeli. Er sagte: die Gewissheit des Superintendenten zu folgen, sei noch gar nicht entschieden; er für seine Person habe sich fest vorgenommen nie etwas zu versprechen. Abends las ich gewöhnlich Fr. v. Recke ihr Warschauer Tagebuch vor.

December
6. Sie war einige Tage bettlägerig. Ich hatte völlig schlaflose Nächte und dabei nahmen die Schmerzen in der linken Seite immer zu.
21. Häfeli schrieb mir, er habe wie man es verlangt, seine Vorschläge wegen des Herkommens aufgesezt.
22. Olberg rieth mir, in der besseren Jahreszeit ein Bad zu besuchen u. auswärts den Brunnen zu trinken. Reichardt verlangte von mir, ich sollte seinetwegen an den König schreiben u. den Fürsten gleichsam zur Rede stellen, weil in Berlin die Sage gehe, daß dieser an seiner Verabschiedung Schuld sei. Dieses schlug ich natürlich rund ab, überwand aber meine Denkungsart so weit, daß ich mich zum Schreiben an Bischofswerder zwang, damit dieser dem König vorstelle, jene Familie nicht ganz zu verlassen.
27. Mein Befinden erlaubte mir nicht zu meines Sohnes Geburtstage hereinzufahren. Ich schickte ihm in einem Briefe 400 Rthl. zum Angebinde.

1795

Januar
2. Man sagte mir, die Schröter sei gestern Abend mit einer Tochter niedergekommen, quäle sich aber immer noch mit der Nachgeburt. Ich eilte zu ihr, ließ sogleich mit meiner Chaise Schwaben holen und Gott half der armen Frau durch ihn. Wir lasen Göthes Wilhelm Meister.
5. R. schrieb mir voller Unmuth, daß mein Brief an Bischofswerder nichts gefruchtet habe u. er wolle nun versuchen sich in Holstein oder Copenhagen eine sichere Lage zu verschaffen. Worauf ich ihm der Ehrlichkeit gemäß antwortete, da meine Casse größtentheils erschöpft sei, so könne ich ihn nicht wie zuvor unterstüzen und mein Befinden sei so übel, daß ich selbst bedürfen würde, eine Reise zu machen.

85

7. Mattisson kam, aber elend und traurig. Er hatte viel durch seine Frau gelitten, die sich so fatal betragen, daß ich, nach einer umständlichen Erzählung aller Thatsachen, ich nicht anders als zur Scheidung rathen konnte. Ich schrieb an die Frau; da ward ihr bange u. M. hatte ein zu gutes Herz. Er hoffte sie werde sich bessern u. besonders da er sie schwanger glaube, könne er sich nicht zur Scheidung entschliessen.
15. Ich ließ also die kleine Hexe kommen u. so erschien sie dann, um mit ihrem Manne bei mir hier zu bleiben.
24. Ich mußte dem scheinbar klugen Rath der Recke gemäß, mich auf einige Zeit nach Dessau begeben. Sie wohnte mit auf dem Schlosse.
28. Gewöhnliche Feier des Tages. Ich gratulirte früh meinem Schwager. Beim Ankleiden bekam ich einen Brief von Reichardt aus Hamburg voll rasenden Unmuths, teuflischer Undankbarkeit und Lügen. Ich antwortete ihm zum lezten Mal für meine Lebensdauer. Diese Erschütterung meines Gemüths hatte nachtheilige Folgen für meine Gesundheit.

Februar
16. Olberg ward sehr krank; ich ließ Meckel für ihn kommen. Mein Sohn sagte mir, er habe sich nach einer Wohnung für H.[äfeli] umgethan, es sei aber kein Haus zu finden, wie er es wünsche.
23. Ich ließ im Innern eines goldenen Fingerreifs worauf das englische Motto steht, eine deutsche Zeile einschneiden, die M. mir gab.
26. Wir begaben uns wieder nach Wörliz.

März
Ich bekam Fieber und blieb in Dessau.
10. Der noch halb kranke Olberg erschien wieder. Wir versammelten uns allesamt und lasen Sakontala. Der Maler Schnorr aus Leipzig, den die Recke verschrieben hatte, um für sie ein Miniaturbild zu malen, kam an. Ich las Inringhams Gedichte, die mir Benzler geschickt hatte.
21. Ich durfte wieder ausfahren u. nahm die Matthissons mit. Anstatt nach Pommern zu ihrer Schwester zu reisen, schlug ich ihr vor, ihre Niederkunft hier abzuwarten, welches sie mit Freude annahm.
24. Der Zeichner Sennval kam u. malte mein Profil.
30. Ich begab mich auf einen Tag nach Luisium um am Fuße zur Ader zu lassen.

April
6. Die Recke reiste nach Carlsbad. Sie nahm Matthisson bis nach Dresden mit, dem eine solche Zerstreuung höchst nothwendig war.
16. Als er wiederkam, hatte ich noch meinen heftigen Husten.
27. Ich fuhr mit der Cammerfrau nach Luisium, um die Buttermilch täglich zu trinken. Mittwochs u. Sontags kam dann M. zu Essen dahin.

Mai
10. Ich bekam von Häfeli den herzlichen Vorschlag, da seine Frau und er sich so sehnlich wieder nach Wörliz wünschten, dieser Aufenthalt ihnen für wenige Wochen lieber als jede Bade- und Brunnenkur sein würde. Ich beantwortete dies natürlich bejahend. Mattisson bekam einen Brief aus Copenhagen von der Frau Brun (welche schon im Anfange des Jahres, mit voller Zustimmung seiner Frau, eine Reise nach Italien mit ihm projektirte) worin sie ihm ihre baldige Herkunft u. Durchreise ankündigte.
14. Ich hatte den Besuch der Gräfin Bosen u. ihres Mannes, wie auch der Mad. Goddin, Mutter der ersten.
29. Matthisson berichtete mir die Ankunft der Mad. Brun in Wörliz. Ich sahe sie Nachmittags mit ihren Kindern u. sie gefiel mir sehr.
31. Ich hatte sie nebst Matthissons in Luisium zum Essen. Abends fuhren wir wieder nach Wörliz.

Junius
3. Ich brachte am Morgen die Brun zu ihrem Geburtstage Blumen u. Früchte. Wir durchwandelten den ganzen Garten, schlossen uns näher aneinander an und tauschten die goldenen Halsketten, die wir trugen. Seit meiner Schwägerin Henriette war dies die erste Frau, die meine Neigung so anzog.
4. Ich kehrte nach Luisium zurück und sie verreiste am andern Morgen nach Carlsbad. Matthisson reiste noch nicht mit ihr weil er erste die Niederkunft seiner Frau abwarten wollte.
5. Ich konnte der geschwollenen Füße wegen kaum aus einem Zimmer ins andere gehen.
12. Waldersee brachte mir die Nachricht vom plötzlichen Tode der alten Gräfin. Ich begab mich nach Wörliz um die untere Etage des Amtshauses für Häfelis einzurichten, da die obere von Matthissons bewohnt wurde. Ich hatte indeß den beiden Bedienten ihre Schlafstätte im kleinen Gartenhause an der Mauer bereiten lassen. Nachmittags kam Häfeli mit Frau, Sohn, Tochter u. einer Magd glücklich an. Abends fuhr ich wieder nach Luisium, wo am folgenden Tage Fr. v. Recke mit Demoiselle Kober ankam. Häfeli u. Matthisson kamen täglich zum Mittagessen zu uns.
15. Ich begleitete Elisa bis Wörliz, von wo sie dann über Coswig weiter reiste. Ich blieb nun in W. wohnen. Die Stunden gingen nun unter Gesprächen hin, die das Innerste der Seele erschütterten, wobei mein Herz blutete und mein ganzes Wesen nur durch Geisteskraft dem Hinsinken wiederstand.
23. Schmohl ließ sich in Luisium bei mir melden; er begehrte ökonomische Unterstützung. Ich sprach ihn in Olbergs Gegenwart und die Abfertigung war kurz.
28. Häfeli hielt in W. eine Gastpredigt, die ich mit anhörte. Am nemlichen Mittage gab er mir den Gedanken ein mit der Brun nach Italien zu reisen. Ich ergriff ihn. Es war ein Blizesleuchten in meiner Nacht. Am nemlichen Abend bekam ich einen Brief von der Brun worin sie mir den nemlichen Vorschlag that u. dringend wünschte mit mir nach Italien zu reisen. Da fasste ich Häfelis Idee noch fester u. verfolgte sie weiter.
29. Ich besuchte meine Schwiegertochter in D. und schenkte ihr einen brillianten Ring.

Julius
1. Der Fürst hatte Häfeli rufen lassen u. unterredete sich lange mit ihm. Hierdurch erfuhr ich, welche falschen Gerüchte über uns umgingen, als: M. sei ein *citoyen francois* u. er sowohl als die Recke seien mit R. innigst verbunden u. gleich ihm ganz demokratisch gesinnt. So wars da ein Glück, daß wir durch Häfelis Mund diese falschen Gerüchte wiederlegen lassen konnten.

4. Auf Olbergs Anrathen mußte ich den Egerbrunnen zu trinken anfangen.

7. Die Raumer kam wieder zu mir. Sie war seit sie Arau verließ in Danzig gewesen.

9. Ich hatte in diesen Tagen mehrere Unannehmlichkeiten mit der Matthisson wegen ihres Onkels. Die Raumer war unzufrieden, daß ihr Mann den Abschied genommen hatte.

13. Häfeli hatte noch eine Unterredung mit dem Fürsten. Für ihn selbst blieb zwar alles beim Alten, er hatte aber doch Gelegenheit genommen über mich u. M. die Meinung des F. zu berichtigen u. meinem Wunsche gemäß, von einer vorhabenden Reise zu sprechen.

14. Die Matthisson kam mit einem Sohne nieder. Schwabe musste geholt werden weil die Geburt sehr schwer war. Ich blieb bis Morgens um 3 Uhr. Auch die Schröter stand ihr bei. Ich ruhte zwei Stunden u. ging dann wieder herüber.

15. Dieser Tag war doppelt unruhig; es war der Abschiedstag von Häfelis, die ich bis Kühnau begleitete

19. Nachmittags wurde der kleine M. Louis getauft.

23. Olberg, den ich in Luisium sprach, rieth mir die Bäder in Pisa an. Ich bekam die Nachricht vom Tode meiner liebsten, einzigen Vertrauten Freundin und Schwägerin.

August

3. Am nemlichen Tage verbrannte ich alle meine Briefe an Henriette, die sie mir seit einigen Jahren zurückgeschickt hatte.

4. Ich fuhr meiner Schwägerin Agnes mit Olivier und ihrem Sohne Hans Jürgen bis an die Elbbrücke entgegen.

7. Ich bekam den lieben Besuch von der Berg mit ihrer Tochter. Sie brachten den kleinen Adolf, ein Kind welches Mattei aus Italien mitgebracht hatte, zu Olivier.

10. Der Geburtstag des Fürsten wurde in Georgenhaus durch ein Diner gefeiert. Früh um 8 Uhr gratulirte ich ihm in Luisium wohin er nebst meinem Sohne kam, und hatte eine lange Unterredung über Gegenwart und Vergangenheit.

12. Meine italienische Reise wurde gebilligt. Die Berg reiste wieder ab.

16. Olberg schickte mir den Zahnarzt Schmidt, der mir vier Zähne auszog.

17. Matthisson reiste ab, die Brun einzuholen.

20. Ich nahm Abschied in Dessau von meinem Schwager, Berenhorst und Rode. Lezterer war bis zu den Thränen gerühert. In Luisium sagte ich Olbergen Lebewohl und zahlte ihm 30 Louisdor für den Zahnarzt. Abends sprach ich noch mit dem Baudirektor wegen eines am Speisezimmer noch anzubringenden Gemachs.

21. Früh um 4 Uhr reiste ich im zweisizigen in Cassel gekauften Wagen ab. Die Hiefer neben mir u. Ulich u. Sontag auf dem Bock, und so in Gottes Namen jenen unbekannten Höhen meiner dunklen Zukunft entgegen. Die Tour ging durchs Vogtland, über Bayreuth, Nürnberg, Augsburg (wo ich Matth. der mit dem Postwagen hier eben rastete einige Augenblick sprach) Memmingen (wo ich ihn wieder antraf) nach Lindau, wo Matth. bald nach mir auch ankam. Um den <u>Irwisch</u> die Brun zu finden, die nicht geschrieben hate, reiste M. zu Salis nach Chur und ich verweilte indeß in Bregenz, wohin er nur einen Boten senden sollte. Ich fand daselbst das Wirthshaus voller Croaten.

September

1. Aus dem Hause des Buchhändlers Brentano genoß ich des schönsten Blicks über den Bodensee.

3. M. meldete mir, die Brun habe schon am 18. Aug. Chur verlassen u. sei nach dem Albis gezogen; dahin müsse man ihr folgen um uns noch diesseits der Alpen zu vereinigen.

8. Es ging also über Rorschach, Winthertur u. Zürich nach Richterswyl (wo D. Hoze sich aber gerade nicht befand) und schickte einen Boten mit einem Brief an die Brun nach dem Albis. Dieser kam mit der Nachricht zurück sie sei auf dem Rigi u. wolle noch auf den Engelberg etc.

10. Matth. kam an. Wir konnten u. wollten nun nicht weiter wie irrende Ritter unserer Prinzessin über Berg und Thal nachziehen, sondern reisten über Brunnen und den Vierwaldstädtersee nach

12. Altdorf, wo wir einen Brief von der Brun fanden; sie wolle uns zu Lugano erwarten.

14. Wir sezten uns sämtlich zu Pferde und begannen die mir ewig unvergeßliche Reise über den St. Gotthardt und kamen ohne Unfall oder Abenteuer

17. zu Lugano an, wo wir die Brun fanden und ich auch die Bekanntschaft des ehemaligen Landvogts von Nion v. Bonstetten machte.

19. Wir begaben uns von hier über den Luganersee nach Mendrisio, wo die Brun die Traubenkur brauchen wollte. Ich aber rastete nur aus, machte eine Tour nach der Villa Pliniana am Comersee und reiste dann mit Matth. und meinen Leuten über den Lago Maggiore, wo wir die borromäischen Inseln besahen, nach Mayland, wo uns der Kaufmann Hr. Müller viele gute Dienste leistete und auch mit zwei Vetturinen für uns bis Rom accomodirte. Meine Kutsche hatte ich wegen der unbefahrbaren Gotthardtstraße in Altdorf lassen müssen.

Oktober

5. In Pavia besahen wir das Museum, den anatom. Saal und botanischen Garten, auch consultirte den berühmten Prof. Scarpa wegen meiner Gehörbeschwerde. Er fand am Organ nichts ledirt und machte, durch Kräuterdämpfe, Blutigel u. innere Mittel zur völligen Hebung des Uebels Hoffnung.

8. Ienseits Tortona passirten wir auf einer schmalen Fähre die reissende u. gefährliche Scrivia. Beim Einschiffen stürzte einer der Wagen ins Wasser, wurde aber noch glücklich gerettet

9. In Novi, wo wir übernachteten, erlebte ich eines der stärksten Gewitter, die gedenkbar sind. Bei der Festung Gavi fuhren wir durch den tiefen und breiten Lemmo. Im Dorfe Voltaggio, wo wir Nachtlager hielten, sahe M. den zweiten Skorpion an der Wand seines Zimmers. Den ersten sahen wir in Mendrisio am Clavier der Mad. Collon.

10. Ankunft in Genua dessen prachtvolle Lage mich lebhaft frappirte. Hier sahe ich auch die ersten Pinien und Cypressen, am Felsen wild wachsende Agaven, aß zu erst vom Granatapfel und durchging einen Hekengang von hohen Mirten. Nachdem alle Hauptmerkwürdigkeiten gesehen waren, verließen wir Genua und gingen (bis nahe bei Pavia auf dem nemlichen Wege) durch die gefährliche Trebia nach Piacenza, wo wir die vorzüglichen Kirchengemälde besahen und einen Spaziergang nach dem hier sehr breiten Po machten.

20. Als wir in Parma, wo wir ebenfalls unseren Cursus machten, die Treppen des Akademiegebäudes herabgingen, begegnete uns die Brun mit ihren Kindern. Sie hatte uns diesen Vorsprung abgenommen, weil sie nicht in Genua gewesen und mit Postpferden gereist war. Auch in Reggio übernachtete sie mit uns.
22. Auf dem Wege nach Modena verlezte ein Insekt meinen Arm, daß er aufschwoll u ich daselbst nicht ausgehen konnte.
23. Bei der päbstl. Festung St. Urbino traten wir in den Kirchenstaat u. waren Vormittags in Bologna, wo wir den Gr. u. die Gr. Reventlau, nebst ihrem Arzte D. Pfaff antrafen. Auch die Brun holten wir hier wieder ein.
27. Von hier ging es über die Apeninen nach Florenz, wo wir täglich die Tribuna u. Gallerie besuchten. Im Pallaste Pitti sahe ich nur die Madonna della Sedia.

November
1. Seitenweise nach Pisa und Livorno hatten wir das erhabene Schauspiel eines Seesturms. In Pisa trafen wir wieder mit der Brun zusammen und
5. erhielten wir die ersten Briefe aus Deutschland. Bis Casa Biancha machten wir den nemlichen Weg zurück. Von hier aus gelangten wir über Siena; S. Cuirico, Radiofani, Bolsena, Viterbo und Monterossi, glücklich an das Ziel unserer Wünsch
12. dem ersehnten Rom. Über den mir so merkwürdigen Aufenthalt daselbst bewahre ich ein von mir geführtes ausführliches Tagebuch auf und derselbe kann daher hier mit Stillschweigen übergangen werden. Wir hatten das Glück in dem Rath Hirt, einen ebenso gelehrten als angenehmen Führer durch Roms Merkwürdigkeiten zu haben. Eine gefährliche Krankheit hinderte ihn uns nach Neapel zu begleiten, welche Reise ich mit M. im Anfange des Jahres

1796

Februar
mit einem von Hirt aufgesezten Wegeweiser antrat. Ich drang bis Pästum vor. Wie gern hätte ich auch Sicilien besucht, wenn es die Umstände gestattet hätten!

März
4. Rückkunft nach Rom, wo wir eine, ebenfalls am spanischen Plaze gelegene Privatwohnung mietheten.

Mai
27. Abreise von Rom. Um den schon damals in Italien beginnenden Kriegswirren auszuweichen, ward Hirt unser Begleiter. Die Reise ging über Terni, Spoleto, Folignio, Loretto, Ancona, Senigallia, Pesaro, Rimini, Ravenna, Ferrara u. Padua nach

Junius
8. Venedig, wo wir eilf Tage verweilten.
19. Wir wollten nun bis Triest das adriatische Meer befahren, welches bei Ancona uns so lieblich angelächelt hatte: allein der Wind ward so wiedrig, daß wir zulezt, nach vergeblichen Harren in einen Golf bei Caorle und der Mündung der Piave

23. wieder in Venedig einlaufen mußten.
25. Landreise über Treviso, Conegliano, Pordennone und Palmanova nach
28. Triest, wo wir im nemlichen Hause wohnten, in welchem Winckelmann im J. 1768 ermordet ward. Von hier reisten wir über Leybach, Cylli, Gannowitz, Ehrenhausen (wo ich die Wirthin mit meiner Schwägerin Albert so ähnlich fand) Graz, Neukirchen u. Neustadt nach

Julius
8. Wien, welches wir nach vollendeter Anschauung aller Sehenswürdigkeiten wieder

August
17. verliessen

September
15. Nach einer Abwesenheit von dreizehn Monaten kam ich über Prag u. Dresden endlich wieder zu Hause an. Hirt sezte von Dresden aus seine Reise nach Berlin fort.
19. Mein Sohn stürzte gefährlich mit dem Pferde und mußte wegen einer starken Contusion am Kopfe das Zimmer hüten. Die Fürstin von Carolath kam mit ihrem Gemahl und blieb bis zu
24. meinem Geburtstage, der wie gewöhnlich auf dem Drehberge gefeiert wurde.
27. Der Fuhrmann, der meine Kisten aus Rom brachte, langte an.
28. Ich fuhr mit Erdmannsdorff und Tischbein, mit der Lattorf nach Luisium, wo wir Angelikas Amor u. Psyche auspackten. Alle brachen in lautem Lobe darüber aus. Nachmittags kam Matth. und wir packten seine hetrurischen Vasen aus.
30. Durch einen Boten erhielt ich einen Brief von Häfeli aus Helmstedt, wohin er seinen Sohn gebracht hatte. Er fragte an: ob und wo er mich besuchen könne? Ich ließ ihm die Wahl zwischen Luisium und Wörlitz. Ich rahmte diesen Abend die Zeichnung von Mark. Agrippas Kopfe unter Glas ein.

Oktober
1. Wir waren Nachmittags alle beim Gr. Bose der sein erstes Kind taufen ließ.
2. Ich besuchte meinen Schwager, der mein Portrait von der Angelika, das ich ihm durch Matth. überbringen ließ, schon in seinem Zimmer aufgehängt hatte.
3. Der Fürst zeigte mir seine neuen Anlagen in Oranienbaum, wo ich zum Mittagessen blieb.
5. Ich bekam Nachricht, daß Häfeli krankheitshalber mich nicht sehen könne.
6. Ich reiste also nach Helmstedt, wo ich ihn zwar abgezehrt und schwach, aber doch in der Genesung fand. Ueber Magdeburg kehrte ich nach
9. Dessau zurück, indeß er seinen Rückweg nach Bremen antrat.
11. Mein Sohn besuchte mich das erste Mal nach seinem Fall. Meine Geschäfte besorgte ich, da Rode gestorben war, nun mit Olberg.
22. Der Fürst und mein Sohn assen mit in meinem Hause. Wir sprachen über Häfeli u. das Resultat der Unterredung war: Man wolle den Tod des Superintendenten abwarten und

indeß könne vielleicht H. Ewalds erledigte Stelle in Detmold bekleiden.
24. Ich erwartete den Rath Hirt, aber er schrieb, der König wollte ihn noch sprechen und
25. er müsse deshalb seine Reise noch einstellen.
26. Ich speiste mit der Lattorf bei der Fürstin von Zerbst in Coswig. D. Hoze u. Berenhorst speisten zwei Tage in Wörliz. Hirt meldete mir seine Anstellung bei der Berliner Akademie mit 1 800 Rthl. Gehalt. Wir lasen in den Abendstunden Wielands Werke. Für mich allein las ich Leibniz. Ich bekam Fieber und bösen Hals.

November
1. Der Fürst besuchte mich mit seiner Schwester Agnes.
11. Die Generalin Raumer kam, eine Zeit lang bei mir zu wohnen.
13. Matth. reiste nach Berlin. Ein sehr unangenehmer Abend mit der M. die sich hadernd und mich beleidigend bewies, so daß ich wirklich schweigen musste, um ihr nicht die Thür weisen zu müssen.
19. Matth. kam aus Berlin zurück.
23. Ich brachte die Raumer wieder nach Dessau und besuchte die Agnes, welche mit ihrer Familie auf dem Schlosse wohnte.

December
2. Meine Schwiegertochter besuchte mich. Ich hatte Husten und es war mir kein Tag wohl
8. Der Fürst sprach viel mit mir über den Tod der Russischen Kaiserin Catharina II.
10. Ich musste anfangen Kräutherthee zu trinken; aber der Husten ward immer stärker.
13. Ich begab mich nach Luisium, wohin einige Tage später auch die Generalin Raumer kam, um eine Zeitlang bei mit zu wohnen.
18. Matth. kam auf zwei Tage, wir brachten ihn wieder nach Wörliz.
25. Die Raumer bekam die Nachricht vom Tode ihrer Schwester Brockhausen,
26. deren arme Tochter Caroline hierüber ganz ausser sich war.
27. Ich schenkte meinem Sohne 200 Rthl. zu seinem Geburtstage, blieb auf dem Schlosse, wohnte wieder den Diners, Assembleen, Schauspielen und Bällen bei und beschloß damit das Jahr wie ich denn auch das folgende

1797

Januar
damit anfing.
2. Der Herzog von Weimar und Göthe kamen auf ein Paar Tage. Ich bekam in der nemlichen Nacht ein Fieber und musste zu Bette bleiben.
13. Ich konnte zum erstenmal wieder ausfahren und machte das Hofleben wieder mit.
20. Frau v. Recke kam an und logirte im Ringe.
23. Ich fuhr mit ihr nach Wörliz und schenkte Matth. einen schwarzgrauen Spiz. Am Abend fand ich Briefe die mir für diese Nacht den Schlaf raubten.

28. Meines Schwagers Geburtstag ward wie gewöhnlich gefeiert.
29. Fr. v. Recke reiste wieder ab.

Februar
1. Mein Vorsaz war Dessau wieder zu verlassen, allein ich bekam ein starkes Fieber., Schwindel und bei dem heftigen war mir so übel, daß ich das Bette nicht verlassen konnte.
2. Doch ließ es der Arzt zu. Ich mußte spanische Fliegen legen lassen.
11. Der Fürst besuchte mich u. fand mich sehr übel aussehend. Der Husten tobte gewaltig und ich mußte auch Brechmittel nehmen. Endlich linderte das isländische Moos den Husten doch merklich und mir wurde etwas besser.

März
Ich speiste mit dem Fürsten u. einer Gesellschaft in Wörliz.
7. Elisa kam mit ihrer Lisette über Coswig von Berlin. Ich hatte in diesen Tagen unangenehme Unterredung mit dem Fürsten über Häfeli. Meine Gesundheit verschlimmerte sich von neuem u. die Brust wurde wieder rau.
20. Die Fürstin von Zerbst besuchte mich. Jede Nacht wurde der Husten heftiger
22. Elisa verreiste über Radegast.
23. Der Fürst meldete mir die Niederkunft unserer Schwiegertochter mit einem Sohn. Ich besuchte die Wöchnerin.
30. Die Loensche Familie nahm Abschied. Sie reisten wieder nach Cappeln. Ich brauchte wieder das isländische Moos.
31. Ich begab mich zum Wohnen nach Luisium und Matth. reiste nach Magdeburg.

April
2. Ich speiste mit der Fürstin von Zerbst in Dessau und zeigte ihr nacher das Gemälde der Angelika in Luisium.
7. Mad. Goddin nahm Abschied. Ich las in dieser Zeit den Livius.
12. Rückkehr nach Wörliz.
16. Matth. kam von Magdeburg zurück, aber eben so krank und verstimmter noch als er dahin gereist war. Ich las noch den Livius, den Sallust und Plutarch.
25. Ich aß beim Fürsten und fuhr dann mit M. nach Dessau, wo ich den Landgrafen von Homburg und den Herzog v. Meiningen sprach.
30. Cammerdirektor Raumer nahm Abschied und reiste nach Preussen.

Mai
1. Wir speisten in Wörliz mit dem Herz. von Meiningen und Nachmittags war meine Schwiegertochter bei mir.
4. Ihr leztgeborener Sohn starb.
11. Hirt schrieb mir, sein Vater, von dem ich soviel Gutes vernommen, sei am zweiten Ostertage gestorben. Ich las Camillo Altieri.
15. Die Raumer brachte beinahe den ganzen Tag in Wörliz zu.
16. Der Fürst besuchte mich mit dem Herz. von Weimar.
19. Ich musste früh Morges Buttermilch trinken. Die kalte Witterung, die wir jetzt hatten, bekam mir sehr übel.

Christian Ferdinand Hartmann, Opferszene Euterpe, 1794

25. Die Herzogin v. Cumberland speiste in Wörliz und ich erschien an der Tafel. Täglich beschäftigte mich das Ordnen und Abschreiben der Anmerkungen über Kunst und Kunstwerke, welche mir Hirt in Rom mitgetheilt hatte. Ausser der Abendlektüre, die jetzt oft unterbrochen wurde, las ich noch Leibniz und Plutarch.

Junius
14. Ich begab mich nach Leipzig, um daselbst Elisa zu sehen.
15. Wir fuhren zusammen nach Altenburg, von wo sie nach Löbichau zu ihrer Schwester ging, ich erwartete aber die Durchreise der Brun, die mit ihrer Familie aus der Schweiz zurückkam. Matth. kam auch. Durch ein fatales Misverständnis, reiste die Brun über Naumburg nach Leipzig. Sobald ich vom erstern Orte meine Stafette zurückbekam, reise ich auch dahin ab, Matth. wollte nicht wieder rückkehren, wo er eben herkam, sondern reiste nach Lahm in Franken zum Hrn. v. Lichtenstein.
21. Von Leipzig reiste ich mit der Brunschen Familie nach Wörliz.
24. Die Brun reiste von Luisium wieder ab und ich blieb daselbst. Die Donop wohnte in einem neuen Gartenzimmer, weil sie eine Kur brauchte.
29. Die Prinzessinen von Rudolstadt, Schwestern meiner Schwiegertochter und der Erbprinz von Darmstadt waren in Dessau. Ich schenkte meiner Schwiegertochter 200 Rthl. zu ihrem Geburtstage und gab ein großes Dejeuner in Luisium. Die schöne neue Muldbrücke ward durch des Geburtstagskind Ueberfahrt mit Sang und Fest eingeweiht. Abends war Ball.

Julius
5. Mein Sohn brachte mir die Aufsäze von Raumer und *de Marées*, meinen Vorschlag gemäß ihm meine Güter abzutreten.
9. Ich zog wieder nach Wörliz, wo mich die liebe Berg überraschte und zur wahren Befriedigung meines Herzens einige Tage blieb.
17. Matth. brachte den ganzen Tag bei mir zu und wir hatten sehr ernste Unterredungen. Olberg und sein Sohn kamen auch dazu Nachmittags, doch ward obige Unterredung bis 9 Uhr fortgesezt.
19. Ich hatte die Freude Hofrath Hirt in Luisium zu sprechen., der Abends zuvor in D. angekommen war.
20. Die M. ging nach Coswig u. erst Nachmittags sagte man mir, daß sie einige Tage dort bleiben wolle.
21. Ich speiste mit beim Fürsten mit Hirt in Wörliz; Abends kam er in mein Haus zu sehen.
25. Er kam im Eichenkranz zu wohnen. Der Fürst schickte ihm Roden zum Begleiter und ich musste ihm nachher den Sielizerberg, Oranienbaum und den Drehberg zeigen.
30. Abwechselnd waren wir noch in Wörliz und Luisium und dann reiste er wieder ab.

August
4. Böttiger und Tischbein besuchten mich.
8. Der Fürst kam aus Weimar zurück und sagte Matth. da gesehen zu haben.
10. Der Geburtstag des Fürsten ward bei meinem Sohne durch ein Diner von 99 Couverts u. Abends durch Schauspiel gefeiert.

Luise Duttenhofer, Matthisson mit Spitz vor der Schillerbüste, nach 1807

19. Die Gegenwart der Herzogin von Mecklenburg-Schwerin berief mich wieder nach Dessau von Luisium, wo ich einige Tage einsam zugebracht hatte.
26. Besuch von Gleim und Böttiger in Luisium. Ununterbrochen ging mein Briefwechsel fort mit Matth., Häfeli und Hirt. Ich musste ein Brechmittel nehmen und war in diesen Tagen sehr leidend.

September
1. Meine Schwiegertochter besuchte mich mit ihren Kindern.
14. Ich war an diesem Tage zu Fuße nach Dessau gewesen. Unangenehme Unterredung mit Olberg, der aus Coswig zurückkam in Angelegenheiten der Matth. die sich daselbst aufhielt.
16. Ich bekam ein Gemälde vom jungen Hartmann, die Psyche darstellend, welche aus der Lethe schöpft.
24. Diner und Schauspiel zu meinem Geburtstage.
25. am folgenden Tage das Volksfest auf dem Drehberge.
27. Matth. kam zurück und wohnte in Luisium.

Oktober
1. Ich fuhr mit der Frau v. Lichtenstein zum Essen nach Oranienbaum.
8. Meine Schwester that mir den schriftlichen Antrag ihre Haupterbin zu werden, weshalb ich mit dem Fürsten und dem Präsidenten Krosigk sprach.
15. Ich speiste mit dem Herz. v. Weimar dem Fürsten und einem franz. Emigr. General *de Manoir* bei meinem Sohn.
16. Nach Wörliz gezogen. Die Loensche Familie kam wieder nach Dessau.

29. Die Gütergeschäfte gingen noch fort u. machten mir oft Verdruß.

November
3. Frau v. Recke begab sich nach Dessau in ihre bei Hrn. Bergen gemiethete Wohnung. Friedrich Wilhelm II. starb an diesem Tage in Potsdam.
20. Reise meines Sohnes zum jungen Könige.

December
5. bis 21. Ich ließ mich für erstern von Tischbein malen. In diesen hellen Nächten brauchte ich häufig mein neugekauftes Teleskop, aber sehr zum Nachtheile meiner Augen. Unangenehme Briefe von Herford, wohin mein Sohn den Cabinetsrath *de Marées* und ich,
26. auf Veranlassung eines Briefes von der Prinzeß Coadjutorin eine Staffette geschickt hatte. Leider mußte ich mich auf einige Wochen nach Dessau begeben.
27. Meinem Sohne zum Geburtstag gratulirt u. ihm mein Bild von Tischbein und 30 Louisdor geschenkt.
28. Großes Diner u. Schauspiel. Verlosung des Zerbster Gebiets. Dessau bekam die Stadt Zerbst, Bernburg Coswig u. Cöthen Roßlau.

1798

Januar
1. Mit der Raumer, Carolinen u. Matth. zum Mittagessen nach Wörliz gefahren, wohin ich gegen Ende des Monats
23. ganz wieder zurückgekehrt.
24. Ich schenkte an Matth. zu seinem Geburtstage einen schönen weißen Spizhund. Hirt sandte mir seine Zeichnungen zum Monument Friedrichs II.
28. Zum Geburtstage des Prinzen Hans Jürge war ich in Dessau.
30. Elisa kam nach Wörliz. Matth. reiste mit ihr nach Berlin.

Februar
2. Augenkrankheit, wozu Husten und Kopfschmerz kamen.
15. Matth. aus Berlin zurück. Schwabens Balsam verschlimmerte mein Augenübel um vieles. Matth. Vorlesungen waren meine einzige Erholung in diesem trüben Zustande.

März
2. Er mußte aber jetzt seinen Sohn zu seiner Schwester nach Magdeburg bringen, den die Recke von Berlin bis Coswig mitgenommen hatte. Leztere kam wieder zu mir. Mattei war öfters zum essen bei uns.
16. Elisa ging nach Carlsbad, wohin sie Berenhorsts älteste Tochter u. die jüngste Neefe, deren Vater kürzlich gestorben war mitnahm.
18. Mit noch immer kranken Augen ging ich nach Dessau zur Taufe meiner kleinen Enkelin Mein Sohn war in Potsdam.
22. Ich schickte dem Hofmarschall einen Theil der Bezahlung für die Gemälde, welche ich ihm abgekauft hatte.
24. Matth. reiste nach Magdeburg, um das Scheidungsgeschäft seiner mislungenen Ehe zu vollenden.

April

Ich befand mich in diesen Tagen sehr übel u. musste Ader lassen. Olberg blieb einige male zwei Tage bei mir.
12. Endlich konnte ich wieder ausfahren.
19. Mit dem Fürsten in Zerbst, wo Ponikau, Mattei und Harling mit uns assen.
23. M. kam aus Magdeburg zurück. Die Berg und ihre Tochter kamen. Wir fuhren miteinander nach Luisium und dem Silizerberg.

Mai
2. Als sie wieder abreiste, war mein Husten sehr stark u. raubte mir den Schlaf.
12. Geschäfte mit meinem Sohn u. Olberg trieben mich nach Dessau.
17. Am Himmelfahrtstage ging ich zum Abendmal. Der Fürst schickte mir Bertuch wegen meines Portaits, welches nun von Freidhof und nicht von Pichler in Kupfer gestochen werden sollte.
26. Ich machte am Nachmittage mit der Raumer einen großen Spaziergang. Ein plötzlicher Gewitterregen durchnässte uns durch und durch.
30. Ich fuhr mit ihr und M. nach Luisium, wo wir wohnen blieben.
31. Frau v. Schack besuchte mich. Da sie sich länger in Wörliz aufhalten wollte u. Unannehmlichkeiten in Wusterhausen gehabt hatte, so bot ich ihr Häfelis ehemalige Wohnung an, welche sie auch annahm.

Junius
1. Olberg legte zum leztenmal seine Rechnungen als Geschäftsträger ab. Denn da ich meine Güter seit Johannis meinem Sohn übergeben hatte, so brauchte ich nun keinen andern Geschäftsmann, als meinen Sekretair Wagner. Der Gärtner Eiserbeck war tödtlich krank. Olberg ließ mich meine Kur aufhören, die mich im Grunde nur kränker gemacht hatte.
19. Nach siebenwöchiger Existenz in Luisium bezog ich wieder mein von mir so genanntes graues Kloster.
21. Häfeli kam mit Frau, Tochter, Magd und Hund glücklich in Wörliz an. Er sahe während seines Aufenthalts den Fürsten nur zweimal und meinen Sohn einmal.

August
Ich erschien nicht zum Geburtstage des Fürsten.
24. Häfelis Abreise. Ein Wespenstich verursachte mir eine starke Geschwulst am Arm.

September
1./4. Ich sprach mit dem Fürsten über meine vorzunehmende Reise nach Offenbach um die Traubenkur zu gebrauchen.
7. Ich saß dem Kupferstecher Arndt zu einer Zeichnung.
13. Matth. reiste über Leipzig nach Frankfurt am Main, und ich trat
14. meine Reise am folgenden Tage in Gesellschaft der Donop an.
19. Wir erreichten Offenbach ohne Unfall, fanden aber daselbst weder reife Trauben, noch gute Wohnung. Also begaben wir uns nach Frankfurt, wo wir mit Mühe im roten Hause unterkamen. Matth. kam auch an. D. Hoze war in Stuttgart.
24. An meinem Geburtstage speisten wir zu Bornheim im Garten des Wirthshauses. Wir erfuhren, daß D. Hoze, unter dessen Leitung ich die Traubenkur gebrauchen wollte, noch geraume Zeit in Stuttgart bleiben werde.
29. Ich entschloß mich also dahin zu reisen. Wir stiegen daselbst im König von England ab, fanden aber bald eine bequeme u. angenehme Wohnung beim Hofrath Hartmann, am äußersten Ende der Stadt. Ueber meine Kur ward nun das Nöthigste mit D. Hoze verabredet. Er verordnete mir Ohrenbalsam, Flußtobak und Schwefelpulver.

November
2. Da die politischen Ereignisse keine südliche Existenz für den Winter erlaubten, so mußte ich leider meine ruhige Wohnung und liebe Hartmannische Familie wieder verlassen, um nach Hause zurückzukehren. Die Rückreise war an Unannehmlichkeiten reicher, als irgend eine meiner vorigen Reisen.
7. Bei Hünefeld warf mich der Postillion in der kleinen Schaise in den Graben, wobei ich eine kleine Contusion am Kopfe bekam.
8. Die Schaise mußte in Berka reparirt werden. In Eisenach mußten die Räder am großen Wagen gemacht werden.
10. Vor Merseburg in einem Hohlwege brachen sie gänzlich zusammen und nach langem Harren bekamen wir endlich aus Rossbach ein Paar Räder von einem alten Munizionskarren.
11. Endlich am lezten Tage gerieth ich noch in der Oranienbaumer Heide, nicht weit von Retz, in große Lebensgefahr. Der Postillion fuhr mit der Schaise an einen abgestumpften Eichenzweig so hart an, daß sie unter mir zerriß u. über mir zusammengedrückt wurde. Wäre der Zacken nur einen halben Zoll tiefer gewesen, würde mein Kopf unfehlbar zerschmettert worden seyn. Mein Bedienter Sontag ritt mit dem Postillion nach Oranienbaum um einen andern Wagen zu holen. Wir kamen auf diese Weise erst Abends gegen 9 Uhr nach Wörliz.
12. Am folgenden Tage kam der Fürst sogleich zu mir. Mein Schwager, meine Schwägerin, Schwiegertochter u. mein Sohn besuchten mich ebenfalls.

November
Ich machte meine Besuche in Dessau u. ging zur Assemblee bei Branconi der sein neues Haus durch einen Ball einweihete. Da sahe ich auch die Bischofswerders welche in Dessau wohnten.
16. Vergeblich suchte ich bei Oranienbaum die Eiche, durch welche ich so unglücklich hätte seyn können. Einige Tage darauf erkannte sie der dasige Förster an Datum u. Jahreszahl, welche Matth. eingeschnitten hatte.
18. Ich genoß jetzt des angenehmen Anblicks des schönen kleinen Gemäldes von Unterbergen, welches Hirt während unseres Aufenthalts in Wien für mich bestellt hatte. Ich bezahlte der Wittwe des seitdem verstorbenen Künstlers 1 000 Fl. dafür.
22. Ich litt an einem schlimmen Halse. Olivier kam und unterhielt mich von den Niederträchtigkeiten des Hrn. Spaziers

u. von den Ungezogenheiten des kleinen Coen, dessen Eltern nun in Dessau für immer wohnen werden.

27. Ich bekam die Abdrücke meines Kupferstichs nach der Angelika. Wielands Supplementbände wurden jetzt Abends gelesen. Ich schrieb wieder in meiner Kunstgeschichte.

December

3. Ich ließ die Mosaik-Madonna, welche mir mein Schwager geschenkt hatte, in Luisium aufhängen. Der Fürst sagte mir bei der Zusammenkunft, die verwittw. Königin von Preussen würde durch Wörliz kommen u. mich vermutlich sehen wollen. In der That ließ sie mir ihre Ankunft im Eichenkranz um 8 Uhr melden. Ich machte ihr also meinen Besuch.

8. Ich sprach in Luisium die Raumer welche wieder in Dessau angekommen war.

17. Der Ostwind und die Luft überhaupt bekam mir so übel daß ich beschloß den Winter über zu Hause zu bleiben. Ich entschuldigte mich also beim Fürsten, daß ich der Einweihung des neuen Schauspielhauses nicht beiwohnen könne. Ich blieb also, unter steten Beschäftigungen in meiner kleinen klösterlichen Wohnung, wo der Fürst und die Raumer mich bisweilen besuchten.

23. Mein Sohn kam zu mir u. da ich bei seinem Geburtstage nicht erscheinen konnte, so gab ich ihm sogleich sein Angebinde, nemlich 200 Rthl. zum Ankauf eines Pferdes.

24. Die Cammerfrauen bekamen das gewöhnliche Weihnachtsgeschenk an abgelegten Kleidern, auch gab ich der ältesten 45 Rthl. und der jüngsten 35 Rthl. an Gelde.

25. Die Kälte ausserordentlich u. der Thermometerstand auf 19 °. Ich begann (was lange mein Vorsaz war) gegenwärtigen trockenen Auszug aus meinen Tagebüchern zu machen und wandte hierzu täglich 3 bis 4 Vormittagsstunden an.

27. Die Kälte war so anhaltend strenge, daß meine Fenster in W. gar nicht aufthauten. Ich beschäftigte mich täglich von früh 8 Uhr bis zur Mittagsstunde mit dem Auszuge aus meinen Tagebüchern. Diesen Tag, an welchem mein einziger Sohn schon sein dreißigstes Jahr beginnt, brachte ich stiller und gesünder als jemals zu, weil ich meine Einsamkeit nicht verließ. Nur zu oft schon hatten traurige Erfahrungen mich von der schädlichen Einwirkung der Kälte auf meinen Körper überführt. Ich bekam den Besuch der Herzogin von Holstein, einer gebornen Gräfin Schlieben und ihrer zwei Töchter. Abends las M. Göthes Götz von Berlichingen. Für mich allein las ich Pischons Philoikos. Ich schenkte dem D. Olberg eine goldene Dose und seinem Töchterchen, das meinen Namen führt, Zeug zu zwei Kleidern. Am Schlusse dieses Jahres fand ich mich denn doch an Leib und Seele weit weniger leidend, als je zuvor.

1799

Januar

Ich begann diesen Monat, meinem Vorsaze gemäß, mit den Auszügen aus meinem Tagebüchern und jeder Tag den ich in stiller Thätigkeit, theils mit dieser Arbeit, theils mit Briefe schreiben und Lektüre hinbrachte war mir ein Geschenk des Himmels. Berenhorst aß ein – Matthei einige Male, noch öfter aber die Gen. Raumer bei mir im grauen Kloster. Der Fürst besuchte mich bisweilen. –

20. Endlich bekam ich die lange ersehnte Nachricht aus dem Hartmannischen Hause.

23. An Ms. Geburtstage konnte ich doch Blumen auf die florentinischen Steine streuen, die ich dem eifrigen Mineraliensammler bei dieser Gelegenheit schenkte.

25. Bald darauf holte ihn die Raumer nach der Stadt ab, wo er bis nach der

28. Geburtstagsfeier des Prinzen Hans Jürge blieb. Ich machte eine kleine Veränderung in der Anordnung meiner Gemälde.

31. Der Fürst speiste mit seiner Schwester, dem General Raumer und dessen Neveu dem Cammerdirektor, bei mir im grauen Kloster. Meine Lektüre in diesem Monat war: Knebels Properz, Göthes Iphigenia, Herodian, Göthes Tasso u. Egmont, einige Erzählungen des Arnaud, Ifflands Leben, Berenhorsts Betrachtungen über die Kriegskunst und einzelne Stücke von Jean Paul und Garve.

Februar

Immernoch erhielt sich mein Wohlbefinden bei meiner eingezogenen Lebensweise. In den Auszügen aus meinen Tagebüchern war ich schon bis zum Jahr 1790 vorgerückt.

12. Berenhorst und die Raumer assen bei mir. M. war nach Coswig.

17. Mein Sohn besuchte mich seit dem Neujahrstage zum erstenmale.

18. Am folgenden Tage besuchte mich der Fürst. Ich hatte schon das Jahr 1794 in meinen Tagebüchern erreicht.

21. Die Gen. Raumer, im Begriff nach Brandenburg zu reisen machte mir den Abschiedsbesuch.

22. Die Mulde begann bei Dessau stark anzuschwellen.

23. Nach sovielen Wochen trat ich einmal wieder über die Thürschwelle meines Hauses und ging, da das Wetter gelinde und der Schnee geschmolzen war, auf den Steinen auf und ab.

24. Der Fürst sagte mir: Man habe zwar die Wachen auf den Deichen ausgestellt, mit der Elbe aber habe es noch Zeit; die Mulde hingegen habe eine ungewöhnliche Höhe erreicht und bei Raghun schon eine Brücke fortgerissen.

26. Ich fuhr aus und fand daß die Elbe noch nicht bis an die Wälle gedrungen war.

27. Die Auszüge meines Tagebuchs vollendete ich mit dem Jahre 1798. Ich begann diese Arbeit am 25.ten des nemlichen Jahres. Sie umfasste den Zeitraum von 1767 bis 1798. Am Abend des Tages, als M. mir wie gewöhnlich vorlas, trat der Fürst plötzlich in mein Zimmer und sagte, er sei eben mit Ausziehen beschäftigt, weil das Wasser, mit immer steigender Gewalt, schon über die höchsten Wälle stürzte; er wolle daher mit seinen Angehörigen hier im Schlosse schlafen.

28. Die folgende grauende Morgendämmerung zeigte mir, unsere Wohnungen und einige Häuser der Stadt ausgenommen, weit und breit alles unter Wasser. Ich ließ anspannen, konnte aber nur bis zum Eichenkranz, und dann etwa noch bis, der links gelegenen Windmühle gegenüber, auf dem Reservwall, welcher nach Münsterberg führt, auf der andern Seite hingegen nur bis zum Amtshause vordringen. Der Fürst stieg hernach mit mir auf die Plattform des Schlosses. Gegen Mittag besuchte ich ihn in seinem Zimmer, wo er nach so vielen Umhergehen und Anordnen einen Augenblick rastete.

So beschloß ich diesen für mich von jeher traurigen Monat, so wie den übrigen Winter, denn doch gesund: aber die Verwüstungen der Ueberschwemmungen, mußte der, mir stets Unglück bringende Februar dennoch herbeiführen! Ich las in demselben: Mornach, einen handschriftlichen Roman von Sprickmann, einige Erzählungen von Arnaud, eine Beschreibung der Fingalshöhle auf der Insel Staffa, und die Fortsezung von Berenhorsts Kriegskunst.

März

2. Der Fürst fuhr vom Münsterberger Wall ab, zu Wasser nach Dessau. Nach 4 Uhr begab ich mich zu Wagen nach der Stelle des nemlichen Walles, wo er wieder anlandete. Er fuhr mit mir nach Hause und schien mit den Anstalten, die um Dessau von unserm Sohne gegen die Wuth des Wassers getroffen waren, sehr zufrieden.

3. Am folgenden Tage fingen die Gewässer überall an zu fallen.

5. Der Fürst ritt nach Vockerode, von wo er zu Wasser nach Dessau fuhr. Ich schrieb von neuem an meinem Römischen Kunstunterrichte.

6. Es schneite, stürmte und war gewaltig böses Wetter. Es kamen Briefe aus Stuttgart.

7. Obgleich das Wasser beträchtlich gefallen war, so konnte ich dem ungeachtet noch nicht bis Oranienbaum fahren, kaum bis Griesen. Die Wachen wurden von den Wällen abgerufen: denn da die Beschädigungen jetzt sichtbar waren und man noch nichts ausbessern konnte, so mußte alles, bis zum gänzlichen Verschwinden des Wassers, bleiben wie es war. Der Zugang zu den überschwemmten Örtern wurde noch sehr erschwert, da das Wasser zum Kahnfahren zu seicht und zum Durchwaten zu tief war. Der Fürst kam täglich in meine Wohnung.

10. Er aß mit unserm Sohn, dem Cammerdirktor Raumer u. Rath Schwabe bei mir zu Mittag.

12. Ich besahe den schrecklichen Durchriß des Walles bei Vockerode, wo das Wasser noch gewaltsam durchströmte. Der Weg nach Dessau und die umliegenden war noch überschwemmt.

14. Ich konnte wieder bis Oranienbaum fahren, aber durch tiefe vom Wasser gewühlte Löcher, welche man aber schon auszufüllen anfing.

15. Mein Sohn besuchte mich. Am folgenden Tage schneite es heftig und der Winter kehrte noch einmal wieder. –

18. Ich zog mit M. und meinen Leuten nach Luisium, wo der Fürst mich am folgenden Tage besuchte. –

20. Ich fuhr nach Dessau und machte meinem Schwager, den Loens und Berenhorsten einen Besuch. Bei lezterem wohnte Fr. v. Recke schon seit einigen Tagen.

21. Prinz Hans Jürge erwiederte meine Visite am folgenden Tage.

22. Ich brachte fünf Stunden mit Elisa und Berenhorst zu. Aber mein Gemüth war nicht ruhig, viel weniger heiter. Ich war, wie so oft in meinem Leben gedrückt durch die Gegenwart, betrübt durch die Vergangenheit und geschreckt durch die so dunkle Zukunft.

23. Ich fuhr zur Stadt und holte Agnes zum Spazierenfahren ab.

24. Elisa und Berenhorst besuchten mich.

25. Ich war bei meinen Enkeln, denen ich einige Körbchen mit Obst brachte und hierauf mit ihrer Mutter und dem Fürsten mich ins Schauspiel begab. Noch hatte ich weder das neue Theater gesehen, noch einer Vorstellung darin beigewohnt.

26. Elisa zog mit Frl. Holtey in Luisium ein, wo sie bis zum 12ten April blieb. Während dieser Zeit kam Berenhorst öfters zum Essen. In diesem Monat las ich unter anderem: Herders christliche Schriften, den Dio Cassius Marmontels Erzählungen und den Gil Blas.

April

2. M. verreiste nach Magdeburg, um einige Einrichtungen für seinen Sohn zu treffen.

10. Erst nach acht Tagen kehrte er wieder nach Luisium zurück. Ich hatte bisher heftiges Ohren- und Zahnweh und zugleich noch Unruhe gehabt, den Fürsten in Wörliz krank zu wissen. Durch reitende Boten bekam ich täglich zweimal Nachricht von ihm; doch verlangte er mich zu sehen und sobald er wieder in verschlossener Chaise ausfahren durfte

16. bestellte er mich nach Vockerode, wo er wegen der Wallarbeiten Anordnungen zu machen hatte. Ich sezte mich zu ihm und fuhr wohl über eine Stunde mit ihm, worauf er mich wieder zu meinem Wagen brachte. Er glaubte dem Tode nahe gewesen zu seyn und sagte, daß er in diesem Falle mich würde gebeten haben zu ihm zu kommen, um mir seine Kinder zu empfehlen.

18. Mattei aß im Luisium und

19. am folgenden Tage Berenhorst

20. Ich stattete meinem Schwager den längst verheissenen Besuch ab, der mir dann alle seine Gemälde und Kupferstiche zeigte, womit die Wände seines ganzen Hauses von unten bis oben bedeckt sind. Es war wieder kaltes Schneewetter.

27. Berenhorst aß im Luisium, auch besuchte mich Mattei.

29. M. reiste nach Leipzig, von wo er am folgenden Abend zurückkam. Meine Existenz in Luisium wurde mir täglich unangenehmer, jedoch nöthigten mich verschiedene Ursachen meinen Aufenthalt daselbst noch zu verlängern. – Ich las mehrere Fichtes vorgeblichen Atheismus betreffende Schriften, von Schaumann, Schäfer u. Eberhard u. a. m.

Mai

1. Ich besuchte den Fürsten in Wörliz, der aber zu mir ins Haus kam und wohl eine Stunde blieb. Auch hatte ich in diesen Tagen einen unangenehmen Briefwechsel wegen meiner armen Schwester, die unter Königliche Curatel gesezt worden war. –

4. Ich besuchte den Fürsten abermals.

5. Als ich frühe zu Luisium im Garten einsam umherwandelte und des wiederkehrenden Frühlings Düfte einathmete, umfing mich süßer die Wehmuth, lispelte mir aber doch Empfindungen zu, die in Worte übertragen etwa lauteten, wie ich sie sogleich aufschrieb: Für mich ist die Freude am Menschen und die Wonne Mensch zu seyn meistens dahin und kehrt mir ein wieder, so wie jeder Frühling wiederkehrt. Ich sahe die Lanassa aufführen, worin Lichtenstein selbst mitspielte. Die Raumer, Mattei und Berenhorst assen zuweilen in Luisium. Ich fuhr von Zeit zu Zeit nach Wörliz um den Fürsten zu besuchen, der jetzt täglich bei der Wallarbeit war, und um

meinen Blumenflor zu sehen. D. Hotze, welcher sich einige Wochen bei Berenhorst aufhielt, speiste auch öfters in Luisium. An einem dieser Tage als ich Schwendlers Briefe über Clementinen bekam, sahe ich, wie kraftvoll und feurig B. noch die Rechte der Menschheit vertheidigte und wie tief er die Leiden der Unschuld empfand. M. speiste gewöhnlich Sontags in Dessau auf dem Schlosse und ich musste der Schicklichkeit wegen bisweilen das Theater besuchen. Mir war aber gar nicht wohl und der Nachtigall Gesang vermochte mich nicht aufzuheitern. D. Hotze rieth mir vor der Traubenkur nach Wildbad zu verreisen, aber Berenhorst war nicht dieser Meinung, weil die dortige Gegend wahrscheinlich der Kriegsschauplatz sein würde.

22. Der Hofrath Hirt kam aus Berlin zu Besuch nach Dessau, wo er bis zum 2ten Jun. blieb. Er aß zuweilen mit Berenhorst und Hotze in Luisium. M. hatte leider das Fieber und mußte das Bette hüten. Über mich hatte das äskulapische Concilium beschlossen, daß ich zur Ader lassen müsse; hierauf solle ich nach Eger gehen und da meine weiteren Maaßregeln, den Zeitläufen gemäß, nehmen. –

Junius
M. begann wieder auszugehen.
6. Man ließ mich am rechten Arm zur Ader, wodurch ich meine körperliche Existenz merklich erleichtert fühlte. –
7. Ich zog nun wieder ins graue Kloster. Die Prinzeß von Rudolstadt, welche sich in Dessau bei ihrer Schwester befand, erhielt von mir einen Besuch. –
9. Ich ließ neue Kupferstiche anschlagen und ordnete die alten so, daß M. am Abend urtheilte, mein Zimmer habe durch diese Veränderung sehr gewonnen.. –
16. Ich ging zur Communion.
21. Nachdem ich vom Fürsten Abschied genommen und ihm einen Brief für die Königin von Preussen zurückgelassen hatte, reiste ich mit einer Cammerfrau und zwei Bedienten von Wörliz ab. In Holzweißig fand ich abgeredetermaßen schon die Raumern; und D. Olberg und M. traffen auch bald daselbst ein. Abends um 7 Uhr kamen wir, drei Chaisen stark, in Leipzig an, wo mich D. Hotze sogleich besuchte. Ich blieb hier den ganzen folgenden Tag,
23. worauf die Raumern nach Dessau zurückkehrte,
24. wir übrigen aber unsere Reise weiter fortsezten. Vor Zwickau brachen die Räder meines römischen Reisewagens. Da die Reparatur derselben einige Tage erforderte, so nahm ich
25. am folgenden Tage eine Postchaise und ließ den Reisewagen in Zwickau zurück. Auf den abscheulichsten Wegen erreichte wir
26. gegen Abend das sumpfige Froschrevier des Franzensbrunnens bei Eger, wo die Wohnung gar nicht nach meinem Sinne und auch der erste Abend mit Olberg und dem Brunneninspektor eben nicht angenehm war. Ich bekam die Rose am rechten Ohr. Dieses Uebel und meine übrigen Gesundheitsumstände verhinderten mich die Kur sogleich anzufangen. – Meine Lektüre in den Monaten Mai und Junius war hauptsächlich folgende: Thümmels Reisen sechster Theil, *les Chevaliers du Cygne par M^d. De Genlis, Marianne de Marivaux,* Wielands Agathodämon, und einige Bände von Buffons Naturgeschichte.

Christian Ferdinand Hartmann, Selbstporträt, um 1810

Julius
4. Ich bekam nun das äskulapische Gutachten, meine Kur zu beginnen, nachdem Salz und [getilgt] Tag darauf früh um 5 Uhr (diese Tageszeit behielt ich auch in der Folge bei) trank ich vier Gläser an der Quelle. Ich entzog mich der öffentlichen Gesellschaft, hatte aber von der verwittweten Fürstin von Rudolstadt, dem Minister Grafen Einsiedel und dessen Frau aus Dresden; Baron Diedens (Mann, Frau, Tochter) dennoch Besuche, die ich auch erwiederte. Am Brunnen machte ich nur die Bekanntschaft des Senators Geyer aus Hirschberg, der mich auch einmal vor seiner Abreise, die bald erfolgte, besuchte. Uebrigens war ich viel, auch sogar beim Mittagessen allein, denn Olberg und M. assen an der *Table d'hôte*. Abends las mir jedoch M. wie gewöhnlich vor.
13. Er reiste, um den Prinzen Hans Jürge zu besuchen, ein Paar Tage nach Karlsbad.
17. Ich trank zum lezten Mal an der Quelle und Olberg kehrte über Karlsbad nach Dessau zurück.
18. Ich aber reiste mit meiner übrigen Begleitung nach Bayreuth, wo ich schon um halb 8 Uhr Abends im goldenen Anker abstieg, mich glücklich preisend, dem Froschpfuhl entronnen zu seyn und meinen Lauf wieder südwärts richten zu können. Ich rastete hier eine volle Woche aus, und fuhr, so oft es das Wetter zuließ nach der Fantasie oder der Retraite spazieren.
23. Keine Abendstunde in Bayreuth war für mich und M. froher, als die, wo Hartmanns Brief mit der Versicherung ankam, alles sei in Stuttgart ruhig und völlig sicher. Ich entschied mich folglich, sogleich nach Elisas Besuch dahin abzureisen. Diese kam wirklich am nemlichen Abend noch an. –
29. Nach einer glücklichen Reise stiegen wir sechs Tage darauf, Nachmittags um 5 Uhr vor Hartmanns Wohnung ab.

Mein Schreck war nicht geringe, als ich inne wurde, daß man uns gar nicht hatte erwarten können, weil M.s Brief aus Bayreuth noch nicht angekommen war. Auch war meine Empfindung um so drückender, als der älteste Sohn erst vor wenigen Tagen mit seiner Familie in das väterliche Haus eingezogen war. Indessen bewerkstelligten die Guten fast das Unmögliche und sezten binnen ganz kurzer Frist mein Wohnzimmer in die schönste Ordnung, so daß ich kaum Kaffee genommen und mit Ferdinand Hartmann, den ich seit Rom nicht sahe, gesprochen hatte, als ich mich schon im Besitze meiner freundlichen Wohnung befand.

August
1. Ich hatte Nachmittags den Besuch des jungen Hofraths Hartmann. M. war öfters am Abend zu Gast, ich blieb, wie gewöhnlich, ausser beim Mittagessen und einer Abendstunde Lectüre, einsam beschäftigt. Oft auch war ich Stunden lang im Garten lesend und schreibend.
5. Auch aß ich einmal in der Gartenlaube mit M.
6. Ich hatte den Besuch von Heigelin aus Neapel.
7. Am folgenden Tage kaufte ich für 38 Carolins eine Chaise um, nach dem Gebrauche des Wildbades, meine Reise entweder nach der Schweiz oder nach Italien fortzusetzen.
9. Die Frau des jüngern Hofraths Hartmann, die zu einem ihrer Schwäger verreisen wollte, nahm Abschied. Indeß beschloß ich, da die Schweiz und Italien noch nicht ruhig waren und ich in Stuttgart die Traubenzeit nicht abwarten konnte, nach Tyrol zu reisen.
11. Ich fuhr nun mit Bedienung nach Wildbad. M. aber machte eine Flugreise nach Schafhausen und Zürich.
24. Nachdem ich 18 Bäder, nemlich täglich zwei, genommen hatte kehrte ich unter mein gastliches Obdach in Stuttgart zurück, wo M. schon tags zuvor wieder angekommen war. –
26. Ich sahe bei A. Hartmann einige Probebände einer Holzbibliothek, deren Einrichtung mir so wohl gefiel, daß ich mir davon eine vollständige Sammlung bestellen ließ.
28. Man erhielt die Nachricht vom Vordringen der Franzosen bis Heilbronn und tags darauf hieß es, der Herzog sei geflüchtet. –
30. Heigelin aus Neapel besuchte mich. Er war sehr traurig wegen der schrecklichen Auftritte daselbst, wobei auch einer seiner Neffen den Tod gefunden hatte. Auch Madeweis, der hiesige Preussische Gesandte, von dem ich Pässe nehmen müssen, kam zu mir. –
31. Ich erhielt durch den Postwagen, die 200 Carolins, welche Wagner mir hatte schicken müssen und bereitete mich allmählich zur Abreise.

September
5. Ich verließ Stuttgart früh um 3 Uhr. In Göppingen, wo die Pferde gewechselt wurden, stellte mir M. den Arzt Hartmann vor. Ich hatte aber so heftige Kopfschmerzen, daß ich kaum reden konnte. Abends zu guter Zeit erreichte ich Ulm, wo die lermende Menge eben von der Schanzenarbeit zurückkam. Ich hatte diese Nacht ein so starkes Fieber, daß ich kaum glaubte, meine Reise fortsetzen zu können.
6. Dennoch machte ich noch den kurzen Weg bis Augsburg, wo ich den ganzen Nachmittag und Abend ausruhte und mich dadurch merklich besser fühlte.

7. Wir kamen an diesem Tage bis Stetten.
8. Am folgenden half die Pracht der Tyroler Gebirgswelt, von Füssen bis Nassereith, meinem körperlichen Uebelbefinden wieder völlig auf. M. schrieb von hier aus nach Stuttgart.
9. Von Reutte nach Lermoos wurden die Aussichten immer romantischer und interessanter. Mir fielen dabei häufig Stellen aus Milton ein. Von Telfs bis Zirl schwebten mir viele Gegenden des Grindelwalds vor. In Innsbruck stieg ich Nachmittags gegen 5 Uhr im goldenen Adler ab.
10. M. besorgte die Banquiergeschäfte bei Hr. Fischnaller, an welchen Heigelin mich adressirt hatte.
12. Ich machte einen Spaziergang im Hofgarten mit M. Dieser ging tags darauf nach Hall um die dortigen Salzwerke zu besehen. Ich bestimmte indeß Bozen zum Orte meiner Traubenkur. Die Passage über den Brenner war gar nicht so beschwerlich und lang als ich mir dieselbe gedacht hatte. Leider aber regnete es so stark, daß jede Aussicht für mich verloren ging. Gegen Sterzing hellte sich indeß der Himmel. Längs der laut rauschenden Sill thürmten sich die Felsen immer kolossalischer u. in so abenteuerlichen Formen, daß ich oft lebhaft an meinen Uebergang über den St. Gotthardt erinnert ward.
21. Schon in Brixen wähnte ich den Anhauch wärmerer Lüfte zu fühlen. Es schien mir, als wolle die uns begleitende, stürzende Eisack, unseren Lauf nach Hesperien schneller beflügeln. Hinter Kolman sahen wir schon Zypressen. Von Deutschen bis Botzen fuhren wir immer zwischen Reben, Mandel- und Granatbäumen. In Bozen trat ich im Posthause bei Hrn. Stephan Landsmann ab. Das Haus war groß, der Wirth aber grob und die Nahrung elend.
22. Mit vieler Mühe gelang es uns eine Wohnung zu finden. Es war das Wirthshaus *alla scala*, vor dem Thore an der Landstraße gelegen, wo ich mich auf einen Monat einmiethete.
23. Ich zog unverzüglich hinaus, nachdem ich noch den Besuch, des hier durch nach Neapel reisenden Heigelin gehabt hatte, der nur Pferde wechselte und mir einen Brief von Hartmann brachte.
24. An meinem Geburtstage war ich, meinem Wunsche gemäß, schon in der *Scala* eingerichtet. Passable schlecht war die Wohnung, noch schlechter die Kost.

Oktober
Allein die Luft, die Gegend und die Trauben gewährten einigen Ersatz. Anfangs wollte ich nur vier Wochen bleiben, allein die Truppenmärsche, besonders der Rückzug der Russen aus Italien, nöthigte mich, wiewohl meine Kur beendet war,
18. meine Abreise noch weiter hinauszusetzen. Meine Gesundheit war gut geblieben, ausser einem schlimmen Daumen, den ich mir durch Anstrengung etwas mit der Schere zu schneiden zuzog. Von meiner bisherigen Lektüre will ich nur folgendes hier aufführen: Pausanias Reisen durch Griechenland, *Rosa ou la fille mendiante*, Hubers heimliches Gericht und dessen Juliane. – Meine Meinung war, den Winter in Florenz zuzubringen, denn Heigelin schrieb

November
Es sei alles ruhig und er reise gerade nach Neapel. Um indeßen völlig gewiß zu werden, beschloß ich, mich vorläufig

Johann Friedrich August Tischbein,
Fürstin Louise von Anhalt-Dessau an der Ara vor dem Sommersaal
in den Wörlitzer Anlagen, 1799

Friedrich Kaiser, Fürst Leopold III. Friedrich Franz
von Anhalt-Dessau,
1799

nach Verona zu begeben welchen merkwürdigen Ort ich noch nicht gesehen hatte.

5. Die Reise war kurz und ohne Unfall. Unser Wirth Hr. Pfinzer war Fuhrmann. Jenseits Salurn bis Trident ward ich lebhaft an die pontischen Sümpfe erinnert. Erst bei Roveredo wird die Gegend italienisch. Hier kamen wir Abends an. Im Wirthshaus waren noch Russen. Ich blieb angekleidet und schlief wenig.

6. Am folgenden Tage erreichten wir, ungeachtet der österreichischen Truppenmärsche, die oft unsern Lauf hemmten und des tragi-komischen Abenteuers unweit Peri, dennoch am Abend das alte ehrwürdige Verona, wo wir *alle due Torre* abstiegen.

7. Ich bekam Briefe aus Stuttgart und M. aus Florenz.

8. Meine erste Wallfahrt war nach dem Amphitheater, diesem herrlichen, wohl erhaltenen Ueberbleibsel des Alterthums, die ich hernach noch oft wiederholte. Ich setzte meine Ausgänge täglich fort und sahe nach und nach, die merkwürdigsten Werke der Skulptur, Malerei und Architektur, die Verona aufzuweisen hat. Nur die Pflanzenwelt und die herrlichen Reste der römischen Vorzeit überzeugten mich, daß ich wirklich in Italien sei: den reinen wohlthuenden hesperischen Himmel fand ich noch nicht. Durch Umstände gepresst und getrieben musste ich dem schönen Plane in Florenz zu überwintern entsagen und in die nordischen Nebel zurückkehren.

Wenn ich auch im Stande wäre, meine Empfindungen hierbei zu schildern, so würde niemand mir nachfühlen können. Um bis zum letzten Moment der möglichen Klugheit nachzuleben und meine Hoffnung noch nicht ganz zu brechen, waren meine Maaßregeln so genommen, daß ich entweder nach Florenz oder nach Hause reisen konnte. Allein die Unterredung, welche M. mit dem Gouverneur, dem Baron Riese hatte, brach endlich den Stab über meine sterbenden Hoffnungen.

16. Ich verließ also Verona, um den nemlichen Weg nach Innsbruck Schritt vor Schritt wieder zurückzumessen.

20. Hier musste ich einer Krankheit halber (vermutlich die Folge einer Erkältung) mehrere Tage verweilen. So wahrscheinlich es mir auch vorkam, daran sterben zu können, so hatte ich dennoch kein Verlangen, deshalb einen Arzt zu befragen. Die Natur vertrat auch diesmal Arztstelle und ich war endlich im Stande,

29. meine Ruhe u. mühevolle Winterstraße weiter zu verfolgen. Ich nahm meinen Weg über Mittelwalde, München und Regensburg. Durch einen Truppenmarsch der Russen (die mich auf der ganzen Reise wie wahre Höllengeister verfolgten), wurde ich gezwungen auch die Nacht zu fahren, weil nirgends unterzukommen u. nirgends von München bis Regensburg auch nur die mindesten Nahrungsmittel zu haben waren.

97

December
2. In Regensburg, wo wir früh um 9 Uhr eintrafen, war die gute Tafel im weissen Lamme für uns alle, nach so langem Fasten, himmlische Erquickung.
4. Ich hielt hier zwei Rasttage.
5. Nun ging es über Amberg, Creussen, Bayreuth nach Hof
6. wo die schrecklichen Wege, mir die Annäherung der Heimath verkündigten.
7. Hof verließ ich früh 6 Uhr, mit vorgetragener Laterne. Und nun ging es nach Landessitte *toujours ventre à terre* über Plauen nach Reichenbach, wo wir Abends um 9 Uhr ankamen. Also 5 u. eine halbe Meile in 14 Stunden! Und das nennen die Leute hier dennoch gut fortkommen. Waren doch die Räder und Hals und Beine des Postillions nicht gebrochen! Um ganz vollkommen mit den Schnecken zu wetteifern, krochen wir noch drittehalb Tage
11. ehe wir Leipzig erreichten. Wir stiegen im Großen Joachimsthale ab. Ich blieb einige Tage in Leipzig, wo ich auch noch meine Correspondenz abwartete. Damit ich im grauen Kloster schon alles in Ordnung u. geheizte Zimmer finden möchte, ging M. einen Tag vor mir
13. über Dessau nach Wörliz.
14. Am folgenden Nachmittage traf auch ich daselbst ein, schon erwartet von der Generalin Raumer. Bald kam auch der Fürst u. unterhielt sich wohl zwei Stunden mit mir. Er sagte, daß seine Schwester nicht wohl sei; Auch Erdmannsdorff werde immer kränklicher und schlummre viel. Die Raumer blieb bei mir. Schon am folgenden Abend brachte der Fürst uns allen die unerwartete Nachricht vom
† 15. Tode seiner Schwester und äußerte dabei die lebhafteste Betrübnis. –
18. Berenhorst aß bei mir zu Mittag und
20. bald darauf auch der Fürst, mein Sohn mit seiner Frau, der General u. Cammerdirektor Raumer und Probst Coeler.
23. M. ging nach Dessau, kam aber am Abend schon wieder, weil er tags darauf nach Coswig wollte, wohin seine Schwester mit seinem kleinen Sohne zu Besuch gekommen war. Allein es fiel so viel Schnee und die Passage über die kürzlich zugefrorene Elbe war noch so unsicher, daß er seinen Gang noch aufschieben musste. Die Raumer kehrte nach Dessau zurück. Abends spät war der Arzt aus Coswig in M.s Wohnung gewesen, mit der Nachricht, daß Louis die Röteln habe.
24. † Als der besorgte Vater am folgenden Morgen hinüber eilte, fand er sein Kind schon nicht mehr lebendig. Mit blutendem Herzen kam er Abends wieder, musste noch ein paar Mal ins Trauerhaus zurück, um das Begräbnis des Kleinen zu besorgen.
27. Ich fuhr nach Dessau um meinem Sohne zu seinem Geburtstag zu gratulieren u. ihm ein Geschenk zu machen, auch Geschäfte mit meinem Secretair auf meinem Zimmer im Schlosse zu besorgen, die mich bald darauf
31. noch einmal zur Stadt riefen. Ich speiste auf meinem Zimmer und sahe Nachmittags meine Schwiegertochter u. die Waldersee, nebst deren Kindern bei mir. Der Abend führte mich wieder nach Wörlitz zurück. Von den Büchern, die ich in den beiden verflossenen Monaten las, bemerke ich folgende: *les voux téméraires par M^d. de Genlis*, mehrere Bände von Voltaire, einige Erzählungen von Arnaud, Schulz Reisen durch Tyrol, *Anne ou l'héritière galloise*, die Reisebeschreibung der Brun,

Schillers Almanach für 1 800, Lafontaines Hermann Lange und Berenhorsts dritten Theil.

1800

Januar
1. Der Fürst kam noch vor Tage, und da ich sehr spät eingeschlafen war, fand er mich noch nicht erwacht, als er zum Neujahrswunsch hereintrat. Später kam auch mein Sohn
2. und am folgenden Tage dessen Frau, mit ihrem Bruder, der in preußischen Diensten ist. Die Witterung wurde etwas gelinder und der Sonnenschein lockte mich, ungeachtet eines heftigen Schnupfens, öfters zum Ausgehen und Ausfahren. –
14. Ich fuhr nach Luisium, um Rechnungen zu bezahlen u. mit der Raumer zu essen. M. war nach Coswig. Abends trafen wir wieder im grauen Kloster ein. Ich sezte mit M. meine Bibliothek in eine bessere Ordnung.
19. Die Generalin Raumer kam wieder auf einige Tage zu mir. Der Fürst besuchte mich fast täglich. Ich hatte in diesen Tagen, den letzten, mich sehr betrübenden Briefwechsel mit meinem Sohne wegen Häfeli. Die schon lange vorgeschlagene Einrichtung wurde getroffen, mir statt der bestimmte Deputate Wein, Kaffee, Licht, Zucker, Eier, Bier und Brod eine gewisse Summe zu geben, die vierteljährlich auf 200 Rthl. gesetzt wurde.

Februar
9. Ich schrieb um diese Zeit folgendes in mein Tagebuch: „Der Schnee liegt hoch – es schneit immer mehr. Ach! ist es Heimweh nach sanfterem Himmel, nach ruhiger Existenz mit homogenen Menschen, oder nach jener einzigen, unsichtbaren Heimath, was mein Herz so innig bewegt? O Gott du kennst mich, die vertraue ich alles ohne Furcht! Gib mir Weisheit und Gesundheit!"
21. Ich fuhr über Luisium nach Dessau, den kleinen Georg Blumen und Kuchen zu seinem Geburtstag zu bringen. –
24. Der Fürst holte mich mit M. in seiner Chaise ab, um das neue Treibhaus zu sehen. M. erfreute mich oft mit großen Paketen Stuttgarter Zeitungen, die ihm von Coswig aus mitgetheilt wurden. Ich schrieb wieder an den Aufsätzen über die Kunstgeschichte. Der Fürst kam jetzt öfters, wenn ich noch am Tische saß und unterhielt sich dann meistens lange mit mir u. M. – Ich vollendete Papiere, die ich doppelt abschrieb, wie auch den Brief, der nach meinem Tode, meinem Sohne sollte übergeben werden.

März
9. † Erdmannsdorff starb und hinterließ zwei Töchter, wovon die jüngste schon bei seinem Leben zur Hofdame meiner Schwiegertochter bestimmt war. Auch für die Aelteste, meine Pathe, bekam er noch vor seinem Tode vom Fürsten die Versicherung, daß sie dereinst an die Stelle des Frl. v. Donop treten solle und ich beschlossen habe, sie fürs erste zu mir zu nehmen.
13. Ich ließ am rechten Arm zur Ader.
18. Berenhorst aß bei mir. Ich litt an einer Halsentzündung, auch regte sich der fatale Husten wieder und ich mußte den Frühlingsanfang mit geheizten Stuben und Fliederthee feiern.

Unbek. Künstler, Friedrich Wilhelm von Erdmannsdorff, um 1795/96

22. Ich kaufte für 650 Rthl. einen Reisewagen von einem gewissen Major v. Rath, ehemals in Wirtemb. Diensten, jetzt aber in Coswig etablirt.
23. Ich bekam einmal wieder einen Brief von Larrey aus Rolle, der mir seit 1794 nicht geschrieben hatte. Mein Befinden blieb in diesen Tagen immer fieberhaft.
25. Der Fürst brachte mir in seinem Wagen die beiden Töchter Erdmannsdorffs, mit denen ich Thee nahm, worauf sie nach Dessau in des Fürsten Equipage zurückfuhren. Vor Johannis, hieß es, würde ihre Erbschaftssache nicht regulirt seyn. – Ich fuhr im neuerkauften Wagen mit M. nach Luisium, wo ich mit meinem Secretair Geschäfte hatte. M. stieg bei der Mühle aus und ging nach Dessau von wo er 5 Uhr wiederkam. Wir fuhren über den Oranienbaumer Weg wieder nach Wörliz, denn seit der Überschwemmung konnte noch kein anderer wieder befahren werden.

April

3. Ich aß mit den Loens beim Fürsten auf den Schlosse in Wörliz.
4. Die Waldersee aß bei mir im grauen Kloster und Abends begleitete ich sie wieder bis Oranienbaum.
13. Es war mir, theils wegen meines Befindens, theils wegen des nassen Wetters nicht möglich, dieses Osterfest die Kirche zu besuchen. Auch war ich durch manches verstimmt und mein Physisches litt ebenfalls durch das lange Zögern des Frühlings: denn noch blühte kein Baum.

17. Endlich hörte ich die erste Nachtigall im Garten bei meiner Wohnung. Ich bekam wieder Husten und Zahschmerz, wobei der ganze Mund geschwollen war.
25. Ich besuchte die Erdmannsdorffs, sahe die Siegfried und fand Berenhorst, in meinem Garten zu Luisium, mit denen ich mich lange unterhielt. Hierauf aß ich daselbst mit der Lattorf u. fuhr um 5 Uhr nach Wörliz zurück. Es herrschte nun milde Sonnenwärme und die Bäume begannen zu blühen.

Mai

1. Ich hatte an diesem Tag der herzlichen Erinnerung an meinen alten Freund Häfeli (denn es ist sein Geburtstag) Besuche von Berenhorst und der Fürstin von Zerbst. –
2. Auf meiner Morgenpromenade begegnete ich dem Fürsten mit seinen Hausgenossen. Er stellte mir seine zwei Töchter vor, die mir sehr wohlgefielen. Ich ersuchte selbig einmal Nachmittags, mit ihrer Gouvernante M^{dm} Lex zu mir in meine Wohnung zu kommen. Ich ging zur Communion.
4. Ich fuhr früh um 6 Uhr nach Dessau, um die Raumern, welche wieder daselbst angekommen war, zu besuchen und auch mit meinem Secretair zu sprechen. – Ich bekam den verabredeten Nachmittagsbesuch der beiden Töchter des Fürsten und der M^{dm} Lex. Als selbige um 5 Uhr wieder weg waren, kam der Fürst und schien sehr zufrieden zu sein.
9. Wegen des Absterbens meiner Cousine der verw. Landgräfin von Hessen-Cassel legten wir Hoftrauer an. Ich ließ die beiden Töchter aus dem gothischen Hause wiederum mit ihrer Gouvernante zum Thee rufen.
10. Der Fürst äußerte nachher den Wunsch, die Mutter dieser Kinder doch auch bei mir zu sehen.
13. Da ich mich aber schon am folgenden Tage auf längere Zeit nach Luisium begab, so entschuldigte mich dieß fürs erste. Der Fürst führte mich mit der Raumer die eben bei mir aß, nach der neuerbauten Kirche zu Riesigk.
14. Berenhorst aß zu Mittag mit mir im Luisium. M. war auf einige Tage nach Leipzig gereist. Meine alte Bekannte, die Fr. v. Pfuhl, kam von Berlin, um eine Zeit lang bei mir im Luisium zu wohnen. Ich war ihr entgegengefahren. Die Arme ist ganz taub und man kann sich nur schriftlich mit ihr unterhalten. Ihr zu Gefallen hatte ich öfters Theegesellschaft, wobei 6. bis 7. Spieltische waren. Die Gegenwart des Baron Bangard in Dessau veranlasste auch viele Conferenzen wegen meiner Schwester mit ihm. Der General Anhalt speiste auch einmal mit dem Fürsten. Beide überredeten mich mit ins Schauspiel zu kommen. Ich fuhr mit der Pfuhlen häufig Tage lang umher, um ihr alles zu zeigen.
22. M. kam von Leipzig zurück.

Junius

3. Meine Gesundheit, eben so wie mein Empfindungsvermögen, war durch dies unruhige, für mich ganz genußlose Leben so zerrüttet, daß ich zwar froh war dieser Last enthoben zu seyn, aber dennoch ein hartes, lange gefürchtetes Leiden noch zu überstehen hatte. Die Pein im Munde ward immer heftiger und ich musste die letzten schmerzhaften Zähne herausreissen. Da ich fürchtete nachher nicht mehr deutlich reden zu können, auch sehr durch diesen Verlust entstellt zu werden, so ging ich mit Schmerz und Schaudern an diese nächtliche Operation. Aber Berenhorst u. M. die beide am folgenden Tage allein mir mir assen, versicherten mein Mund sei nicht

99

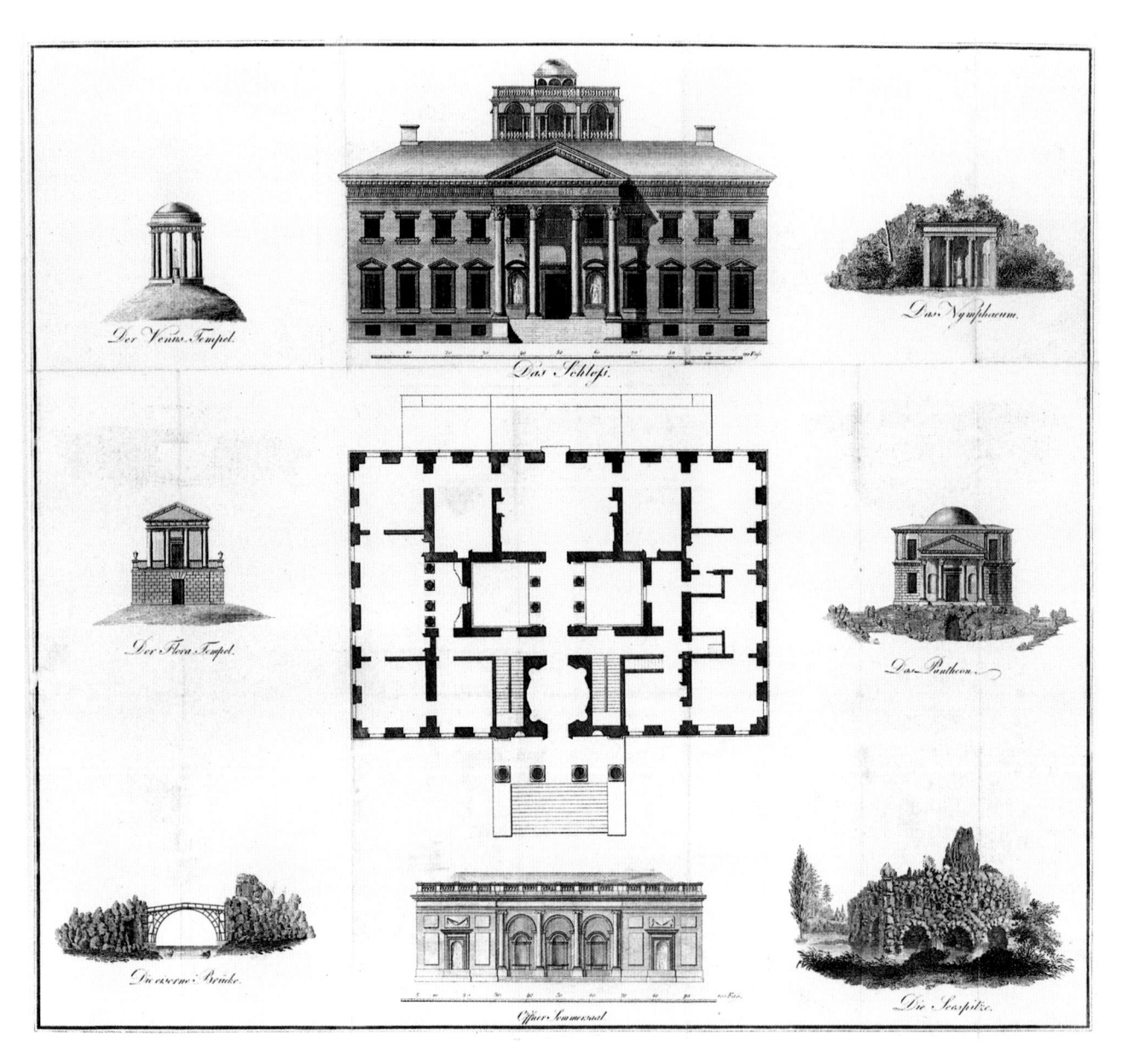

Ansichten von Bauwerken in den Wörlitzer Anlagen, 1798

entstellt und beim Essen und Sprechen spürte ich nur in den ersten Tagen einige Schwierigkeit. –
7. Auch der Fürst bemerkte die Veränderung nicht eher, als bis ich ihm mein Leiden klagte.
12. Mein Sohn u. Hr. v. Kleist besuchten mich Vormittags; Nachmittags die Frau des letzten und die junge v. Eckartstein, welche kürzlich getraut worden war. – Die raue Witterung und die gewaltige Zugluft in Luisium,
18. nöthigten mich wieder ins graue Kloster zu ziehen. – Wir assen beim Fürsten im Schlosse zu Wörlitz, mit meiner Schwiegertochter und ihrer Schwester Auguste. –
27. Ich fühlte mich so krank, daß ich kaum ausser dem Bette bleiben konnte. Deßhalb war es mir auch unmöglich meiner Schwiegertochter zu ihrem Geburtstage Strauß u. Angebinde selbst zu überbringen.
30. Ich hatte schreckliche Anfälle vom bösen Stickhusten und musste die Stube hüten.

Julius
3. Ich ging mit der Waldersee zu M. herüber, um dort die Zimmer für die Erdmannsdorff einrichten zu lassen, welche bald darauf
5. selbst mit der Siegfried ankam. Leider wurde ich gleich in den ersten Tagen so sehr von ihrer Unempfindlichkeit und Indolenz überzeugt, daß ich es tief bereute sie zu mir genommen zu haben. –
17. Ich besuchte die gefährlich kranke Schrötern. –
19. Meine älteste Cammerfrau, welche sehr kränkelte, wurde mit dem Bedeuten in Dessau auf dem Schlosse abgesetzt, daß sie mir die andere nicht schicken solle, weil die Siegfried von mir angenommen sei und ich mit ihr die Reise nach Eger machen werde, wohin Olberg schon wegen meiner Wohnung geschrieben hatte. –
20. Die Siegfried trat ihren Dienst als Cammerfrau bei mir an. Ich gebe ihr jährlich 80 Rthl. alles frei, meine abgelegten

Kleider und noch ein Weihnachtsgeschenk. M. speiste mehreremale beim Fürsten.

30. † Die Schrötern starb.

August

1. Ich war wieder in Luisium, um von dort aus die nöthigen Bestellungen und Vorkehrungen zu meiner Abreise zu machen.

10. Der Fürst kam früh nach 6 Uhr um meinen Glückwunsch zu seinem Geburtstage zu empfangen. Gegen 11 Uhr fuhr ich mit der Erdmannsdorff u. M. nach Dessau zum Palais meines Sohnes, wo ich die ganz große Gesellschaft abwartete u. bewillkommte, als sich selbige aber um halb 3 Uhr zu Tafel setzte, fuhr ich allein nach Luisium, besorgte noch Geschäfte und sprach meinen Secretair. Abends fuhr ich mit M. wieder nach Wörlitz. Die Erdmannsdorff blieb die Nacht in Dessau

11. und wurde tags darauf von Waldersees wieder herausgebracht, welche den Mittag bei mir assen.

12. Ich trat die Reise nach Eger an, begleitet von der Erdmannsdorff, Glafey, dessen Tochter der Stiftsdame u. M. Nach drei Nachtlagern (Leipzig, Zwickau u. Adorf) erreichten wir den wohlbekannten Franzensbrunnen, wo D. Köhler, an den Olberg uns adressiert hatte mich sogleich besuchte. Ich war nicht wohl und als ich in sehr schwüler Gewitterluft mit meiner Gesellschaft nach

18. Seeberg fuhr, wurde mir noch übler.

21. Ich ging früh zur Quelle, konnte aber nicht zu trinken fortfahren, weil ich ein Flußfieber und Husten bekam. Hr. v. Berg, war der einzige Bekannte den ich hier antraf.

23. Ich setzte die Kur wieder fort, trank aber auf meinem Zimmer. Ich hatte einen geräumigen Saal zum Umhergehen u. überhaupt eine gute Wohnung im Hause des Hrn. v. Limbek. Ich ging und fuhr täglich aus, trank unausgesetzt, hatte viel Ausleerung, fror beständig und fühlte mich täglich matter werden. –

29. Wir fuhren mit Hrn. v. Oßmünz nach Eger, besahen die Wallensteinischen Reliquien, assen im Hirsch und besuchten Nachmittags noch das Bayrische Benediktinerkloster Waldsassen. –

September

2. Glafey reiste mit seiner Tochter und meinem Koch, über Karlsbad wieder nach Dessau.

3. Nachdem ich meine Kur vollendet hatte, reiste ich über Bayreuth nach Erlangen, wo wir

7. bei Hrn. Toussaint im Wallfisch logierten.

9. Hartmanns schrieben, daß sie uns gern wieder bei sich sehen würden. Zuweilen ging ich mit M. im Schloßgarten spazieren. Dieser bekam vom Cabinetsrath Rode, Erdmannsdorffs Biographie im Mspt. zugeschickt, welche ich auch durchging.

14. Sehr unerwartet war mir hier der Besuch des alten Burkards zum Kirschgarten aus Basel, der mich, ungeachtet ich unter dem Namen einer Fr. v. Erdmannsdorff reiste, dennoch ausgeforscht hatte. Er stand als Obrist in englischem Solde. M. brachte mir den Titan von Jean Paul, aber, den Musen seis geklagt! ich hatte weder Sinn, noch Empfänglichkeit dafür. Trotz meiner Anstrengung mich durchzuarbeiten, widerstand mir das Buch so sehr, daß ich es weglegen musste. –

17. Der Prof. Isenflamm kam zu mir, dessen Bekanntschaft mich interessierte, weil er A. Müllers vertrautester Freund ist. Leider war letzterer verreist. –

Ich verließ nun Erlangen u. trat Abends zu Ansbach in der Krone ab, wo ich mich so lange aufhalten wollte, bis ich ganz bestimmte Nachrichten über die Dauer des Waffenstillstandes u. die politische Sicherheit in Schwaben würde erhalten haben. Ich ging an diesen Tagen mit M. im schönen, großen Schloßgarten spazieren.

22. Die Nachricht vom verlängerten Waffenstillstand erschien und ein Brief von Hartmanns sagte, daß man uns schon erwarte. Sogleich wurde

23. der folgende Tag zur Abreise bestimmt, an welchem ich Ellwangen und Abends darauf,

24. als an meinem Geburtstage glücklich Stuttgart erreichte. Obgleich an Kopf u. Hals leidend, beschloß ich dennoch ruhig und mit heiterem Gemüth mein 50tes Jahr.

Oktober

3. Meine Gesundheit erholte sich bald, wozu die Traubenkur, welche ich bald anfing und zwanzig Tage lang fortsetzte, kräftig mitwirkte. Mein Briefwechsel mit Larrey dauerte fort. Um noch die Dauer des Waffenstillstandes zu benutzen, bestimmte ich die letzten Tage des Okt. oder die

ersten des Nov. zur Schweizreise, allein ein Brief von Larrey, der mich schon beim Einpacken fand und von Unruhen im Canton Leman u. Cantonierung französischer Truppen voll war, bestimmte mich meinen Entschluß zu ändern. Und so

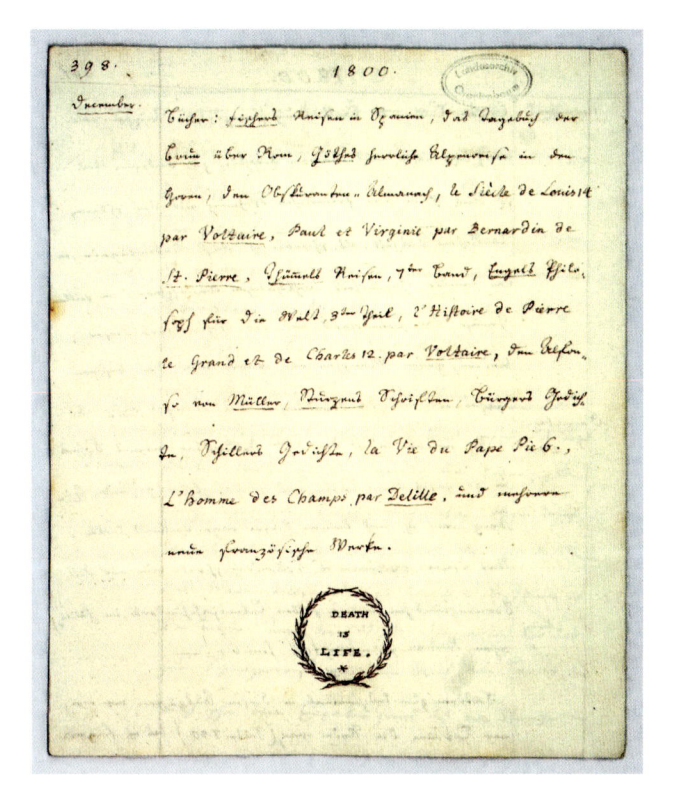

Friedrich Matthisson, Auszug aus dem Tagebuch der Fürstin Louise von Anhalt-Dessau

blieb ich in der freundlichen Wohnung mit der schönen, ländlichen Aussicht, als schwebte ich auf Rebenhügeln, in der meiner Gesundheit wohlthätigen Atmosphäre, im stillen Genuß der Freundschaft und des Wohlwollens dieser beiden, guten Menschen und wartete auf nun bessere Jahreszeit und die Wendungen des Krieges ruhig ab.

December
27. Ich erlebte indeß den 32ten Geburtstag meines Sohnes in so zufriedener Stille und so behaglicher, gesunder Existenz, wie ich noch keinen dieser Tage erlebt hatte. Mit dieses Jahrhunderts Vollendung schwebe nun auch das Sonnenstäubchen meines halben Lebensjahrhunderts, im himmlischen Raume, zur Ewigkeit hinüber!-
Seit dem letztmal in diesen Auszügen von meiner Lektüre die Rede war las ich folgende Bücher: Fischers Reise in Spanien, das Tagebuch der Brun über Rom, Göthes herrliche Alpenreise in den Horen, den Obsuranten-Almanach, le Siècle de Louis 14 par Voltaire, Paul et Virgine par Bernardin de St. Pierre, Thümmels Reisen, 7ter Band, Engels Philosophie für die Welt, 3ter Theil, le Histoire de Pierre le Grand et de Charles 12 par Voltaire, den Alfonso von Müller, Sturzens Schriften, Bürgers Gedichte, Schillers Gedichte, la Vie du Pape Pie 6., l'homme des Champs par Delille, und mehrere neue französische Werke.

DEATH IS LIFE

1801

Januar
Auch dieses Jahresbeginnen war mir sehr wohlthuend, denn immer noch erquickte mich die Stille dieses Aufenthalts und die selbst im Winter mir wohlthätige Luft. Den ersten Tag diese Monats, an welchem die liebevolle Familie, in deren Schooße ich lebe mich mit Blumengeschenken erfreute, war völlige Frühjahrswitterung, und die Luft so mild, daß ich ohne Umlegung eines Schawls recht angenehm im Freien spazieren konnte. Aber so schön auch das Wetter zu seyn schien, so wenig gesund wirkte es allgemein auf die menschlichen Körper: denn es erkrankten hier im Hause vier der täglichen Hauspersonen, die Frau Hofräthin, ihr Mann, dessen Vater und auch M., dem schon am 23ten, wo ich ihm einen Kranz brachte, nicht ganz wohl war. Ich selbst empfand noch nichts, als einen vorübergehenden bösen Hals im Februar,

Februar
und schon hatte ich diesen mir immer unfreundlichen Monat, außer etwas Husten und Schnupfen, gut überstanden, und in den ersten Tagen desselben meinen still gewährten und lange erwünschten Plan, mich hier anzusiedeln und diese Wohnung zu kaufen, dem alten Besitzer kund gethan, und dieses Geschäft mit ihm völlig eingeleitet: als ich am 23ten mich doch von meinem Körper so gedrückt fühlte, daß ich den Dr. Hopfengärtner rufen lassen musste, und wirklich mit vieler Neigung zum Erbrechen, Hitze und Stickhusten, Schlaflosigkeit und Fieber bis März

März
zu kämpfen hatte; doch konnte ich immer wenigstens die Hälfte des Tages ausser dem Bette zubringen und dabei meine Geschäftskorrespondenz und übrige nutzlose Beschäftigungen fortsetzen. Indessen war der, mit Schnee und Eis wieder zurückkehrende Winter (denn ich musste am 20ten noch ordentlich im Ofen nachlegen lassen) meiner und der übrigen genesenden Gesundheit nicht günstig; denn sie bekamen meist alle ihre gehabte Unpässlichkeit zum zweitenmal wieder, und immer noch fühlte ich die beschwerlichen Schmerzen der linken Seite, den *embarras* im Unterleibe und heiße Wallungen.
23. Ich bekam vom Fürsten einen Brief par secretaire, weil er noch am rechten Arme von den Folgen eines bösen Falls mit dem Pferde litt, und von meinem Sohn ein eigenhändiges Schreiben, worin mir beide den hiesigen Ankauf verleiden und widerrathen wollen. Dieser Druck auf meine Neigung, dessen üble Folgen ich schnell durchsah, verstimmte mein Gemüth und ergriff meinen noch kränkelnden Körper.
27. Der Arzt fand es rathsam mir am Fuße eine Ader öffnen zu lassen, was auch auf die ersten 24 Stunden mir ziemlich wohl that, aber mein Gemüth konnte sich nicht erheitern; denn es vereinigte sich so manches das selbe zu trüben und die dämmernden Hoffnungen vor meiner Seele zu umnebeln.
31. Erst am letzten Tage dieses Monats beantwortete ich die beiden Dessauer Briefe, die mich so angegriffen hatten.

April
1. Noch am 1. April, wo der schneidende Ostwind mich im Garten traf, befand ich mich gar sehr übel.
3. Am 3ten veranstalteten die jetzt alle wieder gesunden Hartmanns mit ihren Kindern und für uns eine Spazierfahrt und Mittagessen, in dem etwa zwei Stunden entlegenen sogenannten Pfaffenholze, wo der Kirchenrath ein kleines Kabinett nebst Küche und Kellerraum in einer Pflanzung auf einem Hügel unterhält. Die Witterung war schön, mein Körper aber matt und mein Gemüth auch sehr gedrückt.
5. Am Ostertage strömten die Wolken einen gewaltigen Regen herab und sehr trübe war mein Gemüth; doch die sich treibenden und durch die baldige Abreise vermehrten Beschäftigungen hielten mich aufrecht.
18. Am 18. begann ich endlich die schon im vorigen Jahr projektierte, durch den französischen Armeemarsch aber bisher verhinderte Schweizerreise. Ich hatte das Vergnügen den Hofrath A. Hartmann zu vermögen, uns bis Schaffhausen zu begleiten, wo er mit uns den Rheinfall zum erstenmal in seinem Leben in Augenschein nahm. Schon am folgenden Tage nach unserer Ankunft zwang uns das einmarschierende Armeekorps der Franzosen weiter zu reisen und Hofr. Hartmann kehrte wieder nach Stuttgart zurück. Wir reisten noch am nemlichen Tage bis Eglisau. Die Kutscher, die ich bis Bern gedungen hatte, führten uns, obgleich der eine des Ritters Hudibras Profil hatte, ganz ohne Abenteuer auf Schnecke-Schweizerpost, über Zürich, Baden, Morgenthal nach Bern. Des schönen Abends in Eglisau, wo ich an meinem einsamen

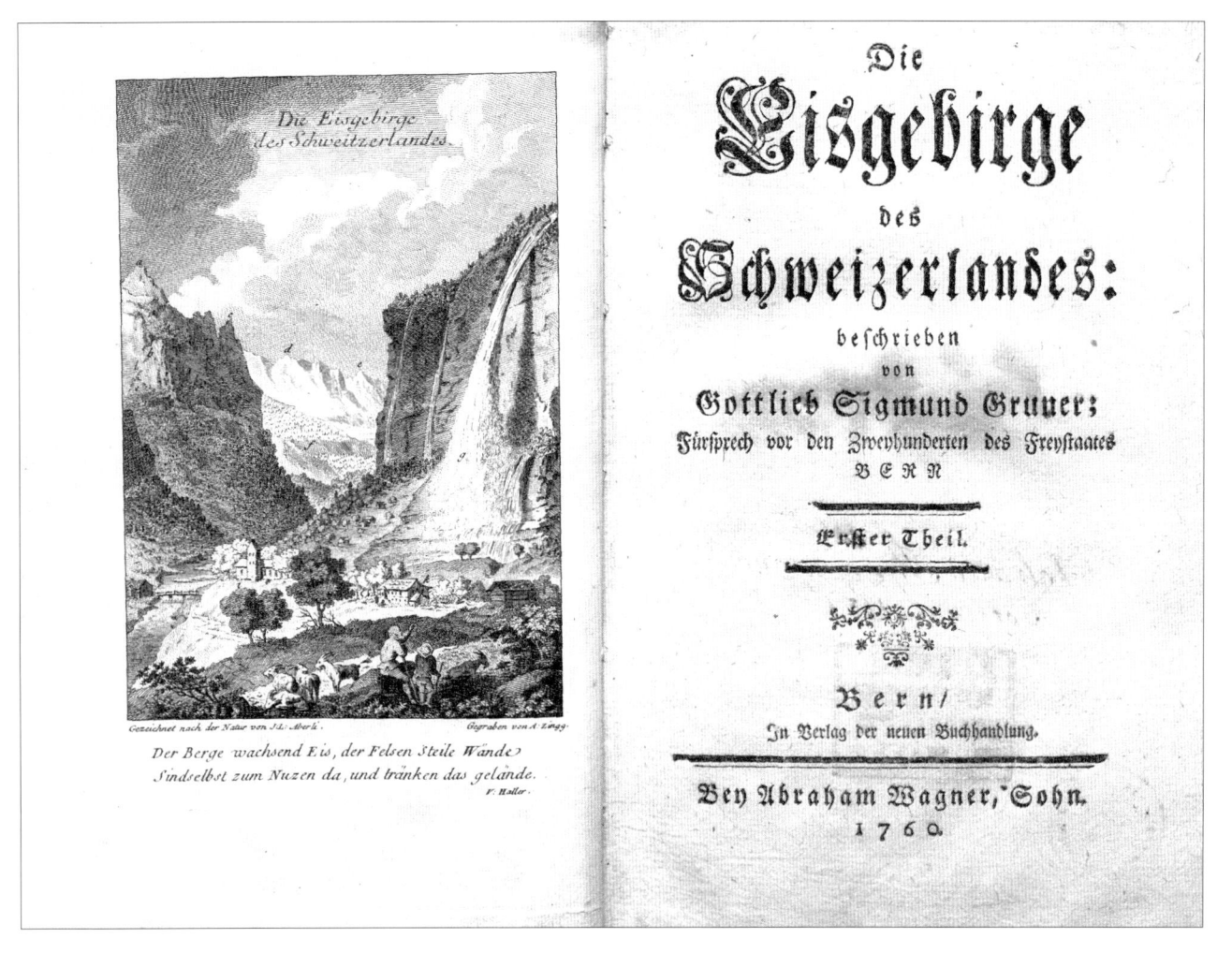

Gottlieb Siegmund Gruner, Die Eisgebirge des Schweizerlandes, 1760

Fenster mit Wehmutszähren im Auge des herrlichen Flusses ernstes Ufer vom trauten Monde beleuchtet sahe, und des festlichen Anblicks der Frühlingspracht auf dem Wege von Zürich nach Baden werde ich nie vergessen. Die Bise war mit vielen Staubwolken uns Hinderniß gewesen, den aber doch prächtigen Eintritt in die Schweiz ganz wohlthuend zu genießen. Mein Vorhaben die Petersinsel zu besuchen mußte ich diesmal aufgeben, denn theils die Witterung, theils die unaufhörliche Einquartierung und Bewegung der französischen Soldaten, da uns die Sicherheit für Fremde noch nicht bekannt war, hinderten daran.

24. Nach einem sehr üblen Nachtlager und fatalem Abendessen mit meinen zwei Gänsen in einem Zimmer, weil die Gasthöfe alle so voll und besetzt waren, brach ich frühmorgens auf, weil die Pferde zur Petersinsel frühe bestellt waren und wir platterdings doch nicht mehr in Bern bleiben konnten. Ich fuhr aber nur bis Murten, wo auch Kaminfeuer gemacht werden mußte und ich den ganzen Nachmittag schrieb und mich über Uhlich seinen Geldmangel und der Leute ihr Benehmen überhaupt ärgerte.

26. Früh um 6 Uhr setzte ich meinen Weg weiter fort; hielt Mittag in Payerne, wo auch Kaminfeuer brannte und M. die Demoiselle *Détray* besuchen mußte, um mir die Gewissheit ihres Lebens zu verschaffen, und erreichte Moudon noch bei guter Zeit, wo wir übernachteten.

27. Am folgenden Morgen früh eröffnete sich mir bei hellem Himmel, aber kalter Bise, die prachtvolle Uebersicht des schönen, mir immer noch liebsten Sees. Schon von der Höhe des Weges herab erblickte man *les Voirons*, le Dents du midi et de Mordte, les Tours d' Ai et de Mayenne, le Diablerèt, und dann endlich von dem Rücken des Jorat hatte ich das Vergnügen, an M., dem doch frühern Bewohner dieses Landes, die in ihrer Art einzige Ansicht eines Theils der Fläche des schönen Sees zum erstenmal darzustellen; denn ihm war auf seinen häufigen Wanderungen und Kreuz- und Querzügen, der Himmel ein so wolkenlos und die Luft ein so rein auf dieser Stelle zum Theil geworden. Um 10 Uhr kamen wir schon nach Lausanne zum abscheulichen *Lion d' Or*. Alle liefen umher und dann assen wir. M. frühe nach Vevey, um mir ein Landhaus zu miethen, und ich nach Rolle, wo Larrey schon meine Zimmer à la tête noire bestellt hatte. Ich stieg indeß bei ihm selbst ab, und fand ihn mit seinem Sohne Jean und seinen zwei Töchtern Sophie und Wilhelmine auf seine alte Weise. Zum Abendessen ging ich von ihm geführt nach dem Gasthofe.

29. M. kam von Vevey zurück und hatte mir Chemenin gemiethet.

Mai
1. Ich fuhr am 1ten Mai mit Larreys beiden Töchtern und M. nach Nion, theils um dort die Aussicht des *Mont blanc* zu haben, theils auch um auf dem Schlosse die Zimmer, die M. einst bei Bonstetten bewohnt hatte, zu sehen: allein der Himmel war trübe, der Wind stürmte, und nichts als einiges Porcellan konnten wir da ansehen und kaufen. Dadurch, daß ich den Schlossberg im Winde hinanstieg, erkältete ich mich so sehr, daß ich mich ganz krank fühlte
3. und kaum am 3ten wohl genug war, nach Vevey zu fahren. Doch that ichs, und nach einem sehr schlechten Mittagessen in Lütri, kam ich um halb 6 Uhr nach Chemenin, wo aber das trübe dunkle Nebelwetter mir die Anmuth der Ansicht raubte. Da war ich also wieder an dem Orte, von wo ich im Nov. 1793 abging und wohin ich nie wiederzukehren dachte! Ach! Himmel und Erde, See und Natur, alles war noch so schön, wie es vormals war: aber Ich und das Schicksal meiner selbst sehr verändert. Meine dortige Einrichtung war bald gemacht, da die nemlichen Hausleute, die alte Köchin und die *Grangers* sämtlich noch lebten. Sonntag kaufte ich ein und half kochen. Die Siegfried sollte die Wirtschaft führen, die Erdmannsdorff aufschreiben und nachrechnen, aber alles ging leider ziemlich schief. Jedoch die herrliche Luft, die schönen einsamen Stunden, wo ich unter freiem Himmel das prächtige Anschauen der großen, herrlichen Natur rund um mich her genoß, dieses richtete meine Gesundheit und mein Gemüth so harmonisch auf, daß mir sehr wohl ward, besonders da ich doch ein Hülfmittel dort ergriffen hatte, der Erdmannsdorff Beschäftigung und einige Bildung zu geben, nemlich dadurch, daß ich sie des Tages über in Kost bei einer Lehrerin gab, die in Vevey Schule hielt.
22. Larrey kam mit seinem Sohn zu Besuch, fand die Lage und Gegend sehr schön, blieb die Nacht, reiste am folgenden Nachmittag wieder ab, und ließ uns seinen Sohn, der die folgenden Tage kleine Reisen mit M. nach der *Dent de Jamant*, Bex und *Pissevache* machte, aber das übelste hatte, denn dahin auf lange waren die schönen heiteren Tage.
28. Beide kamen am 28ten zurück, und am folgenden Tage fuhr ich mit ihnen abgeredetermaßen nach Ouchy, wo Larrey mit seinen Töchtern mit mir speiste, und dann diese mit mir nach Chemenin zurückkehren ließ, seinen Sohn aber wieder mit sich nahm. Aber auch diese hatten mir von Chemenin das schöne Wetter verscheucht. Mehrere Tage blieben feucht und trübe, und es schien, daß M. sich gar oft unpaß befand. Da aber endlich doch das Wetter wieder schön ward, unternahm ichs, die beiden jungen Mädchen eine schöne Naturscene, für sie die erste der Art, sehen zu lassen.

Junius
6. Wir fuhren also alle über Aigle und Bex, und am folgenden Tage früh um 5 Uhr von dort nach Pissevache, wo ich seit 1788 nicht gewesen war. Die Witterung war eben nicht günstig; dennoch kam ein schöner Sonnenblick den Wassersturz grade so zu beleuchten, daß ein prächtiger Regenbogen sich bildete, und ich ward froh, und vergnügt kehrten wir nach Bex zurück, wo gefrühstückt und den Pferden Futter gegeben ward. Hierauf fuhren wir nach Aigle, wo wir Mittag hielten. Schon um 6 Uhr kamen wir wieder in Chemenin an.

13. Bis zum 13ten blieb diese junge Gesellschaft bei mir, da brachte ich selbige bis nach Ouchy, wo ihr Vater und Bruder mit uns aßen. Nachmittags fuhr ich ruhig allein wieder nach Chemenin und legte, des bösen Wetters ungeachtet, diesen Weg dennoch gern zurück. Noch lange blieb das Wetter unfreundlich:
17. denn am 17ten, wo ich von D. Levade die neue helvetische Landkarte von Meyer in Aarau erkaufte, wozu er mir noch Nro. 1, 5, 12 und 13 nachzuliefern hat, war es so kalt, daß man wärmere Kleidung anlegen mußte. Die dumme Aufführung der Erdmannsdorff verdarb mir meine ruhige Existenz, und ich bereute so sehr, mir diese Last aufgebürdet zu haben, daß der Wunsch, sie wieder nach Hause zu schicken, täglich stärker wurde. Auch M. häufige Unpässlichkeiten und Verstimmungen, zudem die mancherlei Unannehmlichkeiten meiner dortigen Wirtschaft und der Effekt einiger mir von D. Levade gegebenen Arzneimittel, um die Geschwulst der Füße zu vertreiben, auch die leidige Existenz des ganz verrückten imbecillen Sohnes des Granger, den ich stündlich vor und neben mir sahe: dies alles zusammengenommen verbitterte mir meinen Aufenthalt in Chemenin. M. fing an mir täglich Unterricht in der Botanik zu geben, aber sein Befinden verschlimmerte sich mehr, als es sich besserte.

Julius
18. M. verreiste, um ein Landhaus für mich bei Aubonne zu suchen, weil ich gesonnen war, den D. Hotze dort zu konsultieren, welcher eben auf seiner Reise von Leipzig ab nach dem Genfersee begriffen war.
20. † M. kehrte mit der Nachricht vom gemietheten Landhause Loney bei Morges zurück, aber auch mit der Kunde vom Tode des Dr. Hotze! Sehr tiefes Leiden durchdrang mein Wesen; denn mit ihm war mein Vertrauen zu der ärztlichen Hülfe ganz dahin, und nun sahe ich mich schon immer kränker und schwächer werden.
23. Ein Brief von Crinzot bestätigte diese für mich so traurige Nachricht. In diesen Tagen wurde Matthisson wieder kränker, musste die Stube hüten und dachte zu sterben.
27. Am 27ten wurden wir durch die Ankunft des Hofr. A. Hartmann erfreut, in dessen
30. Gesellschaft wir alle bald darauf die Reise nach dem großen St. Bernhard antraten, wohin ich mich schon so lange gesehnt hatte. Da es zu weitläufig seyn würde, die sehr unvollkommene Beschreibung dieser meiner Reise hier über die Länge nach einzurücken, so deute ich bloß an, daß ich glücklich auf den Berg gelangte. Es trugen mich Menschen hinauf und herab.

August
1. Den Augustmonat begann ich in der höchsten Menschenwohnung unserer Halbkugel. Die biedere Aufnahme und die angenehme Unterhaltung des Chorherrn Daleve (Oekonom und Fremdenbesorger des Klosters) beim Abendessen und Frühstück, werden meinem Gedächtnisse eben so fest eingegraben bleiben, als die Gegenstände der großen, göttlichen Natur die mich umgeben. –
5. Kurz nach der Rückkehr vom St. Bernhard verließ ich Chemenin und zog nach Lonay unweit Morges und zwei Stunden

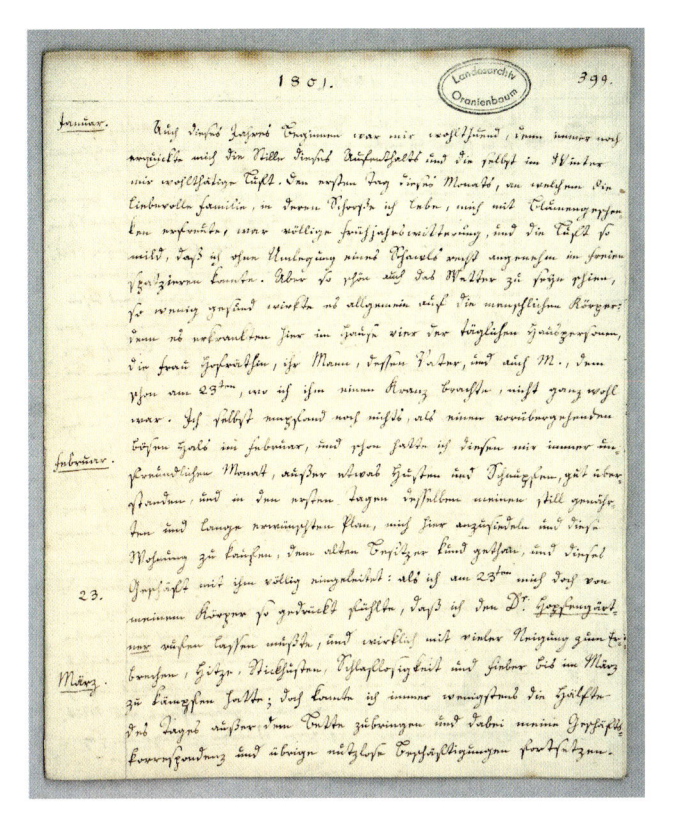

Friedrich Matthisson, Auszug aus dem Tagebuch der Fürstin Louise von Anhalt-Dessau

von Aubonne, wo ich die persönliche Bekanntschaft mit der Crinzot machte.
11. M. und Hartmann kehrten von ihrem Streifzuge, den sie vom St. Bernhard herab nach den borromäischen Inseln unternommen hatten, über den Simplon wieder zurück.
17. Nun reiseten wir alle über Genf nach Chamouny, wo Gott durch die Natur und meine Kräfte mir vergütete, was meine Umgebung an Leib und Seele mir raubte.
23. Wir kehrten bis auf M., der in Nion zurückblieb, alle nach Lonay wieder heim
26. wo Hartmann bald darauf nach Stuttgart zurückreiste.
29. M. kam von seinem Streifzuge zurück, und es ward entschieden, daß ich über Basel nach Stuttgart reisen würde, um von da ab eine weibliche Begleitung für die Erdmannsdorff zu finden, die von dort nach Dessau auf meine Kosten zurückkehren sollte. –

September
7. Ich befand mich mehrere Tage an den Folgen der ärgerlichen Scenen so übel, daß ich ein Brechmittel nehmen mußte. –
13. Ich fuhr nach Ouchy um die Brun zu besuchen, welche tags zuvor dort angekommen war.
15. Ich reisete mit Sack und Pack von Lonay über Yverdon, Neufchatel, die Petersinsel, Solothurn nach Basel, wo ich bei Mecheln das schöne Kupfer der Cena nach Leonardo da Vinci für 12 Carolins kaufte, und von wo
21. die Erdmannsdorff mit M., eine Kammerjungfer u. Sonntag nach Dessau, ich aber mit der Siegfried und Uhlich über Schaffhausen nach Stuttgart abreisete, wo ich, wie wohl bei trübem, nassen Wetter
24. doch aber glücklich ankam.

Oktober
Die Witterung blieb unfreundlich, und schon in den ersten Tagen des Oktober fror es Nachts Eis.
5. Doch es gab den 5ten noch schöne Blumen, und Nachmittags war ich im Garten, und sahe dann vom Fenster die Sonne schön sich hinter die Hügel senken, wobei aber eine überhand nehmende Wehmuth mich ergriff, die mir die natürliche Folge der langen und oft wiederholten gemüthlichen Unannehmlichkeiten zu seyn schien, die ich während meines letzten Aufenthalts in der Schweiz erlitten hatte, wodurch auch meine Gesundheit zerrüttet worden war.
8. Ich begann die Traubenkur, spürte aber, nicht wie sonst gleich anfangs die wohlthätige Wirkung davon, denn es trübte mich die Unruhe über Hartmanns kleine Kinder, die alle vier die Masern hatten, woran auch wirklich der kleine vierzehn Monat alte Sohn sterben mußte. Auch betrug sich die Siegfried, meine Kammerfrau, so dumm gegen mich, daß ihr Benehmen mit dem ihrer Fräulein, die jetzt mit M. abwesend war, ganz übereinstimmte und ihr auch den Abschied zuzog – leider aber mußte ich, um mir die doppelten Reisekosten zu sparen, damit warten, bis ich selbst nach Dessau reisen würde.
18. Am nemlichen Tag wo der kleine Eduard verschied, ward ich krank an ganz fremden Schmerzen, die in der Herzgrube mich so ergriffen, daß ich ohnmächtig wurde, oder mich erbrechen musste; doch hielt ich mich ohne weitere ärztliche Hülfe bis zum 25ten
25. wo mein Uebel durch ein Aergerniß der Siegfried so sehr zugenommen hatte, daß ich Hopfengärtner rufen ließ, von dem ich ein Brechmittel erbat, aber vergebens. Er fand es nützlicher mir keins zu geben und es hielt sich mein Uebel fast immer auf ein

November
3. und die nemliche Weise, bis endlich am 3ten mich die gelbe Sucht ergriff. Tags zuvor kehrte M. von seiner Dessauer Reise wieder.
15. Erst am 15ten war ich wieder im Stande den ganzen Tag außer Bette zu bleiben, und allgemach meine täglichen kleinen Geschäfte und Unterhaltungen wieder anzugreifen. Der sehr harte Winter und der böse Schnee, dessen stärkerer Fall mir jedes Mal heftige Schmerzen und vermehrtes Uebelbefinden brachte, verzögerte oder hinderte meine Genesung ganz und gar. Es fand sich auch nichts, was in dieser Zeit so wohlthätig auf mein Gemüth wirkte, daß mir dadurch hätte wohler werden können; im Gegentheil! – Ich vollendete die schon so lange angefangene Arbeit meiner römischen Stunden

December
1. und am 1ten Dec. erstand man für mich einen Flügel für 46 Fl… Der Preis war geringe, das Holzwerk daran aber besser, als das Innere, denn ich konnte ihn nicht brauchen, und nur selten, wenn er gestimmt war, darauf spielen. Das Ankaufen der nothwendigsten Möbel, die ganze Einrichtung meiner neuen Wirthschaft, seltenes Ausfahren etwa eine Stunde lang um die Stadt herum, kleine Handarbeiten und posttägliches

Schreiben meiner Geschäftsbriefe begleiteten mich aus dieses Jahr hinaus, welches ich noch immer körperlich leidend und gemüthlich trübe hier in Stuttgart, dennoch aber mit Dank gegen Gott vollendete: denn nicht vom Himmel und nicht aus mir selbst heraus kamen die Leiden, die Seele und Leib ängsteten.

31. Auch war wirklich der 31te Dec. Der ruhigste leidensfreiste Tag seit langem. – Von den merkwürdigsten Weltbegebenheiten diese Jahres zeichne ich hier nur folgende auf: Lünnviller Friedensvertrag zwischen Oesterreich und Frankreich. Frankreich bekommt das linke Rheinufer. Venedig kommt an Oesterreich. Plötzlicher Tod des Kaisers Paul. Seeschlacht vor Kopenhagen zwischen den Dänen und Engländern unter Nelson. Vollendung der neuen helvetischen Konstitution.

1802

Januar

1. Mit vielem Schnee und Eis begann dieses Jahr, jedoch unter immerfort schnellen Abwechslungen: denn am 1ten zeigte das Thermometer 14° und an andern Tagen 7° unter Null. Die bösen Anwandlungen meiner immer mit der Wetterwechslung wiederkehrenden Schmerzen verließen mich auch nicht, und nur der anhaltende Gebrauch der Arznei, alle drei Stunden einen Esslöffel voll zu nehmen, verminderte ihre Heftigkeit. –
2. Ich bekam durch den G. R. von Zanthier ein goldenes und ein silbernes Exemplar der Medaille, welche die Anhaltische Ritterschaft dem Fürsten als Senior, bei Gelegenheit der Feier seines Regierungs-Jubiläums hatte prägen lassen. –
3. Das Thermometer zeigte wieder 16° Kälte.
7. Am 7ten war mir wieder übler und auch an diesen Tagen trübten mein Gemüth abermals die seit der letzten Schweizerreise und schon seit vorigen Winter häufiger werdenden Missverständnisse mit M. –
11. Ich sprach mit einer Demoiselle Amey, aus Morges gebürtig, und schon vor vier Jahren mit einer reicher Herrschaft aus der Schweiz emigrirt, bei welcher sie sich bis dahin in Franken aufgehalten hatte. Da nun ihr Prinzipal gestorben war, und sie auch ihre Mutter in Morges verloren hatte, so suchte sie hier in Stuttgart, wo sie wohl bekannt war, Dienste. Sie missfiel mir nicht, und da ich doch die Siegfried weder behalten konnte, noch wollte, that ich dieser den Vorschlag, auf ein Jahr ihr 60 Rthl. und Kost in Geld oder in natura zu geben, wenn sie, bis zu der Zeit daß ich nach Dessau reisen und die Siegfried dort lassen würde, Hartmanns Kindern Unterricht in weiblichen Arbeiten und im Französischen ertheilen wolle. Dieser von ihr angenommene Vorschlag, schien auch jedem von der Hartmannischen Familie sehr lieb zu seyn, und so fühlte ich einmal wieder, seit langer trüber Zeit, eine meinem Herzen wohlthätige Empfindung.
15. Ich erlag wiederum den heftigen Schmerzen die mich zum Erbrechen zwangen, worauf ich, nach einem Gefühl der totalen Abspannung aller Kräfte mich wieder erholte.
19. Ich kaufte für 12 Rthl. ein sehr nettes Reißzeug.
27. † Zumsteegs schneller Tod erregte hier ein allgemeines Trauern und warme Theilnahme an der überlebenden Wittwe und ihren Kindern.

Februar

5. Ich ließ mir von der Amey das Kantenklöpfeln zeigen, aber versuchte es nur einige male und fand, daß es sich nicht für meine Vollblütigkeit schicke. Auch ward es mit meinem Befinden wieder übler, denn
11. es fiel ein gewaltiger Schnee und das Thermometer stand auf 12° Eis und
18. ich mußte auf zwei Tage abermals einen bösen Ruck erleiden.
20. Ich hatte Nasenbluten –
25. nahm eine Abführung ein, und da die Witterung nun gelinder und mein Befinden erträglich ward
28. ging ich wieder auf dem Hof umher, besuchte M. zu erstenmal, um seine Wohnung zu besehen, und ließ den Platz ausmessen, wo ich die alten Ställe durch neue ersetzen wollte.

März

1. Ich sprach deßhalb mit dem geschicktesten Zimmermann, hier Hof – Werkmeister genannt, der auch mein Nachbar ist.
8. Ich bekam leider wieder eine fatale Anwallung meiner bösen Schmerzen und mußte diesen Tag vier Pulver einnehmen. Der Arzt Hopfengärtner überreichte mir auch in diesem Monat sein Gutachten über das, was er dieses Jahr hindurch mir für meine Gesundheit zu thun anrieth.
12. Ich schrieb dem Fürsten den ersten mir sehr schwer fallenden Brief; da er nemlich seit der Scheidung mir auch nicht das kleinste Geschenk gegeben und auch zu meinen vielen Reisen, die doch zu meiner Gesunderhaltung nothwendig waren und große Ausgaben erforderten, inclusive die hiesigen Acquisition, mit gar nichts unterstützt hatte: so ersuchte ich ihn um Zulage meiner Apanage durch ein jährliches Geschenk. –
14. Von Dr. Paccard bekam ich endlich aus Chamouny Antwort auf meinen Brief, dem ich ihm aus Lonay im Augustmonat v. J. schrieb. –
15. Auch bekam ich ein liebes Antwortschreiben von Angelika aus Rom.
22. Ich schrieb an Hofrath Hirt, der mir, seit einem halben Jahre, keine Silbe, kein Lebenszeichen gegeben hatte.
25. Der kleine August Hartmann erschien wieder gesund, nachdem er das Unglück gehabt, den Daumen zu zerbrechen. –
26. Jungfrau Siegfried machte mir einen gar theatralischen Pumps vor die Füße, weil sie auf meine schriftliche Erinnerung, daß sie im Grunde den Abschied schon seit dem November habe, nicht anders merken wollte, als wenn ich ihr lebenslänglichen Gehalt und eine Wohnung im alten Amt geben würde. Doch kurz und deutlich gab ich ihr klare Begriffe von den ganz natürlichen Folgen von den seit 22 Monaten mit ihr belebten Ereignisse und ermahnte sie zur Ruhe.
28. Ich bekam wieder von Nürnberg acht Bände von der Holzbibliothek, deren Sammlung mir viel Vergnügen macht, und schon auf 60 Bände angewachsen ist.
29. Ich fuhr mit M. das verlassene herzogl. Lustschloß die Solitüde zu besuchen. Gegend und Natur gefielen mir in eben dem Maaß, als die Klumpen Architektur, welche die Kunst als Aftergeburt ausgeworfen zu haben scheint, mir missfielen. Die windige, nasskalte Witterung bekam mir nicht wohl.

April
2. Ich bekam vom Fürsten die Antwort auf meine Bittschrift, die aber weil sie missverstanden worden war, mich sehr trübte. Ich schrieb mit umgehender Post darauf meine letzte Erklärung, so wie auch an meinen Sohn einen sehr ernsten Brief, worin ich dennoch meine baldige, gewisse Ankunft zu Dessau fest bestimmte. Der Frühling war nun endlich hier; es blühte und grünte alles umher: ich ward aber am linken Bein lahm,
8. durch einen Fluß, der meine linke Hüfte und das Bein ergriff und mich vom 8ten bis 19ten im Zimmer gefangen hielt, wo ich zwei Tage gar am Stocke gehen muß
25. Ich miethete als Bedienten auf dieser Reise einen jungen Menschen Namens Schippert, der schon in Venedig als Bedienter gestanden hatte: denn mein Vorhaben, den Uhlich als Kammerdiener in Wörlitz zu lassen, machte es mir nothwendig, doch zur Rückkehr gleich wieder diesen Menschen behalten zu können. Es häuften sich nun noch zur Abreise meine Schreibereien, Bestellungen und mannichfaltige Besorgungen. –

Mai
2. Am 2ten Mai nahm ich Abschied von A. [Hartmann] denn er mußte in herzogl. Geschäften am folgenden Tage verreisen und zwei Tage darauf
5. verreiste auch ich mit M., der Siegfried, der Amey, Uhlich und Schippert. Den ersten Tag übernachteten wir in Ellwangen, den zweiten in Kloster Heilsbronn, den dritten in Bamberg, (nachdem ich am Vormittage desselben Tages das Vergnügen gehabt hatte August Müller in Erlangen zu sehen,) den vierten in Steinwiesen, den fünften in Auma (gar schlecht, denn ich hatte mit den beiden Kammerfrauen nur ein Zimmer) den sechsten in Pegau und den siebenten in Leipzig, wo ich 36 Stunden blieb, aber für 6 Tage im blauen Huthe die Miethe bezahlen mußte (12 Rthl. täglich für drei Zimmer) weil Wagner mich früher in Person erwartet hatte, um mit mir dort mancherlei Geldsachen zu betreiben. –
13. Ich kam zu Wörlitz Nachmittags um halb 4 Uhr mit Regen an, der dort schon sehr lange gewünscht worden war, denn die Dürre nahm überhand. Der Fürst kam gleich zu mir, und die Unterredung dauerte wol zwei Stunden.
15. Folgenden Tags kam mein Sohn, und diese Unterhaltung schloß ebenfalls sehr gut und freundlich. Meine Schwiegertochter kam auch. Die Gen. Raumer wohnte bei mir. Meine sehr kalten und feuchten Zimmer aber machten mich krank, ich bekam etwas Fieber und Husten, und konnte weder Ruhe noch Erquickung finden. –
20. Die Siegfried nahm nun gottlob ihren Abtritt. Bis zu letzte Ostern hatte ich ihr schon in Stuttgart ihr gebührendes Gehalt gegeben, nun rechnete ich zu diesem noch ihr halbjährliches Gehalt von 40 Rthl. hinzu und überdem noch 60 Rthl. Geschenk, also daß sie zum Abtritte noch netto 100 Rthl. in Golde bekam. –
24. Mein Sohn kam mir des Fürsten Willen mitzutheilen, welcher mir fernerhin zu meiner Apanage 3 000 Rthl. jährliche Zulage bestimme. –
25. Ich fuhr mit der Gen. Raumer u. der Amey, über Luisium, wo ich nur hineinblickte und letztere ließ, nach Dessau, wo ich die Gen. Raumer absetzte, meine Schwiegertochter besuchte, ihre lieben schönen fünf Kinder sahe, dann bei Berenhorst nach alter Art meinen Besuch machte, der mir aber nach zweistündiger Unterhaltung sein Missfallen und sein Andersmeinen über den Stuttgarter Ankauf und daß ich nicht beständig in Dessau sitzen bleiben wolle, sehr hart zu verstehen gab. Es war schon halb 9 Uhr, als ich mit der Amey wieder nach Wörlitz zurück kam. –
27. Am Himmelfahrtstage ging ich zum Abendmal, und hätte, wenn der noch immer anhaltende Husten mich nicht geplagt hätte, an Leib und Seele ruhige Tage durch diese Geisteserholung gehabt. –
29. Ich bekam Stuttgarter Briefe nebst Einlage von Häfeli, der mich dort zu finden gehoft und mir aus meiner Wohnung schrieb.
31. Ich beschloß diesen Monat mit einer Fahrt nach Luisium, wo ich Glafey sahe, und das Mitnehmen seiner Tochter Annette mit ihm besprach, auch die Post mir einen unangenehmen Brief von Hofr. Hirt brachte, der sich auf ein Mißverständis gründete. –

Junius
2. Ich hielt, mit Hilfe der Gen. Raumer eine Generalverbrennung von Papieren und Briefen, worunter die ihrigen sich auch befanden. Mein böser Husten, der krampfhaft war, wollte mich gar nicht verlassen; ich machte dem ungeachtet Spaziergänge und fuhr mit der Gen. Raumer aus, die wieder bei mir wohnte und ging auch zu Pfingsten in die Kirche.
3. Die Gen. Raumer begab sich wieder nach der Stadt, ich aber zog bald darauf
9. mit M. und der Amey nach Luisium, wo ich
10. den Egerbrunnen zu trinken anfing und mir alle Tage dabei viel Bewegung, Vormittags durch Gehen und Abends durch Fahren machte. Die Gen. Raumer wohnte auch da bei mir, und fast täglich sahe ich zum Kaffee einige Damen aus der Stadt, da ich überhaupt auch in diesen Tagen viele Geschäfte mit Wagner vollenden mußte, so konnte ich zu keiner eigentlichen Ruhe kommen, bis zur Endigung der achtzehn Kurtage,
27. wo ich mich wieder nach Wörlitz begab, gerade aber unter einem schrecklichen Hagelwetter und Gewitter dahin kam. –
29. Am Geburtstage meiner Schwiegertochter fuhr ich zu ihr, um zu gratulieren und ihr ein kleines Angebinde zu geben; alsdann blieb ich bis gegen 1 Uhr mit Geschäften bei der Gen. Raumer, und fuhr sodann mit dieser nach Wörlitz. –

Julius
2. Ich fuhr mit der Gen. Raumer nach Dessau über Luisium, wo ich meinen Sohn sprach, und ihm das Anliegen eröffnete, mir einen Jäger zu meiner Bedienung mitzugeben, da ich mit dem jungen und verabschiedeten Schippert doch nicht allein reisen könne. Er willigte ein, und noch am nemlichen Abend, da ich bei der Gen. Raumer noch die letzte Konferenz mit Wagner gehabt hatte, schickte er mir zwei Bursche, von der Kompagnie, Zehl und Klickermann, von welchen ich den ersteren wählte, und hierauf, nachdem ich noch Abschied von der Lattorf genommen, allein wieder nach Wörlitz fuhr. Vorgenannten Schippert hatte ich seiner übeln Aufführung wegen den Abschied gegeben. Er log unter anderm, und hatte auch im Tragen von Luisium nach

Wörlitz verschiedene Stücke meiner Wäsche verloren. Die Livree, nebst dem dazu gehörigen Hut mußte er in Wörlitz zurücklassen. –

3. Der Hofmarschall brachte mir seine Tochter Annette, die mit ihrer Schwester Saldern herausgefahren war. –

4. Am Vortage der Abreise, da ich noch sehr viel zu schäften und zu ordnen hatte, kam der Fürst, mein Sohn, die Gen. Raumer und der Probst noch zum Abschiede. –

5. Ich reiste von Wörlitz frühmorgens ab, mit der Frl. Glafey, M., der Amey, Zehl und Schippert. Das erste Nachtlager war in Pegau, das zweite in Neustadt, das dritte in Gräfenthal, das vierte in Bamberg, das fünfte in Kloster Heilsbronn, das sechste in Gemünd, das siebente endlich in Stuttgart. Mangel an Pferden auf mehreren Stationen und der Wille, nicht die Nacht zu reisen, waren an diesen kürzeren Tagereisen Schuld. In Erlangen fand ich diesmal A. Müller auf meine Nachfrage nicht. Aber in Stuttgart fand ich, zu meiner großen Verwunderung, Häfeli mit Frau und Tochter in meinem Hause, die meiner schon seit dem 6ten harrten. Er war auf der Rückreise nach Bremen begriffen. So eilig er war, er blieb dennoch mir zu Gefallen bis zum 14ten,

14. wo unser Abschied beklommen war, nach dem kurzen, wiewohl ruhigen und glücklichen Wiedersehen. Ich fand hier übrigens alles wohl, die Hartmanns gesund, und meine Wohnung durch den neuen Stall verschönert.

28. Die Bestellung meiner Zimmer zu Baden zögerte, und heute (28ten Jul.) bin ich noch hier und vollendete diesen seit vorigem Jahre gemachten Auszug. Mein Körper blieb noch immer leidend und der Arznei benöthigt. Ich empfand heftige Schmerzen in allen Gliedern, besonders im Rücken und in den Beinen. Mühsam war auch mein Aufstehen und Zubettegehen. Die sehr heiße Witterung bewirkte wohl Transpiration, aber doch keine Linderung der Schmerzen, und am Ende dieses Monats bekam ich sehr fressenden, mir ganz unbekannten Ausschlag, der hier die Hundepocken genannt wird und dem besonders die Kinder unterworfen seyn sollen; doch die Frl. Glafey und Jgfr. Amey hatten ihn jetzt auch. Mein Gemüth verstimmte sich merklich bei diesen lange dauernden Kränklichkeiten und ich hoffte einzig Besserung durch die Schweizerreise, die wegen der Wohnungseinrichtungen in Baden sich noch immer verzögerte. –

August

1. Der Arzt verordnete mir Pymonterwasser mit einer kleinen Milchmischung. Allein ich konnte diese Kur, mit vieler Anstrengung nur einige Tage gebrauchen, weil sie mich krank machte. Ich hatte sogar fieberhafte Bewegung allein der Ausschlag nahm ab, und da die Bäder und die Schweizerluft meine beste Arznei seyn konnten, so wünschte selbst der Arzt, daß ich nun nicht länger damit zögere.

9. Also, da auch zu Baden jede Bestellung besorgt war, reisete ich halb krank, und in der trockensten, heißesten Witterung, die ich je in Deutschland erlebt hatte, mit der Chanoinesse Glafey, M., meiner Kammerfrau Amey, und dem Jäger Zehl in zwei zweispännigen Chäsen ab, wovon jede mit 10 Karolins bis Zürich verakkordiert war. Der gute A. Hartmann begleitete uns zu Pferde bis Waldenbuch, wo er von uns Abschied und den Auftrag von mir mit sich nahm, meine Bauten und Geschäfte zu Stuttgart während meiner Abwesenheit zu besorgen. Wir machten Mittag in Tübingen und übernachteten in Balingen, beides äußerst schlecht.

10. Den folgenden Tag kamen wir nicht weiter, als bis nach Tuttlingen. Der Mittag zu Aldingen war sehr elend.

11. Die dritte Nacht brachten wir in Schaffhausen zu, nachdem wir schon um 5 Uhr Nachmittags den Rheinfall gesehen hatten. Ich blieb allein und ruhig am Ufer sitzen, bis wo wir hingefahren waren, während daß M. mit der Glafey und Zehl sich übersetzen ließ.

12. Am folgenden Tage reisete ich weiter, nachdem ich für meinen kaum zwölfstündigen Aufenthalt in der Krone hatte 21 Rthl. zahlen müssen. Wir frühstückten in Eglisau und erreichten Zürich schon um 3 Uhr, wo wir im Raben abstiegen, aber schlecht beherbergt und noch unangenehmer genährt wurden. Die Luft war so erdrückend, daß man nicht schlafen konnte. Ich sprach den Seckelmeister Ringer und dessen Frau, ehemals Magd bei Häfeli. Er hatte meine Zimmer in Baden besorgt.

13. Nun ging es weiter bis Baden, wo ich die für mich bestellten Zimmer im Hinterhofe bezog und einen Stock höher, aber im nemlichen Revier nach der Limmat heraus wohnte, wo 1783, ich mit meinem Sohne hier badete.

14. Ich begann nun zu baden, befand mich aber nach dem fünften Bade weit schlimmer als zuvor. Mein Körper schwoll, ich verlor den Athem, und spürte gewaltige Mattigkeit, und Schmerzen auf der Brust und zwischen den Schultern. Ich hatte nur geringen Appetit und dennoch beschwerte mich das wenige, was ich aß. Die drückende Hitze, mein sehr schlechtes Bad, die vielen Treppen die ich immer darnach steigen mußte, meine ganze Umgebung – alles bestimmte und zwang mich, diese Kur abzubrechen, und mit dem Gelde und der Zeit, die ich dazu angewandt haben würde, die bessere Luft zu versuchen und eine kleine Flugreise anzustellen.

22. Ich begab mich also nach Zürich zum Schwert, wo bessere Zimmer, und bessere Nahrung, auch freilich Arznei, mich etwas erholten; die Temperatur der Luft war aber immer noch schrecklich heiß: doch weniger krank als zuvor, unternahm ich das kleine Wegestück

25. und reiste nach Lucern, frühstückte auf dem Albis, wo in der That wie durch Zauber, mein Körper die Kräfte hatte, vom Wirthshause zum Wächterhäusle hinaufzugehen, wo mir unbeschreiblich wohl ward! Und da erst meine Brust einathmete und mein Gemüth die richtige Stimmung bekam. O nach langem Druck welche Entlastung! Das war ein Moment, der vergessen machte, was dahinten war, und mir Stärke verlieh zu dem, was noch vor mir lag. Zu Lucern fielen Gewitter und Regen ein, und wir rasteten bis zum Mittag des folgenden Tages, erreichten aber dennoch

26. Zofingen bei guter Zeit.

27. Am folgenden Mittag aßen wir zu Langenthal; wo wir 14 Speisen auf Tafel bekamen, von welchen wir aber zehn unberührt ließen. Doch schrieb der Wirth auch nur das an, was wir verzehrt hatten. Abends blieben wir in Burgdorf, einer mir noch fremden Gegend, wo ich noch auf keiner meiner vorigen Schweizerreisen gewesen war. Auffallend waren mir besonders die kahlen schroffen Felsenmassen vor dem Ort. M. bestieg das Schloss, um das Erziehungsinstitut zu sehen, fand aber Pestalozz nicht gegenwärtig.

28. Obgleich der Himmel trübe blieb, und die Aussichten zur Grindelwaldreise sehr schwanden, nahm ich doch den Weg nach Thun, durch ein Theil des Emmenthals, das nächst dem Maglaner Thale das schönste zu seyn schien, das ich jemals sahe. Schon um 2 Uhr erreichten wir Thun. Die Luft war dick, der Himmel trübe, die Hörner alle waren in Gewitterwolken gehüllt, und so kurz und gut mußte entschieden werden, die mühsamen und kostspielige Reise nach Grindelwald nicht zu wagen, sondern bloß die kleine Wasserfahrt nach [der] Kanderbrücke zu unternehmen, welches auch gleich geschahe. Der Weg zu Fuß bis zur Brücke längs dem Kanal war lang und erschöpfte fast meine Kräfte, die auch durch die mir nicht wohlthätige Seeluft noch mehr schwanden. Abends schon spät, kehrten wir zurück, aßen noch, und sehr ermattet eilte ich zur Ruhe. –

29. Über Bern, wo ich das Vergnügen hatte Salis und Pestalozzis Bekanntschaft zu machen und Mattei anzutreffen, reiseten wir nach Murten;

30. von da über Payerne nach Moudon bis zum Ufer des lieben Sees,

31. wo ich zu Ouchy in dem sonst so gemächlichen Wirthause absteigen wollte, aber durch den übeln Ruf der neuen, uns unbekannten Wirthsleute davon abgehalten wurde. Weil mir der Lion d'or sehr verhaßt war, so kehrte ich in Le Court ein, einem Landhause, welches Mad. Brun (bis zum 5. Sept.) bewohnte

September

1. Wir fanden sie mit den Anstalten zu der italienischen Reise beschäftigt, die sie mit ihrer kleinen Ida und Hrn. v. Bonstetten eben antreten wollte. Letzterer aber wurde noch aus Bern erwartet.

2. Ich fuhr mit der Chanoinesse, der Amey und dem Jäger nach Vevey, bestieg noch am Abend St. Martin, wohnte *aux trois couronnes*, fuhr am andern

3. Morgen längs der Küste bis Grandclos, speisete Mittags mit Dr. Levade in Vevey und reisete zum Abend wieder nach Le Court, wo indessen Bonstetten angekommen war.

4. Nun verabschiedete ich meine Züricher Kutscher, denen ich, laut Akkord, nebst dem Trinkgelde, 100 franz. Thaler bezahlte. Ich hatte Briefe zu schreiben, und konnte mich auch nicht recht zu der dortigen Lebensweise, aus Tag Nacht zu machen bequemen: also blieb ich in meinem Zimmer, wo die Brun und Bonstetten, auch M. und die Chanoinesse abwechselnd kamen. Ich ging auch *nolens volens*, durch die Umstände getrieben, den Akkord ein, dieses Landhaus (Wallwick) auf 14 Tage für den halbmonatlichen Miethpreis à 6 Carolins zu miethen.

5. Als also die abreisende Familie fort war und sich nach Villeneuve eingeschifft hatte, ließ ich mir so schnell und so gut als möglich einige Zimmer reinigen und säubern, und so genoß ich stille, gesunde Tage daselbst, denn die Lage ist schön. Man hat die Übersicht des Sees, mannichfältige Spaziergänge ohne Berge, und ganz ohne Bekannten war ich froh nicht in meinem Asyl gestört zu werden. Ich nahm 5 Bäder, die mir sehr wohl bekamen, und ich hatte bloß den Besuch der beiden Brüder Levade, und des Erbprinzen von Mecklenburg-Strelitz. Die Abende vor Essen bei Licht, setzte M. immer seine Vorleseungen fort.

Büser, Johann Gaudenz Freiherr von Salis-Seewis, um 1820

16. Aber ich mußte wieder weiter wandern. Ich miethete bis Basel Lausanner Kutscher. Den Larreys zu Liebe blieb ich 24 Stunden in Rolle, was ihnen allen sehr angenehm zu seyn schien. Ich wohnte in La Couronne.

17. Ich sahe den Sonnenuntergang von Bougy-Signal bei Aubonne und übernachtete in diesem Orte.

18. Hierauf gings über Orbe bis Vaumarcus, und dann bis Aarburg,

19. wo die ersten Merkmale der Insurrection, durch die Cocarde an den Hüten und die bewaffneten Bauern in den Wirthshäusern uns unangenehm merklich ward.

20. In Solothurn war ebenfalls alles unter Waffen. Der Durchmarsch einer Compagnie Bauern mit Fahnen und klingendem Spiel machte mich laut weinen: so presste sich mein Herz über diesen Widerspruch der Menschen mit der schönen friedlichen Natur.

21. Von Balsthal aus, wo wir übernachteten erreichten wir Basel. Ich fand den freundlichen Iselin zwar noch gesund und immer denselben, aber sehr unzufrieden mit den Zeitläufen.

22. Hier rasteten wir den folgenden Tag. Die Chanoiesse mußte sich doch umsehen und ich frisches Fuhrwerk miethen.

23. So reiseten wir abermals in zwei Chaisen von Basel bis Freiburg, wo ich also mein 52tes Jahr beschloß, gesunder als

109

seit langen, still unter Blumen die noch vom Genfersee mich begleiteten, und dann nach einer ruhigen Nacht wachte ich wohl [auf]

24. und begann das 53te Jahr meines Lebens. Ich reisete weiter bis nach Offenburg, wo aber die Wohnung mit allem Zubehör nicht gut war. Uebrigens aber war dieser Tag bei schönsten Wetter und anmuthiger fernen Gegend und freundlicher Unterhaltung mit M., mit dem ich fuhr, mit mir vorübergeschwebt.

25. Tags darauf ward in Bühl Mittag und in Rastatt Nachtlager gehalten, wo wir schon um 5 Uhr einkehrten und Abends bei Licht uns M. das Ende des unterhaltenden Romans Alphonso et Emilie vorlas.

26. Am folgenden Tage gings über Durlach bis Pforzheim. Dieser Tag war eiskalt und die wärmere Atmosphäre des schönen Sees war längst mir nicht mehr fühlbar.

27. Endlich erreichte ich wieder meine Stuttgarter Einsiedelei, gottlob! gesunder, als ich sie vor sechs Wochen verlassen hatte. Ich fand mein Wohnzimmer bestelltermaßen verändert, denn aus zwei Gemächern ließ ich eins machen mit halbseidenen kramoisinfarbenen Damast tapezirt und nur drei Fenster waren offen behalten. Es gefiel mir sehr wohl, wie auch einige Tischlerarbeit, die nach meiner Angabe in meinen Zimmern gemacht worden war. Aber die eingefallene Stadtmauer hinter meiner Remise, die wirklich bei weiten auch noch nicht wieder hergestellt war, denn der Rath hatte solche in Arbeit genommen, das gefiel mir nicht, besonders weil der Schade wirklich schon binnen meinem Hierseyn vor der Reise geschehen war, und man ihn nur verschwiegen hatte. Ich fand viele Briefe und daher viel zu schreiben. Die Witterung war schön.

Oktober

2. Mein Kutscher Schmidt, nebst Vorreuter Schneider, langten mit fünf Pferden vor einem beladenen Wagen hier an, der mir alles brachte, was ich zum Hierbehalt in Wörlitz und Luisium ausgesucht hatte, auch viel trockenes Obst und Pflanzen und Sämereien, was ich alles am anden Morgen unter meiner Aufsicht ab – und auspacken ließ.

7. Als nun bald etwas Regen fiel und das Arbeiten in der Erde leicht machte, wurden alle Blumen und Pflanzen die ich bekommen hatte gepflanzt.

13. Ich fing die Traubenkur an, doch mit besserer Beobachtung der Natur, des warmen Anzugs, und der nöthigen Bewegung zu Fuß und zu Wagen. Vier Wochen hintereinander aß ich täglich jeden Morgen nüchtern 1 Pfund. Ich hütete mich sehr vor vielem Schreiben; Vormittags schrieb ich gar nicht, und so ohne befremdende Vorfälle, führte ich mein eingezogenes Leben, mit mir selbst und wenigen beschäftigt, fort. Ich aß Mittags und Abends mit M. und der Chanoinesse, welche auch immer mit mir ausfuhr und Abends der Lektüre von M. mit beiwohnte.

November

9. Am nemlichen Tage, wo M. mit der Chanoinesse abreisete, um sie abgeredetermaßen dem Hofmarschall, ihrem Vater, der ihr bis Ansbach entgegenkam, wieder zu übergeben, endigte ich die vierwöchentliche Traubenkur; aber ich hörte dennoch nicht auf, täglich noch viele zu essen, denn sie waren süß und schön. –

13. M. kam wieder von Ansbach zurück. In diesen Tagen war wirklich, wo nicht der Winter, doch die Vorboten desselnen angekommen, nemlich Frost und Schnee und mein Körper fühlte auch leider sehr diesen seinen Todtfeind.; dennoch ergriff mich gottlob! keine Unpässlichkeit, ich hatte es sogar nicht einmal nöthig, mein seit Jahren genommenes Schwefelpulver zu brauchen. Lesen, Schreiben, Handarbeiten und Besorgung des Hauswesens blieben meine abwechselnden Beschäftigungen und Zerstreuungen, nebst Ausfahren und das Gehen im Garten. Weit gemäßigter ist dieser Winter, als der vorige.

December

Ernste Schwermuth mit süßer Wehmuth abwechselnd, blieb mein Gemüthszustand. Bitter empfand ichs, daß da der Superintendent de Marees starb, die an Häfeli vor Jahren wahrscheinlich gemachte Vacanz nicht berücksichtigt wurde, sondern der Fürst mir auf meine Vermuthung dieser Erfüllung zürnend schrieb, er wolle diese Stelle gar unbesetzt lassen: denn meine Seele trauerte über des braven Häfeli gescheiterte Hoffnung.

31. Jetzt am letzten Tage dieses Jahres, wo ich eben diesen Auszug beschließe, fühle ich nur Dank gegen Gott, der mich bisher so väterlich erhielt und in diesem Jahre meiner Gesundheit neue Stärkung verlieh. In diesem Jahr las ich mit M. viele Reisebeschreibungen, einige franz. Romane, und Vossens Iliade und Odyssee. Für mich allein blieb zum Tagesbeginn Zollikofer, das N. Testament oder Pope, Young, wie auch die täglichen Zeitungen meine Lektüre. Uebrigens den noch verschiedenes z. B. Herodot, die A. Lit. Zeitung und andere periodische Schriften. Von den wichtigsten Ereignissen auf dem Welttheater bemerke ich folgende: Entschädigung der deutschen Fürsten durch den Frieden von Lüneville zugestanden. Preußen besetzt Hildesheim und Münster. Bonaparte wird vom Senate zum ersten Consul auf seine Lebenszeit proklamirt. Die Bayern rücken in Bamberg ein. Zürich wird von dem helvetischen Generale Andermatt mit Bomben beschossen. Insurrection in der Schweiz. Würtemberg, Baden und Hessenkassel besetzen die ihnen angewiesenen Länder und Reichsstädte. Die helvetische Regierung begibt sich von Bern nach Lausanne. Bonaparte wird Vermittler der helvetischen Streitigkeiten, nachdem die Gegenrevolution in allen Kantonen war durchgesetzt worden. Franz. Truppen rücken in die Schweiz ein. Die Stadt Regensburg wird durch des Kurerzkanzlers Truppen besetzt.

1803

Januar

Der erste Monat dieses Jahres auch in Stuttgart angefangen, ohne grade weder durch Witterung noch Befinden ganz böse auf mich wirken, schien doch keineswegs mir ein gutes Jahr vorzudeuten. Mein Körper wurde durch einen schon lange sich eingestellten Ausschlag gepeinigt, der sich grade an den Orten sammelte, wodurch ich verhindert war, so oft auszufahren, als ich wollte. Oft konnte ich kaum damit ausgehen. Ich fuhr nur einmal in diesem Monat aus, führte mein einförmiges Leben wie gewöhnlich hier fort, doch mit weit weniger Zufriedenheit und weit weniger Gründen zur Hoffnung einer so guten Fortsetzung meiner hiesigen Existenz, als die Erfahrung des ersten Jahres mich zu erwarten berechtigte. Die Entzündungen der Haut und der unpässliche Zustand meines Unterleibes nahmen zu, und die heftige Kälte, so wie der Schnee vermehrte beides. Meine Equipage ward mir nun zur größten Last, denn die Witterung und mein Körper hinderten mich am Gebrauche derselben. Der Zustand meines Körpers wirkte auf mein Gemüth, und die zwei Männer, die eigentlich meine einzige Gesellschaft ausmachten, schienen weniger theilnehmend und überhaupt sehr egoistisch. –

Februar
18. Ich mußte mich legen; es ergriff mich heftiger Kathar mit Fieber, und ich bekam noch zu der Entzündung, die seit Dec. mich leiden machte, einen so starken Blatterausschlag, daß ich wirklich üble Schäden davon zu behalten fürchtete. Der Husten wurde ganz erstickend heftig, und nur nach 18 Moschuspulvern linderte er sich.

März
13. Ich konnte wieder täglich an meinem Tagebuche schreiben, und Briefe beantworten, und die Kälte und Zugluft vor der ich mich in dieser Wohnung nicht zu schützen wußte, erregten den Gedanken und Wunsch in mir, dieselbe zu verlassen. Graf Jennison ließ mir sein zu verkaufendes Haus in Heidelberg antragen. Ich schickte also M. und A. dahin, solche zu besichtigen, allein beide brachten den Bescheid, daß diese Haus keine schöne Aussicht aus den Wohnzimmern habe, gar keine angränzende Promenade, und überhaupt viel zu groß und ganz ohne Möbel sei: also musste ich diesen Gedanken fahren lassen. –
18. Ich fuhr zum erstenmale wieder aus, blieb aber sehr lange matt und leidend. Ernste Wehmuth hielt mich umfangen, und sie wich nicht.
21. Zum Beispiel am 21ten (Frühlingsanfang) finde ich in meinem Tagebuche folgende Stelle: Die wärmsten Danksagungen dem himmlischen Vater, der mir mein Leben noch so erhalten hat, und diese schweren Leiden mir hat überstehen helfen! Aber schwerer als noch je, immer schwerer zu tragen sind mir diese irdischen Leiden, da keine Liebe, keine Freude, keine Hoffnung – auch sogar Täuschung nicht einmal sie mir nun tragen hilft. – Und so mühete ich mich täglich auszufahren, auszugehen, aber meine Kräfte kamen nicht wieder, auch war das Fressen der Haut immer sehr stark.
31. M. reisete nach Innsbruck. –

April
2. Ich konnte nun einzuheizen aufhören. –
15. Ich reisete allein mit der Amey und dem Jäger Zehl, von meinen eigenen Pferden gezogen, von Stuttgart ab. Die Bewegung der Reise bei schöner Witterung schien mir wohl zu tun: aber dieses sehr langsame Vorrücken mit eigenen Pferden und das öftere Ausrasten machten, weil ich bloß mit den zwei Dienstboten und ohne Gesellschaft war, das Zögern abscheulich; ich ließ also meine Pferde in Kloster Heilsbronn und fuhr mit Postpferden voraus. Aber der im Vogtlande stark fallende Schnee zwang mich zwei und einen halben Tag in Lobenstein zu warten. Die Wohnung war einsam, doch ziemlich reinlich, lag aber so frei, daß Sturm und Schnee sie durchfuhr und so kam ich erst
25. am 25ten nach Luisium. Mein Sohn hatte erst vor kurzem krank gelegen, der Fürst war aber wohl. Meine Schwiegertochter fand ich nicht, denn sie war seit Febr. in Homburg. Ihre Kinder waren alle wohl. Die Waldersees fand ich beide krank; sie dabei hochschwanger und er bankerot.

Mai
13. M. kam von seiner Reise nach Tyrol zurück. Mein Befinden war sehr fatal, und wurde täglich übler durch den Ärger, den mir die Amey durch ihre üble Aufführung machte, den Jäger Zehl heirathen zu müssen, und damit war ich wieder ohne Bedienung, und sehr froh, daß ich mich endlich allein behelfen konnte: denn sie musste sogleich, wie diese ihre böse Sache sich offenbarte
16. von mir fort, und bis sie getraut werden konnte miethete ich sie in Dessau ein. Die Gen. Raumer wohnte mit mir zu Luisium, weiter sahe ich keine Gesellschaft, fuhr aber öfters spazieren. Noch fühlte ich immerfort körperliche Beschwerden, doch ward der Ausschlag, den ich in Stuttgart so lange gehabt hatte, weit geringer.
23. Ich zog nach Wörlitz zum Pfingstfest
29. und ging daselbst zum Abendmal. Meine Seele und die Stimmung meines Gemüths war ruhig, aber meine immer noch dauernden körperlichen Plagen drückten mich sehr; überhaupt weniger als je, kann und mag und ka[m] ich zur Gesellschaft, die ich auch ganz vermeide, mich schicken. Ein Kräuterabguß und Pillen, die Dr. Olberg mir zu nehmen vorschrieb, linderten doch den plagenden Ausschlag. –

Junius
4. Ich machte Besuche in Dessau bei meiner Schwiegertochter und den kranken Waldersees.
7. Ich fuhr nach Luisium, wo die Gen. Raumer mich traf, und mit mir nach Wörlitz zurückkehrte.
15. Die Generalin Esebeck, die mit ihrem Mann nach Insterburg reisete, besuchte mich. –
19. Die Dem. Beust, M. Nichte, kam zu mir; da ich versuchen wollte, ob sie und ich einander verstehen würden, hatte ich sie zur Kammerfrau angenommen. Aber ihre kleine Gestalt ließ mich sogleich ahnden, daß sie sich zu meinem Anzug und Bettmachen nicht gut schicken würde. Sie nante sich Doris. –
23. Der Maler Ferdinand Hartmann aus Dresden kam meinem Ersuchen gemäß und hielt sich

Julius
5. bei uns bis zum 5ten Jul. Auf. Er hatte mir die Kopie der Madonna des Hannibal Carracci in der Dresd. Gall. gebracht, die ihm gar gut gerathen war. –
7. Ich fand mich so wohl, daß ich die große Wanderung über den Stein, den Wall und Luisens Klippe vollendete, ohne daß es mir schadete. Die Gen. Raumer holte sich an diesem Tage die Kopie meines Porträts von Tischbein ab. Ich machte nun öfter große aber einsame Spaziergänge, auch fuhr ich täglich aus, bisweilen nach Oranienbaum, um dort zu gehen.

11. Ich machte den Anfang mit dem Egerbrunnen, er schien mir aber nicht zu bekommen und mit Gutachten von Dr. Olberg setzte ich ihn aus. Mein Sohn kam bisweilen auf eine halbe Stunde zu Besuch, aber öfters noch, wenn er hörte ich sei Nachmittags in Luisium, da kam er auch, wenn seine Frau und Kinder dort bei mir waren, ging aber früher als die anderen.

29. Der Fürst hatte die regierende Fürstin von Bernburg, die auf einige Wochen in Coswig wohnte, eingeladen, und ich machte ihre Bekanntschaft, indem ich [sie] Vormittags auf dem Wall über der Amaliengrotte empfing und mit ihr umherging. Ich blieb bis 2 Uhr, wo sie mit vielen Gästen im Wörlitzer Schloß speiste, ich aber in meiner Einsamkeit, Kühlung und Speise ruhig genoß.

August
In den ersten Tagen dieses Monats versuchte ich auf Anrathen Olbergs einige große Bäder zu nehmen, aber theils fehlte man in der Zubereitung und Temperatur, theils fühlte ich mich noch mehr ermatten, und da doch mein so lange mich schon plagender Ausschlag beinahe vorüber war, so wollte ich nicht durch etwas zur Probe, wie die Hausbäder waren, wieder kränker machen., ich hörte also mit fünf Bädern wieder auf. –

10. Ich gratulierte dem Fürsten früh um 6 Uhr am Ufer des Wörlitzer Sees zu seinem Geburtstage; ein Kranz von immergrünen Laubarten, ein silberener Korb und einige Zeilen war mein Angebinde. Der Fürst schien damit zufrieden zu seyn, blieb bis 8 Uhr in meiner Wohnung, von wo er nach Dessau ritt, um dem großen Gastmale bei meinem Sohne und dem Schauspiel beizuwohnen. Ich blieb allein, matt und von der Hitze noch mehr ermüdet; aß ich zu Mittag mit dem Probst: denn M. war schon seit 8 Tagen nach Magdeburg zu seiner Mutter und auf dem Brocken und kehrte am 12ten zurück.

12. Am nemlichen Tage holte ich die jüngere Glafey, die Schwester der Martin von Coswig ab, denn ich hatte, auf Veranlssung ihrer Familie, sie berufen aus Pommern wieder zu mir zu kommen, wohin sie vor 12 Jahren, als ich mit ihrer Schwester und ihrem Onkel nach der Schweiz reisete, zurückgegangen war. –

14. Die Brun brachte, aus Italien kommend, mit ihren Kindern Karl und Ida einen Tag bei mir zu.

17. Ich fuhr mit der Glafey nach Dessau, um Abschied bei meinem Sohn, Tochter und ihren Kindern zu nehmen, und meine Geschäfte und Rechnungen bei Wagner zu berichten. –

19. Ich reisete mit der Glafey und M. ab. Zur Bedienung nahm ich niemand mit, als die Tauschin und den Jäger Zehl.

22. In Leipzig verlebte ich einen Tag mit Frau v. Berg, nachdem ich sie zwei Tage erwartet hatte.

23. Nun reisete ich auf der Frankfurter Straße nach Stuttgart wo ich am 29ten ankam;

29. tags zuvor aber, auf dem Wege nach Heidelberg nach Mauer in Todesgefahr gerieth, da beim Hemmern die Pferde durchgingen, hart am Rande der Chaussee über die Steinhaufen hin! Aber Gott rettete mich dennoch, denn die Chaise warf nicht um, sondern brach die Achse so glücklich gegen einen einzelnen Apfelbaum, daß ich mich schnell herausbegeben konnte, und M. mit mir und Triton unversehrt im dichten Hanffelde standen. –

September
1. Ich bekam in Stuttgart sogleich wieder einen starken Ausschlag über den ganzen Körper.
2. Ich begann eine mir ganz fremde Kunst zu treiben, nemlich die Tapezirerarbeit. Ich fing an ein Stuhlkissen zu nähen, mit Seide Rosen und Blätter darstellend. Mein Befinden aber war fatal, der Ausschlag war mit Hals- und Gliederweh verbunden und ich konnte nie gut schlafen. Auch verschrieb mir der Arzt wieder etwas, wonach ich aber keine Linderung spürte. Ich ging dem ungeachtet täglich im Garten umher, mußte aber schon wollne Strümpfe anlegen, so kalt war die Witterung.
9. Ich fuhr mit Postpferden aus, und besuchte die Hofräthin Hartmann.
12. Hofr. Hartmann verreiste auf einige Tage in herrschaftlichen Angelegenheiten.
13. In den zwei Nächten vom 13ten u. 14ten fror es so stark, dass alle Sommergewächse
14. in meinem Garten erfroren und die Blätter der Tulpenbäume und Katalpas schwarz geworden waren. –
15. Ich mußte Abführung nehmen, und ich nahm mir vor, so leidend mein Körper auch war, gegen den noch immer anhaltenden Ausschlag nichts anderes zu gebrauchen, als täglich meine mir schon von Dr. Hotze angerathenen Schwefelpulver, und alle vier Wochen eine Abführung. M. kam von Zürich wieder hier an, und übergab mir den Damenkalender von 1804, den Cotta mir zugeeignet hatte, wogegen ich ihm die goldene Jubiläums – Medaille des Fürsten sandte. –
16. Es war gewitterschwüle Luft. –
17. Ich fuhr wieder aus.
19. Eine andere Ausfahrt nach der Solitüde mit der Glafey bekam mir gar nicht wohl, wegen der dadurch am Unterleibe vom Ausschlag vermehrten Entzündung
24. Still und einsam, körperlich leidend und gemüthlich nicht froh, trat ich dennoch, Gott dankend, der mir große Barmherzigkeit erwiesen hatte, mein 54tes Jahr an. –
30. Ich bekam das vom Maler Hartmann für mich gearbeitete Gemälde Eros und Anteros mit Arabesken umgeben, die wirklich raphaelisch sind. Nach einigen Tagen überschickte ich das Bild dem Gr. Wintzingerode, damit er es dem Kurfürsten zeigen solle. Das geschahe. Ich bekam es zurück, mit einem höflichen, aber nichts sagenden Schreiben des Grafen.

Oktober
9. Ich machte eine Spazierfahrt. –
12. Als etwas sehr seltenes, hatte ich in meinem Tagebuch einmal wieder eine gute ruhige Nacht anzumerken.
25. M. reisete nach Paris. – Schon vor vielen Tagen mussten wir einheitzen, denn der Winter war bereits mit seinem Schneegewande erschienen, und die Folgen der übel geheilten Gallensucht plagten mich sehr. Auch die böse Witterung vermehrte das Uebel, soviel als möglich besuchte ich dennoch den Garten, aber der Ausschlag verhinderte mich auszufahren. –

△ *Christian Ferdinand Hartmann, Eros und Anteros, 1803*

◁ *Friedrich Kaiser, Eros und Anteros, 1803*

16. M. kam aus Paris zurück, mit seiner Reise sehr zufrieden; doch schade, daß er Bonaparte nicht gesehen hatte, der gerade nach Boulogne gereiset war. –
25. Ich hatte den Schreck von meinem Garderobenmädchen auf eine ganz irre Art angeredet zu werden, und sie schien doch weiter nicht krank, als daß sie über Verstopfung klagte. –

December
1. Die Tauschin musste sich legen. Der Arzt gab ihr Arznei und besuchte sie täglich. Er gab sie für äußerst schwächlich und gemüthskrank aus, doch hatte sie seitdem nicht wieder ganz irre geredet. –
7. Der Hofr. Hartmann wurde krank.
9. Am 9ten erschien er noch einen Augenblick Vormittags, schon aber noch krank, und mußte auch wirklich wieder zu

November
Anfang dieses Monats zog sich die Entzündung auch in meine Augen und das Fressen der Haut war gerade so, wie am übrigen Körper. –

Hause bleiben. Auch vermehrte sich sein Uebel durch den schnellen und schrecklichen Tod seines Freundes Danz, wodurch er gar sehr erschüttert ward. –
26. Hofr. Hartmann ging zum erstenmale wieder aus. – die Tauschin, welche schon die Weihnachten wieder heraufziehen und ihren Dienst wieder anfangen wollte, ist abermals wieder Übler worden und liegt so darnieder, daß der Tod wahrscheinlich nächstens erfolgen muß.
Die Bücher so ich dieses Jahr gelesen oder mir habe vorlesen lassen sind: Herodot. Manches aus Toblers u. Zollikofers Schriften. Les visites nocturnes. Frederic. Delphine. Englische und französische Miscellen. Schlözers Leben. Klingers Aphorismen. Erster Theil. Lebensbeschreibung des Pfarrers Heigelin. Vieles aus Göthes und Rousseaus Werken. Einiges von Marmontel und Seume. Reise durch Westphalen. Klopstocks Messias. Delphine zum zweitenmal. Hagedorns Schädellehre Amélie de Lanebourg. Helios der Titan. Schillers Gedichte. Zweiter Theil. Seumes Spaziergang nach Syrakus. Agathon. Sabina von Böttiger. Ségur sur les femmes. Thümmels Reisen 8ter Band. Shakespear. Matthissons Anthologie 1. u. 2. Band. Bürgers Leben und Gedichte. Thucydides. Klinge[manns] Schriften (einige seiner Romane) – Einge der politischen Hauptbegebenheiten dieses Jahres: Die künftige Staatsverfassung der Schweiz wird durch eine Mediationsakte der franz. Regierung festgesetzt: 1) Ein dirigirender Kanton 2) ein Landammann für ein Jahr 3) Zehn Deputirte 4) In jedem Kanton eine Kommission von sieben Personen, von welchen eine durch Bonaparte ernannt wird. – Alexandria wird von den Engländern geräumt. – Feierlichkeiten wegen der Kurwürde zu Stuttgart. – Dergleichen zu Karlsruhe. – Der englische Gesandte Whitwort reiset von Paris ab. – Der Krieg gegen Frankreich wird zu London bekanntgemacht. – Die franz. nach Hannover bestimmte Armee, die General Mortier kommandirt, rückt in die Grafschaft Bentheim ein. Von bedeutenden Gelehrten starben in diesem Jahre, Gleim zu Halberstadt, Klopstock zu Hamburg, Gedike zu Berlin und Brunk zu Straßburg. –

1804

Januar

Mit dem Vorsatze, mich womöglich auf eine Weile in die Schweiz zu begeben, wenn es mir gelingen würde, die mir in keinem Betracht entsprechende und Genüge leistende Wohnung in Stuttgart zu verkaufen, beschäftigte ich mich in den ersten Wochen diese Jahres und packte auch wirklich schon die Bücher ein. Ich schrieb diesen meinen Vorsatz dem Fürsten und meinem Sohn, ließ auch durch Wagner meine Toilette von *vermeil* zum Besten der Armen zu Gelde machen und hatte schon täglich Bestättigungen des Eindrucks, den ich beim Wiedersehn der Amalie von Glafey schon im August zu Wörlitz empfunden hatte, und die mich von der Wahrheit desselben immer mehr überzeugten: nemlich, daß ich selbige nicht würde bei mir behalten können. – Ich war meist den Januar krank an Schnupfen, Flußfieber, Nasenbluten und hatte manchen kleinen häuslichen Aerger. – Allein las ich Thucydides und Abends lies ich mir Klingers Giafar vorlesen.

Februar

Im Februar, wo ich gehofft hatte reisen zu können, trat noch gewaltiges Winterwetter ein, mit starkem Schnee und Frost, wodurch meine Gesundheit litt, besonders da das Geschäft des Hausverkaufs mir manchen Verdruß verursachte. –
14. Der Banquier Kaula besahe das ganze Haus von oben bis unten. Ich selbst sahe ihn nicht, sondern war bloß wegen Geldern, die mir während meines Aufenthalts in der Schweiz durch ihn daselbst zahlbar gemacht werden sollten, mit ihm in Geschäfte gerathen. –
22. Das nach Dessau zurückkehrende Büreau, samt den Bildern wurde gepackt. –
23. Ich beschloß den Hausverkauf; 24 000 Fl. war das höchste Gebot, und da ich also doch 4 000 Fl. Profit hatte, und um die Sache nicht auf der langen Bahn ruhen zu lassen, ging ich den Handel ein. Der jüngere Bruder des Banquiers Notter aus Calw war der Käufer, für welchen Kaula sich interessiert hatte, und dessen schriftlicher Schein mir sogleich 6 000 Fl. und über ein Jahr die übrigen 18 000 Fl. versicherte. –
Noch in diesem Monat kam ein im Dessauischen geschossener Trappe hier an, den ich dem Hofr. Hartmann für sein ornithologisches Kabinet verehrte. – Noch hatte ich gar viele unangenehme Wortwechsel und unendliches Treiben und Widerreden und dazu kam sehr fatales Eis – und Schneewetter, so daß ich mit Mühe und Noth (nachdem ich dem Hofr. A. Hartmann noch 2 000 Fl. geschenkt hatte)

März

1. am 1ten März abreisen konnte. Ich fuhr mit der Frl. Glafey und der Jgfr. Mögling, meiner bisherigen Haushälterin, die bis zum April bei mir in der Schweiz bleiben wollte, Triton, und auf dem Bock Zehl und Caro. In der kleinen Chaise folgte M. und der Hofr. Hartmann. So gings bei der strengsten Kälte, leider über Schne und Eis, bis auf den letzten Bergrücken, woran die Weinberge des Waadtlandes und die Küste des Lemans gelehnt ist: denn sogar der Lac de Bré war noch mit Eis bedeckt.
9. Am 9ten kam ich über Vevey, Nachmittags um 1 oder 2 Uhr auf dem Landhause *La Doge* an, das östlich von Vevey auf dem ansehnlichen Abhange des Berges, auf dessen Gipfel das Wirthshaus *les Pleiades* gelegen ist, die schönste und gesundeste, mit der Uebersicht des ganzen Sees verbundene Lage hat, und der Dr. Levade, auf mein Begehren, mir für 600 Rthl. gemiethet hatte, unter der Bedingung, daß man auch den Winter darin bequem leben könne, welches leider unmöglich war. Schon das Gebäude selbst und der böse Weg hinauf, waren dem lange Dableiben gänzlich entgegen. –

April

Lange noch blieb dieses Jahr der Winter spürbar, ja sogar noch am 21ten schneiete es viel, und noch bis ans Ende diese Monats konnte nicht mit der Feuerung in den zwei einzigen Oefen, die man dort hatte nachgelassen werden. –
15. Hofr. Hartmann reisete mit der Lisette Mögling wieder zurück nach Stuttgart, wo selbige seinen jüngeren Bruder Heinrich heiratete. Jedoch der rauen Witterung unbeschadet, blühten schon die lieblichsten Blumen auf den Wiesen und die wilden Erdbeerblüthen pflückte ich schon auf den Höhen

in den ersten Tagen des Aprils. – Mein Hauswesen bestand nun an Dienerschaft bloß aus dem Jäger Zehl, einer Köchin und einer Magd. Frl. Glafey sollte die Wirthschaft führen, und M. bezahlte wöchentlich, und kaufte und beschloß auch den Wein und das Holz. Aber, wie denn in der Welt nur alles sehr unvollkommen seyn muß, so auch hier. Der Anblick der herrlichen Gegend und der Genuß der Luft, waren und blieben einzig meine Gesundheitsstützen und meine Einsamkeit Gewinn; doch selbst diese nicht ohne Störungen, welche denn auch wirklich meinen vorgefaßten Entschluß, ein ganzes Jahr dort zu wohnen, wankend machten, wozu besonders die sich täglich mehrenden Unzufriedenheiten mit Frl. Glafey mich vollends fest bestimmte #:

Junius
denn in den letzten Tagen des Junius unterlag wirklich meine Gesundheit den Aerger, auch da in dem schönsten Lande, wo mir immer so wohl war!-

> # *Ich schrieb auch wirklich diesen meinen Vorsatz den Winter zurückzukehren an den Fürsten nebst der Bitte mir doch einen Aufriß und Anschlag zum Anbau einer Gallerie die in Verbindung mit meinem grauen Hause in Wörlitz gebauet werden sollte, besorgen zu laßen, damit ich in üble jahreszeit, mit einen temperirten Raum zum Spatziren gehen gleich aus meiner Bücher Kammer hinaus tretend haben könnte und das ich dieses Gebäude zwar für mein Geld aber doch seinem Geschmack gemäß noch in diesem Sommer aufbauen laßen wolle #*

Ich beschloß also nur bis zum 31ten Aug. also ein halbes Jahr in La Doge zu bleiben, wofür ich aber dreivierteljährlichen Miethzins geben mußte. Nach Bex und Pissevache, nach Lausanne und Chatelard und nach Gillamont, diese waren meine Spatzierfahrten, die ich, außer meinen täglichen Fußpromenaden, binnen dieser Zeit von La Doge ab unternommen hatte. Glücklicherweise blieb ich mit Bekannten- und Fremdenbesuchen verschont. Ich sahe niemand als Dr. Levade und einmal nur, im Junius, speiste ich mit Larreys Familie in Lausanne. Ich las verschiedenes Neues von der Genlis, Malvina, *Valérie, le Paysan parvenu de Marivaux*, ein Supplement zu Rousseaus Briefwechsel, Matthissons Anthologie, soweit selbige heraus war, die hiesigen Zeitungen, *le Publiciste* und meinen Plutarch ganz durch. Auch Savarys Briefe über Aegypten las mir M. mitunter Abends vor. – M. machte wöchentlich kleine botanische Bergexcursionen.

Julius
Anfang diese Monats war ich mit meinem Befinden wieder etwas besser.
5. Ich nahm eine Abführung. – Die einsamen Spatziergänge, das Arbeiten unter freiem Himmel, und das eigene Lesen, nebst M. abendlichen Vorlesungen, blieb alles an der Tagesordnung. Ich las jetzt *la Chaumière indienne*. –
12. Ich fuhr nach Bex bis Pissevache und kam Abends wieder zurück. – M. machte eine Reise nach dem Rhonegletscher, von da über den Griesberg nach dem Sturz der Tosa und kam über den Simplon wieder nach Vevey
29. und brachte eine 20pfündige Forelle von Bex für meine Tafel mit. Als Abendlektüre ward jetzt eine Reisebeschreibung nach Botany – Bay vollendet. –

August
9. Ich machte eine Spatzierfahrt bis über Gillon hinaus, und stieg dort aus am Abhange des Berges eine der lieblichsten Campagnen zu besehen, die schon seit Jahren mir immer beim Vorbeifahren so wohl gefallen hatte. Auch war sie in der That, so wie ich sie mir zum Aufenthalte mir nur wünschen konnte. Allein sie war nicht zu vermiethen, die Besitzer befanden sich in Bern, und man sagte mir, daß während einiger Monate im Jahre daselbst die Luft der Gesundheit sehr nachtheilig würde. Ich entschied mich für Charlesmont bei Nyon, wo ich schon zweimal wohnte,
26. da M. mir den Bescheid von Trachsel zurückbrachte, daß diese Campagne im Sept. frei seyn würde. Aber da schon mit dem Monat August das halbe Jahr von La Doge vorüber war, nahm ich mir vor, bei der schönen, noch dauerhaften Witterung, sogleich eine kleine Reise zu machen, obgleich ich äußerst schlecht, und nur höchstnothdürftig mit weiblicher Bedienung versorgt war; denn dieselbe Magd, die ich im April aus La Tour gemiethet hatte, war die einzige, die mein Bette, mein Zimmer und meine Kleider zu besorgen hatte. –

September
Ich verließ also La Doge, wo die herrlichen Uebersichten und Ansichten, nebst der schönsten, reinsten, gesundesten Luft, mein reinster Gewinn und einziger Genuß gewesen waren. Ich übernachtete in Nyon, nachdem ich in Lausanne Mittag gemacht, und mir vom Banquier das bestimmte Geld hatte geben lassen. Der Kutscher fuhr so ungeschickt, daß er gleich am Vormittag den einen Baum meiner Kutsche zerbrach.
4. Tags darauf ward Mittag in Genf gemacht und zu Bonneville übernachtet.
5. Bei guter Zeit kam ich in St. Martin an, wo ich eigentlich zu verweilen willens war, auf so lange, als es die Witterung und die übrigen Umstände zulassen würden. Das liebliche Thal von Maglan[d] besuchte ich, außer bei der Ankunft und Abreise noch einigemal. Auch machte ich schöne Spatzierfahrten nach dem Lac de Chêde, und nach St. Gervais und Bionaen, auf dem char-a-vanc, und ging täglich über die Arvenbrücke bis Sallanches. Die Witterung war schön, auch begegnete mir nichts unangenehmes, (denn an enge Wohnung und nicht sehr gute Kost war ich gewöhnt) als das die Glafey meinen Schirmstock, der 30 Jahre schon meine Hand auf keiner Reise verlassen hatte und jetzt seit 10 Jahren mir nöthige Stütze, auf der Fahrt nach St. Gervais zerbrach. Glücklicherweise fand ich das abgebrochene Stück wieder und ließ es in Sallanches mit zwei silbernen Ringen befestigen.
10. Eines Abends um 8 Uhr kam ganz unerwartet die Herzogin von Kurland mit einer großen Kutsche angefahren. Ich sahe sie nur am anderen Morgen vor meinem Fenster, als sie weiter nach Chamouny reisete.
16. Ich verließ St. Martin, und begab mich, auf dem nemlichen Wege, wieder nach Nyon zurück, um noch das Landhaus Charlesmont bis zu meiner Abreise nach Deutschland zu bewohnen. – M. machte an diesem Tage einen bösen Fall von seinem Wagen herab vor Bonneville, was ihm hätte sehr übel bekommen können; doch das Bein war nur blau und schmerzhaft auf einige Zeit. –

17. Ich lange nun zu Charlesmont an, wo ich vor 13 Jahren schon einen Monat gewohnt hatte, da ich eine gute Köchin bekam und von Trachsels selbst in allem, was die Wirtschaft anlangte, besorgt wurde, so machte mir meine Oekonomin kein Aergerniß mehr, wie dieses leider zu La Doge der Fall war. –

23. Ich spazierte weiter, als gewöhnlich, und ging hinauf zum schönen Schlosse Crans. Wehmüthiger Herbsthimmel, herrliche Luft, große Gegenstände der Natur überall nahe und fern, weit um mich her! So dieses alles empfindend und genießend, beschloß ich mein 54tes Jahr. Dankend und lobend erhob sich mein ganzes Herz zu Gott, der dieses All und auch mich schuf. Ich beschloß diesen Monat mit dem Vorsatze, im folgenden abzureisen, um noch vor des Winters böse Zeitnachn Wörlitz zu kommen, denn schon wurden die Herbsttage, durch die gerade wehende Bise sehr kalt. Ich setzte noch die Memoiren der Maintenon und auch Bourrits Alpenreise als Lektüre fort.

Oktober

1. Als ich meinen Spaziergang einmal zu einer Ziegelscheune wandte, die hart am Seeufer liegt, und wo ich vor 13 Jahren auch gewesen war, hatte ich das sonderbare Begegniß, daß ein wohlgekleidetes, nicht hässliches Mädchen sich mir zur Cammerjungfer anbot, nicht nur auf der Reise, sondern auch in Deutschland bei mir zu bleiben, oder dort, im Fall sie mir nicht convenire, eine andere Herrschaft zu suchen. Ihr Vorgeben schien so natürlich und wahr, daß ich ihre Umstände bedauern mußte, und zugleich eine vortheilhafte Meinung von ihrer Rechtschaffenheit und Dienstgeschicklichkeit fasste, also daß ich soweit mit ihr einließ, daß, wenn sie mir schriftliche Attestate ihres Vaters und Predigers vorlegen könne, ich nicht abgeneigt sei, sie mit mir und in meine Dienste zu nehmen.

4. Wirklich brachte sie auch zwei solche Schriften, aber auch am nemlichen Tage hatte sich ein abgelebter und dienstloser Officier gegen den Grangér und die Gartenleute über die Undankbarkeit dieses Mädchens, (die wie sich auswies, eine unterhaltene Dirne war) mit vielen Klagen und Schimpfworten herausgelassen, mit dem ganzen Detail, was die Kreatur ihn schon gekostet u.s.w. Sogleich ließ ich dieser Person allen weiteren Zutritt bei mir untersagen. Zugleich bekam ich von der Magd, die ich hatte, das Anerbieten, bei mir in Diensten zu bleiben, worauf ich denn, damit sie nicht allein im Auslande sei, und ich doch auf dieser langen Reise gern noch einen männlichen Bedienten, der Zehlen helfen könnte, haben wollte, einen Cousin von ihr ebenfalls engagierte, und so bereitete ich mich täglich immer mehr zur bevorstehenden Reise, die ich auf den 22ten anberaumte, aber vor welcher ich mich, wegen der leidigen fremden, dummen Bedienung, des schon kalten Regenwetters, und der daraus entstehenden bösen Wege, sehr scheute. Ich fühlte mich sehr düster im Gemüthe, und mein Herz blutete, als ich wirklich

22. das, trotz der Bise und dem herbstlichen Laube, liebe Charlesmont verließ. Beim frühen Einpacken und Anziehen, noch bei Lichte, vermisste ich meinen römischen Ring mit dem Stern, suchte lange und glaubte ihn schon verloren, doch glücklicherweise fand ihn Zehl, als er den Mantelsack wegnehmen mußte, an der Erde liegen. Wir mußten Mittag in Lausanne machen und wollten zu Moudon übernachten: aber, leider! Mitten auf dem Wege dahin, auf dem Torat, zerbrach die Vorderachse meines großen Wagens in der Nabe des Rades, also, daß die Kutsche auf das schrecklichste umstürzte und der Fall mich und den Jäger sehr beschädigte. Ich hatte starke Contusionen an Kopf, Nacken und Schultern und Zehlen war der linke Fuß bis zur Wade zerquetscht. Schreck, Schmerz und Leiden war groß. Der Chirurgius in Moudon, wohin wir langsam und mühevoll transportirt wurden, versicherte, es sei zwar kein Knochen gebrochen, aber wir müssten dennoch fürs erste auf die lange Reise durch Deutschland Verzicht thun, und nur dahin eilen, wo mit Wahrscheinlichkeit unsere beschädigten Körper am sichersten wieder reparirt werden könnten. Daher sich der Gedanke, nach Genf zu gehen, natürlich am ersten darstellen musste.

25. Doch hielt der Schmerz mich in Moudon bis zum 25ten fest, wo wir langsam, und Zehl im großen Wagen sitzend, die gewöhnliche Straße nach Genf zogen. In Moudon hatte ich mich schmerzhaft angestrengt, dem Fürsten meinen Unfall zu melden, mit dem Beifügen, daß ich nun fürs erste nicht rückkehren würde, und durch M. ließ ich an Wagner dasselbe schreiben, nebst dem Geheiß, daß, da es mir und dem Jäger ganz an Besorgung und Aufwartung fehle, er mir alsbald, die auf Recommandation der Frl. Glafey aus Pommern zu meiner Kammerfrau angenommene Osterwald, nebst des Jägers Frau die Amey, auf dem Postwagen zuschicken solle. Da mir die Gasthöfe in Genf sehr missfielen, so nahm ich meine Wohnung in Secheron bei Dejan, in der Voraussetzung, da recht gut zu wohnen und einen der drei Brüder, meinen alten Bekannten wieder zu finden, den der Fürst 1770 zum Bedienten meines Sohnes mit sich nahm. Allein wie fand ich mich betrogen! Charles war todt, und das ganze Haus mit der großen Wirthschaft schmutzig und unbequem. Der Arzt und Chirurgius Maunoir, einer der geschicktesten in Genf, ward noch am nemlichen Abend geholt. Nach geschehener Untersuchung versicherte er, daß in meinen Nacken u. in meinen Schultern, wie auch in des Jägers Fuß und Bein, nichts zerbrochen sei, aber freilich vieles durch Kontusion verletzt, verschwollen und mit Blut unterlaufen. Blutigel waren für beide das erste ärztliche Anrathen, und in der Folge verband er Zehlen erste selbst den Fuß, und mich ließ er mit Balsam reiben und Kräuter als Thee nehmen, damit, wenn in den innern Theilen sich Blut versetzt hätte, solches sich auflöse. Nachdem ich vier Wochen (wo mich niemand sahe, den Arzt ausgenommen, als die Crinsoz Hotzes Tochter, die mich dreimal besuchte) nun so überaus kümmerlich und frierend zugebracht und mit nichts zufrieden zu seyn Ursache gehabt hatte, als mit dem sehr geschickten Maunoir:

November

16. begab ich mich vorerst wieder nach Charlesmont, wo ich mir die beste Sonnenseiten-Zimmer gewählt. Meine Rückkehr vor dem Winter blieb auch noch festgesetzt, besonders, da ich den Fürsten, der im Oktober das Bein gebrochen hatte, sehr leidend an sein Schmerzenlager gefesselt wußte. Daher ward um die Reparatur meiner beiden Wägen, die so ganz elend beschädigt waren, und die ich hatte verkaufen oder vertauschen wollen, ohne jedoch in Genf diesen Zweck errei-

Friedrich Matthisson, Auszug aus dem Tagebuch der Fürstin Louise von Anhalt-Dessau

chen zu können, mit Eil und Eifer betrieben. Die Ankunft der bestellten Kammerfrauen und neuer Geld-Nachschub, war auch erfolgt und ich konnte wirklich die Rückreise nun antreten.

December

16. Vor meiner Abreise hatte ich noch den Besuch des Hrn. v. Bonstetten und der Familie von Larrey. Der Gedanke, vielleicht nie wieder nach dem Genfersee kommen zu können,

Friedrich Matthisson, Auszug aus dem Tagebuch der Fürstin Louise von Anhalt-Dessau mit ihrer eigenhändigen Korrektur

trübte mein Gemüth; ich verließ den Aufenthalt und dieses Land mit sehr beklommenem Herzen, weil nur da die Natur und die Luft mich gesund, und meine Einsamkeit zum glücklichen Genuß gemacht hatten. Da der Jäger Zehl, wegen seines noch nicht völlig geheilten Fußes, nicht auf dem Bock sitzen konnte, sondern reiten mußte, hatte ich die Bitte des *Laitier* von Charlesmont erhört, der gern mit nach Deutschland kommen wollte, um doch einen männlichen Begleiter mehr und

zugleich einen Gehülfen für Zehl zu haben. Die Nyoner Kutscher brachten mich über Yverdon
19. Neufchatel nach Basel, wo ich bei kaltem Schneewetter ankam.
20. Von Basel setzte ich meine Reise mit Postpferden fort über Friesenheim nach Rastatt, wo ich mir in dem schlechtgeheizten Zimmer und feuchtem Bette eine böse Erkältung zu zog. Doch fort wollte und mußte ich und so gings durch Schnee und Frost, denn wirklich, der Winter war sehr hart. Doch ohne weitere Rücksicht darauf zu nehmen, gings weiter über Heidelberg nach Darmstadt, wo ich es der Frl. Glafey wiederholt vorstellen mußte, daß, da wir jetzt im Vaterlande wären, unser Beisammenbleiben nicht mehr erzwingend nöthig sei, und ich wollte lieber ihr 100 Rthl. zu ihrem bisher schon seit 14 Jahren genossenen Gehalt zulegen, als ihr und mir selbst stäten Aerger durch unser ferneres Beisammenleben bewirken.
25. Ich passierte Frankfurt und schlief in Hanau, hierauf in Fulda und dann in Berka.
28. Als ich Mittags mit einem zerbrochenen Wagen in Eisenach ankam, mußte ich der Reparatur wegen bis zum folgenden Morgen daselbst bleiben und konnte deßhalb und wegen der gefährlichen Wege bei Auerstädt und Naumburg am
30. 30ten nur bis Lützen kommen, wo ich aber ein so schlechtes Nachtlager vorfand, daß ich 55jährige ganz angekleidet, auf einem schlechten Sopha ruhend bei einem kleinen eisernen Ofen, den die Zehlen, die im nemlichen Zimmer, auch gekleidet blieb, immer fortheizte den düstern Eisnebeltag erwartete, der mich denn
31. über Leipzig und Dessau nach Wörlitz brachte, wo ich, meinem Wunsche gemäß, noch im alten Jahre ankam, und den Fürst gottlob! so weit wieder hergestellt fand, daß er auf Krükken gehen und ausfahren konnte, den verletzten Fuß in einem geschnürten Stiefel. Er hatte die Güte, an nemlichen Abend um 6 Uhr in meine kleine Wohnung in Wörlitz zu kommen. Ich fand auch die Gen. Raumer abgeredetermaßen in meiner Wohnung. Allein die Heitzung und der Dampf, die Kälte und die Feuchtigkeit alles leider war so nachtheilig für mich, daß Ich, die schon seit Rastatt den Schnupfen und Husten hatte, ganz krank an dem mir leider nur zu bekannten schlimmen Husten ward und damit in das neue Jahr übergehen mußte. –
Außer den schon angeführten Büchern, hatte ich in diesem Jahre auch noch manche der neusten franz. Werke gelesen, die theils von Lausanne nach La Doge von einem Bücherverleiher bekam, theils von Genf mir erkauft hatte. – Zu den wichtigsten Weltbegebenheiten dieses Jahres gehören: Bonapartes Proclamation zum Kaiser der Franzosen. – Franz II. erklärt sich zum erblichen Kaiser von Oesterreich. – Humboldt kommt zu Bordeaux. – Harding zu Lilienthal bei Bremen entdeckt den neuen Planeten, Juno. – Zu Mallaga sterben in Monatsfrist 8 000 Menschen am gelben Fieber. – Dessaliens lässt sich als Jakob I. zum Kaiser von Hayti krönen. – Der Papst Pius VII. reiset nach Frankreich. – Feierliche Kaiserkrönung Napoleons, durch den Papst, in der Kirche Notre Dame. – Der Hof zu Madrid kündigt Großbritannien den Krieg an. – In den Herzogthümern Schleswig und Holstein wird die Leibeigenschaft aufgehoben. – Herder stirbt zu Weimar. –

*

1805

Januar
1. Am Neujahrstage riß ich mich noch heraus und ging zur Kirche,
—
[Ich fand die im Sommer neu erbaute Gallerie schon unter Dach.]
—
aber nachher mußte ich lange das Zimmer hüten,
6. und erst in der Mitte des Monats, konnte ich, nach einer besseren Nacht, die gewöhnliche Tagesordnung wieder beginnen.
19. Ich fuhr in der Mittagsstunde etwas spatzieren, aber der Fuß des Jägers Zehl war noch so schlimm, daß er das Stehen hinten auf dem Wagen kaum aushalten konnte. Ich bekam am nemlichen Tage die Meldung von Häfeli aus Bremen, daß er den Ruf als Superintendent nach Bernburg angenommen habe, und wohl schon Ostern dahin abgehen werde. Ich endigte diesen Monat unter immer dauernder Anordnung in kleinen Theilen des Hauswesens und Abänderung der Kammerfrauen. Auch wurde mir kein Tag ohne körperliche Schmerzen, in den Schultern vom letzten Falle und im linken Beine, besonders von der zeitherigen zunehmenden Schwäche darin. – Die Abendlektüre war die von Beranger redigierte Geschichte der sämtlichen Reisen um die Welt bis auf Cook. –

Februar
Ich fuhr bis weilen aus. Der Fürst versuchte auch sein krankes Bein immer mehr und mehr ohne Stütze zu gebrauchen:
5. denn am 5ten stieg er die Treppe in meinem Wörlitzer Hause herauf und herab, und ging auch ohne Stock durch alle Zimmer. Krankheitgefühle verließen meinen Körper nicht, da immer Schneewitterung war
14. Der Fürst fiel wieder mit dem Pferde auf dem Eise, an einer Stelle, wo der See etwas ausgetreten gewesen war, jedoch ohne den mindesten Schaden zu nehmen. Ich hatte in diesem Monat verschiedene Verdrieslichkeiten mit meinen Bedienten, wobei ich doch wieder Galle schöpfte, aber dennoch ohne Krankheit davon kam. –
21. Ich fuhr nach Dessau, um meinem Enkel Georg Bernhard sein Geburtstagsgeschenk zu bringen und auch Verschiedenes in dem von der Witwe des Majors Berenhorst erkauften Gartenhause nachzusehen, wo ich auch meinem Kammerdiener Kampfhenkel, der die Aufsicht darüber bekam, mancherlei Aufträge gab. –
27. Ich aß in Luisium mit Fr. v. Lattorf. – Berengers Reisebeschreibungen blieben noch immer die Abendlektüre.

März
1. Das Schneewetter verhinderte mich, meiner kleinsten Enkelin den Kuchen zu ihrem Geburtstage selbst zu bringen; auch versperrte der starke Anwuchs der Elbe und Mulde auf mehrere Tage den Weg nach Dessau.
7. Noch am 7ten mußte man über Coswig die Ordonanzen nach Dessau sich wechseln lassen.
† Wir trugen die Trauer für die verwitwete Königin von Preußen. –

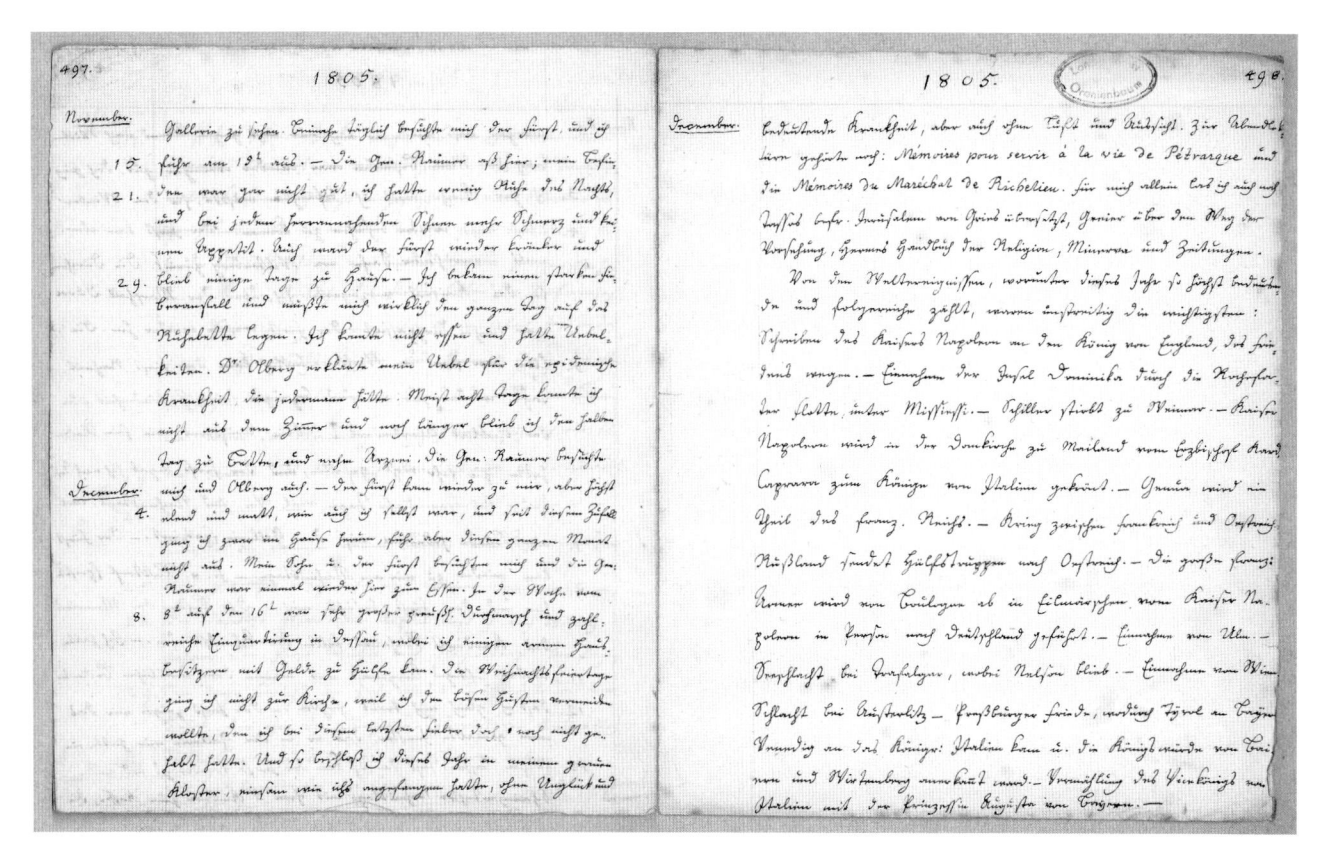

Friedrich Matthisson, Auszug aus dem Tagebuch der Fürstin Louise von Anhalt-Dessau mit letzten Einträgen

12. Ich fuhr einmal wieder nach meinem Hause in der Wasserstadt bei Dessau und bestellte an den Maurermeister Korte die Versetzung der Perrontreppe und einige andere Bauveränderungen. Mein Befinden war aber nicht das beste, da der heftige Fluß, der schon längst mein linkes Bein ergriffen hatte, mir das Gehen sehr beschwerlich machte.
17. Ich konnte aber doch die Kirche besuchen.
18. Auch fuhr ich tags darauf nach dem Gartenhause.
19. Die Doris Beust reisete von mir weg zu ihrer Mutter, weil ihre Gesundheit die Beschwerden des hiesigen Lebens nicht vertragen haben würde. –
22. Ich mußte am 22ten, wo ich wieder in meinem Gartenhause gewesen war, um den Frost meines Körpers zu mildern, noch daselbst einheitzen lassen, und so auch in Wörlitz. –
25. Die Gen. Raumer, die mich öfters in Wörlitz besuchte, war hier zum Essen. Die Witterung war immer noch böser Winterschnee und das Thermometer noch täglich 3° unter Eis, wobei ich immer halb krank war. Auch der Fürst, wiewohl er mich fast täglich besuchte, war öfters unpässlich. In diesen Tagen endigte ich die Lesung der Memoiren der Maintenon, und las noch Naumanns Biographie von Meißner. Abends las M., nach Beendigung der 7 Bände der Reisen um die Welt Marmontels sehr anziehende Selbstbiographie.

April
Noch immer empfand ich die Ueberbleibsel der Winterunpäßlichkeiten und des Hustens.

2. Die Gen. Raumer kam wieder zu mir heraus, und blieb von Vormittags bis Abends 6 Uhr.
5. Noch schneite es stark, und das vermehrte den Schmerz meines linken Beins; aber meine zwei nach der Natur gezeichneten Abbildungen des Genfersees, die ich eben hatte unter Glas bringen lassen, versüßten dies Ungemach in etwas. –
7. Ich konnte zur Kirche gehen, die Witterung war etwas regnicht.
11. Am grünen Donnerstag ging ich zur Kommunion und saß, geschützt vor Zugluft in dem neuen Stuhl, den ich mir in der Wörlitzer Kirche vom Tischler hatte bereiten lassen. –
12. Der Fürst erzählte mir, wie er schon wieder einen gefährlichen Fall mit dem Pferde im Dessauer Lustgarten gemacht habe, aber gottlob sei es glücklich abgelaufen. –
13. Ich fuhr nach meinem Gartenhause, und besorgte auch noch die Anordnung der Kupferstiche in meinem Schlafzimmer zu Wörlitz. – Die beiden Ostertage besuchte ich wieder die Kirche zu Wörlitz, wo am zweiten Feiertage Hr. Meister, Hofprediger der Fürstin von Zerbst, predigte. – Der Husten und etwas Entzündung im Halse und an den Augen, mit sehr heftigem Kopfschmerz verbunden, machten mich ganz krank. Ich hatte schlaflose Nächte, viel Hitze, keinen Appetit und hütete wol acht Tage das Zimmer, und mein körperlicher Zustand schien mir in vielem Betracht der bekannten Krankheit des Heimwehs zu gleichen. –
30. Man fand im See die ertrunkene Frau des Schlössers Otto, die sich auf diese Weise freiwillig aus der Welt geschafft hatte.

Mai
Der Beginn des Mais war noch so kalt, daß man die Stubenfeuerung nicht entbehren konnte. Doch gab es schöne Tage, die ich auch zum Ausgehen und Ausfahren benutzte, indessen ließen die Körperbeschwerden, die, besonders seit dem ich die Gelbsucht hatte, mich plagten, nicht nach. Dr. Olberg äußerte gegen mich, es fänden sich allerdings Verhärtungen in der Leber, auch sei die Milz irgendwo angewachsen, indeß dabei könnt' ich noch recht gut und lange leben. Der Fürst reisete auf einen Tag nach Leipzig, daselbst die Großfürstin von Russland, neuvermählte Erbprinzessin von Weimar, zu sehen. –
11. Ich bekam den ersten Brief von Häfeli aus Bernburg, wo er als berufener Superintendent mit Frau und Tochter angekommen war.
14. M kam wieder von einer kleinen Reise nach Leipzig zurück. –
17. Nachdem ich in Dessau meine Schwiegertochter besucht hatte, weil sie unpässlich war, nahm ich die Gen. Raumer mit nach Wörlitz, wo sie bis um 6 Uhr Abends blieb. Sie brachte mir einen Gruß von Oberhofmeister v. Berenhorst, der seit zwei Jahren mich weder sahe, noch mir schrieb, weil ihm mein öfteres Reisen missfiel und der Ankauf meines Hauses in Stuttgart ihm sehr unklug vorkam. Er ließ mir sagen, daß er in meinem Gartenhause bei Dessau mich nun wol besuchen möchte, wenn ich ihn sprechen wolle. Ich ließ ihm mit Wahrheit und Überzeugung antworten: daß, da ich im Gespräch über Reisen noch eben so dächte, und ich es nicht verschwören habe, von neuem abwesend seyn zukönnen, so würde mein Wiedersehen ihm ja nur unbehagliche Empfindungen erwecken, es wäre also besser, daß wir unsichtbar gegen einander freundschaftlich gesinnt blieben, als durch Wiedersehen und Wiederspruch einander missfällig zu werden fürchten müßten. Uebrigens stellte auch unser schweres Gehör gegenseitige Scheidemauern zwischen unsere vertraulichen Unterredungen. –
18. Es war schwüle Gewitterluft, die auf schon leidende Körper besonders nachtheilig wirkt. Der Fürst schien sehr eschauffirt und schläfrig ermüdet davon; mir war sie doppelt nachtheilig, weil ich gerade an diesem Tage (wie schon öfters) Aergerniß mit meiner schwangeren Kammerfrau, der Amey Zehl hatte, und Nachmittags gleich nach Luisium fuhr, weil die Gen. Raumer sich dahin verfügt hatte. Ich fühlte mich wirklich ganz krank, so daß ich auch
19. den Vormittag des folgenden Tages meist im Bette zubrachte. –
23. Am Himmelfahrtstage ging ich zur Kirche, und Nachmittags gab ich meiner Schwiegertochter und ihren Kindern Thee im Luisium. Es fiel Kälte ein und
24. am andern Morgen hatte es wieder gefroren. Mein Sohn sagte mir, daß der König und die Königin von Preußen, aus Franken zurück hier durch kommen würden, wo ich denn gleich beschloß, während dieser Zeit zu verreisen. –
28. Der Nordostwind erhielt meinen Husten immer noch rege und ich mußte noch stets einheitzen. Der Fürst schickte den Jägermeister Harling zu mir, um mich zu benachrichtigen, daß der König, (den dieser zu Magdeburg komplimentieren mußte) erst am 19ten oder 20ten künftigen Monats hier durchkommen würde. Ich hatte also noch hinlänglich Zeit, mich zu einer kleinen Reise zu bereiten. Ich war diesen ganzen Monat, wegen der übeln kalten Witterung nicht einen tag frei von Husten und Gliederschmerzen gewesen, hatte aber doch jeden schönen Tag benutzt, um bald nach Luisium, bald nach meinem Gartenhause zu fahren, um entweder mit der Gen. Raumer zu sprechen oder mit Fr. v. Lattorf zu Mittag zu speisen.

Junius
2. Beide Pfingsttage besuchte ich die Kirche;
3. nachher ging ich etwas im Garten spatzieren, obgleich der kalte Wind das Sausen und Toben in meinem Kopfe sehr vermehrte. – Der Kupferstecher Arndt war von Leipzig mit neuen Kupferstichen hier, und ich kaufte 6 Blätter für 30 Rthl. von ihm.
4. Noch mußte ich einheitzen lassen. Es fiel Hagel. –
5. Ich fuhr nach dem Gartenhause, welches ich neu abputzen ließ. –
8. Der Fürst holte mich auf der Gondel ab, um mir das, jetzt zu der baldigen Ankunft des Königs neu reparirte und bald vollenden Monument zu zeigen, das er im Angedenken seinern Vorfahren geweiht hat und woran schon vor vor zwei Jahren zu bauen angefangen wurde. Am nemlichen Tage fuhr ich noch nach meinem Gartenhause und über Luisium wieder nach Wörlitz. In diesen Tagen wurde unter dem Volke die Klage über die Theuerung sehr laut, indeß hoffte man auf eine gute Ernte, zweifelte aber bis dahin mit dem Korn [nicht] auszureichen, denn zuviel war exportirt worden oder zu Branntewein vernützt. –
11. Fr. v. Lattorf aß wieder hier, und der Fürst, der gar nicht wohl war, und besonders an einem bösen Nagel am gebrochenen Bein litt, gab ihr Verhaltungsbefehle wegen der Ankunft der Königin von Preußen.
12. Am folgende Tage kam meine Schwiegertochter mit ihren Kindern zu mir nach Wörlitz. –
14. Wagner meldete mir schriftlich die glückliche Niederkunft seiner Frau mit einer Tochter, dem ersten Kinde in dieser schon 14jährigen Ehe. –
23. Erst am 23ten konnten mir etwa ein Dutzend weiße Erdbeeren aus meinem Garten gebracht werden. –
26. Der Fürst führte mich auf die Plattform des Monuments, wozu die Treppe eben fertig worden war, und Mattei speisete mit mir zu Mittag. –
29. Ich fuhr früh um 7 Uhr zu meiner Schwiegertochter, um ihr das Angebinde zu ihrem Geburtstage zu bringen, nemlich eine Schatulle, von englischer Arbeit, worin sich verschiedene angemessene Kleinigkeiten und 40 Louisdor befanden. Mein Sohn, der seine Badekur vollendet hatte, führte mich durch seinen Garten, die Akazien blühen zu sehen. Um 1 Uhr Mittags kehrte ich nach dem grauen Kloster zurück, wo ich Abends gegen 7 Uhr unerwartet den Gegenbesuch meiner Schwiegertochter bekam, die den Nachmittag mit den Kindern beim Fürsten im Floratempel zugebracht hatte. – In diesem Monate war die Abendlektüre: Pouponvilles Beschreibung von Morne und Neckers nachgelassene Schriften von Mad. Stael herausgegeben. Für mich allein las ich unter anderen auch: Winkelmann und sein Jahrhundert, herausgegeben von Göthe.

Friedrich Schellhase, Das Monument in Wörlitz, um 1850

Julius

Im Julius ward in den Abendstunden die Lesung von Barthelemis Anacharsis begonnen. –

2. Ich pflückte in meinem Alten-Garten in Wörlitz die erste diesjährige weiße Rose. –

3. Zufälligerweise erfuhr ich, daß der Fürst sehr krank von Zerbst im gothischen Hause zurückgekommen sei und daß man Schwaben schon gerufen hätte. Ungeachtet meines eifrigen öftern Nachfragens, erfuhr ich bis zum andern Vormittag,

4. wo mein Sohn zu mir kam, gar nichts von des Fürsten Umständen, worüber ich mich empfindlich gekränkt fühlte, solches auch meinem Sohne vorstellte, und selbst auch krank davon wurde. Darauf schickte der Fürst Nachmittags um 4 Uhr, ob ich einen Augenblick ihn zu sehen kommen wolle. Ich hatte zwar Arznei eingenommen, aber ging doch, und fand wirklich den Fürsten zu Bette und sehr, sehr krank. Mein Unwille war groß gegen Schwabe und des Fürsten Leute, daß diese mir gar nichts hatten zur Antwort sagen lassen.

5. Am folgenden Tage, als ich fragen ließ, hatte Schwabe geglaubt, daß die Rose am kranken Bein entstehen werde.

6. Am 6ten wo man des Königs und der Königin Ankunft in Wörlitz erwartete, verließ ich den Fürsten also bettlägerig und sehr krank, und mußte auf einige Tage nach Luisium. Mein Sohn und meine Schwiegertochter sollten hier unten im grauen Kloster wohnen; meine obern Zimmer aber schloß ich zu. Im Luisium blieb ich bis zum 11ten mit der Donop wohnen,

11. wo ich wieder nach Wörlitz kam. Wegen der Krankheit des Fürsten und des übeln Regenwetters hatten sich die königlichen Herrschaften nur 24 Stunden daselbst aufgehalten. Ich war aber ganz krank über bittere Aerger, den mir Kampfhenkel und die Kammerfrau im Gartenhaus gemacht hatten. –

13. Ich hatte den Dr. Olberg zum Essen, den der Fürst mir herüber schickte, da selbiger zur Consulation mit Schwabe berufen worden war, aber doch nichts am Fuße gefährliches gefunden hatte. –

15. Ich mußte eine Kur von Milchzucker anfangen, mein Blut zu kühlen, mit anderer Kräuterarznei, wobei ich, wie bei einer Brunnenkur, viel umhergehen mußte.

17. Der Fürst ließ mich Vormittags vor sein Bette kommen; er glaubte, sein Bein werde aufgehen. –

20. Der Fürst ließ mich am Nachmittage wieder rufen. Ich fand ihn noch zu Bette, und er schien mir sehr schwach. Am nemlichen Tage hatte ich den Besuch der Gen. Raumer, die ich durch mein Bibliothekszimmer nun schon durch die eben durchgebrochene Thür in meine neue Gallerie führen konnte.

24. Zu meinem größten Erstaunen kam der Fürst bei mir vorgefahren und stieg auch wirklich aus. Im untern Zimmer setzte er sich und fand sein Befinden besser. So setzte der Fürst täglich fort

27. und kam auch auf die Gallerie, die [in trockner Maler(ei) L.] Pozzi ausmalte, und wo die Fenster- und Fußbodenarbeiten immer fortdauerten.

29. Meine Arznei brauchte ich bis zum 29ten fort; dabei hatte mir aber das viele Gehen bei der Hitze wieder neue Hautverletzungen zugezogen. In diesem Monat hatte ich so nebenher die 4 Theile des goldenen Kalbes durchgelesen. Der Anacharsis blieb noch permanent am Abend.

August

1. Ich sprach Häfelis Tochter, die von Bernburg zum Besuche bei den Probst hergekommen war. – Der Fürst besuchte mich noch täglich, mußte aber doch bisweilen das Reiten wieder einstellen, wegen der Entzündung am großen Zehe. Ich bekam mit der Post des Dr. Levade sehr ähnliches Profil von ihm selbst geschickt. – Ich mußte einige Tage im Zimmer bleiben, da das Gehen mir beschwerlich und schädlich für die Haut wurde. Der Fürst hatte mittlerweile seine erste Ausflucht wieder über Dessau u. Zerbst gemacht.

6. Er besuchte mich bei seiner Zurückkunft und hatte sich sehr gut befunden.

8. Olberg ließ mir einen andern Kräuterabguß kalt trinken, den ich einige Zeit fortbrauchen sollte, und nun, da ich wieder etwas ausging, lit ich an starken Kopfschmerzen.

10. Am Geburtstage des Fürsten, konnte ich gar nicht zu ihm, sondern er kam zu mir, als er nach der Stadt fuhr, und ich gratulirte ihm im untern Zimmer. M. war auch zum Gastmale in der Stadt bei meinem Sohne. Ich blieb immer mit Kopfschmerzen, geschwollenen Füßen, und noch stärkerer Entzündung geplagt, die mich am Gehen und Fahren hinderte. –

18. Ich schickte durch Zehl das Geburtstags-Angebinde an meine Enkelin Auguste. Es bestand in einer Uhr an einer goldenen Kette um den Hals zu tragen, und in einem selbstgestickten Geldbeutel mit 50 Thalern. –

19. Am folgenden Tage kam sie selbst mit ihrem ältesten Bruder zu Mittag hergefahren, und ich behielt sie zum Essen; um 4 Uhr fuhren sie wieder fort. Am nemlichen Abend kam Häfeli mit seiner Frau von Bernburg, mich auf 14 Tage zu besuchen. Er wohnte im alten Amt und sie beim Probst. Mein Befinden hielt mich die ganz Zeit zu Hause, wo Häfeli täglich Mittags und Abends mit mir speisete und auch einmal Nachmittags mit Frau und Tochter mich besuchte, letztere die Gallerie zu zeigen. Nur drei Tage war er von hier entfernt, theils um in Dessau Besuche zu machen, theils um in Coswig Amtsangelegenheitenzu besorgen.

21. M. reisete nach Dresden, um, einen längst gehegten Wunsche gemäß, die dortigen Kunstschätze wiederzusehen. Der Fürst besuchte mich Vormittags einigemal, auch er war öfters

*Marie Louise Elisabeth Vigée-Lebrun,
Königin Luise von Preußen, 1801*

*Friedrich Matthisson, Geburtstagsgedicht für Fürstin
Louise von Anhalt-Dessau, 1807* ▷

abwesend. – Ich wagte es denn doch einmal wieder auszufahren und führte Häfelis beide Nachmittags nach Luisium zum Kaffee.
28. Da Häfeli nach Dessau reisete, fuhr ich nach meinem Gartenhause. Früh um 8 Uhr, als ich eben in den Wagen steigen wollte, kam der Fürst noch zu mir. – In dieser Zeit hatte ich Ariosts rasenden Roland (übers. von Gries), das Labyrinth vom Verf. des goldenen Kalbes und auch ein sehr gutes Buch von einem Ungenannten, Immanuel betitel, zu lesen angefangen. –
31. Ich bekam den Besuch meines Sohnes, der seit 14 Tagen nicht bei mir gewesen war, und am nemlichen Abend kam M. von Dresden zurück. –

September
2. Der Fürst reisete von Dessau nach Baden zum Kurfürsten von Baden, mit dem Kammerjunker von Seidewitz und dem Kabinetsrath von Rode. Häfeli kehrte von Wörlitz aus nach Bernburg zurück. –
3. Ich fuhr um 11 Uhr mit M. nach Luisium und hatte mein Mittagessen von Wörlitz mitgenommen, um es dort aufwärmen zu lassen. Die Gen. Raumer kam gleich nach dem Essen zu mir, und Abends als ich wieder in mein Kloster eintrat, fand ich meine Schwiegertochter, die vor ihrer Reise nach Rudolstadt Abschied zu nehmen gekommen war. –

6. Ich besuchte mein Gartenhaus, aber das viele Ausfahren und Gehen bekam mir nicht wohl, und ich konnte wieder einige Tage nicht aus dem Hause.
10. Nur am 10ten machte ich abermals eine Fahrt nach dem Gartenhause, um mit Olberg über meine Gesundheit zu sprechen, der aber jetzt die Bäder die er mir gerathen hatte, widerrieth. Ich begann an diesen Tagen eine Tapezierarbeit [bordure von Seide zu einem Stuhlkissen L.]
13. Ich fuhr nach Luisium, die Lattorf zu sprechen. –
16. Ich sprach meinen Sohn im Gartenhaus, auch die Donopp. –
18. Ich fuhr nach Luisium-
19. Die nöthigen Veranstaltungen, mich zu meinem Geburtstage nach Sandersleben zu begeben, waren nun vollendet:
20. ich reisete also mit der Donopp und M. über Dessau dahin ab. Die Zehl nebst der Magd der Donopp folgte und Zehl ritt. Ich hatte noch in Wörlitz in meinem Wohnzimmer den neuen Ofen zu setzen befohlen. Harling hatte die Relais-Pferde besorgt. Meine eigenen Pferde fand ich Mittags in Dohndorf, und um 5 Uhr waren wir in Sandersleben beim Kammerrath Matthäi und dessen Frau. Seit 14 Jahren war ich nicht daselbst gewesen. Acht Tage verlebte ich dort auf meine gewöhnliche einsame Art. Nur einmal ließ es die fast immer stürmische Witterung zu, daß ich mit der Donopp bis Fregleben fahren konnte.

24. Zu meinem Geburtstage kam Häfeli von Bernburg zum Mittagessen, und ich machte mir das Fest bei dieser Gelegenheit einige Almosen in der Stadt austheilen zu lassen. Mein Befinden war gottlob! ziemlich. Still besuchte ich bisweilen den einsamen alten Obstgarten. –

27. Auf der Heimreise frühstückte ich in Bernburg bei Häfeli, und besahe sein noch nicht ausgebautes Haus. Postpferde brachten mich von dort bis Köthen, wo ich meine Pferde fand, die mich schon halb 3 Uhr Nachmittags in meinem Gartenhause absetzten, wohin die Lattorf kam, und von wo ich mit frischem Gespann mit M. nach Wörlitz fuhr, wo die Mädchen mit dem Reinigen der Zimmer noch kaum fertig waren, ich aber doch einen neuen Ofen bestelltermaßen in meiner Wohnstube gesetzt fand. –

30. Ich fuhr nach meinem Gartenhause, mich mit der Lattorf, Wagner und Olberg zu besprechen.

Adolph Loos, Silbermedaille auf das 50. Regierungsjubiläum des Fürsten Franz von Anhalt-Dessau, 1801

Oktober

Ich begab mich früh nach Luisium, um daselbst meiner Schwiegertochter mit ihren Kindern Chokolate zu geben, weil der Geburtstag meines ältesten Enkels Leopold war, dem ich eine Uhr nebst Kette und 100 Rthl. an Gelde schenkte. Zu Mittagessen war ich wieder in Wörlitz. Mein Sohn war sehr krank, theils an sehr schmerzhafter Gicht, theils an den Folgen eines Falls, den er am 23ten September gethan hatte.

3. Am 3ten empfand ich durch Mark und Bein die durchdringendste Kälte. Am folgenden Tage wollte ich dieses Krankheitsgefühl mindern, und ging von 11 Uhr bis 1 Uhr bis übers Pantheon hinaus und kam mit M., dem ich begegnete, wieder zurück. Doch wollte mir kein Essen, noch weniger das Trinken schmecken, wegen dem Herzgruben-Schmerz. –

5. Ich fuhr mit M. nach Luisium, wo ich die Fr. v. Lattorf bestelltermaßen fand und durch Pozzi, die von Ferd. Hartmann für mich gemalte Hebe an ihrem Platz befestigen ließ.

6. Am folgenden Tage besuchte ich die Kirche. – Ich hatte die Fatalität durch so öfters wiederholten Aerger über meine schwangere Kammerfrau abermals zu leiden, daß ich auch ihrem Manne, dem Jäger Zehl es bestimmt sagte, daß dieser Dienst aufhören müsse, und seine Frau nur nach Hause gehen könne, denn eine Frau und Mutter könne nicht zugleich eine ordentliche Kammerfrau abgeben, auch stehe es ihm frei, wenn meine Dienste ihm ohne seine Frau nicht mehr anstünden, bessere zu suchen, worauf er antwortete, keine besseren zu wissen, und es sei am besten, daß seine Frau, nun überdem bei der hohen Schwangerschaft entlassen würde. In diesen Tagen befand ich mich gar nicht wohl. Die doppelten Fenster wurden eingesetzt und man heitzte schon lange ein. Dabei tönte schon die Kriegstromm[p]ete in allen Zeitungen; Oesterreicher und Franzosen hatten sich den Krieg erklärt.

10. Unerwartet trat der Fürst in mein Zimmer [nachmittags] (es war 5 Uhr) der eben über Leipzig von seiner Reise zurückkam. Er sahe weit wohler aus, und schien sich auch weit besser zu befinden. Er verlangte in die Gallerie zu treten; der üble Leimfarbengeruch vertrieb uns aber bald, und der Fürst hatte gedacht, seine gemalten Scheiben schon eingesetzt zu finden. –

11. Es hatte gefroren, und ich fuhr nach meinem Gartenhause. Bei meiner Rückkehr fand ich bestelltermaßen, die Thüre zur neuen Plettstube aus der untern Stube durchbrochen. –

12. Mein Sohn erschien wieder, mit noch sehr geschwollenen Händen von seiner Gicht.. –

14. Mein Befinden erlaubte es doch, daß ich zur Kirche gehen konnte; dann durchsahe ich mit der Amey Zehl meine Wäsche und übrigen Geräthschaften, schenkte ihr manches, und schenkte ihr für den Unterhalt bei den Eltern Kostgeld 20 Rthl. und 20 Rthl. noch zu ihrem Kammerfrauen-Weihnachten, mit der Versprechung, daß, so lange sie Zehls Frau bliebe, ich ihr 5 Rthl. monatlich und an Ihn das Geld zur Miethe und Holz schenken wolle. So reisete sie in meiner Chaise ab zu den alten Zehls, und ich dankte Gott, mich ohne Kammerfrau behelfen zu können. Der Fürst besuchte mich Nachmittags. Die Witterung war mir aber zu unfreundlich, um ausgehen zu können. Die Abendlektüre war jetzt das Leben von Gustav Adolph. In diesen Tagen erschollen viele Gerüchte von Bataillen, denn Napoleon war schon mit seiner großen Armee über den Rhein gegangen, als der Fürst auf der Rückreise begriffen war, der ihn in Durlach hatte durchfahren sehen. –

17. In der Nacht war schrecklicher Sturm gewesen, der auch in meiner Gallerie, wo da bunte gemalte Fenster noch nicht eingesetzt war, viel Wirrwarr angerichtet und unten an der Treppe, zwei dort fertig stehende Glas-Vorthüren von meinem Balkon zerschmissen hatte. Seit der Rückkehr des Fürsten hatten die Parforcejagden ihren Anfang genommen, aber ich war froh, daß er doch selbst nicht mitritt. Außer dem General Goltz, der allein mitjagte, waren fast keine Fremden dazu hier. – Bisweilen, wenn die Witterung erträglich war, fuhr ich aus;

19. so auch einmal mit M. nach Oranienbaum.

22. So war auch bald darauf ein schöner sonniger Nachmittag, den ich in Luisium an meinem neuen Büreau vom Tischler Eisen schreibend zubrachte.

25. Ich fuhr nach meinem Gartenhause. –

28. Die daselbst geernteten Aepfel ließ ich nach Wörlitz fahren. Der Fürst besuchte mich Nachmittags.

29. Am folgenden Tage besuchte er mich wieder, und zeigte einen Brief, der ihm die Durchreise des russischen Kaisers durch Wittenberg meldete, wohin er sich begeben wolle. –

November

1. Der Fürst kam wieder, und sagte mir, der Kaiser käme erst morgen, also werde er auch erst gegen Abend nach Wittenberg hin.

3. Mein Befinden war wieder weniger gut, doch ging ich zur Kirche, weil ich befürchten mußte, sie den Winter über nicht weiter besuchen zu können. –

4. Der Fürst kam abermals unverrichteter Sache von Wittenberg zurück. Die Durchreise des Kaisers verzögerte sich, aber der Marschall Düroc war Nachts durchpassirt. Der Fürst reisete wieder hin. Die Elbe war stark am Wachsen.

5. Endlich kam der Fürst Nachmittags wieder hier an und bezeugte seine Zufriedenheit über den Anblick Alexanders I.. Sein Aeußeres, wie seine Reden hatten ihm sehr wohl gefallen, und der Fürst begab sich nach Dessau. Ich war diese Tage viel, Vor- und Nachmittags, wol eine Stunde jedes Mal, auf der Gallerie spatziert. –

7. Der Fürst kam wieder zu mir am Nachmittage.

9. Fr. v. Lattorf speisete hier und der Fürst besuchte mich. – Die Lesung der Memoires des Kardinals Richelieu füllte die Abendstunden. –

11. Ich hatte wieder heftiges Aergernis mit meinen drei männlichen Bedienten, daß ich gleich
mich krank fühlte. –

12. Der Fürst zeigte mir das neue gemalte Fenster, das er in der Gallerie hatte einsetzen lassen.

13. Tags darauf kam der Fürst Vormittags und meine Schwiegertochter Nachmittags mit ihren 5 Kindern zum Kaffee, die Gallerie zu sehen. Beinahe täglich besuchte mich der Fürst,

15. und ich fuhr am 15ten aus. –

21. Die Gen. Raumer aß hier, mein Befinden war gar nicht gut, ich hatte wenig Ruhe des Nachts, und bei jedem herannahenden Schnee mehr Schmerz und keinen Appetit. Auch war der Fürst wieder kränker und blieb einige Tage zu Hause. –

29. Ich bekam einen starken Fieberanfall und mußte mich auch wirklich den ganzen Tag auf das Ruhebette legen. Ich konnte nicht essen und hatte Uebelkeiten. Dr. Olberg erklärte mein Uebel für die epidemische Krankheit, die jedermann hätte. Meist acht Tage konnte ich nicht aus dem Zimmer und noch länger blieb ich den halben Tag zu Bette, und nahm Arznei. Die Gen. Raumer besuchte mich und Olberg auch. –

December

4. Der Fürst kam wieder zu mir, aber höchst elend und matt, wie auch ich selbst war, und seit diesem Zufall ging ich zwar im Hause herum, fuhr aber diesen ganzen Monat nicht aus. Mein Sohn und der Fürst besuchten mich und die Gen. Raumer war wieder einmal hier zum Essen.

8. In der Woche vom 8ten auf den 16ten war sehr großer preuß. Durchmarsch und zahlreiche Einquartierung in Dessau, wobei ich einigen armen Hausbesitzern mit Gelde zu Hülfe kam. Die Weihnachtsfeiertage ging ich nicht zur Kirche, weil ich den bösen Husten vermeiden wollte, den ich bei diesem letzten Fieber doch noch nicht gehabt hatte. Und so beschloß ich dieses Jahr in meinem grauen Kloster, einsam wie ichs angefangen hatte, ohne Unglück und bedeutende Krankheit, aber nicht ohne Luft und Aussicht. Zur Abendlektüre gehörte noch: *Memoires pour servir á la vie de Petrarque* und die *Mémoires du Maréchal de Richelieu*. Für mich allein las ich auch noch Tassos befr. Jerusalem von Gries übersetzt, Greiner über den Weg der Vorsehung, Hermes Handbuch der Religion, Minerva und Zeitungen.

Von den Weltereignisse, worunter dieses Jahr so bedeutende und folgenreiche zählt, waren unstreitig die wichtigsten: Schreiben des Kaisers Napoleon an den König von England, des Friedens wegen. – Einnahme der Insel Dominika durch die Rocheforter Flotte, unter Missiessi. – Schiller stirbt zu Weimar. – Kaiser Napoleon wird in der Domkirche zu Mailand vom Erzbischof Kard. Caprara zum König von Italien gekrönt. Genua wird ein Theil des franz. Reichs. – Krieg zwischen Frankreich und Oesterreich. – Russland sendet Hülfstruppen nach Oesterreich. – Die große franz. Armee wird von Boulogne ab in Eilmärschen vom Kaiser in Person nach Deutschland geführt. – Einnahme von Ulm. – Seeschlacht bei Trafalgar, wo Nelson blieb. – Einnahme von Wien. Schlacht bei Austerlitz. – Preßburger Friede, wodurch Tyrol an Bayern, Venedig an das Königreich Italien kam u. die Königswürde von Baiern und Wirtemberg anerkannt ward. – Vermählung des Vicekönigs von Italien mit der Prinzessin Auguste von Bayern. –

Personenregister

Aberli, Johann Ludwig (1723–1786)
    1789: 24. IV.
Afsprung, Johann Michael (1748–1808)
    1775: 7. III.
Alberti (Schwager Reichardts)
    1794: 23. II.
Alberti, Marie
    1792: 27. VIII.
    1793: 1. VII.; 28. XII.
    1794: 23. II.; 2. V.; 18. VI.; 15. IX.
Allen, Sir Ralph (1693–1764)
    1775: 24. VIII.
Alvensleben, Philipp Karl Graf von (1745–1802)
    1784: 14. X.
Amey (die Zehl)
(Kammerfrau der Fürstin Louise)
    1802: 11. I.; 5. II.; 5. V.; 25. V.; 9. VI.;
    5. VII.; 28. VII.; 9. VIII.; 2. IX.
    1803: 15. IV.; 13. V.
    1804. 22. X., 30. XII.
    1805: 18. V.; 20. IX.; 6. X.; 14. X.
Andermatt, Joseph Leonz (1740–1817)]
    1802: 31. XII.
Andrieux (Hofmeister in Schwedt)
    1770: 5. IX.
Anhalt, Albert Graf von (1735–1802)
    1773: 31. VII.; 25. VIII.
    1774: 22. IV.
    1775: 30. VI.
    1800: 14. V.
Anhalt, Caroline Gräfin von, geb. von Printzen (1734–1799)
    1770: 14./16. VI.; XII.
    1771: 12. VI.
    1773: 15. V.
    1775: 5. VII.
Anhalt, Caroline von, geb. von Wedel (1748–1780)
    1771: 17. VIII.
Anhalt, Friedrich Graf von (1732–1794)
    1777: 6. V.
    1778: 4. III.
    1783: 1. XII.
Anhalt, Heinrich Wilhelm Graf von, (1734–1801)
    1782: 31. VII.
Anhalt, Heinrich Wilhelm von (Wilhelmi) (1734–1801)
    1771: 17. VIII

Anhalt, Johanne Sophie Gräfin von (1731–1795)
    1765: 19. X.
    1772: I./II.
    1773: 25. VIII.
    1774: 22. VIII.
    1775: 2. V.; 14. V.
    1783: 11. IV.
    1786: 14. IV.; 15. VII.
    1794: 1. XI.
    1795: 12. VI.
Anhalt, Leopold Ludwig Graf von (1725–1795)
    1770: 14./16. VI.; XII.
    1771: 12. VI.
    1775: 5. VII.
Anhalt-Bernburg, Friedrich Albrecht Fürst von (1735–1796)
    1770: III.
    1771: 8. XI.
Anhalt-Bernburg, Marie Friederike, geb. von Hessen-Kassel (1768–1839)
    1803: 29. VII.
Anhalt-Bernburg-Schaumburg-Hoym, Magdalene Prinzessin von, geb. von Solms-Braunfels (1742–1819)
    1769: VI.
    1771: 22. VIII.
    1774: 26. VIII.
    1778: 17. I.: 23. IV.; 22. V.
Anhalt-Bernburg-Schaumburg-Hoym, Victor Amadeus Prinz von (1744–1790)
    1769: VI.
    1771: 22. VIII.
    1774: 26. VIII.
    1778: 17. I.; 23. IV.; 22. V.
Anhalt-Dessau, Albert Prinz von (1750–1811)
    1767: VIII.
    1770: 23. IV.; 1. X.
    1771: 22. IV.; 14. V.; 16. X.
    1773: 28. VII.
    1774: 2. XI.; 8. XI.; 27. XII.
    1775: 22. IV.
    1777: 3. II.
    1778: 26. VIII.; 10. X.; 16. X.;
    21. X.; 15. XI.
    1779: 20. III.
Anhalt-Dessau, Anna Wilhelmine von (1715–1780)
    1769: IX.; 28. XII.

    1770: 1. X.; 27. XII.
    1771: 12. VI.; 7. VII.; 12. VIII.;
    16. X.; 18. X.; 27. XII.
    1772: I./II.; 5. IV.; 14. X.; 27. XII.
    1774: 4. VI.; 4. VIII.; 27. XII.
    1780: 1.–2. IV
Anhalt-Dessau, Christiane Amalia von, geb. von Hessen-Homburg (1774–1846)
    1791: 18. XII.
    1792: 16. III.; 4. VI.; 15. VI.; 23. VI.
    1793: 1. I.; 9. V.; 3. IX.; 29. XII.
    1794: 24. VII.; 1. X.
    1795: 29. VI.
    1796: 2. XII.
    1797: 23. III.; 1. V.; 29. VI.; 1. IX.
    1798: 12. XI.
    1799: 25. III.; 7. VI.; 20. XII.;
    31. XII.
    1800: 2. I.; 9. III.; 18. VI.; 27. VI.
    1802: 15. V.; 25. V.; 29. VI.
    1803: 25. IV.; 11. VII.; 17. VIII.
    1805: 17. V.; 23. V.; 12. VI.; 29. VI.;
    6. VII.; 3. IX.; (Anfang) X.;
    13. XI.
Anhalt-Dessau, Dietrich von (1702–1769)
    1767: VIII.
    1769: 2. XII.
    1770: 3. VII.
    1774: 16. II.
Anhalt-Dessau, Friedrich Erbprinz von (1769–1814)
    1769: 27. XII.
    1770: 23. IV.; 3. VII.; 23. VII.; 1. X.
    1771: 25. I.; 30. I.; 9. VI.; 12. VI.;
    3. VII.; 7. VII.; 20. IX.; 11. X.;
    27. XII.; 30. XII.
    1772: 25. V.; 27. V.; 26. VI.; 3. VIII.;
    9. VIII.; 15. VIII.; 18. IX.; 9. X.
    1773: 15. V.; 11. VI.; 8. X.; 21. X.;
    27. XII.
    1774: 7. VII.; 30. XI.
    1775. 5. I.; 18. III.; 20. III.; 16. VI.;
    3. IX.; 26. IX.; 1. XI.
    1776: 21. VI.; 30. VI.
    1777: 29. V.; 4. X.
    1778: 1. IV.
    1779: 27. XII.
    1780: 19. IV.
    1781: 2. III.; 3. IV.; 10. IV.
    1782: 17. I.; 29. I.; 27. IV.; 15. V.,

8. VI.; 15.–16. VI.; 3. VIII.;
14. VIII.; 14. XI.; 23. XII.
1783: 6. V.; 15. V.; 13. VII.; 30. VII.;
29. VIII.; 27. XII.
1784: 1. I.; 20. II.; 7. III.; 17. VII.;
9. VIII.; 24. IX.; 10. X.; 21. XI.;
29. XI.; 27. XII.
1785: 1. I.; 18. II.; 1. V.; 29. VI.;
25. VII.; 26. VIII.; 1.–2. XI.;
9. XI.; 25. XI.; 4. XII.; 16. XII.;
24. XII.
1786: 24. I.; 26. III.; 30. VII.; 27. XII.
1787: 2. IV.; 5. IV.; 24. X.; 27. XII.
1788: 10. II.; 25. II.; 2. III.; 14. IV.;
30. V.; 31. X.; 3. XI.
1789: 23. I.; 12. II.; 4. VIII.; 27. IX.;
4. XI., 27. XII.
1790: 4. II.; 16. II.; 12. VIII.; 11. X.;
22. XII.
1791: 11. I.; 13. I.; 3. III.; 31. III.;
27. IV.; 9. VI.
1792: 16. III.; 26. V.; 4. VI.; 12.–13.
VI.; 15. VI.; 23. VI.; 13. VIII.;
31. VIII.; 12. X.; 26. X.; 27. XI.;
9. XII.; 13. XII.
1793: 1. I.; 3. II.; 14. IV.; 15. V.;
18. X.; 29. XII.
1794: 6. I.; 19. I.; 10. X.; 1. XI.;
20. XI.; 28. XI.; 27. XII.
1795: 16. II.; 10. VIII.
1796: 19. IX.; 11. X.; 22. X.; 27. XII.
1797: 5. VII.; 10. VIII.; 15. X.;
20. XI.; 5.–21. XII. 27. XII.
1798: 18. III.; 12. V.; 1. VI.; 21. VI.;
12. XI.; 23. XII.; 27. XII.
1799: 17. II.; 2. III.; 10. III.; 15. III.;
20. XII.; 27. XII.
1800: 1. I.; 19. I.; 24. I.; 12. VI.;
10. VIII.; 27. XII.
1801: 23. III.
1802: 2. IV.; 15. V.; 24. V.; 2. VII.;
4. VII.; 13. VIII.
1803: 25. IV.; 11. VII.; 10. VIII.;
17. VIII.
1804: I.
1805: 24. V.; 29. VI.; 4. VII.; 6. VII.;
10. VIII.; 31. VIII.; 16. IX.;
(Anfang) X.; 12. X.; 4. XII.

Anhalt-Dessau, Friedrich Heinrich
Eugen von (1705–1781)
1769: 28. XII.
1770: 27. XII.
1771: 7. VII.; 16. X.
1772: 27. XII.
1773: 12. IX
1774: 10. VIII.; 24. IX.; 27. XII.
1775: 27. XII
1779: 4. II.
1780: 7. IV.; 7. XII.; 27. XII.

1781: 12. I.; 14. II.; 25. II.; 1.–2. III.;
30. III.

Anhalt-Dessau, Georg Bernhard von
(1796–1865)
1800: 21. I.
1805: 21. II.; 13. XI.

Anhalt-Dessau, Henriette Amalie
Prinzessin von (1720–1793)
1766: IV.
1770: 29. VII.; 1. VIII.; 4. VIII.
1772: 14. X.; 11. XI.; 30. XI.
1776: 24. IX.; 9. XI.
1778: 26. VI.; 6. VII.
1779: 12. VIII.; 21. IX.
1780: 7. IV.; 13. XI.; 7. XII.
1781: 25. II.; 1. III.
1783: 18.–19. VII.; 15. XI.
1784: 7. XII.
1786: 16. XI.
1791: 14. VI.; 1. IX.
1792: 11. VI.; 15. X.

Anhalt-Dessau, Henriette Karoline
Luise (die Albert/Schwägerin),
geb. zur Lippe-Biesterfeld-Weissenfeld
(1753–1795)
1774: 2. XI.; 8. XI.; 28. XI.; 27. XII.
1775: 10. I.; 18. II.; 14. III.; 22. IV.;
11. V.; 5. VI.; 18. XII.; 27. XII.
1776: 7. II.; 24. IX.; 11. XII.
1777: 3. II.; 15. IX.; 21. IX.; 3. X.;
9. XI.; 24. XI.
1778: 6. I.; 7. III.; 28. III.; 14. IV.;
1. V.; 18. V.; 14. VI.; 6. VII.;
22. VIII.; 26. VIII.; 1. IX.; 6. X.;
10. X.; 21. X.; 31. X.; 6. XI.; 14.–15.
XI.; 28. XI.; 29. XII.
1779: 20. III.; 23. IV.; 1. V.
1780: 6. II.; 29. V.; 10. VI.; 27. VIII.;
4. IX.
1781: 7. I.; 17. IX.; 25. IX., 2. X.;
26. X.
1785: 23. IX.; 29. IX.; 5. X.
1787: 23. IX.; 4. X.; 7. X.
1790: 21. VIII.
1791: 25. V.
1795: 3. VI.; 23. VII.; 3. VIII.

Anhalt-Dessau, Johann Georg
(Hans Jürge) Prinz von (1748–1811)
1768: III.
1769: 18. XI.
1770: 18. X.; 29. XI.
1771: 30. I.
1772: 27. V.; 6. VIII.; 15. VIII.
1773: 22. VII.; 28. VII.; 19. IX.
1774: 17. VII.
1775: 9. III.
1777: 25. IX.; 6. X.; 23. X.
1778: 8. X.; 28. X.
1779: 12. III.; 20. III.; 28. X.; 10. XI.

1780: 14. V.; 31. XII.
1781: 28. I.; 1. III.; 29. VI.; 9. VIII.
1782: 24. I.; 10. VIII.
1783: 25. XI.
1784: 28. I.; 20. VI.; 7. X.
1785: 18. I.; 28. I.; 22. X.; 2. XI.
1786: 28. I.
1787: 2. I.; 2. IV.; 8. VIII.
1788: 28. I.; 17. XI.
1789: 23. I.; 28. I.; 9. III.; 23. III.;
14. IV.; 12. V.; 19. VI.; 25. VII.
1790: 1. VII.
1791: 28. I.; 8. VI.
1792: 13. XII.
1793: 28. I.
1795: 28. I.; 20. VIII.
1796: 2. X.
1797: 28. I.
1798: 28. I.; 12. XI.; 3. XII.
1799: 28. I.; 20.–21. III.; 20. IV.; 13.
VII.

Anhalt-Dessau, Leopold Friedrich
Prinz von (1794–1871)
1794: 1. X.; 10. X.
1805: 19. VIII.; (Anfang) X.;
13. XI.

Anhalt-Dessau, Leopold III. Friedrich
Franz von (1740–1817)
1765: 8. III.; IV.–V.; 12. VII.; IX.
1767: 28. III.; 30. III.; 8. IV.; 29. IV.;
5. V.; 25. VII.; 2.–3. VIII.
1768: IX.–X.
1769: VI.; VIII.; 18. XI.; 28. XII.
1770: II.; 2. VI.; 6. VI.; 3. VII.;
8. VII.; 21. VII.; 21. VIII.; 8. IX.;
12. IX.; 15. IX.; 1. X.
1771: 10. I.; 24. I.; 30. I.; 11. II.;
20. II.; 28. II.; 6. IV.; 19. IV.; 14. V.;
12. VI.; 3. VII.; 27. VII.; 3. VIII.;
22. VII.; 20. IX.; 11. X.; 13. XI.;
30. XII.
1772: I./II.; 21. III.; 5. IV.; 25. V.;
10. VI.; 3. VIII.; 9. VIII.; 15. VIII.;
10. IX.; 18. IX.; 20. IX.; 4. X.
1773: 19. I.; 20. I.; IV.; 15. V.;
28. VII.; 1. XII.; 13. XII.
1774: 16. II.; 5. IV.; 27. VI.; 11. VII.;
14. VII.; 17. VII.; 10. VIII.; 10. IX.;
24. IX.; 28. X.; 8. XI.; 23. XI.;
28. XII.
1775: 7. III.: 9. III.; 2. V.; 14. V.,
29. V.; 10. VI., 26. VI.; 5. VII.;
6.–7. VII.; 19. VII.; 20. VII.;
23. VII.; 30. VII.; 6. VIII.; 15. VIII.;
27. VIII.; 3. IX.; 18. IX.; 24. IX.;
29. IX.; 4. X.; 1. XI.
1776: I.; 28. I.; 7. II., III.; 1. V.; 21.
VII.; 18. VIII.; 6. IX.; 24. IX.; 1.
XII.; 4. XII.

1777: 27. III.; 3. IV.; 2. VI.; 28. VI.;
24. IX.; 28. IX.; 6. XI.; 20. XI.;
5. XII.
1778: 4. II.; 18. III.; 26. III.; 4. IV.;
10. IV.; 14. IV.; 18. IV.; 1. V.; 10. V.;
22. V.; 2. VI.; 26. VI.; 2. VII.;
8. VII.; 17. VII.; 1. VIII.; 15. VIII.;
23. VIII.; 26. VIII.; 24. IX.; 6. X.;
21. X.; 28. X.; 10. XI.; 15. XI.;
1. XII.
1779: 2. I.; 6. I.; 20. II.; 8. III.;
20. III.; 23. IV.; 10. VIII.; 16. VIII.;
1. X.; 8. X.
1780: 12. IV.; 19. IV.; 22. V.; 2. VI.;
13. XI.; 2. XII.; 31. XII.
1781: 7. I.; 2. III.; 22. III.; 30. III.;
3. IV.; 6. IV.; 17. VIII.; 26. X.
1782: 29. I.; 19. II.; 19. III.; 27. IV.;
5. V.; 15. V.; 6. VI.; 8. VI.; 11. VI.;
16. VI.; 13. VII.; 27. VII.; 2. VIII.;
10. VIII.; 14. VIII.; 29. X.; 21. XI.;
10. XII.
1783: 13. I.; 9. II.; 1. V.; 6. V.; 16. V.;
2. VI.; 4. VI.; 22. VI.; 12. VII.;
15.–16. VII.; 19. VII.; 23. VII.; 28.–
29. VII.; 1. VIII.; 3.–4. VIII.;
6. VIII.; 11.–12. VIII.; 18. VIII.;
21. 22. VIII.; 24. VIII.; 27. VIII.;
29. VIII.; 6. IX.; 17. X.; 21. X.;
26.–27. X.; 29. X.; 31. X.; 4. XI.;
6. XI.
1784: 1. I.; 20. II.; 29. II.; 5. III.;
6. IV.; 12. IV.; 2. V., 24. V.; 7. VI.;
25. VI.; 17. VII.; 1. VIII.; 9. VIII.;
23. VIII.; 24. IX.; 1. X.; 10. X.;
14. X., 1. XI.; 15. XI., 1. XII.
1785: (Anfang) IV.; 9. IV.; 29. VI.;
1. VIII.; 10. VIII.; 13. VIII.;
26. VIII.; 31. VIII.; 19. IX.; 2. X.;
7. X.; 22. X.; 30. X.; 1. XI.; 8. XI.;
11. XI.; 19. XI.; 22. XI.; 25. XI.;
4. XII.; 12. XII.; 29. XII.
1786: (Anfang) I.; 8. I.; 12. I.;
12. II.; 13. V.; 16. V.; 24. V.;
12. VII.; 15. VII.; 30. VII.; 11. XII.;
24. XII.
1787: 7. III.; 19. III.; 2. IV.; 5. IV.;
14. IV.; (Anfang) V.; 27. VI.; 2. VIII.;
8. VIII.; 19. IX.; 10. X.; 24. X.;
20. XII.; 27. XII.
1788: 28. I.; 25. II.; 2. III.; 26. IV.;
1. V.; 5. VII.; 31. X.; 3. XII.
1789: 5. I.; 23. I., 18. II.; 30. III.;
6. IV.; 9. IV.; 20. IV.; 6. V.; 20. V.;
22. V.; 25. V.; 5. VI.; 26. VI.; 31. VII.;
4. VIII.; 16. VIII.; 31. VIII.; 2. IX.;
27. IX.; 24. XI.; 29. XI.; 27. XII.
1790: 16. II.; 24. III.; 30. VI.;
1. VII.; 7. VII.; 18. VII.; 27. VII.;

12. VIII.; 21. VIII.; 1. IX.; 20. IX.;
11. X.
1791: 1. I.; 11. I.; 25. I.; 1. III.; 15.
III.; 25. IV.; 27. IV.; 3. V.; 5. VI.; 15.
VII.; 16. VIII.
1792: 20. II.; 16. III.; 28. III.;
4. IV.; 2. V.; 26. V.; 18. VI.; 4. VII.;
20. VII.; 10. VIII.; 18. VIII.;
23. IX.
1793: 4. I.; 14. IV.; 17. IV.; 1. VI.;
3. VI.; 29. XII.; 31. XII.
1794: 1. I.; 6. I.; 2. VII.; 20. XI.;
22. XII.
1795: 1. VII.; 13. VII.; 10. VIII.
1796: 3. X.; 22. X.; 1. XI.; 8. XII.
1797: 11. II.; (Anfang) III.; 7. III.;
23. III.; 25. IV.; 16. V.; 21. VII.;
25. VII.; 8. VIII.; 10. VIII.; 8. X.;
15. X.
1798: 19. IV.; 17. V.; 21. VI.;
(10.) VIII.; 1./4. IX.; 12. XI.; 3. XII.;
17. XII.
1799: (Anfang/Mitte) I.; 31. I.;
18. II.; 24. II.; 27.–28. II.; 2. III.; 5.
III.; 7. III.; 10. III.; 18. III.; 25. III.;
10. IV.; 1. V.; 4.–5. V.; 21. VI.; 14.
XII.; 20. XII.
1800. 1. I., 19. I., 24. I., 9. III.,
25. III.; 3. IV.; 2. V.; 4. V.; 10. V.;
13.–14. V.; 7. VI.; 18. VI.; 20. VII.;
10. VIII.
1801: 23. III.
1802: 2. I.; 12. III.; 2. IV.; 13. V.;
24. V.; 4. VII.; (Anfang/Mitte) XII.
1803: 25. IV.; 29. VII.; 10. VIII.;
15. IX.
1804: I.; 25. X.; 16. XI.; 31. XII.
1805: (Anfang) II.; 14. II.; 19. III.;
12. IV.; (Anfang) V.; 18. V.; 28. V.;
8. VI.; 11. VI.; 29. VI.; 3.–4. VII.; 6.
VII.; 13. VII.; 17. VII.;
20. VII.; 24. VII.; 1. VIII.; 10. VIII.;
21. VIII.; 28. VIII.; 2. IX.; 10. X.; 14.
X.; 17. X.; 28.–29. X.; 1. XI.; 5. XI.;
7. XI.; 9. XI.; 12.–13. XI.; 4. XII.
Anhalt-Dessau, Paul Christian von
(1797)
1797: 23. III.; 4. V.
Anhalt-Köthen, Friederike von,
geb.von Nassau-Usingen
(1777–1821)
1794: 16. VI.
Anhalt-Köthen, Karl Georg
Lebrecht Fürst von (1730–1789)
1770: III.; 20. VI.
1771: 27. VII.; 11. X.; (Anfang) XII.
1772: (Anfang) V.
1777: 22. XII.
1779: 4. III.

Anhalt-Köthen, Luise Fürstin von,
geb. zu Holstein-Sonderburg-Glück-
burg (1749–1812)
1770: 20. VI.
1771: 27. VII.; (Anfang) XII.
1777: 22. XII.
1790: 22. II.; 25. II.
Anhalt-Zerbst, Friederike Auguste
Sophie von, geb. von Anhalt-Bernburg
(1744–1827)
1796: 26. X.
1797: 20. III.; 2. IV.
1800: 1. V.
1805: 13. IV.
Anhalt-Zerbst, Friedrich August
(1734–1793)
1793: 11. III.
Arc, Jeanne d' (um 1412–1431)
1775: 10. X.
Arcangali, Francesco (1733–1768)
1768: (Sommer)
Ariosto, Ludovico (1474–1533)
1805: 28. VIII.
Armbruster, Johann Michael
(1761–1814)
1783: 24. IX.
Arnaud, François Thomas Marie de
Baculard d' (1718–1805)
1781: 14. XI.
1782: 1. IV.
1788: 3. II.
1799: 31. I.; 28.II.; 31. XII.
Arndt, Wilhelm (1750–1813)
1798: 7. IX.
1805: 3. VI.
Arnim, Frau von
1789: 4. XI.
Aschersleben, Karl Leopold von
(braunschweig-lüneburgischer
Hofmarschall)
1784: 1. I.

Baar, Graf
1786: 2. VI.
Baden, Carl Ludwig von
(1755–1801)
1781: 3. IV.
Baden, Karl Friedrich Markgraf von
(1728–1811)
1781: 3. IV.
1783: 23. VII.; 9.–10. VIII.;
14. VIII.
1786: 24. XII.
1805: 2. IX.
Baldinger, Ernst Gottfried
(1738–1804)
1786: 18. XI.
Bangard zu Münzhof, Christian
Friedrich Rackmann,

Erbschenk Baron von dem
(1733/34–1801)
    1772: 14. X.
    1800: 14. V.
Banks (englischer Offizier)
    1775: 19. VII
Barré, Colonel Isaac (1726–1802)
    1775: 3. VIII.
Bartélemy, Jean-Jacques (1716–1795)
    1805: (Anfang) VII.
Barth, Karl Friedrich (1741–1792)
    1775: 2. V.
Basedow, Johann Bernhard
(1724–1791)
    1771: 12. V.; 14. V.; 9. VI.; 12. VI.;
    8. IX.; 29. XI.
    1775: 17. I.; 7. III.; 3. X.
    1776: III.; 15. XII.
Baudirektor, siehe Hesekiel, Georg
Christoph
Beauharnais, Eugen Herzog von
    Leuchtenberg und Fürst von
    Eichstätt, (1781–1824)
    1805: (Ende) XII.
Beauharnais, Auguste Amalia
Ludovika von, geb. von Bayern
(1788–1851)
    1805: (Ende) XII.
Behrisch, Ernst Wolfgang
(1738–1809)
    1767: XI.
    1770: 3. VII.
    1771: 12. VI.; 3. VII.
    1772: 25. V.; 26. VI.; 3. VIII.;
    9. VIII.; 21. VIII.
    1773: 19. I.; 15. V.;
    1774: 16. II.; 7. VII.
    1775: 16. VI.
    1776: III.
    1777: 29. V.; 4. X.
    1781: 3. IV.
    1786: 2. VI.
Bender
    1774: 24. IX.
    1786: (Anfang) IX.
    1779: 17. X
Benzler, Johann Lorenz (1747–1817)
    1787: 23. IX.
    1789: 24. IX.
    1795: 10. III.
Berchem, Nicolaes (Claes Pieterz)
(1620–1683)
    1770: 5. IX.
Bérenger, Jean Pierre (1737–1807)
    1805: 27. II.
    1805: 19. I.
Berenhorst, Frau von (Witwe des Karl
von Berenhorst)
    1805: 21. II.

Berenhorst, Georg Heinrich von
(1733–1814)
    1768: III.
    1770: 1. X.; 20. XI.
    1771: 6. IV.; (Anfang) VI.; 12. VI.
    1772: 31. III.; 14. V.; 27. V.;
    15. VIII.
    1773: 1. VI.; 22. VII.
    1775: 14. V.; 1. XI.
    1776: III.; 9. XI.; 30. XI.
    1777: 3. IV.; 6. V.; 28. VI.; 5. XII.
    1778: 23. II.; 14. IV.; 18. IV.; 17. VII.;
    8. X.
    1781: 14. III.; 21. V.
    1785: 10. VIII.; 4. IX.; 29. IX.; 7. X.;
    1. XI.; 19. XI.; 4. XII.; 12. XII.;
    16. XII.
    1786: 24. I.; 2. VI.;
    1789: 19. IV.; 6. V.; 20. V.; 25. V.;
    5. VI.
    1791: 22. II.; 1. III.; 15. III.
    1794: 19. III.
    1795: 20. VIII.
    1796: 26. X.
    1799: (Anfang/Mitte) I.; 31. I.;
    12. II., 28. II.; 20. III.; 22. III.;
    24. III.; 26. III.; 19. IV.; 27. IV.; 5. V.;
    22. V.; 18. XII.; 31. XII.
    1800: 18. III.; 25. IV.; 1. V.; 14. V.;
    3. VI.
    1802: 25. V.
    1805: 17. V.
Berenhorst, Georg Johann von
(1794–1852)
    1794: 19. III.
Berenhorst, Karl von (1735–1804)
    1775: 7. VII.
Berenhorst, Katharina Christiane Maria
von, geb. Otto (*1759)
    1781: 14. III.; 21. V.
    1782: 6. I.
Berg, Caroline Friederike von, geb.
von Häseler (1760–1826)
    1780: 27. III.
    1781: 24. IX.
    1782: 23. IX.
    1785: 28. I.; 1. II.
    1786: 29.–30. VII.
    1788: 28. IV.; 22. VII; 1. VIII.;
    5.–6. VIII.; 9. VIII.; 17. VIII.; (An-
    fang) X.; 13. X.; 1. XII.
    1790: 15. III.; 20. III.
    1791: 15. VIII.
    1795: 7. VIII.; 12. VIII.
    1797: 9. VII.
    1798: 23. IV.; 2. V.
Berg, Karl Ludwig von
    1780: 27. III.; 21. IX.
    1781: 24. IX.

    1782: 23. IX.
    1800: 21. VIII.
    1803: 22. VIII.
Bergen
    1797: 3. XI.
Beringer, Leopoldine Luise,
geb. Schoch (1770–1813) („Tochter
des Gärtners")
    1786: 31. III.
    1800: 10. V.
Berlepsch, Frau und Herr von
    1772: VI.
Bernoulli, Johann (1710–1790)
    1770: 10. VIII.
Bertuch, Friedrich Justin Bertuch
(1747–1822)
    1781: 22. V.
    1783: 22. VI.
    1798: 17. V.
Beust, Doris (Tochter der Johanna
Beust)
    1803: 19. VI.
    1805: 19. III.
Beust, Johanna Dorothea Luise
(Doris), geb. Matthisson (*1760)
    1799: 23. XII.
    1798: 2. III.
Biber, Domherr
    1785: 16. VII.
Bischoffwerder, Hans Rudolf von
(1741–1803)
    1784: 7. VI.; 1. VIII.; 13. IX.; 24. X.
    1785: 7. VII.
    1794: 22. XII.
    1795: 5. I.
    1798: (Anfang) XI.
Bismark, Herr von
    1771: 27. XII.
Blarer (Abbé aus Wien)
    1794: 1. X.
Blonay, Major
    1788: 5. VIII.
Blumenthal, (wohl) Ulrike Amalie
Gräfin von, geb. von Wartensleben
(1741–1808)
    1787: 1. VIII.
Bobbe, Pfarrer in Dessau
    1780: 1. III.
Boccage, Anne-Marie Fiquet du
(1710–1802)
    1775: 13. X.
Bock
    1787: 22. III.
Böhm, Major
    1783: 20. VII.
Bombelles, Adelaide Marie Elisabeth
(Ida), geb. Brun (1792–1857)
    1795: 20. X.
    1797: 15. VI.; 21. VI.

1802: 1. IX.
1803: 14. VIII.
Bonaparte, Napoléon (1769–1821)
   1802: 31. XII.
   1803: 16. IX.; (Ende) XII.
   1804: 31. XII.
   1805: 14. X.; (Ende) XII.
Bongé, Wilhelmine von, geb. Gräfin Anhalt (1765–1804)
   1770: 14./16. VI.; XII.
   1771: 12. VI.
Bonstetten, Karl Viktor von (1745–1832)
   1795: 17. IX.
   1801: 1. V.
   1802: 1. IX.; 3.–4. IX.
   1804: 16. XII.
Borgmann, Major
   1781: 20. X.
Bork, Major
   1776: 26. V.
Bornemann, Heinrich Marius Engelhard (Kantor in Dessau)
   1784: 5. XII.
Bornstädt, Herr von
   1772: 27. V.
Börstel, Frau von, geb. von Ingersleben
   1778: 2. VI.
Bose, Corneliana Adriana von, geb. von Müntel
   1795: 14. V.
Bose, Louis Adolf Christoph Graf von († 1820) (fürstlicher Kammerherr in Dessau)
   1795: 14. V.
   1796: 1. X.
Bossart (von Rümikon), Heinrich (1745–1815)
   1784: 14. X.
Boswell, James (1740–1795)
   1789: 5. I.
Böttiger, Karl August (1760–1835)
   1797: 4. VIII.; 26. VIII.
   1803: (Ende) XII.
Bourrit, Marc Theodore (1739–1819)
   1804: 23. IX
Brabeck, Friedrich Moritz von (1728–1808)
   1786: 16. V.
Branconi, Franz Anton Salvator de (1764–1827)
   1781: XI.
   1782: 29. X.
   1783: 7. XI.
   1798: (Anfang) XI.
Branconi, Marie Antonia Marchesa de, geb. von Elsener (1746–1793)
   1783: 7. XI.

Brandenburg-Bayreuth, Victoria Charlotte von, geb. von Anhalt-Bernburg (1715–1792)
   1774: 26. VIII.
Brandenburg-Schwedt, Friederike von (1745–1808)
   1763: 8. IV.
   1766: 19. III.
   1773: 5. XI.; 26. XI.
   1779: 22. VIII.; 8. X.; 18. X.
   1780: 26. VI.; 4. IX.
   1782: 30. VII.
   1797: 8. X.; 26. XII.
   1799: 1. V.
   1800: 14. V.
Brandenburg-Schwedt, Friedrich Wilhelm Markgraf von (1700–1771)
   1757: X.
   1771: 3. III.; 16. VII.
Brandenburg-Schwedt, Heinrich Friedrich Markgraf von (1709–1788)
   1758: VII.
   1763: 24. XI.
   1764: 23. VI.
   1765: 8. (7.) III.
   1765: 13. XI.
   1766: 19. III., VII.
   1770: 5. IX.
   1771: 8. IX.
   1772: 25. V.; 27. V.; 6. VIII.; 21. VIII.
   1773: 10. III.; 22.–23. III.
   1774: 22. VII.
   1775: 13. III.; 10. VI.;
   1777: 6. X.
   1778: 2. III.; 18. III.; 24. VIII.
   1779: 16. VIII.; 22. VIII.
   1781: 21. VIII.
   1786: 16. I.
   1788: 8. XI.; 13. XII.; 30. XII.
Brandenburg-Schwedt, Leopoldine Marie von, geb. von Anhalt-Dessau (1716–1782)
   1775: 24. VI.
   1782: 29. I.; 7. II.
Brandenburg-Schwedt, Sofie von, geb. von Preußen (1719–1765)
   1765: 13. XI.
Brandes, (wohl) Johann Christian (1735–1799)
   1776: 26. V.
Brändli, (wohl) Hans Ulrich (1740–1791)
   1783: 22. VIII.
Brandt, Gisela Wilhelmine Henriette Sophie Charlotte Brandt von Lindau auf Schmerwitz, geb. von Harling
   1770: XII.
   1776: 1. V.

Brandt von Lindau auf Schmerwitz, Ludolf Heinrich Carl Friedrich (1732–1779)
   1770: XII.
Braun (Bediensteter des Fürsten Franz von Anhalt-Dessau)
   1783: 29. VIII.
Braunschweig-Wolfenbüttel, Augusta Friederike Luise Herzogin von, geb. von Hannover (1737–1813)
   1786: 13. V.
Braunschweig-Wolfenbüttel, Ferdinand Herzog von (1721–1792)
   1777: 5. XII.
   1779: 24. III; 1. X.
   1787: 19. III.; 1. VII.
Braunschweig-Wolfenbüttel, Friederike Luise Wilhelmine von, geb. von Oranien-Nassau (1770–1819)
   1789: 21. VI.; 26. VI.
   1791: 2. IX.
Braunschweig-Wolfenbüttel-Bevern, August Wilhelm von (1715–1781)
   1772: 6. VIII.
   1777: 6. X.
   1779: 22. VIII.
Braunschweig-Wolfenbüttel-Bevern, Friedrich Karl Ferdinand von (1729–1809)
   1779: 22. VIII.
Braunschweig-Wolfenbüttel-Öls, Friedrich August Prinz von (1740–1805)
   1790: 15. IX.
Braunschweig-Wolfenbüttel-Öls, Friedrich Wilhelm von (1771–1815)
   1789: 12. V.; 6. VIII.
Brenkenhof, Friedrich Wilhelm Schönberg von
   1772: I./II.
   1774: 4. VII.
   1777: 3. IV.
Brentano, Dominik Anton Cajetan (1740–1797)
   1795: 1. IX.
Bressel, Herr und Frau von
   1784: 6. VIII.
B(r)ockhausen, Frau von
   1796: 25. XII.
B(r)ockhausen, (wohl) Caroline von
   1777: 12. IX.
   1793: 3. VI.; 19. VIII.; 15. IX.
   1796: 26. XII.
Brühl, Graf Moritz von (1736–1809)
   1775: 30.–31. VII.; 1. VIII.
   1777: VII.

Brühl, Graf von
　　1772: VI.
Brun, Friederike Sophie Christiane,
geb. Münter, (1765–1835)
　　1795: 10. V.; 29. V.; 31. V.; 3.–4. VI.;
　　28. VI.; 3. IX.; 8. IX.; 12. IX.; 17.
　　IX.; 19. IX.; 20. X.; 23. X.;
　　1. XI.
　　1797: 15. VI.; 21. VI.; 24. VI.
　　1799: 31. XII.
　　1800: (Ende) XII.
　　1801: 13. IX.
　　1802: 31. VIII.; 1. IX.; 4. IX.
　　1803: 14. VIII.
Brun, Karl Frederik Balthasar
(1784–1869)
　　1795: 20. X.
　　1797: 15. VI.; 21. VI.
　　1803: 14. VIII.
Brunck, Richard François Philippe
(1729–1803)
　　1803: (Ende) XII.
Buchwald, (wohl) Friedrich von
(dänischer Kammerherr)
　　1786: 14. IV.
Buchwald, Juliane Franziska von,
geb. von Neuenstein
(1707–1789)
　　1783: 18. (19.) XI.
Bülow, Major von
　　1771: 20. II.
　　1774: 22. IV.
　　1776: 18. VIII.
　　1781: 14. XI.
Bürger, Gottfried August
(1747–1794)
　　1800: (Ende) XII.
　　1803: (Ende) XII.
Büsch, (wohl) Johann Georg
(1728–1800)
　　1784: 29. VIII.
　　1793: (Anfang/Mitte) XII.
Buffon, Georges Louis Marie Leclerc,
Comte de (1707–1788)
　　1799: 26. VI.
Burges (Miss)
　　1775: 11. IX.
Burghausen, Graf von
　　1773: 2. V.
Burghausen, Gräfin von, geb. zu Solms
　　1773: 2. V.; 12. V.
　　1784: 2. V.
　　1788: 23. V.; 22. VII.
Burghauss(en), (wohl) Niclas August
Wilhelm von (*1750)
　　1783: 29. III.
Burghauss(en), Frau von
　　1777: 12. IX.
　　1783: 29. III.

　　1784: 2. V.; 7. VI.
　　1788: 23. V.
Burgsdorf
　　1787: 1. VIII.
Burgsdorff, (wohl) Christoph Gottlob
von (1736–1807)
　　1787: 1. VIII.
Burk(h)ard(t), Johann Rudolf
(1750–1813)
　　1793: 20. VIII.
　　1800: 14. IX.
Burques, Ed. Thomas Missiessy de
(1754 –1832)
　　1805: (Ende) XII.
Busch, von
　　1782: 21. XII.
Byern, Frau und Herr von
　　1772: 28. VI.

Calden (Calder)
　　1775: 3. X.
Callenberg, (wohl) Heinrich Hermann
(1744–1795)
　　1782: 6. V.
Campe, Johann Heinrich
(1746–1818)
　　1776: 15. XII.
Campen, August Wolfrath Major von
(1734–1779)
　　1772: I./II.
　　1774: 22. VIII.
　　1779: II.
Campen, Wilhelmine von,
geb. Gräfin von Anhalt (1734–1781)
　　1769: 20. XI.
　　1772: I./II.
　　1774: 22. VIII.
　　1781: 10. VI.
Caprara, Giovanni Battista Kardinal
(1733–1810)
　　1805: (Ende) XII.
Carater (Arzt)
　　1788: 22. VII.
Carleton, (wohl) Thomas
(1735–1817)
　　1775: 3. VIII.
Carlowitz, von
　　1784: 15. IX.
Carolath-Beuthen, (wohl) Amalie,
geb. Von Sachsen-Meiningen
(1762–1798)
　　1796: 19. IX.
Carolath-Beuthen, (wohl) Heinrich
Karl Erdmann (1759 1817)
　　1796: 19. IX.
Carracci, Hannibale (1560–1609)
　　1803: 5. VII.
Casamata
　　1782: 14. VIII.

Casanova, Giovanni Battista
(1730–1795)
　　1784: 1. I.
Cavaceppi, Bartolomeo (1717–1799)
　　1768 (Sommer)
　　1771: 3. VIII.
Cazotte, Jacques (1719–1792)
　　1793: 31. X.
Cerati
　　1782: 14. VIII.
Charpentier, Johann Friedrich
Wilhelm Toussaint von (1738–1805)
　　1780: 14. V.
　　1787: 1. III.
Chesterfield, Philip Stanhope,
5th Earl of Chesterfield
(1755–1815)
　　1776: 26. V.; 21. VI.; 13. VII.;
　　24. IX.
　　1791: 13. X.
Claudius, Matthias (1740–1815)
　　1793: 1. VII.
Clérisseau, Charles-Louis (1721–1820)
　　1775: 16. X.
Clyeton, Lord
　　1778: 2. VI.
Coeler (Hofkammerrat in Dessau)
　　1777: 29. V.
　　1778: 21. X.
　　1790: 23. V.
Coeler, Friedrich (1737–1808)
(Probst in Wörlitz)
　　1770: 24. VI.
　　1784: 12. IV.; 7. XI.
　　1799: 20. XII.
　　1802: 4. VII.
　　1803: 10. VIII.
　　1805: 1. VIII.; 19. VIII.
Coen, Herr von
　　1798: 22. XI.
　　1786: 16. IX.
Collon, Madame
　　1795: 9. X.
Collon, Major
　　1774: (Ende) VII.
Collowrat, Graf
　　1779: 3. X.
Colonna, siehe Völs-Colonna
Constant, Herr
　　1788: 28. VIII.
Conway, Henry Seymour (1721–1795)
　　1775: 24. IX.
Cook, James (1728–1779)
　　1775: 2. X.
　　1805: 19. I.
Cotta, Johann Friedrich (1764–1832)
　　1803: 15. IX.
Cottrell-Dormer, Sir Charles († 1779)
　　1775: 16. IX.

Crinzot(z), Elisabeth, geb. Hotze
   1801: 23. VII.; 5. VIII.
   1804: 25. X.
Cumberland, Anne Duchess of, geb. Luttrell (1742–1808)
   1797: 25. V.
Czartoryska, Izabela Fürstin, geb. von Flemming (1743–1835)
   1785: 18. VI.

Dachröden, Karl Friedrich von (1732–1809)
   1773: 15. VI.
Dähndorf
   1774: 13. XII.
Dalberg, Carl Theodor Anton Maria Reichsfreiherr von (1744–1817)
   1782: 11. VI.; 13. VI.
   1783: 20. XI.
   1802: 31. XII.
Daleve
   1801: 1. VIII.
Dallwitz, Graf
   1770: 18. X.
Damm, siehe Tamm
Dänemark, Caroline Mathilde Königin von, geb. Prinzessin von Großbritannien (1751–1775)
   1793: 8. VII.
Danz, Wilhelm August Friedrich (1764–1803)
   1803: 9. XII.
Darget, Claude Etienne (1712–1778)
   1775: 13. X.; 16. X.
Dart (Geistlicher in Bath)
   1775: 15. VIII.; 3. IX.;
David (Maler)
   1791: 15. VIII.
   1794: 2. V.
Davier, Luise Sophie, geb. von Berenhorst (1785–1854)
   1798: 16. III.
Dedel
   1785: 10. VIII.; 7. IX.
Dejean, Charles (Wirt)
   1770: 12. IX.
   1788: 26. VIII.; 29. VIII.
   1804: 25. X.
Delhost
   1774: 7. X.
   1775: 18. II.; 3. III.
Delille, Jacques (1738–1813)
   1800: (Ende) XII.
Dessalines, Jean-Jacques (um 1760–1806)
   1804: 31. XII.
Dessein (Wirt in Calais)
   1775: 19. VII.

Détray
   1801: 26. IV.
Dieden, Baron
   1799: 4. VII.
Dieden, Frau von
   1775: 30. IX.
Dietz (Kammerrat)
   1771: 8. IX.
Dio Cassius (um 155–um 235)
   1799: 26. III.
Dohna, Graf
   1783: 16. V.
   1786: (Anfang) VIII.
Dönhoff, (wohl) August Friedrich Philipp von (*1763)
   1778: 5. XII.
   1785: 16. X.
Donop, Caroline von (Kammerfrau der Fürstin Louise von Anhalt-Dessau)
   1778: VI.
   1780: 4. IX.
   1781: 7. I.; 14. II.; 17. VIII.
   1782: 23. IV.; 2. VI.; 8. VI.; 15.–16. VI.
   1787: 19. IX.
   1788: 14. IV.
   1789: 30. III.; 6. IV., 12. 13. V.; 19. V.; 26. VII.; 17. VIII.
   1797: 24. VI.
   1798: 14. IX.
   1800: 9. III.
   1805: 6. VII.; 16. IX.; 20.–20. IX.
Döring, Heinrich von (1737–1813) (Regierungsrat in Ratzeburg)
   1783: 22. VI.
Döring, Luise von, geb. Strube (1741–1796)
   1783: 22. VI.
   1788: 7. VI.
Dunser, Major
   1781: 3. VI.
Duroque, General
   1805: 4. XI.

Eberhard
   1799: 29. IV.
Ebert
   1781: 31. VII.
Eck, Prof. Johann Georg (1743–1808)
   1781: 3. VI.
Eckartstein, Johanna Charlotte von, geb. von Loen
   1800: 12. VI.
Eckert
   1786: (Anfang) IX.
Edelsheim, Wilhelm Freiherr von (1737–1793)
   1776: 2. VI.

   1781: 3. IV.
   1783: 23. VII.; 22. VIII.
Efendi, Resmi Ahmed (1700–1783) (Gesandter der Goldenen Pforte in Berlin)
   1763: 9. XI.
Einsiedel, (wohl) Detlev Carl Graf von (1737–1810)
   1799: 4. VII.
Einsiedel, (wohl) Johanne Amalie Gräfin von, geb. von Pannewitz (1750–1810)
   1799: 4. VII.
Einsiedel, Graf
   1770: 18. X.
   1774: V.
Eisen (Tischler)
   1805: 22. X.
Elliot
   1781: 24. IX.
Ende, Herr von
   1778: 18. XII.
Engel, Johann Jakob (1741–1802)
   1800: (Ende) XII.
Engelmann
   1785: 16. VII.
England, Schottland und Irland, Karl I. König von (1600–1649)
   1775: 24. IX.
Ensley (oder auch Ainsley)
   1775: 24. IX.
Erdmannsdorff, Friedrich Wilhelm von (1736–1800)
   1769: 28. XII.
   1770: 2. VI.; 21. VII.; 12. IX.
   1771: 16. XI.
   1772: 18. IX.
   1773: 24. V.
   1774: 27. VI.; 11. VII.; 14. VII.
   1775: 5. I.; 5. VII.; 20. VII.; 23. VII.; 3. IX.; 30. IX.; 4. X.; 10. X.
   1776: III.; 11. XII.
   1777: 2. VI.
   1778: 26. III.
   1779: 20. II.
   1780: 24. XII.
   1781: 10. IV.; 5. X.
   1784: 31. III.; 20. VI.
   1785: 10. VIII.
   1788: 18. IV.
   1789: 6. VIII.; 28. XI.
   1791: 16. VIII.
   1796: 28. IX.
   1799: 14. XII.
   1800: 9. III.; 9. IX.
Erdmannsdorff, Johann Adolf von (1739–1772) (Forstmeister in Dessau)
   1772: I./II.

Erdmannsdorff, Louise Friderike
von (1783–1814)
    1783: 10. III.
    1800: 9. III.; 25. III.; 25. IV.; 3. VII.;
    10. VIII.; 12. VIII.
    1801: 3. V.; 17. VI.; 29. VIII.;
    21. IX.
Erdmannsdorff, Wilhelmine Carolina
von (*1785)
    1800: 9. III.; 25. III.; 25. IV.
Erdmannsdorff, Wilhelmine
Eleonore von, geb. von Ahlimb
(† 1795)
    1770: 6. VI.
    1774: 7. VII., 16. VII.; 28. X.;
    30. XI.
    1776: 18. IX.
    1778: 10. VIII.
    1780: 2. VI.
    1781: 10. IV.; 17. VIII.; 19. VIII.;
    11. IX.; 5. X.
    1783: 10. III.
    1788: 28. I.; 18. IV.
Escher, Anna Barbara (1753–1829)
    1783: 3. X.
Escher, Hans Conrad von (1743–1814)
    1783: 22. VIII.
Escher, Johannes (1734–1784)
    1783: 25. X.
Esebeck, Freifrau von, geb. von
Brenkenhof
    1771: 22. XII.
    1789: 31. VIII.
    1803: 15. VI.
Esebeck, General Karl Christian
Burghard Freiherr von (1745–1809)
    1774: 24. IX.
    1789: 31. VIII.
Ewald, Johann Ludwig (1748–1822)
    1782: 4. X.; 19. X.
    1796: 22. X.
Eyserbeck, Johann Friedrich
(1734–1818) (Gärtner im Luisium)
    1794: 15. X.
    1798: 1. VI.

Falchinri
    1775: 20. III.
Farreau
    1778: 27. X.
Fassio, Chevalier (in Genf)
    1770: 4. IX.
Fest (Prediger in Borna)
    1790: 7. I.
    1794: 2. V.
Fichte, Johann Gottlieb (1762–1814)
    1799: 29. IV.
Fielding, Henry (1707–1754)
    1775: 24. VIII.

Finckenstein, Karl Wilhelm Graf
Fink von (1714–1800)
    1767: 26. VII.
Fische(r)
    1792: 13. XII.
    1800: (Ende) XII.
Fischer, Johann (Berliner Hofmaler)
    1778: 10. IV.
Fischnaller
    1799: 10. IX.
Fleger, Major
    1793: 20. VIII.; 24. VIII.: 9. IX.
Foote, Samuel (1720–1777)
    1775: 31. VII.
Forstenburg, Karl Anton Ferdinand
Graf von (1767–1794)
    1783: 22. VI.; 7. XI.
    1790: 14. X.
Forster, Johann Georg Adam
(1754–1794)
    1775: 2. X.
    1779: 16. III.; 20. III.; 28. III.
Forster, Johann Reinhold
(1729–1798)
    1775: 2. X.
    1779: 16. III.
Frankreich, Marie Antoinette
Königin von (1755–1793)
    1790: 16. II.
Freemann
    1779: 17. X.
Freidhoff, Johann Joseph
(1768–1818)
    1798: 17. V.
Fresne
    1793: 6. X.
Freudweiler, Heinrich (1755–1795)
    1783: 18. VIII.; 24. VIII.; 10. IX.;
    24. IX.
    1784: 23. VIII.; 28. VIII.
Frey (Zeichner)
    1770: 15. IX.
Friedel, Christian Ludwig
(* 1754)
    1790: 12. I.
    1791: 6. VI.
Friesen, Johann Georg Friedrich
Baron von (1757–1824)
    1773: 3. X.
    1774: 6. VI.
Fürstenberg, Franz Freiherr von
(1729–1810)
    1785: 19. X.
Funk, Gottfried Benedict
(1734–1814)
    1790: 1. IX.

Gagliani
    1774: 7. X.

Gallitzin, Amalie Fürstin von, geb.
von Schmettau (1748–1806)
    1785: 19. X.
Gamberi, Herr von
    1783: 2. VII.
Garve, Christian (1742–1798)
    1799: 31. I.
    1781: 2. X.
    1784: 12. III.
Gedicke, Friedrich (1754–1803)
    1803: (Ende) XII.
Geisau
    1786: 27. XII.
Gellert, Christian Fürchtegott
(1715–1769)
    1767: XI.
Genlis, Marquise de Sillery,
Stéphanie Félicité Du Crest de
Saint-Aubin, Comtesse de
(1746–1830)
    1799: 26. VI.; 31. XII.
    1804: VI.
Geoffrin, Marie Therese
(1699–1777)
    1775: 16. X.
Geßler, Graf
    1789: 29. VII.
Gessner, Judith (1736–1818)
    1783: 27. IX.
Gessner, Salomon (1730–1788)
    1769: VIII.
    1770: 14. VIII.
    1783: 7. X.
Geyer
    1799: 4. VII.
Gibbon, Edward (1737–1794)
    1789: 30. III.; 4. XI.
    1790: 6. XII.
    1791: 2. XI.
Gildemeester, Thomas (1772–1784)
    1784: 25. IV.
Gillet
    1764: 23. VI.
Glafey, Amalie von
    1790: 10. VII.; 27. VII.; 31. VII.;
    21. VIII.; 27. XII.
    1791: 11. I.; 28. III.; 29. VIII.
    1795: 21. III.
    1803: 12. VIII.; 17. VIII.; 19. VIII.;
    19. IX.
    1804: I.; 1. III.; 15. IV.; 5. IX.;
    20. XII.
Glafey, Anna (Annette) Wilhelmine
von (1778–1858)
    1800: 12. VIII.; 2. IX.
    1802: 31. V.; 3. VII.; 5. VII.;
    28. VII.; 9. VIII.; 11. VIII.;
    2. IX.; 4. IX.; 22. IX.; 13. X.;
    9. XI.

Glafey, Euachrius Karl Friedrich von (1738–1822) (Hofmarschall in Dessau)
    1770: 31. X.
    1772: 14. V.; 25. V.
    1774: 7. VII.; 4. VIII.
    1787: 2. I.
    1789: 13. V.; 18. V.
    1791: 15. VIII.; 1. IX.; 7. X.; 1. XI.
    1795: 9. VII.
    1798: 22. III.
    1800: 12. VIII.; 2. IX.
    1802: 31. V.; 3. VII.; 9. XI.
    1803: 12. VIII.
Glafey, Frau von (Frau des Traugott)
    1790: 10. VII.; 27. VII.
Glafey, Luise Adelheid von, geb. von Beringer (1790–1870)
    1800: 2. V.; 4. V.; 9.–10. V.
Glafey, Traugott Friedrich Johann von (Reisemarschall des Markgrafen von Brandenburg-Schwedt)
    1775: 13. III.
    1777: 3. IV.
    1778: 2. III.
    1779: 19.–20. VIII.
Gleim, Johann Wilhelm Ludwig (1719–1803)
    1789. 22. IX., 25. IX.
    1797: 26. VIII.
    1803: (Ende) XII.
Glücken, Christine (Findelkind, von Fürstin Louise erzogen)
    1778: 31. X.
    1782: 2. XII.; 21. XII.
    1785: 5. IX.; 24. XII.
Göcking, Amalia
    1794: 16. XI.
Göcking (Goeckingk), Leopold Friedrich Günther von (1748–1828)
    1778: 15. XI.
Goddard/Goddart (Gouvernante des Erbprinzen Friedrich)
    1775: 1.–2. X.; 4. X.; 11. X.; 6. XI.; 20. XII.
    1776: 6. IX.; 18. IX.
    1777: 30. VII.
    1790: 27. VII.
Goddin, Frau
    1795: 14. V.
    1797: 7. IV.
Goerne, Wilhemine Sidonie von, geb. von Beringer (1789–1860)
    1789: 5. I.
    1800: 2. V.; 4. V.; 9. V.; 10. V.
Goethe, Catharina Elisabeth, geb. Textor (1732–1808)
    1783: 20. VII.

Goethe, Johann Wolfgang von (1749–1832)
    1776: 1. XII.; 11. XII.; 14. XII.
    1778: 10. V.; 22. V.
    1781: 24. IX.
    1782: 11. VI.; 23. XII.
    1783: 21. XI.
    1790: 20. III.
    1791: 11. I.; 2. XI.
    1795: 2. I.
    1797: 2. I.
    1798: 27. XII.
    1799: 31. I.
    1800: (Ende) XII.
    1803: (Ende) XII.
    1805: 29. VI.
Goldoni, Carlo (1707–1793)
    1789: 2. IX.
Goltz, General von der
    1784: 20. VIII.
    1805: 17. X.
Gorani, Conte Giuseppe (1740–1819)
    1793: 31. X.
Görschen, Heinrich Otto von
    1774: 19. XII.
    1785: 4. IX.
Görschen, Herr von
    1787: 2. I.
Görschen, Sophie Luise von, geb. Ackermann (geb. 1763)
    1785: 1. IX.; 4. IX.
Grävnitz
    1782: 29. X.
Greiner
    1805: 8. XII.
Grétry, André Ernest Modeste (1741–1813)
    1775: 15. VII.
Gries, Johann Diederich (1775–1842)
    1805: 28. VIII.; 8. XII.
Grimm, Friedrich Melchior Baron von (1723–1807)
    1777: 28. IX.
Großbritannien, Georg III. Wilhelm Friedrich König von (1738–1820)
    1805: (Ende) XII.
Große (Bediensteter des Fürsten Franz von Anhalt-Dessau)
    1783: 29. VIII.
    1784: 1. III.
Grothaus(en), (wohl) Friedrich Wilhelm Karl Ludwig von (1747–1801)
    1773: 25. VIII.
    1780: 2. II.; 19. IV.; 10. V.

Guericke (Görken), Friedrich Wilhelm von
    1772: 5. IV.
    1773: 15. V.
    1777: 9. XI.
Guericke, Frau von, geb. von Bindersen
    1772: 5. IV.
Gujer, Jakob (1716–1785)
    1770: 14. VIII.

Häfeli, Johann Caspar (1754–1811)
    1783: 31. VIII.; 8. IX.; 15. IX.; 28. IX.; 5. X.; 16.–17. X.; 31. X.; 2. XI.
    1784: 12. III., 12. IV.; 24. V.; 24. IX.; 1. X.; 7. X.; 10. X.; 17. X.; 15. XI.; 21. XI.; 29. XI.; (1.)–2. XII.; 5. XII.; 18. XII.; 22. XII.; 26. XII.
    1785: 1. I.; 11. I.; 28. I.; 19. II.; 1. V.; 29. VI.; 13. VIII.; 7. IX.; 19. IX.; 14. X.; 30. X.; 19. XI.; 25. XI.
    1786: 8. I.; 30. VII.; (Anfang) VIII.; 16. IX.; 18. XI.; 4. XII.; 17. XII.
    1787: 19. VI.; 19. IX.
    1788: 30. V.; 7. VI.; 5. VII.; 22. VII.; (1.) VIII.; 6. VIII.; 8. VIII.; 17. VIII.; (Anfang) X.; 8. X.; 18. X.; 30. XII.
    1789: 5. I.; 28. II.; 20. IV.; 25. V.; 26. VII.; 21. VIII.; 27. IX.; 4. XI.; 12. XI.; XII.
    1790: 7. I.; 30. VI.; 27. VII.; 31. VII.; 21. VIII.; 11. X.; 4. XI.; 14. XII.
    1791: 22. II.; 28. III.; 8. VII.; 1. X.; 13. X.; 2. XI.
    1792: 20. II.; 23. II.; 4. IV.; 8. V.; 12. V.; 18. VI.; 21. VI.; 8. IX.; (Anfang) X.; 15. X.; 23. XI.
    1793: 2. II.; 11. III.; 5. V.; 9. V.; 1. VI.
    1794: 17. VII.; 24. VII.; 19. XI.; 28. XI.; 21. XII.
    1795: 16. II.; 10. V.; 12. VI.; 12. VI.; 28. VI.; 1. VII.; 13. VII.; 15. VII.
    1796: 30. IX.; 5.–6. X.; 22. X.
    1797: 7. III.; 26. VIII.
    1798: 31. V.; 21. VI.; 24. VIII.
    1800: 19. I.; 1. V.
    1802: 29. V.; 5. VII.; 12. VIII.; (Anfang/Mitte) XII.
    1805: 19. I.; 11. V.; 19. VIII.; 21. VIII.; 28. VIII.; 2. IX.; 24. IX.; 27. IX.

Häfeli, Johann Caspar [Sohn des
Johann Caspar H.] (1778–1812)
    1783: 16.–17. X.;
    1784: 24. IX.; 1. X.; 15. XI.; 2. XII.;
    5. XII.; 18. XII.; 22. XII.
    1785: 11. I.; 19. II.; 7. X.
    1786: 9. VIII.; 16. XI.
    1788: 22. VII.; 6. VIII.
    1789: 26. VII.; 21. VIII.
    1790: 21. VIII.; 11. X.
    1791: 1. X.; 2. XI.
    1792: 12. V.
    1795: 12. VI.; 15. VII.
    1796: 30. IX.

Häfeli, Anna Regula, geb. Trachsler
    1783: 16. X.
    1784: 24. IX.; 1. X.; 15. XI.; 2. XII.;
    5. XII.; 18. XII.; 22. XII.
    1785: 11. I.; 19. II.
    1786: 9. VIII.; 16. XI.
    1788: 22. VII.; 6. VIII.
    1789: 26. VII.; 21. VIII.
    1790: 11. X.
    1791: 1. X.; 2. XI.
    1792: 12. V.
    1794: 19. XI.
    1795: 10. V.; 12. VI.; 15. VII.
    1798: 21. VI.
    1802: 5. VII.
    1805: 11. V.; 19. VIII.; 21. VIII.

Häfeli, Regula [Tochter des Johann
Caspar H.] (1780–1846)
    1783: 16. X.
    1784: 24. IX.; 1. X.; 15. XI.; 2. XII.,
    5. XII.; 18. XII.; 22. XII.
    1785: 11. I.; 19. II.
    1786: 9. VIII.; 16. XI.
    1788: 22. VII.; 6. VIII.
    1789: 26. VII.; 21. VIII.
    1790: 11. X.
    1791: 1. X.; 2. XI.
    1792: 12. V.
    1794: 19. XI.
    1795: 12. VI.; 15. VII.
    1798: 21. VI.
    1802: 5. VII.
    1805: 11. V.; 1. VIII.; 19. VIII.

Hagedorn, Marcus (Arzt in Dessau)
    1803: (Ende) XII.

Hahn, Philipp Matthäus
(1739–1790)
    1781: 3. IV.
    1782: 3. IV.

Hamau
    1785: 19. IX.

Hamilton, Sir Charles (1704–1786)
    1775: 25. VIII.

Hämmerling (Hebamme)
    1778: 26. VIII.

Hansen, Herr von
(Postmeister in Köthen)
    1771: 24. I.

Hardenberg, Herren von
    1772: (Anfang) V.

Harding, Karl Ludwig
(1765–1834)
    1804: 31. XII.

Harling, Herr von
(Geheimrat in Dessau)
    1784: 9. III.
    1789: 20. V.; 5. VI.
    1790: 12. VIII.
    1792: 27. XII.
    1798: 19. IV.

Harling, Herr von
(Jägermeister in Dessau)
    1774: 19. XII.
    1786. 2. I.
    1805: 28. V.; 20. IX.

Harrington
    1789: 24. VI.

Hartmann (Arzt)
    1799: 5. IX.

Hartmann, Anna Mariette,
geb. Dannenberger
(1766–1832)
    1799: 9. VIII.
    1801: I.
    1803: 9. IX.

Hartmann, Christian Heinrich
    1804: 15. IV

Hartmann, Eduard (1800–1801)
    1801: 8. X.; 18. X.

Hartmann, Ferdinand (1774–1842)
    1797: 16. IX.
    1799: 29. VII.
    1803: 23. VI.; 5. VII.; 30. IX.
    1805: 5. X.

Hartmann, Johann Georg
(1731–1811)
    1798: 29. IX.
    1799: 23. VII.
    1800: 9. IX.; 22. IX.
    1801: I.

Hartmann, Johann Georg August
(1764–1849)
    1799: 29. VII.; 1. VIII.; 26. VIII.;
    23. IX.
    1801: I.; 18. IV.; 27. VII.; 11. VIII.;
    26. VIII.; 8. X.
    1802: 2. V.; 9. VIII.
    1803: 13. I.; 12. IX.; 7. XII.; 9. XII.;
    26. XII.
    1804: 23. II.; 1. III.; 15. IV.

Heigelin, Christian Hermann
(1744–1820)
    1799: 6. VIII.; 30. VIII.; 10. IX.;
    23. IX.; 18. X.

Heigelin, Gottlieb Christian
(1767–1799)
    1799: 30. VIII.

Heinitz, Friedrich Anton von
(1725–1802)
    1784: 15. IX.

Heinitz, Julie verw. von Adelsheim
geb. von Wreeden
    1784: 15. IX.

Heinse (Sekretär des Prinzen Albert
von Anhalt-Dessau)
    1778: 26. VIII.

Heisch
    1786: 16. V.

Helmersen, Oberst Benedictus
Andreas von (1720–1800)
    1779: 16. III.

Helvétius, Claude Adrien
(1715–1771)
    1789: 2. IX.

Hemsterhuis, Frans (1721–1790)
    1785: 19. X.
    1787: 24. X.
    1788: 17. II.

Hensler, Philipp Gabriel
(1733–1805)
    1793: 2. IV.; 15. V.; 8. VI.–11. VI.,
    19. VI., 21. VI.
    1794: 24. XI.

Herder, Johann Gottfried von
(1744–1803)
    1783: 23. XI.
    1787: 5. XII.
    1788: 17. II.
    1791: 11. I.
    1799: 26. III.
    1804: 31. XII.

Hermes, Johann August (1736–1822)
    1805: 8. XII.

Herodot (490/480 v. Chr.–um 424
v. Chr.)
    1802: 31. XII.
    1803: (Ende) XII.

Herrmann, Demoiselle
    1774: 4. VII.

Herzberg, Ewald Friedrich Graf von
(1725–1795)
    1783: 8. VI.
    1792: 20. VII.

Hesekiel, Georg Christoph
(1732–1818)
    1787: 26. XI.
    1791: 17. III.
    1795: 20. VIII.

Hess, Johann Jakob (1741–1828)
    1783: 14. IX.; 30. X.

Hessen-Darmstadt, Ludwig II. von
(1777–1848)
    1797: 29. VI.

Hessen-Homburg, Friedrich V.
Ludwig Wilhelm Christian
Landgraf von (1748–1820)
    1784: 29. IX.
    1792: 3.–4. VI; 11. VI.
    1797: 25. IV.
Hessen-Homburg, Friedrich VI.
(1769–1829)
    1784. 29. IX.
Hessen-Homburg, Karoline von,
geb. von Hessen-Darmstadt
(1746–1821)
    1792: 3.–4. VI.;
Hessen-Homburg, Ludwig Wilhelm
(1770–1839)
    1784: 29. IX.
    1800: 2. I.
Hessen-Homburg, Luise Friederike
von, geb. von Anhalt-Dessau
(1798–1858)
    1798: 18. III.
    1805: 1. III.
    1805: 13. XI.
Hessen-Kassel, Philippine, geb. von
Brandenburg-Schwedt (1745–1800)
    1793: 10. II.
    1800: 9. V.
Hessen-Kassel, Wilhelm I. von
(1743–1821)
    1788: 12. V.
Hessen-Philippsthal-Barchfeld,
Adolf von (1743–1803)
    1782: 15. VI.
Hessen-Philippsthal-Barchfeld,
Luise, geb. von Sachsen-Meiningen
(1752–1805)
    1782: 15. VI.
Heßler, Dr.
    1768: 6. VI.
Hiefer (Kammerdienerin der
Fürstin Louise)
    1782: 8. VI.
    1783: 13. VII.; 29. VIII.
    1784: 5. XII.
    1786: 30. VII.; 18. XI.
    1788: 23. V.
    1793: 17. VII.; 19. VIII.; 23. IX.
    1794: 18. VI.
    1795: 21. VIII.
Hilchenbach, Karl Wilhelm
(1749–1816)
    1779: 3. X.
    1785: 19. IX.
Hill, Caroline von (1748–1822)
    1781: 9. VIII.
    1785: 18. I.
    1788: 17. XI.
    1793: 28. I.
    1797: 1. I.

Hirt, Aloys (1759–1837)
    1795: 12. XI.
    1796: (Anfang) II.; 15. IX.; 24. X.;
    26. X.
    1797: 11. V.; 25. V.; 19. VII.;
    21. VII.; 25. VII.; 30. VII.;
    26. VIII.
    1798: 24. I.; 18. XI.
    1799: 22. V.
    1802: 22. III.; 31. V.
Hirzel, Johann Caspar (1725–1803)
    1770: 14. VIII.
    1783: 9. IX.
Hoare II., Henry (1705–1785)
    1775: 27. VIII.
Hoffmann, Friederike Auguste von,
geb. Alburg
    1775: 5. VII.
    1778: 8. VII.
    1779: 10. XI.
    1781: 14. XI.
    1783: 15. IV.; 8. V.
    1784: 25. IV.; 8. VII.
    1787: 17. XI.
    1789: 24. V.
Hof(f)mann, (wohl) Friedrich
Gottlob (1741–1806)
(Kunsttischler in Leipzig)
    1789: 14. V.
Hoffmann, Karl Christoph von
(1735–1801)
    1774: 10. IV.; 6. VI.
    1775: 5. VII.
    1778: 8. VII.
    1779: 10. XI.
    1781: 6. X.; 14. XI.
    1782: 4. X.; 14. XI.
    1783: 15. IV.; 8. V.
    1784: 25. IV.; 8. VII.
    1787: 17. XI.
    1789: 24. V.
    1790: 12. VIII.; 24. IX.
Hofmann, Herr von
    1791: 6. VI.
Hohenfeld, Christoph Philipp
Freiherr von (1743–1822)
    1783: 21. VII.
Hohenheim, Franziska Theresia
Reichsgräfin von, geb. Freiin von
Bernerdin, gesch. Freifrau Leutrum
von Ertingen (1748–1811)
    1783: 9. II.; 13. IX.
Holstein, siehe Schleswig-Holstein-
Sonderburg-Beck, Herzog von
    1785: 16. X.
Holstein, Prinzen von
    1783: 25. XII.
Holtey
    1799: 26. III.

Holzhausen, Johann Gottfried
(1732–1813)
    1789: 24. XI.; 27. XI.
Hopfengärtner, Philipp Friedrich
(1771–1807)
    1801: II.; 27. III.; 25. X.
    1802: 8. III.; 1. VIII.
    1803: 2. IX.; 1. XII.
Hopfgarten, Herr von (Domherr)
    1773: 15. VI.
Horsley, Lordbishop of St. Asaph,
Samuel (1733–1806)
    1781: 3. VI.
Hotze, Johannes (1734–1801)
    1783: 21.–22. VIII.; 24. IX.; 27. X.
    1795: 8. IX.
    1796: 26. X
    1798: 19. IX.; 24. IX.; 29. IX.
    1799: 5. V.; 22. V.; 21. VI.
    1801: 18. VII.; 20. VII.
    1803: 15. IX.
Huber, Ludwig Ferdinand
(1764–1804)
    1799: 18. X.
Hubert, Professor
    1775: 4. VI.
    1776: 26. V.
Hülmerbein, von
    1784: 5. IX.
Hugo, Gustav (1764–1844)
(Lehrer des Erbprinzen Friedrich)
    1786: 26. III.; 2. VI.
Huhn (Vorreiter)
    1770: 31. X.
Humboldt, Friedrich Wilhelm
Heinrich Alexander von (1769–1859)
    1804: 31. XII.
Hume
    1776: 26. V.; 13. VII.

Ichtriz
    1777: 14. XII.
Iffland, August Wilhelm (1759–1814)
    1799: 31. I.
Igelström, Johann Jakob Graf von
(1735–1804)
    1782: 14. XI.
    1783: 25. III.
Igelström, Sophie Elisabeth Gräfin
von, geb. von Schlieben († 6. 9. 1793)
    1782: 14. XI.
    1783: 25. III.
    1785: 4. III.; 1. V.; 10. VIII.;
    13. VIII.; 2. IX.; 30. X.
    1786: 26. III.
    1789: 24.–25. XI.
    1790: 7. I.; 19. V.; 27. VI.
    1791: 15.–16. VIII.; 25. VIII.
    1792: 28. VI.

Ingenheim, Julie von, geb. von Voß
(1766–1789)
    1787: 14. XI.
Inringham
    1795: 10. III.
Irmer, Johann Andreas
(1720–1798)
    1790: 24. III.
Iselin, (wohl) Nikolaus
(Baseler Kaufmann)
    1802: 21. IX.
Isenburg und Büdingen,
Wolfgang Ernst II. Fürst zu
(1735–1803)
    1783: 19. VII.
Isenflamm, Heinrich Friedrich
(1771–1825)
    1800: 17. IX.

Jennison, Graf
    1803: 13. I.
Jerwis
    1775: 14. IX.

Kalitsch, Friederika Christiana
Albertina von, geb. von Zerbst
(1750–1812)
    1772: VI.
Kalitsch, Johann August Carl
(1746–1814)
    1772: VI.
Kalitsch, Luise Eleonore Friederike
von, geb. Neidschütz (Waldersee)
(1765–1804)
    1780: 2. VI.
    1781: 12. XI.
Kalkreuth
    1787: 1. VIII.
Kalkstein, General von Adam
Friedrich (1741–1808) oder Ludwig
Karl (1725–1800)
    1780: 3. I.
Kämpf, Johannes (1726–1787)
(Arzt in Hanau)
    1786: (Anfang) VIII.; 16. XI.
Kampfhenkel
(Kammerdiener der Fürstin Louise)
    1775: 5. VII.
    1788: 6. VIII.
    1805: 21. II.; 11. VII.
Kaphengst, Christian Ludwig von
(1743–1800)
    1774: 24. IX.
Kaufberg, Major
    1772: I./II.
    1774: 2. XI.
Kauffmann, Angelika (1741–1807)
    1775: 3. X.
    1796: 28. IX.; 2. X.
    1797: 2. IV.
    1798: 27. XI.
    1802: 15. III.
Kaufmann, Christoph (1753–1795)
    1776: 30. XI.; 1. XII.; 11. XII.;
    14. XII.
    1777: 11. II.; 27. III.
Kaula, Jacob Raphael (um
1750–1810)
    1804: 14. II.; 23. II.
Keil (Chirurg)
    1793: 11.VI.
Keiser (Badearzt)
    1793: 24. VII.
Keller, Herr von
    1784: 28. VIII.
Kersten (Hofrat)
    1781: 6. X.
Kilchsberger, Anna Barbara, geb.
Ulrich (1731–1823)
    1793: 24. VII.
Kilchberger, Johann Heinrich
(1726–1805)
    1783: 5. IX.; 18. IX.
    1793: 24. VII.
Kingston, Elizabeth Duchess of,
geb. Chudleigh (1720–1788)
    1775: 30. VII.; 6. VIII.
Kiniz
    1771: 6. VI.
    1780: 3. I.
Kleinjog, siehe Gujer
Kleist, Friedrich Wilhelm Christian von
(1764–1820)
    1773: 8. X.
    1789: 29. IV.
    1800: 12. VI.
Kleist, General von
    1777: 4. X.
    1780: 3. I.
Kleist, Majorin von
    1773: 28. X.
Klickermann
    1802: 2. VII.
Klingemann, Ernst August
(1777–1831)
    1803: (Ende) XII.
Klinger, Friedrich Maximilian
(1752–1831)
    1775: 14. V.
    1803: (Ende) XII.
    1804: I.
Klopstock, Friedrich Gottlieb
(1724–1803)
    1781: 14. XI.
    1793: 3. VII.; 5. VII.
    1803: (Ende) XII.
Klüx, Major
    1781: 20. X.; 29. XI.

Knebel, Herr von
    1787: 24. X.
    1788: 25. II.; 14. IV.
    1789: 4. XI.
    1790: 16. II.
Knebel, Karl Ludwig von (1744–1834)
    1779: 9. IX.
    1799: 31. I.
Knigge, Adolph Franz Friedrich
Ludwig Freiherr von (1752–1796)
    1793: 5. VII.
Knigge, Henriette von, geb. von
Baumbach
    1793: 5. VII.
Knobelsdorf, General von
    1778: 23. IV.; 2. VI.;
Kober, Lizette
    1794: 6. XI.
    1795: 12. VI.
    1797: 7. III.
Köckeritz, Herr von
    1771: 27. XII.
Köhler (Badearzt in Franzensbad)
    1800: 12. VIII.
Kolborn, Joseph Hieronymus Karl
Freiherr von (1744–1816)
    1783: 22. VI.
Kollowrat-Krakowsky, Johann Karl
Graf von (1748–1816)
    1779: 3. X.; 8. X.
Korff, Herr und Frau von
(wohl Friedrich Alexander von Korff
(1713–1785))
    1784: 6. VIII.
Korte, Friedrich
    1805: 12. III.
Kottowsky, Georg Wilhelm
(1735–1787/88) (Dessauer
Hofmusiker)
    1774: 24. IX.
Kraus, Georg Melchior (1737–1806)
    1781: 22. V.
Kretzschmar, Samuel Friedrich
(1730–1793)
    1772: 20. IX.; 9. X.
    1773: 19. I.; 8. X.
    1775: 5. I.
    1778: 17. VII.; 23. VIII.; 10. X.;
    21. X.
    1780: 10. I.; 14. VI.
    1781: 28. VIII.
    1782: 19. II.
    1783: 13. VII.; 1.–2. VIII.;
    22. VIII.; 27. VIII.; 29. VIII.; 25. XI.
    1784: 7. VI.
    1785: 20. IX.; 29. XII.
    1786: (Anfang) I.
    1787: 7. III.; 7. V.; 20. XII.
    1789: 16. I.; 18. II., 7. VII.

1790: 9. III.; 7. VII.
1791: 13. I.; (Anfang) II.; 6. III.;
15. III.; 27. V.; 4. VII.; 15. VII.
1793: 4. I.; 10. III.; 2. IV.; 17. IV.
Krosigk, Karl Eschwin von († 1809)
(Regierungspräsident in Dessau)
1771: 22. IV.
1797: 8. X.
Küssow, Clara Viktoria Gräfin von,
geb. von Glafey (1769–1852)
1791: 29. VIII.
Kurland, Anna Charlotte Dorothea
von, geb. von Medem
(1761–1821)
1790: 25. V.; 21. VIII.; 28. VIII.
1797: 15. VI.
1804: 10. IX.
Kurland, Carl von Sachsen Herzog
von (1733–1796)
1771: 16. X.; 18. X.
1773: 12. IX.; 24. IX.
1776: 24. IX.
1778: 24. IX.
1779: 4. II.; 21. IX.
Kurland, Caroline von, geb. von
Waldeck-Pyrmont (1748–1782)
1770: 21. VIII.
1775: 17. X.
1779: 4. II.
Kurland, Peter von Biron Herzog von
(1724–1800)
1765

La Roche, Herr
1784: 29. I.; 7. III.
La Roche, Marie Sophie von, geb.
Gutermann von Gutershofen
(1730–1807)
1783: 21.–22. VII.
1784: 1. IV.
1791: 13. X.
Lafontaine, August Heinrich Julius
(1758–1831)
1799: 31. XII.
Lanchester siehe Longastre
Landsmann, Stephan
1799: 21. IX.
Langenau
1774: 7. X.
Langer, Ernst Theodor (1743–1820)
1770: 21. VIII.
1782: 2. VIII.
1783: 22. VI.
Lansdowne, John Henry Petty,
2. Marquess of (1765–1809)
1775: 3. VIII.
1790: 3. II.
Larrey, Carel Edzard de
(1743–ca. 1809)

1791: 14. IX.; 7. X.; 13. X.; 1. XII.
1792: 11. I.; 9. IV.; 13. IV.; 23. V.
1800: 23. III.; 3. X.; (Anfang) XI.
1801: 27. IV.; 22. V.; 28. V.; 13. VI.
1802: 16. IX.
1804: 16. XII.
Larrey, Carl August de (1770–1832)
1791: 14. IX.; 7. X.
1792: 11. I.; 9. IV.; 13. IV.; 23. V.
1801: 27. IV.; 22. V.
1804: VI.; 16. XII.
Larrey, Frederica Wilhelmine de,
geb. Gräfin von Schwerin (1734–1800)
1791: 14. IX.; 7. X.
1792: 11. I.; 23. V.
Larrey, Jean
1801: 27. IV.; 22. V.; 28. V.; 13. VI.
1802: 16. IX.
1804: VI.; 16. XII.
Larrey, Sophie, siehe Wurstemberger
Larrey, Wilhelmine
1801: 27. IV; 1. V.; 28. V.
1802: 16. IX.
1804: VI.; 16. XII.
Lattorf (Hofdame in Dessau)
1770: 1. VII.; XII.
1771: 24. I.; 22. IV.
1777: 2. V.; 4. X.; 6. XI.
1778: 26. VI.; 6. VII.
1779: 30. IV.; 1. V., 19. VIII.;
1780: 14. VI.
1783: 2. VI.
1784: 12. IV
1787: 14. VIII.
1788: 28. I.; 14. IV.; 1. V.; 23. V.;
22. VII.
1789: 12. VIII.
1790: 22. V.
1794: 16. VI.
1796: 28. IX.; 26. X.
1800: 25. IV.
1802: 2. VII.
1805: 27. II.; 28. V.; 11. VI.; 13. IX.;
27. IX.; 30. IX.; 5. X.; 9. XI.
Lattorf, Philipp von (Kammerherr)
1770: 1. VII.; XII.
1771: 24. I.; 22. IV.
1777: 2. V.
1784: 12. IV.
1787: 10. X.
1790: 22. V.
Lavater, Anna, geb. Schinz
(1742–1815)
1783: 9. VIII.; 14. VIII.; 29. VIII.;
1. IX.; 15. IX., 2.–3. X.; 30. X.;
Lavater, Diethelm (1743–1826)
1783: 19. IX.
Lavater, Heinrich (1768–1819)
1783: 15. XI.

1786: 21. XI.
1787: 6. X.
Lavater, Johann Caspar (1741–1801)
1781: 3. IV.
1782: 3. IV.; 13. VII.
1783: 1. V.; 4. VIII.; 6. VIII.;
10. VIII.; 14. VIII.; 21.–22. VIII;
29. VIII.–31. VIII.;
1. IX.; 3. IX.–6. IX.; 8. IX.;
14.–15. IX.; 19. IX.; 23.–24. IX.; 2.
X.–4. X.; 6. X.; 7. X.; 10.–11. X.; 16.
X.; 19. X., 21. X.; 26.–27. X.; 29. X.;
2. XI.–4. XI.
1784: 14.–20. I.; 12. III., 27. X.;
29./30. X.; 1. XI.; 15. XI.; 29. XII.
1786: 13. VII.; 15. VII.
1787: 14. VIII.
1788: 30. V.; (Anfang) X.; 8. X.; 30.
XII.
1789: 5. I.; 23. III.
1791: 13. X.
1793: 3. IX.
Lehndorff, Ernst Ahasverus Heinrich
Graf von (1727–1811)
1777: VII.
Leibniz, Gottfried Wilhelm
(1646–1716)
1796: 26. X.
1797: 25. V.
Leinster, William Robert Fitzgerald,
2. Duke of (1749–1804)
1775: 20. VII.
Lenthe, Herr von
1784: 9. IX.
Leopold, Fräulein
1789: 28. X.; 31. XII.
Lettow
1783: 13./15. XI.
Leuchsenring, Franz Michael
(1746–1827)
1782: 11. I.
1784: 29. I.
Levade, Dr. Louis (1748–1839)
1788: 5. VIII.
1791: 2. XI.
1793: 18. X.
1801: 17. VI.
1802: 3. IX.; 5. IX.
1804: 9. III.; VI.
1805: 1. VIII.
Lex, Fräulein (Gouvernante der Töchter des Fürsten mit Luise Beringer)
1800: 2. V.; 4. V.; 9. V.
Lichtenstein, Frau von
1797: 1. X.
Lichtenstein, Karl August von
(1767–1845)
1797: 15. VI.
1799: 5. V.

Liebenau, Major von
   1771: 12. VI.
Ligne, Charles Antoine Joseph
Emanuel de (1759–1792)
   1783: 11. X.
Ligne, Charles Joseph Fürst de
(1735–1814)
   1783: 11. X.
Ligne, Helene de (1763–1814)
   1783: 11. X.
Ligne, Louise Eugène Lamoral de
(1766–1813)
   1783: 11. X.
Ligne, Maria Franziska de,
geb. von Lichtenstein
(1739–1821)
   1783: 11. X.
Limbek, Herr von
   1800: 23. VIII.
Lindenau, Carl Heinrich Graf von
(1755–1842)
   1770: 21. VIII.
Lindenau, Christiane Henriette von,
geb. von Arnim (1762–1833)
   1786: 2. IV.
   1787: 14. XI.
Linois, Mademoiselle
   1772: 14. X.
Lippe-Detmold, Casimir August von
(1777–1809)
   1782: 31. VII.
   1784: 8. V.
Lippe-Detmold, Casimire, geb.
von Anhalt-Dessau (1749–1778)
   1765: 19. X.
   1769: 1. XI.; 8. XI.; 20. XI.
   1778: 10. XI.
Lippe-Detmold, Christine Charlotte
Gräfin von, geb. Prinzessin von
Solms-Braunfels (1744–1823)
   1782: 31. VII.
   1784: 8. V.; 7. VI.; 17. VII.
Lippe-Detmold, Friedrich Wilhelm
Leopold I. Prinz von
(1767–1802)
   1781: 6. X.
   1782: 31. VII.
   1784: 8. V.
   1785: 1. I.
Lippe-Detmold, Marie Leopoldine
zur, geb. von Anhalt-Dessau
(1746–1769)
   1765: 19. X.
   1769: 7. IV.
Lippe-Detmold, Simon August
Graf zur (1727–1782)
   1769: 7. IV.; 1. XI.; 8. XI.; 20. XI.
   1778: 10. XI.
   1778: 29. XII.

Lippe-Weißenfeld,
Ferdinand Johann Ludwig Graf zu
(1709–1787)
   1779: 23. IV.; 1. V.
Lippe-Weissenfeld, Friedrich Johann
Ludwig (1737–1791)
   1790: 21. VIII.
   1791: 25. V.
Lippe-Weißenfeld, Karl Christian
Graf zur (1740–1808)
   1775: 5. VI.
   1777: 15. IX.
Livius, Titus
(59 v. Chr.–um 17 n. Chr.)
   1797: 7. IV.
Loen auf Cappeln, Henriette
Catharina Agnese von,
geb. von Anhalt-Dessau
(1744–1799)
   1765: 19. X.
   1769: 20. XI.
   1779: 2. I.
   1780: 26. VI.
   1782: 19. VI.
   1794: 15. IX.
   1795: 4. VIII.
   1796: 1. XI.; 23. XI.
   1797: 30. III.; 16. X.
   1798: 12. XI.
   1799: 31. I.; 20. III.; 23. III.;
   14.–15. XII.
Loen auf Cappeln, Johann Jost
(1737–1803)
   1780: 26. VI.
   1782: 19. VI.
   1794: 15. IX.
   1797: 30. III.; 16. X.
   1799: 20. III.
   1800: 3. IV.
Loen, Michael (1731–1807)
   1782: 19. VI.
Longastre, L. de
(1747–nach 1799)
   1783: 20. X.; 25. X.; 29. X.
Löpel, Graf
   1781: 3. VI.
   1785: 18. VI.
Lorenz
   1778: 17. VII.
Lucadou, geb. von Sehar
(Frau des Ludwig Moritz Lucadou)
   1773: 15. VI.
   1774: 5. III.; 7. VII.
   1777: 2. V.
Lucadou, Oberst Ludwig Moritz von
   1774: 5. III.
   1778: 2. VI.
Lucchesini, Charlotte, geb. Tarrach
   1787: 26. II.

Lucchesini, Girolamo Marchese
(1750/1752–1825)
   1779: 24. X.
   1787: 26. II.
Ludwiger, Herr von
   1771: 24. I.; (Anfang) XII.
Ludwiger, Frau von, geb. von
Stentsch († 1775)
   1771: 24. I.; (Anfang) XII.
   1775: 11. V.
Ludwiger, Friederica Wilhelmine
Agnese von , geb. von Puttkamer
   1775: 11. V.
Lühe, Joachim Friedrich Ernst von der
   1780: 27. III.
Lyncker, Sophie Freifrau von,
geb. von Raschau
   1777: 11. II.
   1778: 1. IX.

MacKenzie, Commodore
   1775: 5. X.
Madeweis (Postmeister aus Halle)
   1793: 24. VII.
Madeweis, Johann Georg von
   1799: 30. VIII.
Magellan, Jean Hyacinthe de
(1723–1790)
   1775: 3. VIII.; 6. VIII.
Maintenon, Françoise d'Aubigné,
Madame de (1635–1719)
   1804: 23. IX.
   1805: 25. III.
Maltza(h)n, Joachim Karl Graf von
(1733–1817)
   1775: 29. IX.; 30. IX.
Manoir, de
(General, Emigrant in Weimar)
   1797: 15. X.
Manteufel, Graf
   1783: 22. VI.
Marandin
   1793: 2. X.
Marazzini (Offizier)
   1773: 14. VII
Marcolini-Ferretti, Camillo Graf
(1739–1814)
   1779: 8. X.
Marées de (Arzt in Dessau)
   1777: 9. XI.
   1780: 29. V.
   1781: 6. V.
Marées, (wohl) Otto Ludwig de
(Kabinettsrat in Dessau)
   1797: 5. VII.; 5.–21. XII.
Marées, Simon Ludwig Eberhard de
(1717–1802)
(Dessauer Superintendent)
   1771: 22. XII.

1772: 4. X.
1779: 20. V.; 1. VIII.; 30. XI.
1782: 10. X.
1783: 11. IV.
1784: 31. III.; 12. IV.
1786: 10. XII.
1787: 2. IV.
1796: 22. X.
1802: (Anfang/Mitte) XII.

Marivaux, Pierre Carlet de Chamblain de (1688–1763)
1799: 26. VI.
1804: VI.

Mark, Mr.
1790: 3. II.

Marmontel, Jean-François (1723–1799)
1799: 26. III.
1803: (Ende) XII.
1805: 25. III.

Marschall, Graf
1777: 12. IX.
1780: 3. I.
1784: 5. IX.

Martin, Luise, geb. von Glafey, gesch. Matthisson (1770–1860)
1790: 10. VII.; 27. VII.; 31. VII.; 21. VIII., 22. XI., 27. XII.
1791: 11. I.; 28. III.; 15. VIII.; 1. IX.; 2. XI.
1792: 23. II.; (Anfang) III.; 8. V.; 19. V.; 21. VI.; 24. VI.; 1. VII.; 7. X.; 24. XI.; 27. XII.
1793: 22. V.; 17. VII.; 21. VII., 12. VIII.; 19. VIII.; 16. IX.; 23.–24. IX.; 6. X.; 18. X.
1794: 15.–16. X.; 24. X.
1795: 7. I.; 15. I.; 21. III.; 10. V.; 4. VI.; 12. VI.; 9. VII.; 14. VII.; 3. IX.; 10. IX.; 9. X.
1796: 13. XI.; 19. XI.
1797: 20. VII.; 14. IX.
1803: 12. VIII.

Mattei, Karl Johann Konrad Michael (eigentl. Samson Geithel) (1744–1830)
1773: 3. X.
1774: 6. VI.
1782: 29. X.
1783: 7.–8. XI.
1795: 7. VIII.
1798: 2. III.; 19. IV.
1799: (Anfang/Mitte) I.; 18. IV.; 27. IV.; 5. V.
1802: 29. VIII.
1805: 26. VI.; 20. IX.

Matthiessen, Johann Conrad (1751–1822)
1793: (Anfang/Mitte) XII.

Matthisson (M.), Friedrich (1761–1831)
1790: 14. XII.
1791: 1. XI.
1792: 7. V.; 10. V.; 19. V.; 22. V.; 27. XII.
1793: 24. VII.; 12. VIII.; 19. VIII.; 3. IX.; 6. X.; 18. X.
1794: 12.–13. V.; 15.–16. X.; 24. X.
1795: 7. I.; 15. I.; 23. II.; 21. III.; 6. IV.; 16. IV., 27. IV.; 10. V., 29. V., 4. VI.; 12. VI.; 1. VII.; 13. VII.; 17. VIII.; 21. VIII.; 19. IX.; 12. XI.
1796: 28. IX.; 2. X.; 13. XI.; 18. XII.
1797: 23. I.; 31. III.; 16. IV.; 25. IV.; 15. VI.; 17. VII.; 8. VIII.; 26. VIII.; 27. IX.
1798: 1. I.; 24. I.; 30. I.; 15. II.; 2. III.; 24. III.; 23. IV.; 30. V.; 13. IX.; 19. IX.; 16. XI.; 27. XII.
1799: 23. I.; 12. II.; 27.; 18. III.; 2. IV.; 29. IV.; 5. V.; 22. V.; (Anfang) VI.; 9. VI.; 21. VI.; 4. VII.; 23. VII.; 29. VII.; 1. VIII.; 5. VIII.; 11. VIII.; 24. VIII.; 5. IX.; 8. IX.; 10. IX.; 12. IX.; 7. XI.; 8. XI.; 11. XII.; 23. XII.; 24. XII.
1800: 14. I.; 25. III.; 14. V.; 22. V.; 3. VI.; 3. VII.; 20. VII.; 10. VIII.; 12. VIII.; 9. IX.; 14. IX.; 17. IX.
1801: 26.–27. IV.; 29. IV.; 1. V.; 22. V.; 28. V.; 17. VI.; 18. VII.; 23. VII.; 11. VIII.; 29. VIII.; 21. IX.; 8. X.; 3. XI.
1802: 7. I.; 28. II.; 29. III.; 5. V.; 9. VI.; 5. VII.; 9. VIII.; 11. VIII.; 27. VIII.; 4.–5. IX.; 24. IX.; 25. IX.; 13. X.; 9. XI.; 13. XI.; 31. XII.
1803: 13. I.; 31. I.; 13. V.; 10. VIII.; 19. VIII.; 29. VIII.; 15. IX.; 25. X.; 16. XI.; (Ende) XII.
1804: 1. III.; 15. IV.; VI.; 5. VII.; 12. VII.; 26. VIII.; 16. IX.; 25. X.
1805: 25. III.; 14. V.; 10. VIII.; 21. VIII.; 31. VIII.; 20. IX.; 27. IX.; 3. X.; 5. X.; 19. X.

Matthisson, Johanna Friederike, geb. Calezki
1803: 10. VIII.

Matthisson, Ludwig (Louis) (1795–1799)
1795: 14. VII.; 19. VII.
1798: 2. III.
1799: 2. IV.; 23.–24. XII.

Maunoir, Jean-Pierre (1768–1861)
1804: 25. X.

Mayer, Johann Rudolf (1739–1813)
1801: 17. VI.

Mayer, Junker (in Basel)
1770: 14. VIII.

Mechel, Christian von (1737–1817)
1770: 10. VIII.; 15. IX.
1801: 15. IX.

Meckel, (wohl) Philipp Friedrich Theodor (1756–1803
1795: 16. II.

Mecklenburg, Prinzen von
1770: 21. VIII.

Mecklenburg-Schwerin, Auguste Friederike von Hessen-Homburg (1776–1871)
1792: 15. VI.
1800: 18. VI.

Mecklenburg-Schwerin, geb. von Hessen-Homburg, Auguste (1776–1871)
1792: 3.–4. VI.; 15. VI.; 23. VI.
1800: 18. VI.

Mecklenburg-Schwerin, Luise Herzogin von, geb. von Sachsen-Gotha-Roda (1756–1808)
1794: 15. IX.
1797: 19. VIII.

Mecklenburg-Strelitz, Georg August Herzog von (1748–1785)
1777: 15. IX.; 25. IX.

Mecklenburg-Strelitz, Georg von (1779–1860)
1802: 5. IX.

Medem, Frau und Herr von
1771: 27. VIII.

Meißner, August Gottlieb (1753–1807)
1805: 25. III.

Meister (Prediger)
1805: 13. IV.

Mengden, Baron
1778: 8. X.

Meyer (Kammerjungfer in Dessau)
1773: 15. VI.

Meyer, Jakob (1735–1803) (gen. Philadelphia)
1775: 7. IV.

Meyer, Regula
1783: 6. X.

Mezrad, Geheimrat
1785: 26. X.

Mieg, Johann Friedrich (1744–1819)
1783: 22. VII.; 13. XI.

Miltiz, Herr und Frau von
1782: 5. IV.

Milton, John (1608–1674)
1799: 9. IX.

Missiessi, siehe Burques

Mittenbacher, Bernhard
(1767–1839)
    1789: 14. VI.
Moclair (Hofmeister der Prinzen
von Mecklenburg)
    1770: 21. VIII.
Mögling, Lisette (Haushälterin)
    1804: 1. III.; 15. IV.
Möllendorff, Wichard Joachim
Heinrich von (1724–1816)
    1774: 17. VII.
    1777: 6. X.
Morgan, (wohl) Dr. W. (Kaplan der
britischen Königin)
    1767: XI.
    1775: 27. VII.; 4. X.; 6. X.
Morgann, Maurice (1725–1802)
    1775: 3. VIII.
Morgenstern, Hauptmann
    1778: I.; 26. III.
Mortier, Édouard Adolphe Casimir
Joseph (1768–1835)
    1803: (Ende) XII.
Möser, Justus (1720–1794)
    1782: 4. VII.
Müller (Geistlicher in Schaffhausen)
    1788: 18. X.
Müller (Kaufmann in Mailand)
    1795: 19. IX.
Müller, Friedrich August
(1767–1807)
    1784: 29. XI.
    1785: 18. II.; 9. XI.
    1800: 17. IX.; (Ende) XII.
    1802: 5. V.; 5. VII.
Münchhausen, August Freiherr von
(1756–1814)
    1789: 6. IV.
Münster, Frau von
    1778: 9. V.
Muralt, Barbara von (1727–1805)
    1783: 7. IX.
Muzelius (Mutzell)-Stosch,
Baron Heinrich Wilhelm von
(1723–1782)
    1778: 17. VII.

Nahl, Johann August (1710–1781)
    1792: 27. V.
Nassau-Saarbrücken, Heinrich von
(1768–1797)
    1785: 26. X.
Naumann, Johann Gottlieb
(1741–1801)
    1791: 8. VIII.
    1805: 25. III.
Necker, Jacques (1732–1804)
    1788: 29. VIII.
    1805: 29. VI.

Neefe, Christian Gottlieb
(1748–1798)
    1798: 16. III.
Neefe, Margarethe († 1808)
    1798: 16. III.
Neitschütz, Adolf Heinrich von
(1730–1772)
    1772: I./II.
Neitschütz, Johanna Eleonore von,
geb. Hoffmeier (1739–1816)
    1767: XI.
    1780: 2. VI.
    1781: 12. XI.
Nelson, Horatio (1758–1805)
    1801: 31. XII.
    1805: (Ende) XII.
Neuendorf, Carl Gottfried
(1750–1798)
(Pädagoge in Dessau)
    1784: 12. IV.; 7. XI.
Neumark, Johann Christian
(1741–1811)
(Hofgärtner in Wörlitz)
    1775: 5. VII.; 23. VII.
Niemeyer, August Hermann
(1754–1828)
    1783: 15. V.
Notter, (jüngerer Bruder des)
Johann Martin (Bankier) (1735–1802)
    1804: 23. II.

Obereit, Jacob Hermann
(1725–1798)
    1781: 3. IV.
Olberg, Friedrich (1767–1840)
(Arzt in Dessau)
    1789: 13. VII.
    1794: 25. IX.; 22. XII.
    1795: 16. II.; 10. III.; 23. VI.; 4. VII.;
    23. VII.; 16. VIII.; 20. VIII.
    1796: 11. X.
    1797: 17. VII.; 14. IX.
    1798: (Anfang) IV.; 12. V.; 1. VI.;
    27. XII.
    1799: 21. VI.; 26. VI.; 4. VII.;
    17. VII.
    1800: 19. VII.; 12. VIII.
    1803: 29. V.; 11. VII.; (Anfang) VIII.
    1805: (Anfang) V.; 13. VII.; 8. VIII.;
    10. IX.; 30. IX.; 29. XI.
Olberg, Luise
    1798: 27. XII.
Olivier, Ludwig Heinrich Ferdinand
(1759–1815)
    1795: 4. VIII.; 7. VIII.
    1798: 22. XI.
Olivier, Luise Charlotte Sophie
Friederike, geb. Niedthardt
    1778: 28. IV.

Oranien-Nassau, Friederike Sophie
Wilhelmine, geb. Prinzessin
von Preußen (1751–1820)
    1767: 27. VII.
    1773: 13. VI.
    1789: 21. VI.; 26. VI.; 12. VIII.
    1791: 25. VIII.; 2. IX.
Oranien-Nassau, Friedrich Prinz von
(1772–1843)
    1789: 21. VI.; 26. VI.
Oranien-Nassau, Wilhelm Georg
Friedrich Prinz von (1774–1779)
    1789: 21. VI.; 26. VI.
Oranien-Nassau, Wilhelm V. von
(1748–1806)
    1767: 27. VII.
Orell, Regula, geb. Escher (1757–1829)
    1783: 1. IX.
Oßmünz, Leopold von
    1800: 29. VIII.
Österreich, Franz II. Joseph Karl
Kaiser von (1768–1835)
    1804: 31. XII.
Österreich, Joseph II.
Benedikt August Johann Anton
Michael Adam Kaiser von
(1741–1790)
    1790: 28. II.
Österreich, Maria Theresia Kaiserin
von (1717–1780)
    1780: 10. XII.
Osterwald
(Bedienstete der Fürstin Louise)
    1804: 25. X.
Ott, Anton (1719–1796)
    1783: 29. IX.
Ott, Regula, geb. Nüschler
(Gattin des Anton)
    1783: 29. IX.
Otto, Frau
    1805: 30. IV.
Otway, Thomas (1652–1685)
    1775: 28. IX.

Pa(a)r, Fürst
    1770: 21. VIII.
Paccard, Michel-Gabriel (1757–1827)
    1802: 14. III.
Pannwitz, Karl Wilhelm von
(1743–1807)
    1781: 6. X.
Paul, Jean, siehe Richter Pausanias
(um 115 n. Chr.–um 180 n. Chr.)
    1799: 18. X.
Perill, Herr von
    1771: 12. VI.
Pestalozzi, Johann Heinrich
(1746–1827)
    1802: 27. VIII.; 29. VIII.

Petrarca, Francesco (1304–1374)
  1805: 8. XII.
Pfaff, Christoph Heinrich (1773–1852)
  1795: 23. X.
Pfau, Herr von
  1771: 12. VI.
Pfeffel, Gottlieb Konrad (1736–1809)
  1789: 2. IX.
Pfenninger, Anna (1727–1788)
  1783: 1. IX.
Pfenninger, Johann Konrad
  (1747–1792)
  1781: 14. XI.
  1783: 22. VIII.; 31. VIII.; 24. IX.
Pfinzer
  1799: 5. XI.
Pfuhl,
  (Major/Oberst/Oberstleutnant) von
  1771: 20. VII.
  1773: 10. XI.; 19. XI.
  1783: 22. VI.
Pfuhl, Leopoldine Obristin von,
  geb. Gräfin Anhalt (1738–1808)
  1773: 10. XI.; 19. XI.
  1774: 22. IV.
  1785: 9. VI.
  1800: 14. V.
Pfyffer von Wyher, Franz Ludwig
  (1716–1802)
  1779: 14. XII.
  1783: 22. X.
  1793: 24. IX.
Philadelphia, siehe Meyer
Pichler, Johann Peter (1765–1807)
  1798: 17. V.
Picht, Dr.
  1773: 5. XI.
  1778: 2. III.
Pischon, Johann Karl (1764–1805)
  1798: 27. XII.
Pitt
  1777: 28. IX.
Pius VII. (1742–1823)
  1804: 31. XII.
Platen, Major
  1778: 4. IV.
Plattenberg
  1790: 23. V.
Pleß, Graf (wohl Plessen)
  1776: 18. VIII.
Plutarch (um 45 –um 125)
  1797: 16. IV.; 25. V.
  1804: VI.
Podewils, Friedrich Werner Graf
  († 1804)
  1785: 18. VI.
Ponikau, (wohl) Ludwig Rudolph von
  (preußischer Kammerherr)
  1798: 19. IV.

Pope, Alexander (1688–1744)
  1775: 24. IX.
  1802: 31. XII.
Pozzi, Carlo Ignazio (1766–1842)
  1805: 27. VII.; 5. X.
Preußen, Anna Elisabeth Luise
  Prinzessin (Prinzessin Ferdinand) von,
  geb. von Brandenburg-Schwedt
  (1738–1820)
  1791: 13. I.; 5.–6. VI.
  1793: 10. II.
Preußen, August Ferdinand Prinz von
  (1730–1813)
  1765
  1773: 15. VI.
  1789: 10. VI.
  1791: 13. I.; 6. VI.
Preußen, Elisabeth Christine
  Königin von, geb. von Braunschweig-
  Wolfenbüttel-Bevern (1715–1797)
  1760
  1763: 8. IV.
  1777: 6. XI.
Preußen, Elisabeth Christine
  Ulrike von, geb. Prinzessin von
  Braunschweig-Wolfenbüttel
  (1746–1840)
  1765: 12. (14.) VII
  1767: 2. VIII.
Preußen, Friederike Luise von,
  geb. Prinzessin von Hessen-Darmstadt
  (1751–1805)
  1780: 6. VI.: 10. VI.
  1798: 3. XII.
  1805: 7. III.
Preußen, Friedrich Heinrich Karl
  Prinz von (1747–1767)
  1767: V.
Preußen, Friedrich Heinrich Ludwig
  Prinz von (1726–1802)
  1789: 6. IV.
Preußen, Friedrich II. der Große,
  König von (1712–1786)
  1756
  1760
  1763: 8. IV.
  1764
  1765: 8.(7.) III.; 12. (15.) VII.
  1767: 25. VII; 2. VIII.
  1769: 28. XII.
  1770: 28. I.; 2. VI.
  1771: 24. I.; 6. IV.
  1773: 15. VI.
  1786: 12. VII.; 16. IX.
  1788: 14. II.
  1798: 24. I.
Preußen, Friedrich Wilhelm Heinrich
  August Prinz von (1779–1843)
  1791: 5. VI.

Preußen, Friedrich Wilhelm II.
  König von (1744–1797)
  1765: 12. (14.) VII.
  1767: 2. VIII.
  1784: 13. IX.
  1785: Anfang IV.
  1786: 16. IX.
  1787: 6. X.; 10. X.; 24. X.; 14. XI.;
    17. XI.; 27. XII.
  1789: 9. III.; 26. VI.
  1791: 13. I.; 27. IV.
  1792: 13. XII.
  1794: 6. I.; 2. XI.; 22. XII.
  1796: 24. X.
  1797: 3. XI.
Preußen, Friedrich Wilhelm III.
  König von (1770–1840)
  1797: 20. XI.
  1805: 24. V.; 28. V.; 8. VI.; 6. VII.
Preußen, Louis Ferdinand
  Prinz von (1772–1806)
  1791: 5. VI.
Preußen, Luise Amalia
  Prinzessin von, geb. Prinzessin von
  Braunschweig-Wolfenbüttel
  (1722–1780)
  1780: 17. I.
Preußen, Luise Auguste Wilhelmine
  Amalie Königin von, geb. von Mecklenburg-Strelitz (1776–1810)
  1799: 21. VI.
  1805: 24. V.; 11. VI.; 6. VII.
Preußen, Maria Anna
  Prinzessin von, geb. von
  Hessen-Homburg (1785–1846)
  1792: 3.–4. VI.
Priestley, Joseph (1733–1804)
  1775: 3. VIII.
Probst, siehe Coeler, Friedrich
Puttkammer, Oberstleutnant von
  772: I./II.
  1775: 11. V.; 30. VI.

Racine, Jean (1639–1699)
  1764
Racknitz, Joseph Friedrich von
  (1744–1818)
  1780: 22. X.
Radziwill, Friederike Luise Dorothea
  Philippine von, geb. Prinzessin von
  Preußen (1770–1836)
  1791: 13. I.; 5. VI.; 8.–9. VI.;
    18. XII.
Raffael, eigentl. Raffaello Santi
  (1483–1520)
  1770: 3. VII
Ramdohr, Friedrich Wilhelm Basilius
  von (1757–1822)
  1793: 24. VII.

Rath, Major von
   1800: 22. III.
Raumer, Anna Eleonore von,
geb. von Waldow (1724–1796)
   1772: I./II.
Raumer, Charlotte Luise Adelheid von,
geb. de Marées (1761–1811)
   1780: 22. V.
Raumer, Dorothea Tugendreich von,
geb. Gräfin von Küssow (1752–1827)
(Obristin/Generalin)
   1771: 20. I.; 24. I.; 20. II.
   1772: 9. VIII.
   1774: 18. XI.; 19. XII.
   1775: 14. V.
   1777: 12. IX.
   1781: 3. VII.; 8. VIII.
   1787: 2. I.; 1. II.
   1788: 18. IV.; 8. XI.
   1789: 21. X.; 4. XI.
   1790: 18. X.
   1791: 15. VIII.
   1793: 7. III.; 21. III.; 9. V.; 1. VI.;
   3. VI.; 17. VII., 21. VII.; 19. VIII.;
   15. IX.
   1795: 9. VII.
   1796: 11. XI.; 23. XI.; 13. XII.;
   25. XII.
   1797: 15. V.
   1798: 1. I.; 26. V.; 30. V.; 8. XII.;
   17. XII.
   1799: (Anfang/Mitte) I.; 25. I.;
   12. II.; 21. II.; 5. V.; 21. VI.; 23. VI.;
   14. XII.; 23. XII.
   1800: 14. I.; 19. I.; 4. V.; 13. V.
   1802: 15. V.; 25. V.; 2.–3. VI.;
   10. VI.; 29. VI.; 2. VII.; 4. VII.
   1803: 16. V.; 7. VI.; 7. VII.
   1804: 31. XII.
   1805: 25. III.; 2. IV.; 17. V.; 18. V.;
   28. V.; 20. VII.; 3. IX.; 21. XI.;
   29. XI.; 4. XII.
Raumer, Friedrich von (1781–1873)
   1781: 29. V.
Raumer, Georg Friedrich von
(1755–1822)
   1775: 5. VI.; 5. VII.; 21. VII.;
   23. VII.; 15. VIII.; 25. VIII.; 23. IX.;
   26. IX.;
   1779: 10. II.
   1781: 29. V.
   1797: 30. IV.; 5. VII.
   1799: 10. III.; 20. XII.
Raumer, Henriette Maximiliane
Friederike († 1789)
   1789: 7. VII.
Raumer, Karl Albert Friedrich (Major
Oberst/General) von (1729–1806)
   1771: 20. I.; 24. I.; 10. III.

   1772: I./II.
   1774: 18. XI.; 19. XII.
   1775: 14. V.
   1778: 26. VIII.
   1795: 9. VII.
   1799: 31. I.; 20. XII.
Raumer, Leopold Gustav Dietrich von
(1726–1788)
   1772: I./II.
Raynal, Guillaume Thomas
(1713–1796)
   1782: 5. V.
Recke, Elisabeth Charlotte Constanzia
von der, geb. von Medem (1754–1833)
   1784: 27. X.
   1789: 18. IX.; 22. IX.; 25. IX.;
   27. XI.; XII.; 27. XII.
   1790: 7. I.; 12. I.; 22. II.; 12. III.;
   18. III.; 20. III.; 25. V., 21. VIII.
   1791: 5. VIII.; 15. VIII.
   1793: (Anfang/Mitte) XII.; 28. XII.
   1794: 27. VIII.; 6. XI.; 24. XI.;
   28. XI.; 6. XII.
   1795: 24. I.; 10. III.; 6. IV.; 12. VI.;
   15. VI.; 1. VII.
   1797: 20. I.; 29. I.; 7. III.; 22. III.;
   14. VI.; 3. X.
   1798: 30. I.; 2. III., 16. III.
   1799: 20. III.; 22. III.; 24. III.;
   26. III.; 23. VII.
Reden, Friedrich Wilhelm von
(1752–1815)
   1773: 5. X.
Reden, Philippine Auguste Amalie von,
geb. Freiin Knigge (1775–1841)
   1793: 5. VII.
Rehberg, Friedrich (1758–1835)
   1783: 6. IX.; 10. IX.; 15. IX.;
   24. IX.
   1784: 28. VIII.; 24. IX.; 28. XII.
   1785: 9. XI.
Reichardt (R.), Johann Friedrich
(1752–1814)
   1778: 6. IX.; 5. XI.; 1. XII.
   1779: 2. I.; 20. II.; 4. III.; 22. VIII.
   1783: 17. V.; 25. V.; 2. VI.
   1786: 17. XII.
   1789: 20. IV.; 6. V.; 29. XI.
   1790: 25. V.
   1791: 3. IV.; 22. IV.; 18. VI.; 8. VII.;
   8. VIII.; 16. VIII.
   1792: 4. II.; 24. VI.; 23. VIII.; 7. XI.;
   26. XII.
   1793: 26. I.; 2. IV.; 20. V.; 22. V.;
   2. VII.; (Anfang/Mitte) XII.;
   20. XII.
   1794: 23. II.; 22. IV.; 1. X.; 2. XI.;
   24. XI.; 22. XII.
   1795: 5. I.; 28. I.; 1. VII.

Reichardt, Johanna Dorothea
Wilhelmina, geb. Alberti,
verw. Hensler
   1783: 25. V.
   1789: 6. V.
   1791: 3. IV.; 18. VI.; 16. VIII.
   1792: 23. VIII.
   1793: 2. IV.; (Anfang/Mitte) XII.
   1794: 1. X.
Reichardt, Juliane, geb. Benda
(1752–1783)
   1778: 5. XI.; 16. XII.
   1779: 2. I.
Reichardt, Julie (Gesellschafterin
von Elisa von der Recke)
   1789: 28. XI.
Reimarus, Johann Albert Heinrich
(1729–1814)
   1793: 5. VII.
Reinhardt, Franz Volkmar
(1753–1793)
   1793: 11. III.
Retz
   1798: 11. XI.
Reuß, Graf
   1783: 1. IX.
Reuß, Graf Heinrich XXV. von
(1724–1801)
   1776: 11. XI.
   1777: 3. IX.
Reuß, Gräfin Marie Elisasbeth,
geb. von Reuß-Ebersdorf
1740–1784)
   1776: 11. XI.
   1777: 3. IX.
Reventlow, Friederike Juliane
Gräfin von, geb. Schimmelmann
(1762–1816)
   1783: 20. X.
   1793: 1. VII.
   1795: 23. X.
Reventlow, Friedrich Karl Graf von
(1754–1828)
   1783: 20. X.
   1795: 23. X.
Reventlow, Graf
   1785: 31. VII.
Richelieu, Armand-Jean du Plessis,
Herzog von (1585–1642)
   1791: 6. I.
   1805: 9. XI.; 8. XII.
Richter, Jean Paul Friedrich
(1763–1825)
   1799: 31. I.
   1800: 14. IX.
Richthofen, Friederike,
geb. von Schleswig-Holstein-Sonderburg-Beck (1780–1862)
   1798: 27. XII.

Riese, Friedrich Baron von
    1799: 8. XI.
Rinck, Christophh Friedrich
(1757–1821)
    1783: 29. IX.; 10. XII.
Ringer
    1802: 12. VIII.
Rinter
    1789: 24. IV.
Rochefoucauld, Comte de La
    1784: 29. V.
Rochow, Christiane Louise von,
geb. von Bose (1734–1808)
    1771: 29. IV.; 8. V.; (Anfang) XII.
    1775: 15. IX.
    1780: 10. XI.
    1781: 22. III.
    1782: 14. VIII.
    1784: 19. IV.; 20. VIII.; 9. IX.
Rochow, Friedrich Eberhard
Freiherr von (1734–1805)
    1771: 29. IV.; 8. V.; (Anfang) XII.
    1772: 3. VIII.
    1778: 15. IX.
    1779: 22. V.; 18. VI.; 2. IX.
    1780: 10. XI.
    1781: 22. III.; 14. XI.
    1782: 14. VIII.
    1784: 19. IV.; 20. VIII.; 9. IX.
Rode, August von (1751–1837)
    1772: 26. VI.
    1773: 8. X.
    1797: 25. VII.
    1800: 9. IX.
    1805: 2. IX.
Rode, Karl (1750–1796)
    1777: 29. V.
    1782: 29. IV.; 8. VI.; 16. VI.; 10. VIII.
    1785: 26. VIII.; 1. XI.
    1787: 30. VII.
    1788: 13. XII.
    1789: 24. IV.; 18. VIII.; 12. XI.
    1790: 2. I.; 12. I.; 14. XII.
    1791: 25. I.; 27. VI.
    1792: 1. VII.
    1793: 10. II.; 11. III.
    1794: 22. IV.
    1795: 20. VIII.
    1796: 11. X.
Roenne, von
    1778: 16. VIII.
Röntgen, Ludwig (1755–1814)
    1782: 12. V.
Rossignant, Marquis
    1778: 6. VII.
Roth
    1793: 29. IX.
Rousseau, Jean-Jacques (1712–1778)
    1775: 16. X.

    1788: 6. VIII.
    1790: 20. III.
    1803: (Ende) XII.
    1804: VI.
Rudolfi, Frau
    1793: (Anfang/Mitte) XII.
Runke
    1783: 22. X.
Russland, Alexander I. Zar von
(1777–1825)
    1805: 29. X.; 1. XI.; 4.–5. XI.
Russland, Katharina II.
Zarin von, geb. Prinzessin Sophie
Auguste Friederike von Anhalt-Zerbst-
Dornburg (1729–1796)
    1796: 8. XII.
Russland, Paul I. Zar von
(1754–1801)
    1801: 31. XII.
Rust, Ernst Friedrich Ludwig
(1772–1794)
    1794: 30. III.
Rust, Friedrich Wilhelm (1739–1796)
    1775: 7. IV.
    1780: 7. IX.
    1794: 30. III.
Rust, Henriette, geb. Niedhardt
(1751–1829)
    1774: 24. IX.
    1775: 7. IV.
Ryland, William Wynne
(1733–1783)
    1775: 29. IX.

Saarbrück, siehe Nassau-Saarbrücken
Sachsen, Friedrich August I. von
(1750–1827)
    1778: 4. IV.
Sachsen, Hermann Moritz von
(1698–1750)
    1783: 28. VII.
Sachsen-Coburg-Saalfeld, Franz
Friedrich Anton von (1750–1806)
    1776: 26. V.
Sachsen-Coburg-Saalfeld,
Ludwig Karl Friedrich (1755–1806)
    1776: 26. V.
Sachsen-Gotha-Altenburg,
Charlotte Amalie, geb. von
Sachsen-Meiningen (1751–1827)
    1782: 15. VI.
Sachsen-Gotha-Altenburg,
Ernst II. Ludwig von (1745–1804)
    1775: 7. VII.
    1784: 9. IX.; 19. IX.
    1786: 16. V.; 29. V.; 16. XI.
Sachsen-Meiningen, Georg I. Friedrich
Karl Herzog von (1761–1803)
    1797: 25. IV.; 1. V.

Sachsen-Weimar-Eisenach,
Anna Amalia von, geb. von
Braunschweig-Wolfenbüttel
(1739–1807)
    1782: 11. VI.; 23. IX.; 30. IX.;
    20. XI.; 22.–23. XI.
Sachsen-Weimar-Eisenach,
Friedrich Ferdinand Konstantin
Prinz von (1758–1793)
    1779: 9. IX.
Sachsen-Weimar-Eisenach,
Karl August Herzog von (1757–1828)
    1776: 1. XII.; 11. XII.; 14. XII.
    1778: 10. V.; 22. V.
    1780: 2. VI.
    1782: 11. VI.; 13. VI.–15. VI.;
    2. IX.; 23. XII.
    1783: 15. VII.; 20. XI.; 28. XII.;
    30. XII.
    1784: 24. V.; 5. IX.; 19. IX.
    1785: Anfang IV.
    1786: 8. I.; 30. I.; 25. IV.; 24. V.;
    29. V.; 27. XII.
    1787: 22. VII.
    1789: 18. II.
    1791: 4. I.; 25. IV.
    1797: 2. I.; 16. V.; 15. X.
Sachsen-Weimar-Eisenach,
Luise Herzogin von, geb. Prinzessin
von Hessen-Darmstadt
(1757–1830)
    1780: 2. VI.; 6, VI.; 10. VI.
    1782: 11. VI.
    1783: 9. II.; 20.–21. XI.
Sachsen-Weimar-Eisenach,
Maria Pawlowna Romanowa,
geb. von Schleswig-Holstein-Gottorf
Großfürstin von Russland
(1786–1859)
    1805: (Anfang) V.
Sack, August Friedrich Wilhelm
(1703–1786)
    1767: 25. VII.
    1791: (Anfang) VI.
    1792: 13. VIII.
Saint-Pierre, Jacques Henri
Bernardin de (1737–1814)
    1800: (Ende) XII.
Saldern, General
(Friedrich Christoph von Saldern
(1719–1785))
    1783: 13. VI.
Saldern, Wilhelmine von,
geb. von Glafey
    1802: 3. VII.
Salis-Marschlins, Ulysses von
(1728–1800)
    1775: 17. I.
    1782: 14. XI.

Salis-Seewis, Johann Gaudenz von
(1762–1834)
　1793: 24. VII.
　1795: 21. VIII.
　1802: 29. VIII.
Sallust (86 v. Chr.–35/34 v. Chr.)
　1797: 16. IV.
Saussure, Horace Bénédict de
(1740–1799)
　1791: 2. XI.
Savary, Claude Etienne (1750–1788)
　1804: VI.
Scarpa, Antonio (1747–1832)
　1795:
Schack
　1785: 18. VI.
Schack, Frau von
　1798: 31. V.
Schäfer
　1799: 29. IV.
Schaffgotsch
　1779: 3. X.
Schaumann
　1799: 29. IV.
Scheifler
(Kammerfrau der Fürstin Louise)
　1772: 31. III.; 25. V.
Scherer (Bankiersfamilie)
　1792: 8. V.
Schiebler, General
　1784: 29. VIII.
Schiller, Johann Christoph Friedrich
von (1759–1805)
　1790: 16. III.; 18. X.
　1799: 31. XII.
　1800: (Ende) XII.
　1803: (Ende) XII.
　1805: (Ende) XII.
Schimmelmann, Caroline Gräfin von,
geb. Tugendreich
　1793: 1. VII.
Schimper
　1788: 7. VI.
Schippert
(Bediensteter der Fürstin Louise)
　1802: 25. IV.; 5. V.; 2. VII.;
　5. VII.
Schleswig-Holstein-Sonderburg-Beck,
Friederike von, geb. von Schlieben
(1757–1827)
　1798: 27. XII.
Schleswig-Holstein-Sonderburg-Beck,
Friedrich Karl Ludwig von
(1757–1816)
　1785: 16. X.
Schleswig-Holstein-Sonderburg-Beck,
Luise Prinzessin von
(1783–1803)
　1798: 27. XII.

Schlieffen (Schlieben), Martin Ernst
von (1732–1825)
　1787: 9. IV.
Schlosser, Johann Georg
(1739–1799)
　1783: 6. XI.
Schlözer, August Ludwig von
(1735–1809)
　1803: (Ende) XII.
Schmelzer (Kantor in Wörlitz)
　1788: 30. V.
　1791: 28. III.
Schmettau, Friedrich Wilhelm Carl
Graf von (1742–1806)
　1789: 10. VI.
Schmettau, Gräfin
　1785: 3. XII.
Schmettau, (wohl) Woldemar
Friedrich Graf von (1749–1794)
　1785: 5. IX.
Schmidt (Kutscher und Vorreiter der
Fürstin Louise)
　1792: 13. XII.
　1793: 15. IX.
　1802: 2. X.
Schmidt (Zahnarzt in Dessau)
　1795: 16. VIII.
Schmohl, Johann Andreas
(1728–1796)
(Vorsteher der Dessauer Freischule)
　1795: 23. VI.
Schmoll, Georg Friedrich
(1751–1785)
　1783: 15. IX.; 29. IX.
Schneider
(Vorreiter der Fürstin Louise)
　1802: 2. X.
Schnorr, Veit Hans von Carolsfeld
(1764–1841)
　1795: 10. III.
Schoch, Johann Leopold Ludwig
(1728–1793)
　1776: 1. V.
Schönaich, Graf
　1784: 6. VIII.
Schönberg, Adam Rudolph von
(1712–1795)
　1773: 24. V.; 17. VI.
　1778: 14. IV.; 20. IV.
　1781: 7. V.
Schönberg, Frau von
(Frau des Adam Rudolph)
　1773: 24. V.; 17. VI.
　1778: 14. IV; 20. IV.
　1781: 7. V.
Schönberg, Peter August von
(1732–1791)
　1774: 23. IV.
　1776: 27. III.

Schröter
(Kammerfrau der Fürstin Louise)
　1795: 2. I.; 14. VII.
　1800: 17. VII.; 30. VII.
Schröter (Kammerlakai in Dessau)
　1775: 5. VII.; 20. VII.
　1787: 22. III.
Schröter
(Kastellanin im Wörlitzer Schloss)
　1787: 22. III.
Schuckenau, Herr von
　1792: 18. VIII.
Schulenburg, Herr von der
　1771: 27. VIII.
　1784: 12. IV.
Schulenburg, (wohl) Wolfarthine
Gräfin von der, geb. von Campe
(1773–1794)
　1791: 19. II.
Schulenburg-Kehnert,
Friedrich Wilhelm Graf von der
(1742–1815)
　1779: 8. III.
　1781: 12. VII.
　1788: 1. V.
Schulenburg-Kehnert, Gräfin von der,
geb. von Arnstedt
　1781: 12. VII.
　1790: 25. V.
Schultheß, Barbara, geb. Wolf
(1745–1818)
　1783: 21. VIII.; 30. VIII.; 1. IX.;
　7. IX.; 25. IX.; 29.–30. IX.;
　1787: 14. VIII.; 7. XI.
Schultheß, Hans Conrad
(1714–1791)
　1783: 29. VIII.; 5. IX.
Schulz, Joachim Christoph Friedrich
(1762–1798)
　1799: 31. XII.
Schwabe, Johann Gottlob (1749–1809)
(Hofrat und Arzt in Dessau)
　1785: 20. IX.
　1789: 16. I.
　1793: 7. V.
　1795: 2. I.; 14. VII.
　1798: 15. II.
　1799: 10. III.
　1805: 3. VII.; 4.–5. VII.;
　13. VII.
Schwarzburg-Rudolstadt, Amalie
Auguste, geb. von Anhalt-Dessau
(1793–1854)
　1793: 3. IX.
　1805: 18. VIII.; 13. XI.
Schwarzburg-Rudolstadt,
Augusta Fürstin von, geb. von
Sachsen-Gotha (1752–1805)
　1799: 4. VII.

Schwarzburg-Rudolstadt,
Karoline Ulrike Luise von,
geb. von Hessen-Homburg
(1771–1854)
    1792: 3. VII.; 4. VI.
    1797: 29. VI.
    1799: 7. VI.
Schwarzburg-Rudolstadt,
Louisa Ulrike (1772–1854)
    1792: 3.–4. VI.
    1797: 29. VI.
Schweden, Gustav II. Adolf
König von (1594–1632)
    1805: 14. X.
Schweden, Sophia Albertine
Prinzessin von (1753–1829)
(Äbtissin von Quedlinburg)
    1792: 8. IX.
Schweighäuser, Johann (Jean)
(1742–1830)
    1776: III.
Schweinitz, Gräfin
    1785: 9. VI.
Schweizer, Anna Elisabetha
(1764–1841)
    1783: 17. X.
Schwendler
    1799. 5. V.
Seckendorff-Aberdar,
Karl Friedrich Siegmund Freiherr von
(1744–1785)
    1782: 11. VI.
    1783: 22. XI.
    1785: 18. II.
Seidewitz, Herr von (Kammerjunker)
    1805: 2. IX.
Seneca, Lucius Annaeus (1–65)
    1788: 17. VIII.
Senneral (Maler)
    1788: 1. V.
    1795: 24. III.
Serény, Graf (*um 1755)
    1783: 4. X.
Seume, Johann Gottfried (1763–1810)
    1803: (Ende) XII.
Seydewitz, Curt Gottlob Graf von
(1735–1809)
    1776: 24. IX.
Seydewitz, Dorothea Charlotte
Henriette von, geb. von Nischwitz
(1735–1809)
    1776: 24. IX.
Shakespeare, William (1564–1616)
    1775: 2. X.
    1803: (Ende) XII.
Shelburne, William Petty, 2. Lord of
(1737–1805)
    1775: 27. VII.; 3. VIII.; 6. VIII.;
    25. VIII.; 29. VIII.; 14. IX.

Siegfried, Johanna
(Kammerfrau der Fürstin Louise)
    1800: 25. IV.; 5. VII.; 19.–20. VII.
    1801: 3. V.; 21. IX.; 8. X.; 25. X.
    1802: 11. I.; 26. III.; 5. V.; 20. V.
Sieveking, Georg Heinrich
(1751–1799)
    1793: 4. VII.
Silberschlag, Johann Esaias
(1721–1791)
    1785: 16. VII.
Simon, Jean-Fréderic
    1776: III.
Singensfeld, Herr von
    1776: 24. IX.
Smith, Chevalier
    1773: 26. VI.
Solms-Baruth, Friedrich Carl
Leopold Graf zu (1757–1801)
    1781: 6. VI.
Solms-Baruth,
Friedrich Gottlob Heinrich Graf zu
(1727–1787)
    1770: 29. VII.
Solms-Baruth, Sophie Luise zu,
geb. von Anhalt-Bernburg
(1731–1787)
    1771: 12. VI.
    1772: 11. XI.; 30. XI.
Sonntag
(Bediensteter der Fürstin Louise)
    1795: 21. VIII.
    1798: 11. XI.
    1801: 3. V.; 21. IX.
Spangenberg, August Gottlieb
(1704–1792)
    1776: 11. XI.
Spazier, Johann Gottlob Karl
(1761–1805)
    1798: 22. XI.
Spiegel, Ehrengard Melusine
Johanna von Spiegel,
geb. von Peckelsheim (*1728)
    1784: 9. IX.
Spiegel, Ernst Ludwig Christoph
von Spiegel (1711–1785)
    1784: 9. IX.
Spikowski, Majorin
    1777: 6. X.
Sprickmann, Anton Matthias
(1749–1833)
    1780: 4. VII.; 11. VIII.
    1785: 19. X.
    1799: 28. II.
St. Germain
    1781: 3. VI.
Stadion, Friedrich Lothar Graf von
(1761–1811)
    1783: 22. VI.

Stadion, Johann Philipp Graf von
(1763–1824)
    1783: 22. VI.
Stael-Holstein, Anne Louise Germaine
de, geb. Necker (1766–1817)
Stanhope
    1776: 26. V.
Stéal
    1785: 18. VI.
Stein, Gottlob Ernst Josias Friedrich
von (1735–1793)
    1782: 13. VI.
Stein, Gottlob Friedrich Konstantin
Freiherr von (1772–1844)
    1781: 24. IX.
Stein, Oberst
    1787: 5. XI.
Steinacker, Gabriel Wilhelm
(1743–1786) (Buchhändler,
Kaufmann in Dessau)
    1774: 24. IX.
    1784: 17. VII.
Steinacker, Sophie Gabriele (*1777)
    1782: 2. XII.; 21. XII.
    1785: 5. IX.; 24. XII.
Steinacker, Sophie Wilhelmine
Christiane Steinacker (1747–1782),
geb. Regis
    1782: 2. XII.
Steinacker, Sophie Wilhelmine (*1779)
    1782: 2. XII.; 21. XII.
    1785: 5. IX.; 24. XII.
Steindorf
    1790: 23. V.
Stentsch, Friedrich Wilhelm von
(Kammerpräsident in Dessau)
    1772: I./II.
Sterne, Laurence (1713–1768)
    1775: 19. VII.
Stockmann
(Bediensteter von Erdmannsdorff)
    1770: 12. IX.
    1775: 5. VII.
Stolberg-Stolberg, Christian Graf zu
(1748–1821)
    1775: 6. XII.
    1784: 13. IX.
Stolberg-Stolberg, Friederike Luise
Gräfin von, geb. von Reventlow
(1746–1824)
    1784: 13. IX.
Stolberg-Stolberg, Friedrich Leopold
Graf zu (1750–1819)
    1775: 6. XII.
    1784: 13. IX.
    1791: 13. X.
Stolberg-Stolberg, Henriette Eleonore
Agnes, geb. von Witzleben
    1784: 13. IX.

Stolberg-Stolberg, Katharina
Gräfin zu (1751–1832)
    1783: 17. X.; 20. X.
Stolz, Johann Jacob (1753–1823)
    1783: 16. XI.
    1786: 16. IX.
    1789: 23. III.
    1792: (Anfang) X.
Stosch, Baron
    1782: 14. VIII
Strozi, Herr von
    1771: 27. XII.
Stubenrauch, Wilhelm Lebrecht
(Regierungspräsident in Dessau)
    1782: 19. II.
    1788: 13. XII.
Sturz, Helfrich Peter (1736–1779)
    1800: (Ende) XII.
Süptiz (Lehrerin in Wörlitz)
    1784: 28. II.; 12. III.; (1.) XII.
Sulzer, Johann Georg (1720–1779)
    1788: 3. II.
Superintendent, siehe Marées,
Simon Ludwig Eberhard de
Suza, Graf
    1789: 26. X.

Tamm, geb. Scheifler
(Kammerdienerin der Fürstin Louise)
    1775: 16. VI.; 5. VII.; 20. VII.;
    4. X.
    1778: 10. X.
    1779: 30. IV.; 19. VIII.; 30. XI.
    1780: 12. IV.
Tamm, Johann Leberecht († 1784)
    1779: 18. VI.; 30. XI.
    1780: 12. IV.
Tasso, Torquato (1544–1595)
    1805: 8. XII.
Tauentzien, Friedrich Bogislaw
Emanuel von (1760–1824)
    1785: 18. VI.
    1789: 6. IV.
Tauler, Johannes (um 1300–1361)
    1781: 3. IV.
Tausch
(Bedienstete der Fürstin Louise)
    1803: 19. VIII.; 25. XI.; 1. XII.;
    26. XII.
Testa, Graf
    1785: 7. IX.
Thucydides
(460 v. Chr.–395 n. Chr.)
    1803: 26. XII.
    1804: Januar
Thümmel, Moritz August von
(1738–1817)
    1791: 15. III.
    1799: 26. VI.

    1800: (Ende) XII.
    1803: (Ende) XII.
Thurneisen (Bankier in Frankfurt)
    1788: 18. VII.
Timm, Johann Ernst
(Hoffourier, Lakai in Dessau)
    1792: 15. X.
Tischbein, Johann Friedrich August
(1750–1812)
    1796: 28. IX.
    1797: 4. VIII.; 5.–21. XII.; 27. XII.
    1803: 7. VII.
Tissot, Samuel-Auguste (1728–1797)
    1770: 8. VII.; 21. VIII.
    1775: 10. VI.
    1788: 2. III.
Tobler, Georg Christoph
(1757–1812)
    1781: 6. VI.
    1783: 29. IX.
    1803: (Ende) XII.
Tobler, Johannes (1732–1808)
    1783: 9. X.
Touissaint
    1800: 7. IX.
Trachsel
    1804: 26. VIII.; 17. IX.
Trampel, Johann Erhard († 1817)
    1780: 14. VI.; 26. VI.; 16. VIII.
Trey, Madame de
    1792: 25. V.
Tronchin, Jacob (1717–1801)
    1770: 5. IX.
Tscharner
    1779: 14. XII.
Turenne, Henri de Latour
d'Auvergne, Vicomte de
(1611–1675)
    1775: 10. X.
Tyrawley, James O'Hara, 2. Baron
(1681/2–1773)
    1775: 23. VII.

Ulich
    1795: 21. VIII.
    1801: 24. IV.; 21. IX.
    1802: 25. IV.; 5. V.
Unterberger, Ignaz (1742–1797)
    1798: 18. XI.
Unzer, Johann August (1727–1799)
    1793: (Anfang/Mitte) XII.
Usteri, Leonhard (1741–1789)
    1783: 27. X.

Vanhall
    1775: 14. V.
Vauclair, Nicolas Rey de (1753–87)
    1786: 2. VI.
    1787: 12. VI.

Veltheim, General von
    1783: 13. VI.
Vergener, Frau von
    1783: 23. VII.
Verhulst, Gabriel Francois Joseph de
    1775: 15. VII.
Verschaffelt, Peter Anton (1710–1793)
    1770: 3. VIII.
    1775: 15. VII.
Villardin
(Hausbesitzerin in Lausanne)
    1770: 21. VIII.
Villars, Herr von
    1791: 2. XI.
    1775: 7. IV.
Villoison, Jean Baptiste Gaspard
d'Ansse de (1753–1805)
    1782: 11. VI.
Vinci, Leonardo da
(1452–1519)
    1801: 15. IX.
Vittinghof, Baron von
    1786: 16. V.
Vitzthum von Eckstädt,
(wohl) Johann Friedrich Graf
(1712–1786)
    1780: 7. IX.
Voght, Caspar Baron von
(1752–1839)
    1793: 3. VII.; 6. VII.
Voigt, Johann Gerlach Just von
(1743–1791)
    1780: 4. VII.; 11. VIII.
    1782: 25. VI.; 9. VII.; 16. VII.;
    25. VII.; 30. VII.
Voigts, Jenny
(Johanne Wilhelmine Juliane),
geb. Möser (1749–1814)
    1780: 4. VII.; 11. VIII.
    1782: 25. VI.; 9. VII., 16. VII.;
    25. VII.; 30. VII.
Völs-Colonna, Philipp Graf von
(1755–1807)
    1775: 8. I.; 18. II.
    1780: 22. X.
    1789: 24. VI.
Voltaire (François Marie Arouet)
(1694–1778)
    1770: 29. VIII.; 4. IX.
    1799: 31. XII.
    1800: (Ende) XII.
Voß, Johann Heinrich
(1751–1826)
    1802: 31. XII.
Voß, Luise von, geb. von Berg
(1780–1865)
    1788: 28. IV.
    1795: 7. VIII.
    1798: 23. IV.

Wagler, Karl Gottlieb (1731–1777)
   1773: 8. X.; 28. X.
   1775: 20. III.
Wagner (Sekretär der Fürstin Louise)
   1789: 30. IX.
   1790: 7. I.
   1791: 1. IX.; 2. XI.
   1794: 2. V.
   1798: 1. VI.
   1799: 31. VIII.; 27. XII.
   1800: 25. III.; 4. V.; 10. VIII.
   1802: 5. V.; 10. VI.; 2. VII.
   1803: 17. VIII.
   1804: I.; 25. X.
   1805: 14. VI.; 30. IX.
Waldersee, Eduard von (1793–1867)
   1793: 28. I.
   1799: 31. XII.
Waldersee, Franz Georg
(ab 1786 Graf) von (1763–1825)
   1767: XI.
   1770: 3. VII.; 12. IX.
   1771: 12. VI.; 3. VII.; 7. VII.;
   14. VII.; 20. IX.; 30. XII.
   1772: 26. VI.
   1773: 8. X.
   1774: 26. VIII.
   1775: 26. VI.
   1777: 4. X.
   1779: 9. I.
   1780: 2. VI.
   1782. 16. VI.; 10. VIII.; 14. VIII.;
   21. XI.
   1783: 16.–17. V.; 25. V.; 12. VII.; 19. VII.; 29. VII.; 27. VIII.;
   29. VIII.; 19. IX.; 29. X.; 31. X.
   1786: 30. VII.
   1788: 1. V.; 12. V.
   1789: 20. V.; 5. VI.; 15. VI.; 29. VI.; 7. VII.
   1790: 20. III.; 31. VII.; 24. IX.; 27. XI.
   1791: 30. VIII.
   1792: 16. III.
   1794: 2. VII.
   1795: 12. VI.
   1800: 11. VIII.
   1803: 25. IV.; 4. VI.
Waldersee, Franz Heinrich Georg von
(1791–1873)
   1791: 25. IV.
   1799: 31. XII.
Waldersee, Gräfin Luise von
(1788–1880)
   1789: 20. V.; 5. VI.; 15. VI.; 29. VI.; 7. VII.
   1790: 20. III.; 31. VII.; 24. IX.; 27. IX.
   1799: 31. XII.

Waldersee, Luise Karoline
Kasimire Sophie (Comtesse) von,
geb. Gräfin von Anhalt (1767–1842)
   1773: 31. VII.; 25. VIII.; 8. X.
   1774: 22. IV.; 13. XII.
   1775: 2. V.; 14. V.; 29. V.; 30. VI.
   1776: 6. IX.
   1779: 10. II.; 20. III.; 30. IV.
   1781: 14. II.
   1782: 27. IV.; 21. XII.
   1783: 11. IV.; 15. IV.; 15. V.;
   13. VII.; 21.–22. VIII.;
   29. VIII.; 30. VIII.; 5. IX.; 19. IX.;
   30. IX.; 3. X.; 29. X.; 7. XI.
   1784: 29. II.; 31. III.; 6. IV.; 24. VII.;
   9. VIII.; 1. XI.; 15. XI.
   1785: 2. I.; 19. II.; 22. II.; 15. IV.;
   5. IX.; 14. X.; 24. XII.
   1786: 30. VII.; (Anfang) VIII.;
   18. XI.; 11. XII.; 28. XII.
   1787: 12. VI.; 17. VI.
   1788: 1. V.
   1789: 20. V.; 5. VI.; 15. VI.; 29. VI.; 7. VII.
   1790: 20. III.; 31. VII.; 24. IX.; 27. XI.
   1791: 15. VII.
   1799: 31. XII.
   1800: 4. IV.; 3. VII.; 11. VIII.
   1803: 25. IV.; 4. VI.
Waldstein, Josef Karl Emanuel
(1755–1814)
   1782: 10. X.
   1784: 1. I.
Wallis, Graf
   1783: 2. VII.
Wartensleben, (wohl) Anna Henrietta
Gräfin von, geb. von Kleist
   1794: 7. VIII.
Wartensleben, Charlotte Wilhelmine
Isabella Gräfin von,
geb. Gräfin Lynar (1743–1811)
   1780: 15. IX.
   1782: 16. VI.
Watteville, Friedrich von (1700–1777)
   1776: 11. XI.
Watteville, Johannes von (1718–1788)
   1776: 11. XI.
Wedel, Otto Joachim Moritz von
(1752–1794)
   1774: 22. IV.
   1778: 10. V.; 22. V.
Weger
   1777: 6. X.
   1778: 2. III.
Weiss (Gartenbesitzer in Basel)
   1770: 9. VIII.
Weißhaupt
   1793: 24. VII.

Wendeborn, Gebhard Friedrich
August (1742–1811)
   1793: 24. VII.
Werner
   1793: 24. IX.; 29. IX.
Werthern, Graf
   1770: 24. VII.
Werthern, (wohl) Johann Georg
Heinrich von (1735–1790)
   1785: 18. VI.
Wertmüller, Philipp Heinrich
(1733–1799) oder Hans Conrad
(1746–1799)
   1783: 27. X.
West, (wohl) John, 2. Earl de la Warr
(1729–1777)
   1775: 19. VII.
Whitworth, Charles, 1st Earl of
(1752–1825)
   1803: (Ende) XII.
Wieland (Hofrat in Dessau)
   1789: 12. V.
Wieland, Christoph Martin
(1733–1813)
   1774: 28. X.
   1783: 22. VI.; 23. XI.
   1796: 26. X.
   1798: 27. XI.
   1799: 26. VI.
Wilkeniz, siehe Wülkenitz Wilmersdorf,
Herr von (Hofmarschall in Schwedt)
   1773: 10. III.
Winckelmann, Johann Joachim
(1717–1768)
   1768: Sommer
   1796: 28. VI.
   1805: 29. VI.
Wind (Kurarzt in Ems)
   1786: 16. IX.
Winkel, Frau und Herr von
   1772: VI.
Winterfeldt
   1778: 8. X.
   1779: 9. I.
   1784: 1. I.
Wintzingerode, Georg Ernst Levin
Graf von (1752–1834)
   1803: 30. IX
Wittgenstein, Graf von
   1776: 9. XI.
Wobeser, Herr von
   1776: 9. XI.
Wolke, Christian Hinrich
(1741–1825)
   1778: 16. VIII.
Wolke, Mad.
   1777: 30. VII.
Wreden, Generalin von
   1773: 5. XI.

Wreech, Friedrich Wilhelm von (1733–1785)
    1773: 5. VI.
    1774: 5. IV.
    1778: 15. IX.

Wülkenitz, Konrad Friedrich Ludwig von (1723–1795)
    1773: 5. X.

Württemberg, Friederike Dorothea von, geb. von Brandenburg-Schwedt (1736–1798)
    1793: 10. II.

Württemberg, Friedrich Eugen von (1732–1797)
    1777: 6. X.

Württemberg, Friedrich I. Wilhelm Karl Herzog von (1754–1816)
    1799: 28. VIII.
    1803: 30. IX.

Württemberg, Henriette Marie von, geb. von Brandenburg-Schwedt (1702–1782)
    1772: 26. V.
    1775: 26. VI.
    1781: 18. VIII.
    1782: 5. V.

Württemberg, Karl Eugen Herzog von (1728–1793)
    1783: 9. II.; 13. IX.

Württemberg, Ludwig (Louis) Friedrich Alexander von (1756–1817)
    1779: 22. VIII.

Württemberg, Ludwig Eugen von (1731–1795)
    1777: 6. X.

Wurm(b), Friedrich Ludwig von Wurmb (1723–1801), kursächsischer Staatsminister
    1779: 8. X.

Wurstemberger, Sophie, geb. de Larrey (1786–1856)
    1791: 14. IX.; 7. X.; 1. XII.
    1792: 11. I.; 9. IV.; 23. V.
    1801: 27. IV.; 1. V.; 28. V.
    1802: 16. IX.
    1804: VI.; 16. XII.

Wuthenau, Frau von (Hofdame in Dessau)
    1774: 4. VI.; 4. VIII.

Wycombe, Mylord, siehe Lansdowne, John Henry Petty

Wynn, Sir Watkin Williams (1749–1789)
    1775: 28. VII.

Young, Edward (1683–1765)
    1790: 6. XII.
    1802: 31. XII.

Yverdon
    1776: 26. V.

Zanthier, G. R. von
    1802: 2. I.

Zedlitz, Karl Abraham Freiherr von (1731–1793)
    1776: 1. V.

Zehl
    1802: 2. VII.; 5. VII.; 9. VIII; 11. VIII.; 2. IX.
    1803: 15. IV.; 13. V.; 19. VIII.
    1804: 1. III.; 15. IV.; 4. X.; 22. X.; 25. X.
    1805: 19. I.; 18. VIII.; 20. IX.; 6. X.; 14. X.

Zerbst, Fräulein von
    1772: VI.

Zimmermann, Johann Georg von (1728–1795)
    1786: 12.–13. VII.; 15. VII.; 16. IX.; 16. XI.; 21. XI.
    1787: 23. IX.; 5. XII.
    1788: 2. III.; 25. V.; 30. V.; 14. VI.

Zollikofer, Georg Joachim (1730–1788)
    1771: 21. VIII.
    1774: 28. X.
    1782: 9. VI.
    1783: 4. VIII.; 25. XI.
    1789: 2. IX.
    1802: 31. XII.
    1803: (Ende) XII.

Zumsteeg, Johann Rudolf (1760–1802)
    1802: 27. I.

Zurlauben, Beat Fidel von, Baron von Latour Chatillon (1720–1799)
    1783: 24. X.

Zwervonski
    1780: 19. IV.

Ortsregister

Aarau
 1793: 20. VIII.; 23. IX.
 1795: 7. VII.
Aarberg
 1802: 18. IX.
Adorf
 1800: 12. VIII.
Ahrensbök
 1793: 6. VI.
Aigle
 1801: 6. VI.
Aldingen
 1802: 10. VIII.
Alexandria
 1803: (Ende) XII.
Alsfeld
 1775: 7. VII.
Altdorf
 1795: 12. IX.; 19. IX.
Altenburg
 1789: 15. VI.
 1790: 27. VI.
 1797: 15. VI.
Amberg
 1799: 5. XII.
Amiens
 8. X.
Ancona
 1796: 27. V.
Angermünde
 1779: 20. VIII.
 1781: 19. VIII.
Ansbach
 1800: 17. IX.
 1802: 9. XI.; 13. XI.
Arendsee
 1793: 6. VI.
Ascheberg (Holstein)
 1793: 29. VI.
Ath
 1775: 17. VII.
Aubonne
 1788: 26. VIII.
 1801: 18. VII.; 5. VIII.
 802: 17. IX.
Auerstedt
 1782: 11. VI.
 1804: 28. XII.
Augsburg
 1788: 19. X.
 1795: 21. VIII.
 1799: 6. IX.

Auma
 1802: 5. V.
Austerlitz
 1805: (Ende) XII.
Avenches
 1770: 20. VIII.; 13. IX.

Bad Lobenstein
Bad Segeberg
Baden
 1783: 30. VII.; 31. VII.; 1. VIII.;
  10. VIII.; 23. VIII.; 10. IX.
 1801: 18. IV.
 1802: 28. VII; 9. VIII.; 12. VIII.;
  13. VIII.
Baden-Baden
 1805: 2. IX.
Balingen
 1802: 9. VIII.
Balsthal
 1802: 21. IX.
Bamberg
 1802: 31. XII.
 1802: 5. V.; 5. VII.
Barby
 1776: 9. XI.
 1777: 3. IX.
 1778: 20. IV.
Baruth
 1770: 29. VII.
Basel
 1770: 9. VIII.; 15. IX.; 16.
  IX.
 1783: 30. VII.
 1788: 22. VII.; 6. VIII.
 1791: 3. IX.; 12. IX.
 1793: 19. VIII.; 20. XI.
 1801: 29. VIII.; 15. IX.
 1802: 16. IX.; 21. IX.; 23.
  IX.
 1804: 19. XII.; 20. XII.
Bath
 1775: 30. VII.; 6. VIII.; 29. VIII.;
  14. IX.; 1. X.
Bayreuth
 1795: 21. VIII.
 1799: 18. VII.; 23, VII.; 29. VII.;
  5. XII.
 1800: 3. IX.
Bellevue
Bergheim (Bergen)
 1775: 13. VII.

Berka/Werra
 1775: 7. VII.
 1798: 8. XI.
 1804: 25. XII.
Berlin
 1757: X.
 1760
 1765: 20. III.; IV.; V.; 12. VII.; IX.
 1766: 19. III.
 1767: 30. III.
 1771: 27. VIII.
 1773: 13. VI.; 19. XI.
 1774: 10. IX.
 1777: 6. XI.
 1778: 18. III.; 10. IV.; 14. IV.; 18. IV.;
  10. V.; 22. V.; 2. VI.;
 1780: 21. IX.
 1782: 19. II.
 1783: 17. V.; 25. V.
 1788: 13. XII.
 1791: 3. V.; (Anfang) VI.; 27. VI.
 1793: 26. I.; 10. II.; 2. VII.; 20. XII.
 1794: 2. XI.; 22. XII.
 1796: 15. IX.; 13. XI.; 19. XI.
 1797: 7. III.
 1798: 30. I.; 15. II.; 2. III.
 1799: 22. V.
 1800: 14. V.
Bern
 1770: 14. VIII.; 18. VIII.; 13. IX.
 1791: 13. IX.
 1792: 16. III.; 26. V.; 13. VIII.
 1793: 24. IX.; 29. IX.
 1801: 18. IV.; 24. IV.
 1802: 29. VIII.; 1. IX.; 31. XII.
 1804: 9. VIII.
Bernau
 1772: 3. VIII.
 1783: 16. V.; 17. V.
Bernburg
 1771: 11. X.
 1772: (Anfang) V.
 1805: 19. I.; 11. V.; 1. VIII.; 19. VIII.;
  2. IX.; 24. IX.; 27. IX.
Béthune
 1775: 18: VII.
Bex
 1788: 5. VIII.; 6. VIII.
 1801: 22. V.; 6. VI.
 1804: VI.; 12. VII.; 29. VII.
Biberstein
 1793: 16. IX.

Biendorf
　1771: 27. VII.
　1772: (Anfang) V.
　1778: 1. V.
Bionnay
　1804: 5. IX.
Black Heath
　1775: 22. VII.
Blankenburg
　1789: 23. IX.; 24. IX.
Blenheim
　1775: 22. IX.
Bobbau
　1773: 25. X.
Bockenheim
　1770: 29. VII.; 1. VIII.; 19. IX.; 24. IX.
　1783: 18. VII.; 20. VII.
　1792: 4. VI.; 15. X.
Boizenburg/Elbe
　1793: 28. XII.
Bologna
　1795: 23. X.
Bonneville
　1804: 4. IX.; 16. IX.
Bordeaux
　1804: 31. XII.
Borna
　1790: 7. I.
Bornheim (Frankfurt)
　1798: 24. IX.
Boulay
　1775: 17. X.
Boulogne-sur-Mer
　1803: 16. XI.
　1805: (Ende) XII.
Bowood
　1775: 3. VIII.; 29. VIII.; 14. IX.
Bozen (Bolsena)
　1795: 5. XI.
　1799: 12. IX.; 21. IX.
Brambach
　1771: 11. X.
　1772: 21. III.
Brandenburg
　1787: 2. I.
　1799: 21. II.
Braunschweig
　1781: 31. VII.
　1786: 4. XII.
　1787: 23. IX.
　1791: 25. VIII.; 2. IX.
Bregenz
　1795: 21. VIII.
Breisach/Rhein
　1783: 29. VII.
Bremen
　1788: 30. V.; 7. VI.

　1793: 11. III.
　1796: 9. X.
　1802: 5. VII.
　1805: 19. I.
Breslau
　1789: 20. V.
　1790: 11. X.
Bristol
　1775. 26. VIII.
Brixen
　1799: 21. IX.
Brüssel
　1775: 13. VII.; 17. VII.
Brunnen
　1795: 10. IX.
Bühl
　1802: 25. IX.
Burgdorf

Calais
　1775: 18. VII.; 19. VII.; 6. X.
　1785: 7. IX.; 30. X.
Calau
　1779. 30. IV.
Calne
　1775: 3. VIII.
Calw
　1804: 23. II.
Canterbury
　1775: 21. VII.
Caorle
　1796: 19. VI.
Cappeln (Westercappeln)
　1782: 16. VI.; 17. VI.
　1786: 16. IX.
　1797: 30. III.
Carouge
　1788: 28. VIII.
Case Bianche
　1795: 5. XI.
Chalons-en-Champagne
　1775: 17. X.
Chamonix
　1801: 17. VIII.
　1802: 14. III.
　1804: 10. IX.
Chantilly
　1775: 9. X.
Charlottenburg/Berlin
　1765: 12. VII.
　1767: 25. VII.;
Chatham
　1775: 5. X.
Chiswick
　1775: 25. VII.
Chur
　1795: 21. VIII.; 3. IX.
Cilli
　1796: 28. VI.

Clarens
　1788: 9. VIII.
　1792: 22. V.
Colmar
　1783: 29. VII.
Conegliano
　1796: 25. VI.
Coppet
　1788: 29. VIII.
Corseaux
　1791: 13. X.; 2. XI.
　1792: 11. I.; 30. III.; 20. V.; 23. V.
Coswig
　1775: 26. VI.
　1781: 17. VIII.
　1787: 17. XI.
　1789: 26. VI.
　1795: 15. VI.
　1796: 26. X.
　1797: 7. III.; 20. VII.; 14. IX.; 28. XII.
　1798: 2. III.
　1799: 12. II.; 23. XII.
　1800: 14. I.; 24. I.; 22. III.
　1803: 29. VII.
　1805: 7. III.; 19. VIII.
Cracau
　1794: 24. X.
Creußen
　1799: 5. XII.

Danzig
　1793: 7. III.; 21. III.
　1795. 7. VII.
Darmstadt
　1770: 16. IX.
　1804: 20. XII.
Dartford
　1775: 22. VII.
Detmold
　1769: 20. XI.
　1780: 26. VI.; 23. VIII.
　1782: 4. X.
Deutschen
　1799: 21. IX.
Diebzig
　1777: 22. XII.
Dieskau
　1775: 5. VII.
　1784: 24. V.
Dohndorf
　1805: 20. IX.
Dover
　1775: 20. VII.; 5. X.
　1785: 11. X.
Dresden
　1771: 8. XI.
　1772: 10. VI.

1778: 26. III.; 20. IV.
1784: 9. III.
1789: 15. V.
1791: 8. VIII.
1794: 15. IX.; 6. IV.
1796: 15. IX.
1799: 4. VII.
1805: 21. VIII.; 31. VIII.
Durlach
1783: 22. VII.; 23. VII.
1802: 26. IX.
1805: 14. X.

Eger
1799: 22. V.; 26. VI.
1800: 19. VII.; 12. VIII.; 29. VIII.
Eglisau
1783: 3. XI.
1801: 18. IV.
1802: 12. VIII.
Ehrenhausen
1796: 28. VI.
Einsiedeln
1783: 29. X.
Eisenach
1770: 24. VII.; 27. IX.
1775: 17. X.
1782: 6. VI.; 13. VI.; 14. VI.
1783: 15. VII.; 18. XI.
1790: 18. VII.
1792: 15. VI.
1798: 8. XI.
1804: 28. XII.
Elbogen (Loket)
1789: 23. V.
Elliots Place
1775: 25. VII.
Ellwangen
1800: 23. IX.
1802: 5. V.
Emmendingen
1783: 6. XI.
Ems (Bad)
1786: 30. VII.; (Anfang) VIII.
Enghien
1775: 17. VII.
Erfurt
1770: 27. IX.
1775: 6. VII.; 17. X.
1782: 13. VI.
1783: 13. VII.; 18. (19.) XI.
Erlangen
1800: 3. IX.; 17. IX.
1802: 5. V.; 5. VII.
Erlenbach
1783: 7. X.
Eutin
1793: 6. VI.

Ferney
1770: 4. IX.
Ferrara
1796: 27. V.
Florenz
1795: 27. X.
1799: 18. X.; 7. XI.; 8. XI.
Flottbek (Hamburg)
1793: 3. VII.; 6. VII.
Foligno
1796: 27. III.
Frankenstein
1775: 17. X.
Frankfurt/Main
1770: 20. IX.
1775: 17. X.
1783: 16. VII.; 15. XI.
1786: (Anfang) VIII.; 16. XI.; 18. XI.
1788: 18. VII.
1791: 3. IX.
1792: 2. VI.; 13. XII.
1798: 13. IX.; 19. IX.
1804: 25. XII.
Franzensbad (Franzensbrunnen)
1799: 26. VI.
1800: 12. VIII.
Freckleben
1805: 20. IX.
Freiberg (Sachsen)
1787: 1. III.
Freiburg im Breisgau
1783: 5. XI.
1802: 23. IX.
Freienwalde (Bad)
1774: 8. VII.
Fribourg
1793: 29. IX.
Friesenheim
1804: 20. XII.
Füssen
1799: 8. IX.
Fulda
1770: 27. VII.
1775: 17. X.
1804: 25. XII.

Ganobitz
1796. 28. VI.
Geilenkirchen
1775: 13. VII.
Gelnhausen
1775: 17. X.
Gelnhausen
1770: 28. VII.
1783: 17. XI.
Gemünden
1802: 5. VII.
Genf
1770: 3. IX.; 4. IX.; 5. IX.
1788: 26. VIII.; 28. VIII.; 29. VIII.
1791: 7. X.
1792: 23: II.
1801: 17. VIII.
1804: 4. IX.; 22. X.: 25. X.; 16. XI.; 31. XII.
Genthin
1793: 6. VI.
Genua
1795: 10. X.; 20. X.
1805: (Ende) XII.
Germersheim
1770: 16. IX.
Gersau
1783: 22. X.
Giebichenstein (Halle)
1791: 18. VI.; 16. VIII.
1792: 24. VI.; 1. VII.; 24. XI.
1793: 22. V.
1794: 23. II.; 22. IV.; 18. VI.
Gießen
1775: 9. VII.
Gnadau
1776: 11. XI.
Gnölbzig
1790: 31. VII.
Göppingen
1799: 5. IX.
Gorgier
1770: 5. IX.
Gotha
1771: 27. VIII.
1778: 28. IV.
1775: 7. VII.
1782: 13. VI.
1783: 13. VII.; 18. XI.
Göttingen
1786: 21. XI.
Gräfenthal
1802: 5. VII.
Grandclos
1792: 8. V.; 17. V.; 22. V.
1793: 6. X.
1802: 3. IX.
Graz
1796: 28. VI.
Greenwich
1775: 23. VII.
Griesen
1784: 5. III.
1799: 7. III.
Grindelwald
1793: 24. IX.
1799: 9. IX
1802: 28. VIII.
Gröbzig
1771: 3. VIII.
1770: 9. VI.
1777: 29. V.

1782: 6. VIII.
1785: 26. VIII.
1787: 19. IX.
1789: 24. XI.; 27. XI.
Großalsleben
1768: X.
1776: 11. (12.) XI.
1778: 2. I.
1780: 23. VI.
1782: 27. VII.; 3. VIII.
1787: 23. IX.; 2. X.
1788: 23. V.
1789: 18. IX.; 25. IX.
Grünberg
1775: 9. VII.

Haguenau
1770: 5. VIII.
Halberstadt
1773: 31. VII.
1789: 22. IX.; 25. IX.; 27. XI.
Hall in Tirol
1799: 12. IX.
Halle/Flandern
1775: 17: VII.
Halle/Saale
1769: VI.
1774: 26. VIII.
1775: 5. VII.
1778: 17. I.
1783: 15. V.
1791: 5. IV.
1793: 24. VII.
Hamburg
1771: 6. IV.; 12. V.
1777: 30. VII.; 6. XI.; 20. XI.
1793: 20. V.; 30. VI.; (Anfang/Mitte) XII.
1794: 1. I.
1795: 28. I.
Hanau
1770: 24. IX.
1783: 17. XI.
1804: 25. XII.
Hannover
1766: 19. III.
1780: 23. VI.
1782: 31. VII.
1786: 15. VII.; 21. XI.
1787: 23. IX.
1788: 23. V.
1793: 20. XI.
Harville
1775: 17. X.
Hauteville
1788: 6. VIII.; 17. VIII.
Hechingen
1793: 17. VIII.

Heidelberg
1783: 22. VII.; 13. XI.
1791: 3. IX.
1793: 20. XI.
1803: 13. I.; 29. VIII.
1804: 20. XII.
Heilbronn
1792: 29. V.
1793: 17. VII.
1799: 28. VIII.
Heidersheim
1770: 4. VIII.
Heilsbronn
1802: 5. V.; 5. VII.
1803: 15. IV.
Heinrichswalde
1771: 16. X.
1776: 18. IX.
1777: 25. IX.
1778: 24. IX.
1779: 21. IX.
Helmstedt
1796: 30. IX.; 6. X.
Henley/Themse
1775: 23. IX.
Herford
1766: 19. III.
1773: 5. XI.
1779: 8. X.
1780: 26. VI.; 23. VIII.
1782: 30. VII.
1797: 5. – 21. XII.
High Wycombe
1775: 25. VIII.; 23. IX.;
Hildesheim
1802: 31. XII.
Hindelbank
1792: 27. V.
Hirschberg
1799: 4. VII.
Hof
1799: 5. XII.; 7. XII.
Holzweißig
1799: 21. VI.
Homburg
1783: 19. VII.
1791: 18. XII.
1792: 2. V.; 3. VI.; 4. VI.; 11. VI.
1794: 24. VII.
1803: 25. IV.
Hottingen
1783: 29. VIII.; 31; VIII.; 24. IX.; 2. X.; 24. X.; 2. XI.
Hünfeld
1770: 27. IX.
1783: 17. XI.; 18. XI.
1798: 7. XI.

Immensee
1783: 22. X.
Ingress (Abbey)
1775: 22. VII.
Innsbruck
1799: 9. IX.; 16. XI.
1803: 31. I.

Jonitz (Dessau)
1792: 27. XII.
1777: 17. VII.
Jülich
1755: 13. VII.
Jüterbog
1779: 30. IV.

Kaiserslautern (Lautern)
1775: 17. X.
Karlsbad
1788: 18. II.
1789: 20. V.; 19. VI.; 7. VII.; 25. VII.
1790: 9. III.; 19. V.; 25. V.; 27. VI.; 27. VII.
1795: 6. IV.
1798: 16. III.
1799: 13. VII.; 17. VII.
1800: 2. IX.
Karlsruhe
1783: 23. VII.; 29. IX.; 7. XI.; 9. XI.; 10. XII.
1790: 7. VII.
1803: (Ende) XII.
Kassel
1773: 5. X.
1782: 16. VI.; 17. VI.
1788: 7. VI.
1791: 3. IX.
1793: 11. VII.; 20. XI.
1795: 21. VIII.
Kehl
1783: 6. XI.
Kembs
1770: 16. IX.
Kiel
1793: 2. IV.; 8. VI.
Kings Weston
1775: 26. VIII.
Kleinwelka
1791: 25. V.
Kliecken
1770: 1. VII.; XII.
1771: 22. IV.
Koblenz
1775: 10. VII.; 11. VII.
Kollmann
1799: 21. IX.
Köln
1775: 12. VII.

Königsberg
 1781: 21. VIII.
Königsfelden
 1783: 8. VIII.
Königswusterhausen
 (Wusterhausen)
 1798: 31. V.
Konstanz
 1788: 19. X.
Kopenhagen
 1794: 5. I.
 1795: 10. V.
 1801: 31. XII.
Köpenick (Berlin)
 1772: 26. V.
 1775: 26. VI.
 1781: 18. VIII.; 11. IX.
 1783: 28. V.
Körbelitz
 1770: 2. VI.
Köthen
 1770: 24. I.
 1790: 22. II.
 1794: 16. VI.
 1805: 27. IX.
Kühnau (bei Dessau)
 1795: 15. VII.
Küssnacht
 1783: 22. X.

Lahm in Franken
 1797: 15. VI.
Landau
 1770: 4. VIII.; 5. VIII.
Langenbruck
 1770: 14. IX.
Langenthal
 1802: 27. VIII.
Langewiesen
 1785: 9. XI.
La Tour-de-Peilz
 1788: 5. VIII.
 1804: 26. VIII.
Lauchstädt (Bad)
 1790: 21. VIII.
 1792: 13. VI.; 18. VI.; 23. VI.;
 4. VII.
Laufenburg
 1783: 31. VII.
Lausanne
 1770: 8. VII.; 21. VIII.; 27. VIII.;
 5. IX.; 12. IX.
 1775: 17. X.
 1788: 2. III.; 29. VIII.
 1790: 12. VIII.
 1791: 14. IX.
 1792: 11. I.
 1801: 27. IV.
 1802: 31. XII.

1804: VI.; (Anfang) IX.; 22. X.;
 31. XII.
Lauterbrunnen
 1793: 29. IX.
Le Châtelard
Leibach
 1796. 28. VI.
Leipzig
 1768: IX.
 1770: 27. IX.
 1771: 12. VI.; 21. VIII.
 1774: 28. X.
 1776: 26. V.
 1778: 10. V.; 6. X.
 1779: 9. I.; 20. V.; 8. X.
 1780: 22. V.
 1781: 7. I.; 6. IV.
 1782: 9. VI.
 1783: 25. XI.
 1784: 24. IX.
 1785: 30. X.; 1. XI.
 1789: 13. V.; 15. V.; 26. VII.;
 25. XI.
 1790: 7. I.; 19. V.; 27. VI.
 1791: 4. I.; 11. I.
 1795: 10. III.
 1797: 14. VI.; 15. VI.; 21. VI.
 1798: 13. IX.
 1799: 29. IV.; 21. VI.; 11. XII.
 1800: 14. V.; 22. V.; 12. VIII.
 1801: 18. VII.
 1802: 5. V.
 1803: 22. VIII.
 1804: 31. XII.
 1805: (Anfang) V.; 14. V.; 3. VI.;
 10. X.
Lemgo
Lermoos
 1799: 9. IX.
Leuven (Löwen)
 1775: 13. VII.
Lille
 1775: 17. VII.
Limburg/Lahn
 1775: 10. VII.
 1788: 21. VI.
Lindau
 1788: 19. X.
 1795: 21. VIII.
Livorno
 1795: 1. XI.
Lobenstein
 1803: 15. IV.
Löbichau
 1797: 15. VI.
Lödderitz
 1773: 8. I.
Lonay
 1801: 20. VII.; 5. VIII.; 23. VIII.;

15. IX.
 1802: 14. III.
London
 1775: 23. VII.; 24. VII.; 25. VII.:
 2. VIII.; 26. IX.; 4. X.; 11. X.
 1777: 30. VII.
 1785: 22. X.
 1803; (Ende) XII.
Loreto
 1795: 27. V.
Luckau
 1779: 30. IV.
Lübeck
 1793: 6. VI.
Lübtheen
 1793: 28. XII.
Lützen
 1804: 30. XII.
Lugano
 1795: 12. IX; 17. IX.
Lunéville
 1801. 31. XII.
 1802: 31. XII.
Lutry
 1801: 3. V.
Luzern
 1783: 21. X.; 22. X.
 1793: 24. IX.
 1802: 25. VIII.
Lyon
 1770: 27. VIII.; 29. VIII.; 2. IX.
 1788: 22. VII.
 1792: 4. II.

Magdeburg
 1760
 1773: 13. VI.; 15. VI.
 1786: 16. V.; 4. XII.
 1789: 12. VIII.
 1796: 6. X.
 1797: 31. III.; 16. IV.
 1798: 2. III.; 24. III.; 23. IV.
 1799: 2. IV.
 1803: 10. VIII.
 1805. 28. V.
Mailand
 1795: 19. IX.
 1805: (Ende) XII.
Mainz
 1775: 17. X.
 1786: 16. IX.
Málaga
 1804: 31. XII.
Mannheim
 1770: 2. VIII.; 4. VIII.;
 16. IX.
 1775: 15. VII.
 1783: 21. VII.
 1788: 22. VII.

Marburg
    1786: 18. XI.
    1788: 7. VI.
    1791: 3. IX.
Maria Einsiedeln, siehe Einsiedeln
Marlbrough
    1775: 2. VIII.
Mauer
    1803: 29. VIII.
Mauerstetten
    1799: 7. IX.
Maxdorf
    1784: 7. XII.
    1791: 1. IX.
Meinberg
    1780: 14. VI.
    1782: 25. VI.
Melle
    1782: 30. VII.
Memmingen
    1788: 19. X.
    1795: 21. VIII.
Mendrisio
    1795: 19. IX.; 9. X.
Mergentheim
    1793: 17. VII.
Merseburg
    1770: 23. VII.
    1775: 17. X.
    1785: 26. VIII.
    1792: 21. VI.
    1798: 10. XI.
Metz
    1785: 30. X.
Meudon
    1775: 12. X.
Mittenwald
    1799: 29. XI.
Modena
    1795: 22. X.
Möhlau
    1779: 4. II.
    1787: 22. III.
Montabaur
    1775: 10. VII.
Monterosi
    1795: 5. X.
Montreux
    1792: 19. V.
    1793: 23. IX.; 29. IX.
Morgenthal
    1801: 18. IV.
Morges
    1801: 20. VII.; 5. VIII.
    1802: 11. I.
Mosigkau
    1771: 12. VIII.
Moudon
    1788: 1. VIII.

    1791: 14. IX.
    1801: 26. IV.
    1802: 30. VIII.
    1804: 22. X.; 25. X.
Mülhausen
(Mulhouse)
    1791: 3. IX.
Mühlheim
    1775: 7. VII.
München
    1799: 29. XI.
Münster
    1802: 31. XII.
Münsterberg
    1784: 5. III.
    1799: 28.
Murten
    1801: 24. IV.
    1802: 29. VIII.

Nassereith
    1799: 8. IX.
Naumburg
    1770: 27. IX.
    1775: 5. VII.; 17. X.
    1783: 13. VII.
    1797: 15. VI.
    1804: 28. XII.
Neapel
    1795: 12. XI.
    1799: 6. VIII.; 30. VIII.; 23. IX.; (Anfang) XI.
Neubreisach
    1770: 8. VIII.
Neuchâtel
    1770: 5. IX.
    1783: 2. VII.
    1788: 22. VII.
    1801: 15. IX.
    1804: 19. XII.
Neuhausen
    1770: 24. VII.
Neuhof
    1793: 19. VI.
Neunkirchen
    1796: 28. VI.
Neustadt
    1796: 28. VI.
    1802: 5. VII.
Neuwied
    1782: 12. V.
Northeim
    1791: 3. IX.
Novi Ligure
    1795: 9. X.
Nürnberg
    1795: 21. VIII.
    1802: 28. III.

Nyon
    1770: 27. VIII.
    1791: 14. IX; 29. IX.; 13. X.
    1801: 1. V.; 23. VIII.
    1804: 9. VIII.; (Anfang) IX.; 16. IX.; 16. XII.

Oberrieden
    1783: 21. VIII.; 7. X.
Offenbach
    1783: 16. XI.
    1798: 1./4. IX.; 19. IX.
Offenburg
    1791: 3. IX.
    1802: 24. IX.
Öhringen
    1793: 17. VII.
Oppenheim
    1783: 21. VII.
Oranienbaum
    1768 (Sommer)
    1769: 24. IX.
    1770: 23. IV.; 9. VI.; 3. VII.; 31. X.
    1771: 14. V.; 6. VI.; 12. VI.; 20. VII.; 22. VIII.
    1774: 8. XI.; 28. XI.
    1775: 14. III.; 11. V.
    1776: 7. II.
    1777: 3. II.; 24. XI.
    1778: 7. II.; 10. III.; 26. VIII.; 10. X.; 21. X.
    1779: 20. III.
    1781: 9. VIII.
    1784: 29. IX.; 1. X.; 17. X.; 27. X.; 2. XI.
    1787: 24. X.; 14. XI.
    1788: 31. X.
    1789: 8. II.; 23. VI.; 2. X.
    1791: 6. VI.
    1793: 9. V.
    1794: 1. III.
    1796: 3. X.
    1797: 1. X.
    1798: 16. XI.
    1799: 7. III.; 14. III.
    1800: 25. III.; 4. IV.
    1803: 7. VII.
    1805: 19. X.
Orbe
    1802: 18. IX.
Osnabrück
    1782: 17. VI.; 25. VI.; 9. VII.
Osterley
    1775: 25. VII.
Ottmarsheim
    1770: 8. VIII.
Ouchy
    1801: 28. V.; 13. VI.; 13. IX.
    1802: 31. VIII.

155

Oxford
  1775: 15. IX.

Paderborn
  1782: 17. VI.
Padua
  1796: 27. V.
Paestum
  1796: II.
Palmanova
  1796: 25. VI.
Paris
  1775. 10. X.; 11. X.;
  1785: 2. X.
  1803: 25. X.; 16. XI.; (Ende) XII.
Park Place (Remenham)
  1775: 24. IX.
Parma
  1795: 20. X.
Pavia
  1795: 5. X.; 10. X.
Payerne
  1792: 25. V.
  1801: 26. IV.
  1802: 30. VIII.
Pegau
  1802: 5. V.; 5. VII.
Peri
  1799: 6. XI.
Pesaro
  1795: 27. V.
Pfäfers
  1788: 6. VIII.
Pforzheim
  1802: 26. IX.
Piacenza
  1795: 10. X.
Pisa
  1795: 23. VII.; 1. XI.
Plauen
  1789: 15. VI.
  1790: 27. VI.
  1799: 7. XII.
Pontréssin
  (Pont á Tressin)
  1775: 17. VII.
Poplitz
  1771: 22. IV.
Pordenone
  1796: 25. VI.
Potsdam
  1767: 2. VIII.
  1772: 19. IX.; 11. XI.
  1787: 20. XII.
  1788: 14. IV.; 26. IV.; 3. XI.
  1789: 12. II.; 14. IV.; 26. VI.; 4. VIII.;
  4. XI.
  1791: 30. VIII.
  1798: 18. III.

Prag
  1796: 15. IX.
  1777: 6. V.
Pyrmont
  1780: 23. VI.
  1789: 4. VIII.; 16. VIII.

Qualendorf
  1772: (Anfang des Jahres)

Radegast
  1777: 29. V.
  1791: 5. VIII.; 16. VIII.;
  16. VIII.
  1797: 22. III.
Radicofani
  1795: 5. XI.
Raghun
  1799: 24. II.
Rastatt
  1783: 28. VII.; 8. XI.
  1788: 22. VII.
  1802: 25. IX.
  1804: 20. XII.; 31. XII.
Ravenna
  1796: 27. V.
Reckahn
  1772: 3. VIII.
  1779: 22. V.
  1782: 21. XI.; 10. XII.
  1783: 15. V.
  1785: 29. VI.
  1787: 14. IV.; 2. VIII.
Regensburg
  1799: 29. XI.; 2. XII.
  1802: 31. XII.
Reggio nell'Emilia
  1795: 20. X.
Rehsen
  1784: 7. III.
Reichenbach
  1799: 7. XII.
Rekem
  1775: 13. VII.
Reutte
  1799: 9. IX.
Rheinfelden
  1783: 31. VII.
Rheinsberg
  1774: 27. VI.; 11. VII.
Richmond
  1775: 25. IX.
Richterswil
  1795: 8. IX.
  1783: 21. VIII.
Riesigk
  1800: 13. V.
Rimini
  1796: 27. V.

Rippach
  1783: 24. XI.
Roche
  1792: 17. V.
Rochester
  1775: 22. VII.; 4. X.
Rolle
  1791: 14. IX.
  1792: 23. V.
  1801: 27. IV.
  1802: 16. IX.
Rom
  1768
  1770: 12. IX.
  1795: 12. XI.
  1796: 4. III.; 27. V.
  1799: 29. VII.
  1802: 15. III.
Rorschach
  1975: 8. IX.
Rossbach
  1798: 10. XI.
Roßlau
  1797: 28. XII.
Rousham
  1775: 16. IX.; 22. IX.
Rovereto
  1799: **5**. XI.
Rudolstadt
  1805: 3. IX.
Rütli
  1783: 22. X.
Ruhla
  1782: 15. VI.

Saalgast
  (Saalegast)
  1775: 29. XI.
  1776: 1. XII.
Saarbrücken
  1793: 18. X.
Saarmund
  1774: 8. VII.
Saint Martin
  1788: 9. VIII.
  1804: 5. IX.; 16. IX.
Sallanches
  1804: 5. IX.
Salmünster
  1770: 25. IX.; 26. IX.
Salurn (Salorno)
  1799: 5. XI.
San Quirico d'Orcia
  1795: 5. XI.
Sandersleben
  1768: X.
  1770: 6. VI.
  1771: 3. VIII.; 20. IX.; 11. X.
  1772: (Anfang) V.

1773: 15. V.
1774: 20. IV.
1777: 29. V.; 2. VI.
1778: 9. VIII.
1781: 3. IV.
1782: 15. V.; 6. VIII.
1783: 8. V.
1784: 9. VIII.
1787: (Anfang) V.; 19. IX.; 7. X.
1789: 17. VIII.; 18. IX.; 26. IX.;
   1. X.; 25. XI.
1790: 31. VII.
1805: 19. IX.; 20. IX.
Saßleben
   1779: 1. V.
   1780: 29. V.; 4. IX.
   1781: 7. I.; 14. II.
Schaffhausen
   1770: 12. VIII.
   1783: 3. XI.; 4. XI.
   1788: 18. X.
   1792: 29. V.
   1793: 17. VIII.
   1799: 11. VIII.
   1801: 18. IV.; 21. IX.
   1802: 11. VIII.
Schierstein
   1786: 16. IX.
Schinznach
   1783: 2. VIII.
   1793: 9. IX.
Schlangenbad
   1786: 16. IX.
   1792: 3. VI.; 4. VI.; 13. VI.
Schlüchtern
   1770: 26. IX.
Schmerwitz/Fläming
   1770: XII.
   1775: 1. Mai
Schwedt
   1772: 25. V.; 27. V.; 3. VIII.; 9. VIII.;
   18. VIII.
   1773: 26. XI.
   1774: 8. VII.
   1775: 16. VI.
   1777: 3. X.; 6. X.; 23. X.; 6. XI.
   1779: 16. VIII.; 22. VIII.; 8. X.
   1781: 17. VIII.; 19. VIII.; 9. IX.
   1783: 17. V.; 28. V.
   1788: 8. XI.
   1791: 27. VI.
Schwetzingen
   1770: 2. VIII.
Sécheron
   1770: 3. IX.; 4. IX.
   1788: 26. VIII.; 29. VIII.
   1804: 25. X.
Segeberg
   1793: 29. VI.

Selters /Taunus
   1788: 1. V.; 7. VI.
Senigallia
   1796: 27. V.
Siena
   1795: 5. XI.
Signal-de-Bougy
   1802: 17. IX.
Sittard
   1775: 13. VII.
Sittingbourne
   1775: 21. VII.
Solothurn
   1801: 15. IX.
   1802: 20. IX.
Spandau
   1757: X.
   1772: 18. IX.
Speyer
   1770: 16. IX.
   1783: 21. VII.
Spoleto
   1796: 27. III.
St. Cloud
   1775: 12. X.
St. Denis
   1775: 10. X.
St. Gervais-les-Bains
   1804: 5. IX.
St. Trond
   1775: 13. VII.
Stargard
   1771: 24. I.
   1774: 18. XI.
   1775: 14. V.
   1781: 3. VII.
Steinach (wohl Steinbach)
   1783: 23. VII.
Steinwiesen
   1802: 5. V.
Sterzing
   1799: 12. IX.
Stettin
   1769: 18. XI.; 2. XII.
   1770: 18. X.; 29. XI.
   1771: 12. VI.
   1772: 9. VIII.
   1773: 1. VI.
   1774: 14. VII; 17. VII.
Stolzenburg
   1758: VII.
Stourhead
   1775: 27. VIII.
Stowe
   1775: 18. IX.
Straßburg
   1770: 6. VIII.; 8. VIII.; 16. IX.
   1783: 28. VII.; 30. VII.; 7. XI.
   1788: 22. VII.

1792: 4. II.
1793: 28. XII.
Stuttgart
   1792: 29. V.
   1793: 22. VI.; 17. VII.
   1798: 19. IX.; 24. IX.
   1799: 6. III.; 23. VII.; 9. VIII.;
   24. VIII.; 5. IX.; 8. IX.;
   7. XI.
   1800: 24. IX.
   1801: 18. IV.; 26. VIII.; 29. VIII.;
   21. IX.; 1. XII.
   1802: 11. I.; 20. V.; 25. V.; 5. VII.;
   9. VIII.; 27. IX.
   1803: (Anfang) I.; 15. IV.; 16. V.;
   23. VIII.; 1. IX.
   1804: I.; 15. IV.
   1805. 17. V.

Telfs
   1799: 9. IX.
Terni
   1795: 27. III.
Thalwil
   1783: 22. VIII.
Thun
   1793: 24. IX.; 29. IX.
   1802: 28. VIII.
Tiefurt
   1782: 11. VI.
Tirlemont
   1775: 13. VII.
Tongres
   1775: 13. VII.
Töpliz
(Teplice)
   1784: 20. VI.
   1789: 18. V.
Tortona
   1795: 8. X.
Tournai
   1775: 17. VII.
Trafalgar
   1805: (Ende) XII.
Treuenbrietzen
   1790: 15. III.
Treviso
   1796: 25. VI.
Trient
(Trident)
   1799: 5. XI.
Triest
   1796: 28. VI.
1768
   1796: 19. VI.
Tübingen
   1802: 9. VIII.
Turnham Green
   1775: 24. VII.

157

Tuttlingen
 1793: 17. VIII.
 1802: 10. VIII.
Twickenham
 1775: 25. VII.

Ulm
 1799: 5. IX.
 1805: (Ende) XII.
Unterseen
 1793: 24. IX.
Unterwiederstädt
 1771: 25. I.

Vacha
 1770: 26. VII.
Valeires
 1793: 31. X.
Vaumarcus
 1802: 18. IX.
Venedig
 1796: 8. VI.; 23. VI.
 1801: 31. XII.
 1802: 25. IV.
 1805: (Ende) XII.
Verona
 1799: (Anfang) XI.; 6. XI.; 16. XI.
Versailles
 1775: 12. X.
Vevey
 1788: 25. V.
 1791: 14. IX.; 21./26. IX.; 2. XI.; 18. XII.
 1792: 4. II.; (Anfang) III.; 12. IV.; 10. V.; 19. V.; 20. V.
 1793: 29. IX.; 6. X.
 1801: 27. IV.; 29. IV.; 3. V.
 1802: 2. IX.; 3. IX.
 1804: 9. III.; 12. VII.
Villeneuve
 1802: 5. IX.
Viterbo
 1795: 5. XI.
Vivray
 1775: 17. X.
Vockerode
 1784: 7. III.
 1799: 5. III.; 12. III.; 16. IV.
Voltaggio
 1795: 9. X.

Wädenswil
 1783: 22. VIII.

Walbeck (bei Sandersleben)
 1789: 9. III.
Waldenbuch
 1802: 9. VIII.
Waldsassen
 1800: 29. VIII.
Waldshut-Tiengen
 1783: 31. VII.
Wandsbek
 1793: 1. VII.
Weilburg
 1775: 10: VII.
 1788: 7. VI.
Weimar
 1776: 1. XII.
 1777: 2. VI.
 1778: 1. IX.
 1781: 22. V.
 1782: 11. VI.; 30. IX.
 1783: 20. XI.; 24. XI.
 1784: 17. VII.
 1785: 31. VIII.; 30. X.
 1786: 15. VII.; 30. VII.
 1787: 7. III.
 1791: 16. VIII.
 1797: 8. VIII.
 1805: (Ende) XII.
Weißenfels
 1770: 27. IX.
Wernigerode
 1787: 23. IX.
Wesel
 1792: 9. XII.
Wettingen
 1783: 21. VIII.
Wetzlar
 1775: 9. VII.
Wien
 1768
 1775: 5. VI.
 1796: 8. VII.
 1798: 18. XI.
 1805: (Ende) XII.
Wildbad
 1793: 22. VI.; 17. VII.; 17. VIII.
 1799: 5. V.; 7. VIII.; 11. VIII.
Wilhelmsthal
 1782: 14. VI.
Windsor
 1775: 24. IX.
Winterthur
 1795: 8. IX.
Wittenberg
 1779: 30. IV.

 1782: 29. X.
 1805: 29. X.; 1. XI.; 4. XI.
Wolfenbüttel
 1770: 21. VIII.
 1780: 23. VI.
 1782: 1. VIII.
 1787: 2. X.
 1788: 23. V.
 1791: 2. IX.
Würzburg
 1782: 14.
 1793: 15. VII.
Wusterhausen

Yverdon-les-Bains
 1788: 1. VIII.
 1801: 15. IX.
 1804: 16. XII.

Zelle
 1793: 8. VII.
Zerbst
 1778: 10. X.
 1797: 28. XII.
 1798: 19. IV.
 1805: 3. VII.; 1. VIII.
Zirl
 1799: 9. IX.
Zofingen
 1802: 26. VIII.
Zürich
 1770: 14. VIII.; 17. VIII.
 1782: 13. VII.
 1783: 3. VIII.; 9. VIII.; 12. VIII.; 21. V.:–II.; 22. VIII.; 29. VIII.; 17. X.; 3. XI.; 4. XI.; 10. XII.
 1784: 23. VIII.
 1788: 6. VIII.
 1789: 23. III.
 1793: 1. VII.; 24. VII.; 19. VIII.
 1795: 8. IX.
 1799: 11. VIII.
 1801: 18. IV.
 1802: 9. VIII.; 12. VIII.; 22. VIII.; 4. IX.; 31. XII.
 1803: 15. IX.
Zug
 1783: 22. X.
Zweibrücken
 1775: 17. X.
Zwickau
 1799: 24. VI.; 25. VI.
 1800: 12. VIII.

Literaturauswahl

Friedrich von Matthisson: Erinnerungen. Zürich 1810–1816.

Mittheilungen des Vereins für Anhaltische Geschichte und Alterthumskunde. Hg. *Wilhelm Hosäus*. Dessau 1875–1924.

Franz Weinitz: Das Schloß Luisium bei Dessau. Berlin 1911.

Heinecke, Wilfried: Die Leiden der Fürstin Luise von Anhalt-Dessau. Eine medizinisch-biographische Betrachtung. In: Dessauer Kalender, 1994–1997, Hg. Stadt Dessau, Stadtarchiv.

Weltbild Wörlitz. Entwurf einer Kulturlandschaft. [Ausst. Katalog] Hg. *Frank-Andreas Bechtold* und *Thomas Weiss*. – Wörlitz 1996.

Den Freunden der Natur und Kunst: Das Gartenreich des Fürsten Franz von Anhalt-Dessau im Zeitalter der Aufklärung; [eine Ausstellung des Instituts für Auslandsbeziehungen e. V. und der Kulturstiftung DessauWörlitz]/Hg. vom Institut für Auslandsbeziehungen e. V. und der Kulturstiftung DessauWörlitz. Mit Beiträgen von *Michael Stürmer*, *Ursula Bode* und *Thomas Weiss*. – Stuttgart: Institut für Auslandsbeziehungen e. V. und Kulturstiftung DessauWörlitz, 1997.

Carl August Boettiger: Reise nach Wörlitz 1797. Aus der Handschrift ediert und erläutert von Erhard Hirsch. Hg. Vorstand der Kulturstiftung DessauWörlitz. Dessau 1999.

Anette Froesch: Das Luisium bei Dessau, Gestalt und Funktion eines fürstlichen Landsitzes im Zeitalter der Empfindsamkeit. München und Berlin 2002.

Erhard Hirsch: Die Dessau-Wörlitzer Reformbewegung im Zeitalter der Aufklärung. Personen – Strukturen – Wirkungen. Tübingen 2003.

Franziska von Schweinitz: Fürst und Föderalist. Tagebücher einer Reise von Dessau in die Schweiz 1783 und der Bund der Eidgenossen als Modell im alten Reich. Worms 2004.

Hof-Geschlecht-Kultur. Luise von Anhalt-Dessau (1750–1811) und die Fürstinnen ihrer Zeit. In: Das achtzehnte Jahrhundert. Zeitschrift der Deutschen Gesellschaft für die Erforschung des achtzehnten Jahrhunderts, Jahrgang 28, Heft 2. Zusammengest. von *Wilhelm Haefs* und *Holger Zaunstöck*. Wolfenbüttel 2004.

Fürst Franz. Beiträge zu seiner Lebenswelt in Anhalt-Dessau 1740–1817. Hg. *Heinrich Dilly* und *Holger Zaunstöck*. Halle 2005.

Unendlich schön. Das Gartenreich Dessau-Wörlitz. Berlin 2005.

Johanna Geyer-Kordesch: Die Englandreise der Fürstin Louise von Anhalt-Dessau im Jahr 1775. Berlin 2007.

Adel in Sachsen-Anhalt. Höfische Kultur zwischen Repräsentation, Unternehmertum und Familie. Hg. *Eva Labouvie*. Köln, Weimar und Wien 2007.

Der Blick ins Innere. Das Verzeichnis der fürstlichen Bibliothek zu Wörlitz 1778. Bearbeitet von *Karin von Kloeden*. Hg. Vorstand der Kulturstiftung DessauWörlitz. Dessau 2008.

Das Leben des Fürsten. Studien zur Biografie von Leopold III. Friedrich Franz von Anhalt-Dessau (1740–1817). Halle 2008.

Louise Fürstin von Anhalt-Dessau (1750–1811). Hg. Vorstand der Kulturstiftung DessauWörlitz. Dessau und München 2008.

Frauen im 18. Jahrhundert. Entdeckungen zu Lebensbildern in Museen und Archiven in Sachsen-Anhalt. Hg. *Thomas Weiss*. Halle 2009.

Frauen und Gärten um 1800. Weiblichkeit-Natur-Ästhetik. Hg. *Christiane Holm* und *Holger Zaunstöck*. Halle 2009.

Frauen im 18. Jahrhundert. Entdeckungen zu Lebensbildern in Museen und Archiven in Sachsen-Anhalt. Hg. *Thomas Weiss*. Halle 2009.

Das Luisium im Gartenreich Dessau-Wörlitz. Hg. Vorstand der Kulturstiftung DessauWörlitz. 2., veränd. Auflage. München 2010.

Die originalen Tagebücher der Fürstin Louise von Anhalt-Dessau. Auszüge aus den Jahren 1795–1811. Hg. Vorstand der Kulturstiftung DessauWörlitz. Halle 2010.

Abbildungsnachweis

Anhaltische Gemäldegalerie Dessau
S. 37 li., 113 o., 50, 79, 97 li., 100, 113 o.

Anhaltische Landesbücherei Dessau, Wissenschaftliche Bibliothek und Sondersammlungen S. 54, 74, 90, bpk Berlin S. 95

Deutsches Literaturarchiv Marbach
S. 91

Germanisches Nationalmuseum Nürnberg S. 24

Gleimhaus Halberstadt S. 78 u.

Kulturstiftung DessauWörlitz, Bildarchiv: Heinz Fräßdorf S. 23 li., 26, 27, 37, 42, 55, 59, 70, 72, 81, 122

Landeshauptarchiv Sachsen-Anhalt, Abteilung Dessau Vorsatz, S. 31, 101, 105, 117, 118, 120, 123 re.

Martin-Luther-Universität Halle-Wittenberg S. 103

Nationalmuseum Stockholm Frontispiz

Österreichische Nationalbibliothek Wien S. 49, 51

Privatbesitz S. 25, 38, 41, 44, 56, 76, 77, 78 o., 82, 83, 97 re., 99, 109, 125, Umschlag hi.

Rijksmuseum Amsterdam
S. 69

Stichting Huis Doorn Titel

Stiftung Preußischen Schlösser und Gärten Berlin-Brandenburg
S. 23 re., 48, 63, 123 li.

Thüringische Universitäts- und Landesbibliothek Jena
S. 113 u.

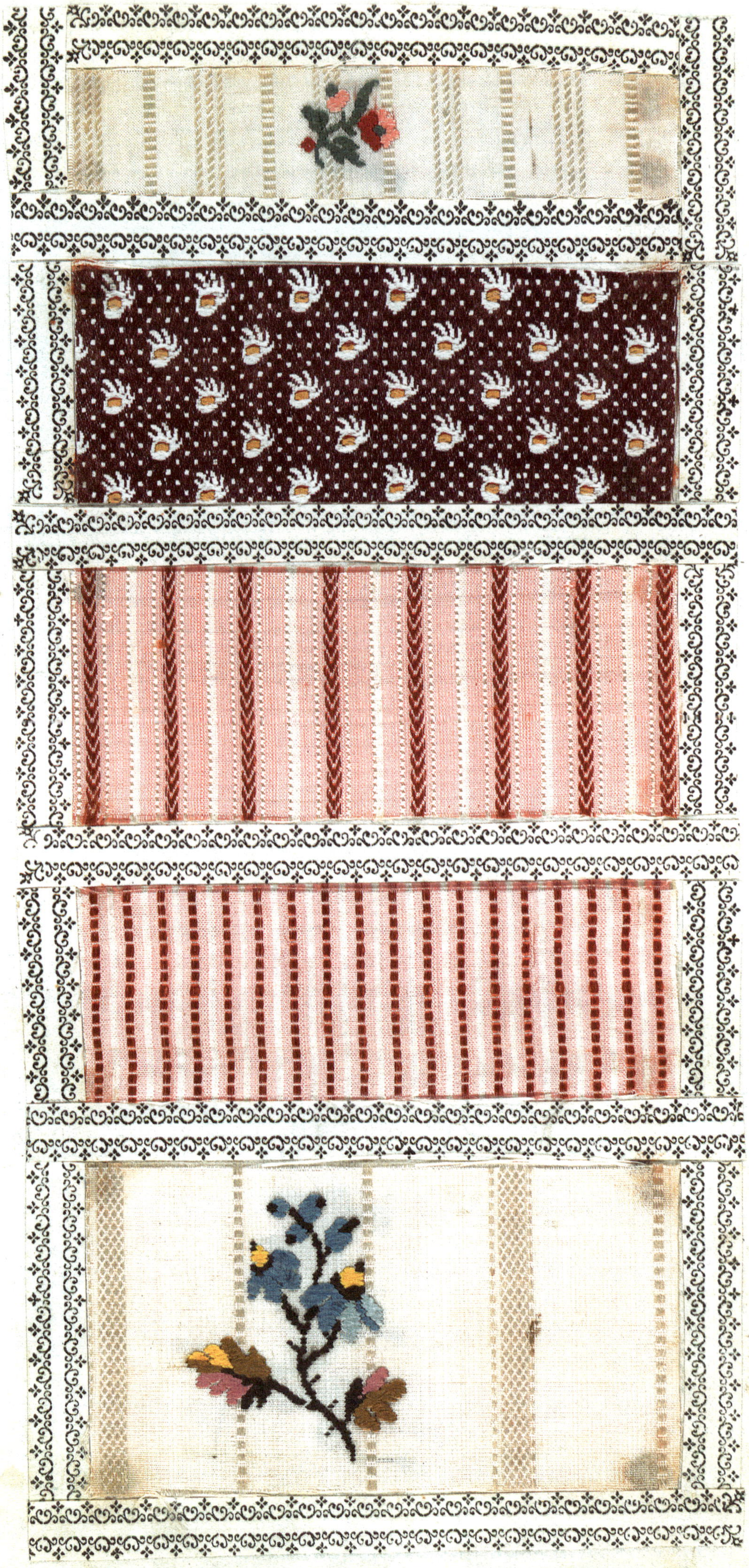